Die Privatkopie als urheberrechtliche Schrankenregelung

Schriften zum Medien-, Urheber- und Wirtschaftsrecht

Herausgegeben von Prof. Dr. Georgios Gounalakis

Band 10

PETER LANG

Frankfurt am Main · Berlin · Bern · Bruxelles · New York · Oxford · Wien

Kristine Wagner

Die Privatkopie als urheberrechtliche Schrankenregelung

PETER LANG
Internationaler Verlag der Wissenschaften

Bibliografische Information der Deutschen Nationalbibliothek
Die Deutsche Nationalbibliothek verzeichnet diese Publikation in der Deutschen Nationalbibliografie; detaillierte bibliografische Daten sind im Internet über http://dnb.d-nb.de abrufbar.

Zugl.: Marburg, Univ., Diss., 2011

Gedruckt mit Unterstützung
der Dr.-Carl-Böse-Stiftung, Lübeck

Gedruckt auf alterungsbeständigem,
säurefreiem Papier.

D 4
ISSN 1867-1012
ISBN 978-3-631-60802-9

www.peterlang.de

Meinen Eltern

Vorwort

Die vorliegende Arbeit mit dem Titel „Die Privatkopie als urheberrechtliche Schrankenregelung" entstand aufgrund der Anregung von Herrn Professor Dr. Georgios Gounalakis.

Dieses Thema, welches sich während der Bearbeitung stetig fortentwickelte, hat mein Interesse auf dem Gebiet des Urheberrechts nachhaltig geweckt.

Mein besonderer Dank gilt meinem Doktorvater, Herrn Professor Dr. Georgios Gounalakis, für dieses interessante Thema, für die Betreuung der Promotion und die zügige Erstellung des Erstgutachtens. Zudem bedanke ich mich ganz herzlich für die Möglichkeit, meine Dissertation in der von ihm herausgegebenen Schriftenreihe *„Schriften zum Medien-, Urheber- und Wirtschaftsrecht"* beim Peter Lang Verlag zu veröffentlichen.

Danken möchte ich auch Herrn Professor Dr. Ralph Backhaus für die ebenfalls zügige Erstellung des Zweitgutachtens.

Darüber hinaus danke ich von Herzen meinem Freund für die liebevolle Unterstützung.

Meinen Eltern, die mich immer uneingeschränkt gefördert und bestärkt haben sowie immer für mich da sind, schulde ich großen Dank.

Schließlich danke ich der Dr.-Carl-Böse-Stiftung in Lübeck für die Übernahme der Druckkosten.

Hamburg, Juli 2011 Kristine Wagner

Inhaltsübersicht

Abkürzungsverzeichnis XIX

Teil 1. Einführung 1
A. Fragestellungen der Arbeit und Gang der Untersuchung 2
B. Schrankenregelungen des Urheberrechtsgesetzes 2

Teil 2. Historische Entwicklung des Urheberrechts und der Privatkopie 17
A. Antike 17
B. Mittelalter 18
C. Der Buchdruck und das Privilegienwesen 19
D. 18. und 19 Jahrhundert 21
E. Das LUG und das KUG – insbesondere die Rechtsprechung hin zum Inkrafttreten des deutschen Urhebergesetzes von 1965 23
F. Die Privatkopie im Urheberrechtsgesetz von 1965 37
G. Änderungsgesetze zum Urheberrecht betreffend die Privatkopie 40
H. Einfluss internationaler Abkommen und des Gemeinschaftsrechts auf das Urheberrecht und die Entwicklung der Privatkopie in Deutschland 47
I. Richtlinie 2004/48/EG – Enforcement-Richtlinie 60
J. Entwicklung im Zuge des „Ersten Korbs“ 62
K. Entwicklung im Zuge des „Zweiten Korbs“ 68

Teil 3. Analysierung der Änderungen durch den „Ersten Korb“ 83
A. Rechtslage vor dem „Ersten Korb“ hinsichtlich der Privatkopie 83
B. Änderungen durch den „Ersten Korb“ 89
C. Abschließende Gesamtbetrachtung der Neuregelungen 138

Teil 4. Analysierung der Änderungen durch den „Zweiten Korb“ 141
A. Die wichtigsten Änderungen im Überblick 141
B. Die Zulässigkeit der Privatkopie 142
C. Straf- und zivilrechtliche Konsequenzen bei Verstößen gegen § 53 UrhG 145
D. Neuregelung des Pauschalvergütungssystems 191

Teil 5. Verfassungsrechtliche Beurteilung der Privatkopie – Verfassungsbeschwerde gegen § 53 Abs. 1 UrhG 221

Teil 6. Gesamtbetrachtung und Ausblick 225
A. Gesamtbetrachtung in Thesenform 225
B. Ausblick 229

Literaturverzeichnis 233

Inhaltsverzeichnis

Abkürzungsverzeichnis XIX

Teil 1. Einführung 1
A. Fragestellungen der Arbeit und Gang der Untersuchung 2
B. Schrankenregelungen des Urheberrechtsgesetzes 2
I. Funktion der Schrankenregelungen 2
1. Bedeutung des Urheberrechts 3
2. Ausgestaltung der Schrankenbestimmungen 4
II. Arten der Schrankenbestimmungen 6
III. Auslegung der Schrankenbestimmungen 7
1. Systematische Einordnung als „Ausnahme“ oder „Schranke“ 7
2. Meinungsstand zur Auslegung 9
IV. Rechtsnatur der Privatkopie 11
1. Abgeleitetes Nutzungsrecht 12
a) Rechtsgeschäftlich eingeräumtes Nutzungsrecht 12
b) Gesetzlich eingeräumtes Nutzungsrecht 13
2. Originäres Nutzungsrecht 14

Teil 2. Historische Entwicklung des Urheberrechts und der Privatkopie 17
A. Antike 17
B. Mittelalter 18
C. Der Buchdruck und das Privilegienwesen 19
D. 18. und 19 Jahrhundert 21
E. Das LUG und das KUG – insbesondere die Rechtsprechung hin zum Inkrafttreten des deutschen Urhebergesetzes von 1965 23
I. Entwicklung der Rechtsprechung 25
1. Urteil des BGH vom 21. November 1952 25
2. Urteil des BGH vom 18. Mai 1955 26
3. Urteil des BGH vom Juni 1955 27
4. Urteil des BGH vom 22. Januar 1960 28
5. Urteil des BGH vom 12. Juni 1963 28
6. Urteil des BGH vom 26. Juni 1963 29
7. Urteil des BGH vom 29. Mai 1964 29
8. Urteil des BGH vom 08. Januar 1965 31
9. Ergebnis 31

II. Entwicklung der Gesetzgebung ... 32
1. Referentenentwurf von 1954 ... 33
2. Ministerialentwurf von 1959 ... 34
3. Regierungsentwurf von 23. März 1962 ... 35
F. Die Privatkopie im Urheberrechtsgesetz von 1965 ... 37
G. Änderungsgesetze zum Urheberrecht betreffend die Privatkopie ... 40
I. Gesetz zur Änderung des Urheberrechts von 1985 ... 40
II. Produktpiraterie-Gesetz vom 07. März 1990 ... 44
III. Zweites Änderungsgesetz des Urheberrechts vom 09. Juni 1993 ... 44
IV. Gesetz zur Änderung des Patentgebührengesetzes und anderer Gesetze vom 25. Juli 1994 ... 45
V. Gesetz zur Regelung der Rahmenbedingungen für Informations- und Kommunikationsdienste (Informations- und Kommunikationsdienste-Gesetz – IuKDG) vom 28. Juli 1997 ... 46
VI. Gesetz zur Bereinigung der Kostenregelung auf dem Gebiet des geistigen Eigentums vom 13. Dezember 2001 ... 46
H. Einfluss internationaler Abkommen und des Gemeinschaftsrechts auf das Urheberrecht und die Entwicklung der Privatkopie in Deutschland ... 47
I. Die Berner Übereinkunft ... 47
II. Das Welturheberrechtsabkommen ... 48
III. Das TRIPS-Abkommen ... 49
IV. Der WIPO-Urheberrechtsvertrag ... 50
V. Richtlinie 2001/29/EG ... 52
1. Regelungen der Richtlinie 2001/29/EG ... 54
2. Kritische Betrachtung der Richtlinie ... 59
I. Richtlinie 2004/48/EG – Enforcement-Richtlinie ... 60
J. Entwicklung im Zuge des „Ersten Korbs“ ... 62
I. Gesetzesentwurf der Bundesregierung ... 63
II. Stellungnahme des Bundesrates ... 65
III. Erwiderung der Bundesregierung ... 66
IV. Weiteres Verfahren ... 67
K. Entwicklung im Zuge des „Zweiten Korbs“ ... 68
I. Fragebogen ... 68
II. Arbeitsgruppen ... 69
1. Arbeitsgruppe „Privatkopie“ ... 69
2. Arbeitsgruppe „54“ ... 70

III. Erster Referentenentwurf 71
1. Änderung des § 53 UrhG 71
2. Änderungen der §§ 54 ff. UrhG 73
3. Weitere Änderungen 74
4. Fazit des ersten Referentenentwurfs 74
IV. Zweiter Referentenentwurf 75
1. Änderung des § 53 UrhG 75
2. Änderungen der §§ 54 ff. UrhG 76
3. Weitere Änderungen 77
V. Regierungsentwurf 77
VI. Stellungnahme des Bundesrates 77
1. Kritik am § 53 UrhG des Regierungsentwurfs 78
2. Kritik an den §§ 54 ff. UrhG des Regierungsentwurfs 78
3. Kritik an § 13a Abs. 2 UrhWG des Regierungsentwurfs 80
VII. Beschlussempfehlung des Rechtsausschusses 80

Teil 3. Analysierung der Änderungen durch den „Ersten Korb" 83
A. Rechtslage vor dem „Ersten Korb" hinsichtlich der Privatkopie 83
I. Regelung der Privatkopie 83
II. Praktisch relevante Fragen 84
1. Vervielfältigungen von rechtswidrig erlangten Vorlagen 85
2. Vervielfältigungen von rechtswidrig hergestellten Vorlagen 85
B. Änderungen durch den „Ersten Korb" 89
I. Überblick über Normen neben der Privatkopieschranke 89
1. Einführung des § 19a UrhG 89
2. Das Vervielfältigungsrecht gem. § 16 UrhG 90
II. Die Zulässigkeit der Privatkopie gem. § 53 Abs. 1 UrhG 90
1. Privater Gebrauch 91
2. Beliebige Tonträger 91
3. Einzelne Vervielfältigungen 92
4. Herstellen durch einen anderen 92
5. Offensichtlich rechtswidrig hergestellte Vorlage 93
a) Begriffsklärung „Offensichtlichkeit" 95
b) Anzusetzender Maßstab 96
c) Zwischenergebnis 97
6. Ausnahmen für bestimmte Vervielfältigungen 97

III. Beurteilung der Neuregelung der Privatkopie in § 53 Abs. 1 UrhG anhand praktischer Überlegungen 98
1. Vervielfältigung im analogen Bereich 98
2. Vervielfältigung im digitalen Bereich............................. 99
a) Exkurs: Anwendbares Recht bei grenzüberschreitenden Sachverhalten...................... 99
b) Rechtmäßige Vorlage.. 102
c) Rechtswidrige Vorlage... 103
d) Zwischenergebnis.. 104
IV. Zusammenfassung und abschließende Betrachtung der neugefassten Privatkopieschranke.. 104
V. Technische Schutzmaßnahmen 105
1. Begriffsbestimmung und Funktionsweise technischer Schutzmechanismen/ Digital Rights Management Systeme............................ 105
a) Begriffsbestimmung.. 106
b) Funktionsweise der DRM-Systeme 107
2. Überblick über die einzelnen Regelungen 109
3. Entstehungsgeschichte der §§ 95a ff. UrhG.................. 109
4. Regelung des § 95a UrhG 111
a) Begriffsklärung: „Wirksamkeit" in § 95a UrhG.... 113
b) Begriffsklärung: „Umgehung" in § 95a UrhG....... 114
c) Rechtsfolgen bei Umgehung des § 95a Abs. 1 UrhG 115
(1) Strafrechtliche Rechtsfolgen........................ 115
(2) Zivilrechtliche Rechtsfolgen......................... 116
(a) Anspruch aus § 97 UrhG 116
(b) Rechtsfolgen außerhalb des UrhG......... 119
d) Rechtsfolgen für Vorbereitungshandlungen 120
5. Regelung des § 95b UrhG.. 121
6. Verfassungsmäßigkeit der §§ 95a, 95b UrhG............... 123
a) Verstoß gegen die Informationsfreiheit 123
b) Verstoß gegen die Eigentumsgarantie................... 128
7. Regelung des § 95c UrhG 129
8. Regelung des § 95d UrhG.. 130
9. Technischen Schutzmaßnahmen im Zusammenspiel mit der Privatkopie 131
10. Die §§ 95a ff. UrhG im Verhältnis zu den Zugangskontrollvorschriften 132

VI. Das Pauschalvergütungssystem 134
1. Rückblick 134
2. Das Pauschalvergütungssystem im „Ersten Korb“ 135
3. Pauschalvergütungssystem – ein Ausblick 137
C. Abschließende Gesamtbetrachtung der Neuregelungen 138

Teil 4. Analysierung der Änderungen durch den „Zweiten Korb“ 141
A. Die wichtigsten Änderungen im Überblick 141
B. Die Zulässigkeit der Privatkopie 142
I. Änderungen des 1. Absatzes 142
II. Weitere Änderungen 143
III. Durch die Reform nicht geregelte Inhalte 144
C. Straf- und zivilrechtliche Konsequenzen bei Verstößen gegen § 53 UrhG 145
I. Strafrechtliche Konsequenzen 146
1. Objektive Tatbestand des § 106 UrhG 146
2. Subjektive Tatbestand des § 106 UrhG 149
3. Tatsächliche Konsequenzen 150
II. Zivilrechtliche Konsequenzen 152
1. Auskunftsanspruch 152
a) Auskunftsanspruch vor Umsetzung der Enforcement-Richtlinie (vor dem 01.09.2008) 153
b) Vorratsdatenspeicherung – Umsetzung der Richtlinie 2006/24/EG zum 01.01.2008 154
(1) Vor Umsetzung der Richtline zur Vorratsdatenspeicherung 155
(2) Nach Umsetzung der Richtlinie zur Vorratsdatenspeicherung 157
(3) Die Entscheidung des Bundesverfassungsgerichts zur Vorratsdatenspeicherung vom 02.03.2010 159
c) Auskunftsanspruch nach Umsetzung der Enforcement-Richtlinie 164
(1) Tatbestandsvoraussetzungen eines Auskunftsanspruchs 165
(a) Gewerbliches Ausmaß der Rechtsverletzung 165
(b) Guter Glaube 170
(c) Verhältnismäßigkeit 171
(d) Offensichtliche Rechtsverletzung 171

(2) Ablauf eines Verfahrens nach § 101 Abs. 9 UrhG ... 171
(3) Verfahrenskosten ... 172
2. Abmahnung ... 174
3. Unterlassungsanspruch ... 176
a) Der Anschlussinhaber als Störer ... 176
(1) Nutzung durch Familienangehörige ... 177
(2) Ungesicherte WLAN-Netzwerke ... 179
b) Exkurs: Der Provider als Störer ... 182
4. Schadensersatzanspruch ... 185
a) Ersatz des entgangenen Gewinns ... 186
b) Herausgabe des vom Verletzer erzielten Gewinns ... 186
c) Schadensberechnung mit Hilfe der Lizenzanalogie ... 187
D. Neuregelung des Pauschalvergütungssystems ... 191
I. Exkurs: Rolle der Verwertungsgesellschaften ... 191
1. Entstehung und Entwicklung der Verwertungsgesellschaften ... 192
2. Die wichtigsten Verwertungsgesellschaften und ihre Aufgaben ... 192
II. Vergütungspflicht nach § 54 UrhG ... 196
1. Keine Begrenzung auf bestimmte Vervielfältigungsmöglichkeiten ... 196
2. Typische Benutzungsweise ... 197
a) Geräte i.S. des § 54 Abs. 1 UrhG ... 198
(1) Gerätekombination zwischen PC, Drucker und Scanner nach alter Rechtslage – Vergütungspflicht für den Scanner ... 199
(2) Gerätekombination aus PC und Drucker nach alter Rechtslage – keine Vergütungspflicht ... 199
(3) Keine Vergütungspflicht für PCs nach alter Rechtslage ... 200
(4) Keine Vergütungspflicht für Kopierstationen nach altem Recht ... 201
(5) Vergütungspflicht für das Betreiben von Fotokopiergeräten nach altem Recht ... 202

b) Speichermedien i.S. des § 54 Abs. 1 UrhG 203
c) Rechtslage nach Einführung des „Zweiten Korbs“ 203
III. Angemessene Vergütungshöhe nach § 54a UrhG 205
IV. Weitere Regelungen in den §§ 54 ff. UrhG 208
V. Festlegung der Vergütungssätze, §§ 13, 13a UrhWG 208
1. Verpflichtungen nach § 13a Abs. 1 UrhWG 209
2. Verpflichtungen nach § 13a Abs. 2 UrhWG 211
VI. Übergangsregelungen nach § 27 UrhWG 211
VII. Zusammenfassung und wertende Betrachtung der Neuregelungen zum Pauschalvergütungssystem 212
1. Änderungen in den §§ 54 ff. UrhG 213
2. Zusammenspiel des neuen Vergütungssystems mit den technischen Schutzmaßnahmen 216
VIII. Tatsächlich stattgefundene Einigungen zwischen den beteiligten Kreisen über Vergütungshöhen 217
1. Tarife für Multifunktionsgeräte, Drucker, Scanner und Faxgeräte 217
2. Tarife für unbespielte Bildtonträger und DVD-Rohlinge 218
3. Tarif für Mobiltelefone 219
4. Tarif für USB-Sticks und Speicherkarten 219

Teil 5. Verfassungsrechtliche Beurteilung der Privatkopie – Verfassungsbeschwerde gegen § 53 Abs. 1 UrhG 221

Teil 6. Gesamtbetrachtung und Ausblick 225
A. Gesamtbetrachtung in Thesenform 225
B. Ausblick 229

Literaturverzeichnis 233

Abkürzungsverzeichnis

a.A.	andere Ansicht
a.a.O.	am angegebenen Ort
a.E.	am Ende
a.F.	alte Fassung
abgedr.	abgedruckt
BGB	Bürgerliches Gesetzbuch
BGBl.	Bundesgesetzblatt
BGH	Bundesgerichtshof
BR-Drucks.	Deutscher Bundesrat Drucksache
BT-Drucks.	Deutscher Bundestag Drucksache
BVerfG	Bundesverfassungsgericht
BVerfGE	Bundesverfassungsgerichtsentscheidung
BVerwGE	Bundesverwaltungsgerichtsentscheidung
CD	Compact Disc
CD-ROM	Compact-Disc – Read Only Memory
DRM	Digital Rights Management
DRMS	Digital Rights Management System
DuD	Datenschutz und Datensicherheit
DVD	Digital Versatile Disc
EuZW	Europäische Zeitschrift für Wirtschaftsrecht
FS	Festschrift
GATT	General Agreement on Tariffs and Trade
GEMA	Gesellschaft für musikalische Aufführungs- und mechanische Vervielfältigungsrechte
GG	Grundgesetz
GRUR	Gewerblicher Rechtsschutz und Urheberrecht
GRUR Int.	Gewerblicher Rechtsschutz und Urheberrecht – Internationaler Teil –
GRUR-RR	Gewerblicher Rechtsschutz und Urheberrecht – Rechtsprechungs-Report –
GVL	Gesellschaft zur Verwertung von Leistungsschutzrechten
h.M.	herrschende Meinung
i.S.d.	im Sinne des
i.V.m.	in Verbindung mit
JZ	Juristenzeitung
K&R	Kommunikation & Recht
KG	Kammergericht

KOM	Europäische Kommission
Krit.	kritisch
KUG	Gesetz betreffend das Urheberrecht an Werken der bildenden Künste und der Photographie
LG	Landgericht
Lit.	Literatur
LUG	Gesetz betreffend das Urheberrecht an Werken der Literatur und der Tonkunst
MMR	Multimedia und Recht
n.F.	neue Fassung
NJW	Neue Juristische Wochenzeitschrift
NStZ	Neue Zeitschrift für Strafrecht
NVwZ	Neue Zeitschrift für Verwaltungsrecht
OLG	Oberlandesgericht
PatG	Patentgesetz
PC	Personal Computer
RBÜ	Revidierte Berner Übereinkunft zum Schutz von Werken der Literatur und Kunst
RdJB	Recht der Jugend und des Bildungswesens
RefE	Referentenentwurf
RegE	Regierungsentwurf
Rn.	Randnummer
Rspr.	Rechtsprechung
SACEM	Société des Auteurs, Compositeurs et Editeur de Musique
StPO	Strafprozessordnung
TDG	Teledienstegesetz
TKG	Telekommunikationsgesetz
TMG	Telemediengesetz
TRIPS	Agreement on Technical-Related Aspects of Intellectual Property Rights
UFITA	Archiv für Urheber-, Film-, Funk- und Theaterrecht
UrhG	Urheberrechtsgesetz
UrhWG	Gesetz über die Wahrnehmung von Urheberrechten und verwandten Schutzrechten
UWG	Gesetz gegen den unlauteren Wettbewerb
VG	Verwertungsgesellschaft
WCT	WIPO Copyright Treaty
WIPO	World Intellectual Property Organization
WPPT	WIPO Performance and Phonograms Treaty
WTO	World Trade Organization

WUA	Welturheberrechtsabkommen
www.	world wide web
ZKDSG	Zugangskontrolldiensteschutzgesetz
ZPÜ	Zentralstelle für private Überspielungsrechte
ZUM	Zeitschrift für Urheber- und Medienrecht

Teil 1. Einführung

Die Geschichte des Urheberrechts ist die Geschichte seiner permanenten Anpassung an neue Technologien. Für alle technischen Neuerungen – von der Schallplatte über den Rundfunk bis zum Computerprogramm – hat der Gesetzgeber Lösungen gefunden. Allerdings wurden diese zeitlich gesehen erst nach dem technischen Fortschreiten und den damit verbundenen neuen Nutzungsmöglichkeiten für die Verbraucher in gesetzlichen Regelungen zum Schutze der Urheber ausgearbeitet. Diese zeitlich versetzten Entwicklungen brachten und bringen oftmals Schwierigkeiten sowohl für die Urheber als auch für die Nutzer urheberrechtlich geschützter Werke mit sich.

„Das Recht bleibt hinter dem jeweiligen Stand der sozialen und ökonomischen Wirklichkeit zurück, Gesetzesreformen sind daher im Zeitpunkt ihres Inkrafttretens regelmäßig bereits durch die Weiterentwicklung überholt“[1].

Diese Aussage könnte treffender für das Urheberrecht nicht formuliert werden. Oft werden wir uns in dieser Arbeit an diesen Satz erinnern. Unsere Wissensgesellschaft wird von dem unaufhörlichen Drang nach neuen Informationsquellen getrieben. Der dadurch verursachte technische Fortschritt ist zu schnell, als dass der Gesetzgeber mit diesem Tempo immer Schritt halten könnte. Die Privatkopie, eine der wohl am interessantesten und umstrittensten Vorschriften im deutschen Urheberrechtsgesetz, spiegelt diese Problematik stets wieder.

Diese Dissertation soll einen Beitrag leisten, die Privatkopie als urheberrechtliche Schrankenregelung insbesondere in Hinblick auf die neueren gesetzlichen Entwicklungen näher zu beleuchten. Dafür ist es unerlässlich, das Regelungsgefüge der Schrankenbestimmungen im Allgemeinen sowie die historische Entwicklung des Urheberrechts unter besonderer Berücksichtigung der Privatkopie zu untersuchen.

Schwerpunktmäßig befasst sich die Arbeit jedoch mit den gesetzlichen Änderungen betreffend die Privatkopie durch Einführung des „Ersten Korbs“ und des „Zweiten Korbs“ sowie mit der Umsetzung der Enforcement-Richtlinie. Im besonderen Maße sind hier nicht nur die Änderungen und ihre Auswirkungen in § 53 UrhG interessant, sondern auch diejenigen in §§ 54 ff. UrhG betreffend das Vergütungssystem sowie die Einführung des Systems technischer Schutzmaßnahmen in §§ 95a ff. UrhG. Darüber hinaus bildet die Untersuchung der straf- und zivilrechtlichen Konsequenzen bei Verstößen gegen § 53 Abs. 1 UrhG in der Fassung vom 1.1.2008 einen weiteren Schwerpunkt der Arbeit.

---

1 Dietz, GRUR 1978, 457 (457); Kolle, GRUR Int. 1975, 201 (213).

A. Fragestellungen der Arbeit und Gang der Untersuchung

Teil 1 gibt einen Überblick über die Schrankenregelungen im Allgemeinen, deren Sinn und Zweck sowie rechtliche Charakterisierung. In Teil 2 wird die historische Entwicklung des Urheberrechts unter besonderer Berücksichtigung der Entwicklung der Privatkopie bis heute nachgezeichnet. Dabei wird versucht, auch durch den Rückblick auf die Regelungen insbesondere nach dem Zweiten Weltkrieg, einen Gesamtüberblick über die Privatkopie herzustellen. Von besonderer Bedeutung werden in diesem Teil vor allem die Einflüsse internationaler Abkommen und des Gemeinschaftsrechts auf das Urheberrecht sowie die Entwicklung der Privatkopie in Deutschland insbesondere die Entwicklungen bei der Umsetzung des „Ersten Korbs“ und des „Zweiten Korbs“ sein. Vor diesem Hintergrund folgt in Teil 3 und 4 die Analysierung der Änderungen durch den „Ersten Korb“ und durch den „Zweiten Korb“. Bei der Analysierung des „Ersten Korbs“ in Teil 3 steht die Ausgestaltung der Zulässigkeit der Privatkopie nach § 53 Abs. 1 UrhG im Vordergrund. In diesem Teil wird zudem ein großes Augenmerk auf die neu eingeführten Regelungen zu technischen Schutzmaßnahmen nach den §§ 95a ff. UrhG, deren Entstehung und Ausgestaltung gelegt. Grund hierfür ist, dass erstmals wirksame technische Maßnahmen der Rechteinhaber gegen Umgehung durch die Novellierung im Zuge des „Ersten Korbs“ unter den Schutz des Urheberrechts gestellt werden. In Teil 4 beleuchtet die Änderung durch die Umsetzung des „Zweiten Korbs“ näher. Auch hier wird wiederum zunächst auf die Änderung der Zulässigkeit der Privatkopie selbst eingegangen. Darüber hinaus bilden im 4. Teil die straf- und zivilrechtlichen Konsequenzen bei Verstößen gegen § 53 UrhG – vor und nach der Umsetzung der Enforcement-Richtline – sowie die Neuregelung des Pauschalvergütungssystems weitere Schwerpunkte. Teil 5 befasst sich mit der verfassungsrechtlichen Beurteilung der Privatkopie unter Berücksichtigung der Rechtsprechung des Bundesverfassungsgerichts. Teil 6 fasst zunächst die Ergebnisse in Form von Thesen zusammen und gibt abschließend einen Ausblick in die Zukunft der Privatkopie.

B. Schrankenregelungen des Urheberrechtsgesetzes

I. Funktion der Schrankenregelungen

Die Schrankenbestimmungen des Urheberrechts dienen dem Ausgleich der Interessen der Urheber und Rechteinhaber einerseits und denen der Allgemeinheit also der Nutzer andererseits[2]. Ein Ziel des angestrebten Interessenausgleichs ist dabei die Kreativitätsförderung beider Seiten. Das Urheberrecht unterliegt als verfassungsrechtlich geschütztes Eigentum i.S.v. Art. 14 Abs. 1 S. 1GG einer Inhaltsbestimmung des Gesetzgebers[3]. Dieser hat bei der Ausgestaltung der Schrankenbestimmungen die Sozialpflichtigkeit des Eigentums zu berücksichtigen. Die Eigentumsinteressen der Urheber müssen daher mit Zugangs- und Nutzungsinteressen der Endnutzer in Ausgleich gebracht werden. Auch § 53 UrhG erfüllt diese Funktion.

1. Bedeutung des Urheberrechts

Das Urheberrecht ist ein Immaterialgüterrecht, also ein absolutes, gegenüber jedermann geltendes Herrschaftsrecht an einem geistigen Gut, das die Rechtsordnung einer konkreten Person zugeordnet und damit als Rechtsobjekt verfügbar gemacht hat[4].

Zum Ausdruck kommt dies in § 11 S. 1 UrhG. Diese Bestimmung enthält den allgemeinen Grundsatz, dass der Urheber als Werkschöpfer in seinen ideellen Beziehungen zu seinem Werk und in der Nutzung seines Werkes durch das Urheberrecht geschützt ist[5]. Der Urheberschutz ist umfassend zu verstehen, er betrifft gerade auch in wirtschaftlicher Hinsicht die dem Urheber zustehenden Nutzungen seines Werkes[6]. Die Sicherung einer angemessenen Vergütung folgt aus § 11 S. 2 UrhG.

Um den Schutzzweck des Urheberrechtsgesetzes erfüllen zu können, werden dem Urheber, neben dem Urheberpersönlichkeitsrecht mit seinen in §§ 12 ff. UrhG aufgeführten Einzelbefugnissen, in §§ 15 ff. UrhG ausschließliche Verwertungsrechte zugewiesen. Diese ermöglichen dem Urheber die Kontrolle über die Werkverwertung und räumen ihm damit Nutzungsrechte ein, um das Werk gegen Zahlung eines Entgelts verwerten zu können[7]. Nach § 15 UrhG steht dem

---

2 Dreier, in: Dreier/Schulze, UrhG, Vorb. § 44a ff. Rn. 1.

3 Dreier, in: Dreier/Schulze, UrhG, Vorb. § 44a ff. Rn. 1; Lüft, in: Wandtke/Bullinger, UrhG, Vorb. §§ 44a ff. Rn. 1.

4 Badura, in: Festschrift f. Maunz 1981, 1 (3); Schack, UrhR, S. 10 Rn. 21 ff.; Stieper, Rechtfertigung, Rechtsnatur, Disponibilität der Schranken des Urheberrechts, S. 5.

5 Schulze, in: Dreier/Schulze, UrhG, § 11 Rn. 1 ff.

6 Kroitsch, in: Möhring/Nicolini, UrhG, § 11 Rn. 3; Schulze, in: Dreier/Schulze, UrhG, § 11 Rn. 8.

7 Badura, in: Festschrift f. Maunz 1981, 1 (2); Kirchhof, in: Festschrift f. Zeidler 1987, 1639 (1654); Schricker/Katzenberger, GRUR 1985, 87 (90); Schulze, in: Dreier/Schulze, UrhG, § 15 Rn 3. Der grundsätzlich umfassende Schutz wirtschaftlicher Interessen der Urheber ist mehrfach durch das Bundesverfassungsgericht bestätigt worden. Rich-

Urheber das ausschließliche Recht zu, sein Werk in körperlicher (Abs. 1) wie auch unkörperlicher Form (Abs. 2) verwerten zu können. Die ausschließliche Verwertungsbefugnis beinhaltet folglich sowohl die positive Nutzungsbefugnis, mit dem Werk nach Gutdünken zu verfahren, insbesondere es zu verwerten, als auch ein negatives Verbietungsrecht, Dritte von der Nutzung auszuschließen[8].

2. Ausgestaltung der Schrankenbestimmungen

Besondere Bedeutung für die Legitimation der Schrankenbestimmungen kommt dem Verfassungsrecht zu, welches dem Gesetzgeber für die Ausgestaltung der Schranken einen verbindlichen Rahmen vorgibt[9].

Das Urheberrecht ist als absolutes Recht im Hinblick auf seine vermögenswerten Bestandteile als geistiges Eigentum in seinem Kernbestand durch Art. 14 Abs. 1 S. 1 GG verfassungsrechtlich geschützt[10].

Der Begriff des Eigentums ist kein absoluter und vorgegebener Begriff[11]. Inhalt und Funktion des Eigentums bedürfen der Anpassung an die gesellschaftlichen und wirtschaftlichen Verhältnisse[12]. Hieraus ergibt sich, dass die Verfassung dem Gesetzgeber die Aufgabe übertragen hat, den Inhalt und die Schranken des Eigentums unter Beachtung der grundlegenden verfassungsrechtlichen Wertentscheidungen zu bestimmen (Art. 14 Abs. 1 S. 2 GG)[13]. Er muss sowohl der grundgesetzlichen Anerkennung des Privateigentums durch Art. 14 Abs. 1 S. 1 GG als auch der Sozialpflichtigkeit des Eigentums Rechnung tra-

tungweisend sind hierfür die Entscheidungen „Kirchen- und Schulgebrauch" (BVerfGE 31, 229) und „Kirchenmusik" (BVerfGE 49, 382).

8 Schulze, in: Dreier/Schulze, UrhG, § 11 Rn. 6; Stieper, Rechtfertigung, Rechtsnatur, Disponibilität der Schranken des Urheberrechts, S. 6.

9 Vgl. BVerfGE 31, 270 (273) – Schulfunksendungen.

10 Grundlegend BVerfG GRUR 1972, 481 (BVerfGE 31, 229 (238)) – Kirchen- und Schulgebrauch; ebenso zum Leistungsschutzrecht des Tonträgerherstellers BVerfG GRUR 1990, 183 (BVerfGE 81, 12 (16)) – Vermietungsvorbehalt; zum Leistungsschutzrecht des ausübenden Künstlers BVerfG GRUR 1990, 438 (BVerfGE 81, 208 (219)) – Bob Dylan. Art. 5 Abs. 3 GG gewährleistet sowohl den „Werkbereich" als auch den „Wirkbereich" künstlerischer Entfaltung, allerdings nicht auch die wirtschaftliche Verwertung des Kunstwerks. Die wirtschaftliche Verwertung bzw. vermögensrechtliche Zuordnung und Sicherung des wirtschaftlichen Wertes eines Kunstwerks obliegt der Eigentumsgarantie des Art. 14 GG. Vgl. hierzu BVerfGE 31, 229 (239 f.) – Kirchen-und Schulgebrauch; sowie Scholz, in: Maunz/Dürig, GG, Art. 5 Abs. 3 GG.

11 Dreier, in: Dreier/Schulze, UrhG, Einl. Rn. 39.

12 Dreier, in: Dreier/Schulze, UrhG, Einl. Rn. 39.

13 BVerfG NJW 1969, 309 (309); BVerfG NJW 1971, 2163 (2163); vgl. auch Dreier, in: Dreier/Schulze, UrhG, Einl. Rn. 39.

gen[14]. Das bedeutet, dass sowohl die Individualbelange der Urheber, wie z.B. die Ausgestaltung ihrer vermögenswerten Rechte zu sichern sind, als auch die individuellen Berechtigungen und Befugnisse, die im Interesse des Gemeinwohls bestehen, gleichermaßen Berücksichtigung finden müssen[15].

Das umfassende Ausschließlichkeitsrecht des Urhebers ist daher zugunsten der Allgemeinheit einzuschränken. Dies erfolgt durch die Schranken der §§ 44a ff. UrhG, die nur die einzeln aufgezählten Nutzungen gestatten. Das dem Urheber vom Gesetz eingeräumte Ausschließlichkeitsrecht mit den ihm angegliederten Schrankenbestimmungen ist damit das Ergebnis einer vom Gesetzgeber bereits vorgenommenen Abwägung zwischen den Interessen des Urhebers an einer möglichst umfassenden und uneingeschränkten Ausschließlichkeitsbefugnis und den Interessen der Allgemeinheit an einem möglichst unbeschränkten Zugang und Nutzung des urheberrechtlich geschützten Werkes[16].

Die vom Gesetzgeber geschaffenen Schranken des Urheberrechts stellen Inhalts- und Schrankenbestimmungen im Sinne des Art. 14 Abs. 1 S. 2 GG dar und sind als Ausdruck der Sozialpflichtigkeit des geistigen Eigentums am Verhältnismäßigkeitsgrundsatz zu messen[17]. Ausgehend von dem Gedanken, dass der Urheber selbst bei seinem geistigen Schaffen von den Leistungen seiner Vorgänger profitiert, wird es ihm auch im Interesse der Allgemeinheit zugemutet, einen verhältnismäßig geringfügigen Eingriff in sein ausschließliches Verwertungsrecht hinzunehmen, soweit diese Einschränkung der Förderung des kulturellen Lebens dient[18]. Das bedeutet, dass die Beschränkung des Ausschließlichkeitsrechts zur Förderung eines schutzwürdigen Interesses der Allgemeinheit geeignet, erforderlich und angemessen sein muss. Darüber hinaus ist eine Einschränkung des Ausschließlichkeitsrechts des Urhebers nicht mehr gerechtfertigt[19].

Das Urheberrecht dient demnach sowohl dem Urheber, indem es seine materielle Unabhängigkeit sichert, als auch der Allgemeinheit, indem es die freie geistige Auseinandersetzung und die Verbreitung von Wissen und Ideen in der Bevölkerung ermöglicht und fördert. Die Schranken in den §§ 44a ff. UrhG so-

---

14 BVerfGE 37, 132 (140); BVerfGE 102, 1 (16f.); vgl. hierzu auch Grzeszick, ZUM 2007, 344 (349).

15 BVerfG GRUR 1972, 481 (483) (BVerfGE 49, 382 (394)) – Kirchenmusik; ebenso zum Patentrecht BVerfG (K) GRUR 2001, 43 (44) – Klinische Versuche.

16 Dreier, in: Dreier/Schulze, UrhG, Einl. Rn. 41 u. Vorb. §§ 44a ff. Rn. 1.

17 BVerfGE 31, 229 (240 u. 243ff.) – Kirchen- und Schulgebrauch; Geerlings, GRUR 2004, 207 (209); BGH GRUR 1997, 459 (463).

18 BGH GRUR 1987, 362 (363); Ulmer, GRUR Int. 1968, 1 (7).

19 Vgl. hierzu auch Stieper, Rechtfertigung, Rechtsnatur, Disponibilität der Schranken des Urheberrechts, S. 43.

wie die außerhalb des sechsten Abschnittes eingefügten speziellen Schrankenregelungen in den §§ 69d, 69e und 87c UrhG bilden somit die Beschränkung des Ausschließlichkeitsrechts des Urhebers hinsichtlich der Verwertung seiner Werke, die der Gesetzgeber im Rahmen seiner Befugnisse vorgenommen hat[20].

II. Arten der Schrankenbestimmungen

Die Schranken kommen im deutschen Urheberrecht in unterschiedlichen Ausprägungen vor. Die verschiedenen Ausgestaltungen ermöglichen es dem Gesetzgeber das Ausschließlichkeitsrecht des Urhebers unterschiedlich stark einzuschränken, um das Interesse der Allgemeinheit gegenüber den Interessen der Urheber und Rechteinhaber hinreichend zu berücksichtigen[21]. Allerdings ist Schranke nicht gleich Schranke. Unterschiede ergeben sich vielmehr daraus, dass die Zulässigkeit einer Nutzungshandlung an die Voraussetzungen einer Entschädigung geknüpft sein kann oder auch nicht[22]. Das deutsche Urheberrecht kennt dreierlei Arten von Schranken:

Zunächst besteht die Möglichkeit, den Urheber im Wege der Zwangslizenz[23] zu verpflichten, seine Zustimmung zu angemessenen Bedingungen zu erteilen[24]. Die einzige Zwangslizenz ist in § 42a UrhG zugunsten der Tonträgerhersteller eingerichtet.

Des Weiteren sieht das Urheberrecht in bestimmten Fällen gesetzliche Lizenzen vor. Dabei ist die Nutzungshandlung unter den gegebenen Voraussetzungen der jeweiligen Schranken in jedem Fall an die Bezahlung einer Vergütung gekoppelt. Diese ist frei aushandelbar oder aber gesetzlich festgelegt. Der Vergütungsanspruch kann darüber hinaus gegebenenfalls zwingend nur durch eine Verwertungsgesellschaft wahrgenommen werden[25]. Das Modell der gesetzlichen Lizenz ist das am häufigsten verwendete im deutschen Urheberrechtsgesetz. Es erscheint überall dort geeignet, wo aufgrund der besonderen Vielzahl urheberrechtsrelevanter Vorgänge und der Unüberschaubarkeit der Nutzer eine Aushandlung einzelner Verträge nicht mehr möglich ist[26]. Dies ist unter ande-

---

20 BGH GRUR 2001, 51 (21).

21 Dreier, in: Dreier/Schulze, UrhG, Vorb. §§ 44a ff. Rn. 11.

22 Hilty, GRUR 2005, 819 (821); Rehbinder, Urheberrecht, S. 173 Rn. 432.

23 Vgl. hierzu Rehbinder, Urheberrecht, S. 174 Rn. 434.

24 Dreier, in: Dreier/Schulze, UrhG, Vorb. §§ 44a ff. Rn. 11.

25 Dreier, in: Dreier/Schulze, UrhG, Vorb. §§ 44a ff. Rn. 11; Hilty, GRUR 2005, 819 (821); Rehbinder, Urheberrecht, S. 173 Rn. 432.

26 Dreier, in: Dreier/Schulze, UrhG, Vorb. §§ 44a ff. Rn. 14.

rem der Fall bei der Vergütung einer Vervielfältigung zum privaten und sonstigen eigenen Gebrauch nach §§ 53, 54 ff. UrhG.

Den größten Einschnitt stellt die Freistellung für den Urheber dar. Hierbei erklärt das Urhebergesetz eine Nutzungshandlung für zustimmungs- und vergütungsfrei[27]. Das Verwertungsrecht des Urhebers wird praktisch aufgehoben. Ein solcher Eingriff in das Ausschließlichkeitsrecht des Urhebers ist nur dann gerechtfertigt, wenn das Bestehen des Ausschließlichkeitsrechts in bestimmten Fällen unangemessen und unpraktisch wäre. Darüber hinaus auch dann, wenn das Interesse des Urhebers, möglichst an jeder Verwertung seines Werkes beteiligt zu werden, ausnahmsweise hinter den schutzwürdigen Belangen der Allgemeinheit zurücktreten muss[28]. Im deutschen Urheberrechtsgesetz ist dies z.B. der Fall bei der Verwendung geschützter Werke zu Zwecken der Rechtspflege und öffentlichen Sicherheit nach § 45 UrhG.

III. Auslegung der Schrankenbestimmungen

Der Ausgleich der sich gegenüberstehenden Interessen, der durch die Schranken des Urheberrechtsgesetzes herbeigeführt werden soll, ist auch für die Frage interessant, inwieweit die bestehenden Schrankenbestimmungen einer erweiterten Auslegung durch die Rechtsprechung zugänglich sind. Eine variierende Auslegung der Schrankenbestimmung hat die Konsequenz, dass die Grenze zwischen dem Ausschließlichkeitsrecht des Urhebers und der Handlungsfreiheit der Nutzer verschoben wird[29].

1. Systematische Einordnung als „Ausnahme“ oder „Schranke“

Für die Auslegung der Schrankenbestimmungen könnte die Frage nach ihrer systematischen Einordnung als „Ausnahme“ oder als „Schranke“ einen Anhaltspunkt geben.

Eine Charakterisierung der Schranken als „Ausnahmen“ würde eine enge Auslegung der urheberrechtlichen Schrankenbestimmungen gebieten. Der Begriff der „Ausnahme“ beinhaltet eine gewisse Wertung und impliziert somit eine Art Rangverhältnis[30]. Daraus wird die Schlussfolgerung gezogen, dass eine enge Auslegung der Schranken sich nur rechtfertigen lässt, soweit es sich bei einer

---

27 Dreier, in: Dreier/Schulze, UrhG, Vorb. §§ 44a ff. Rn. 11; Rehbinder, Urheberrecht, S. 174 Rn. 435.

28 Dreier, in: Dreier/Schulze, UrhG, Vorb. §§ 44a ff. Rn. 15.

29 Hierzu Stieper, Rechtfertigung, Rechtsnatur, Disponibilität der Schranken des Urheberrechts, S. 63.

30 Geiger, GRUR Int. 2008, 459 (461).

Schrankenbestimmung in rechtlicher Hinsicht um eine „Ausnahme" zum Ausschließlichkeitsrecht handelt[31].

In den WIPO-Verträgen[32], im TRIPS-Abkommen[33], sowie in der Richtlinie 2001/29/EG zur Harmonisierung des Urheberrechts wird sowohl der Begriff der „Ausnahme" als auch derjenige der „Schranke" verwendet. Auch die daraufhin folgende Umsetzung in den Mitgliedsstaaten der Europäischen Union führte zu keiner einheitlichen Verwendung nur eines Begriffs. So spricht das deutsche Urheberrecht von dem Begriff „Schranke", hingegen wird in Frankreich der Begriff „Ausnahme" verwendet. Dies lässt darauf schließen, dass gerade keine Entscheidung hinsichtlich eines Begriffs getroffen werden wollte und es sich daher um zwei dahinterstehende unterschiedliche Bedeutungen der Beschränkung handelt[34]. Für die Beantwortung der Frage, ob es sich bei den Begrenzungen des Urheberrechts um „Schranken" oder um „Ausnahmen" handelt, soll deren Funktion innerhalb des Urheberrechts genauer beleuchtet werden.

Ein Ziel der Schrankenbestimmungen ist die Kreativitätsförderung. Allerdings ist dieses Ziel zugleich Ziel der Verwertungsrechte[35]. Auf der einen Seite wird dem Schöpfer eines Werkes rechtlicher Schutz für sein Werk gewährt. Damit nimmt er eine besondere Rolle innerhalb des Systems des Urheberrechtsgesetzes ein. Auf der anderen Seite werden der Allgemeinheit Freiräume gewährt, die die kreative Nutzung von bestehenden Werken ermöglichen soll. Des Weiteren werden diese Nutzungen zumeist[36] nicht unentgeltlich, sondern vielmehr gegen eine angemessene Vergütung erlaubt. Dieser Gedanke soll zusätzlich zur Kreativitätsförderung der Urheber beitragen. Nur wenn ein Urheber auch angemessen für seine Arbeit entlohnt wird, wird er sich gänzlich auf diese konzentrieren können. Daher können die Begrenzungen des Urheberrechts, abhängig von ihrer konkreten Ausgestaltung, geeignete Instrumente darstellen, um einen angemessenen Interessenausgleich zwischen den Urhebern und den Nutzern herzustellen.

---

31 Vgl. Geiger, GRUR Int. 2008, 459 (461).

32 WIPO = World Intellectual Property Organization.

33 Das TRIPS-Abkommen ist ein besonderes Abkommen über handelsbezogene Aspekte der Rechte an geistigem Eigentum, einschließlich des Handels mit Nachahmungen und Fälschungen, welches mit der Schaffung der Welthandelsorganisation 1994 geschlossen wurde.

34 Geiger, GRUR Int. 2004, 815 (818).

35 Geiger, GRUR Int. 2008, 459 (462).

36 Ausnahmen stellen nur die Schrankenbestimmungen dar, die zustimmungs- und vergütungsfrei gewährleistet werden. Vgl. hierzu Teil 1 Punkt B II. „Arten der Schrankenbestimmungen", S. 6 f.

Aufgrund dieser Betrachtungsweise kann man davon ausgehen, dass sich die Interessen der Urheber und Nutzer in gleicher Weise gegenüberstehen. Um Ausnahmevorschriften würde es sich bei den Schrankenbestimmungen des Urheberrechtsgesetzes hingegen nur handeln, wenn die Schrankensystematik Ausdruck eines gesetzgeberischen Willens zugunsten möglichst umfassender Verwertungsrechte des Urhebers wäre[37]. Wie gezeigt, trägt das Urheberrecht allerdings nicht nur den Interessen der Urheber, sondern auch der Allgemeinheit Rechnung. Es ist kein einseitiger Schutz des Urhebers gewollt, sondern ein gerechter Interessenausgleich.

Demnach kann es sich bei den Beschränkungen nicht um „Ausnahmen“ zum Ausschließlichkeitsrecht des Urhebers handeln, sondern eher um Rechtstechniken, die den Inhalt und die Grenzen des Rechts näher bestimmen[38]. Schranken verdeutlichen damit, welche Nutzungsmöglichkeiten gerade nicht mehr erfasst werden.

2. Meinungsstand zur Auslegung

Rechtsprechung wie auch Literatur sind lange Zeit davon ausgegangen, dass die urheberrechtlichen Schrankenbestimmungen grundsätzlich eng auszulegen seinen[39]. Dies folgte aus dem Umstand, dass der Urheber an dem wirtschaftlichen Erfolg seines Werkes geboten und angemessen zu beteiligen ist und somit seine Ausschließlichkeitsrechte an der Werkverwertung nicht übermäßig beschränkt werden dürfen[40]. Für eine analoge Anwendung der Schrankenbestimmungen besteht nach Auffassung der Rechtsprechung kein Raum[41]. Ein weiterer Grund für die enge Auslegung der Schranken war die Berufung auf die Vorstellungen des historischen Gesetzgebers, der bei der Ausgestaltung der Schrankenbestimmungen viele Nutzungsmöglichkeiten noch nicht vorhersehen konnte. Die Normierung der betreffenden Schranken könnte zwar als Auslegungskriterium berücksichtigt werden, allerdings sind nach der heute herrschenden objektiven Auslegungstheorie aber objektiv-teleologische Kriterien entscheidend, auch wenn sie dem Gesetzgeber nicht voll bewusst gewesen sind[42].

---

37 Vgl. Stieper, Rechtfertigung, Rechtsnatur, Disponibilität der Schranken des Urheberrechts, S. 67.

38 Geiger, GRUR Int. 2008, 459 (461).

39 BGH GRUR 1983, 562 (564); BGH GRUR 1997, 459 (463); BGH GRUR 2001, 51 (52); krit. zur engen Auslegung Kröger, MMR 2002, 18; vgl. zur engen Auslegung auch Rehbinder, Urheberrecht, S. 174 f. Rn. 435.

40 BGH GRUR, 2001, 51 (52); BGH GRUR 2002, 963 (966).

41 A.A. hingegen Raue, in: Festschrift f. Nordemann 2004, 327 (329).

42 Larenz/Canaris, Methodenlehre, S. 336.

In neueren Urteilen hält der BGH zwar weiterhin grundsätzlich an der engen Auslegung zur Sicherung der möglichst weitgehenden Beteiligung der Urheber an ihren Verwertungsrechten fest, es ist aber auch mehr und mehr eine Öffnung hin zu einer erweiterten Auslegung zu beobachten. In Einzelfällen kann also von der grundsätzlich abschließenden Güterabwägung der Schrankenbestimmungen abgewichen werden[43]. Besteht beispielsweise an der Wiedergabe eines geschützten Werkes ein gesteigertes öffentliches Interesse, ist dies bei der Auslegung der Schrankenbestimmungen zu berücksichtigen und kann im Einzelfall dazu führen, dass die enge am Wortlaut orientierte Auslegung einer großzügigeren, der verfassungsrechtlich geschützten Position des Nutzers Rechnung tragenden Interpretation weichen muss[44]. So hat der BGH in seiner Entscheidung „Elektronischer Pressespiegel" ausgeführt, dass, soweit an die Stelle einer privilegierten Nutzung eine neue Form tritt, im Einzelfall zu prüfen sei, ob auf der einen Seite der verfassungsrechtlich verankerte Beteiligungsgrundsatz und auf der anderen Seite der mit der Schrankenbestimmung verfolgte Zweck, eine weitergehende Auslegung der fraglichen Bestimmung erlaube[45]. Deutlich werde bereits mit Blick auf die Praxis im Rahmen des Privilegierungstatbestandes des § 53 UrhG, der sich nicht alleine an den technischen Gegebenheiten, die der Gesetzgeber bei Einführung der Bestimmung vor Augen hatte, orientiere, dass die Anwendung der Schrankenbestimmungen gerade nicht notwendig auf technische Sachverhalte beschränkt sei, die bei Schaffung des jeweiligen Privilegierungstatbestands schon bekannt waren. Auch wenn 1965 digitale Speichermöglichkeiten nicht bekannt waren, werden Vervielfältigungen zum privaten und sonstigen eigenen Gebrauch als privilegiert angesehen, auch wenn es sich um digitale handelt; entsprechend werden die Vergütungsansprüche auf diese parallelen Nutzungsformen ausgeweitet[46].

Soweit den Schranken ein verallgemeinerungsfähiger Ansatz zu Grunde liegt, kann auch eine analoge Anwendung für geboten erachtet werden[47]. Voraussetzungen hierfür seien, dass das Gesetz eine Regelungslücke aufweise und dass der Sinn und Zweck der Vorschrift eine Analogie ebenfalls geboten erscheinen lasse[48]. Nach Ansicht der Rechtsprechung ist jedoch kein Raum für

43 BGH GRUR 2002, 605 (606).

44 BVerfG NJW 2001, 598 (598); BGH GRUR 2002, 605 (606); BGH GRUR 2003, 956 (957).

45 BGH GRUR 2002, 963 (966).

46 Vgl. hierzu auch BGB GRUR 2002, 963 (966).

47 BGH GRUR 1987, 362 (363).

48 BGH GRUR 1987, 362 (363).

eine außerhalb der Schrankenbestimmungen und urheberrechtlichen Verwertungsbefugnisse liegende allgemeine Güter- und Interessenabwägung gegeben[49].

Insgesamt ist heute eine Öffnung der Schrankenbestimmungen auch für ihre Anwendung auf neue technische Sachverhalte zu beobachten[50]. Im Rahmen der neuen Grundsätze sind keine starren Grenzen gesetzt. Tritt an die Stelle einer privilegierten Nutzung eine neue Form, so ist im Einzelfall zu prüfen, ob die widerstreitenden Interessenlager im Rahmen des mit der Schrankenregelungen verfolgten Zwecks eine erweiterte Auslegung ermöglichen[51].

IV. Rechtsnatur der Privatkopie

Die Frage nach der Rechtsnatur der Privatkopie als Beschränkung des Urheberrechts hat durchaus praktische Relevanz, ist aber bislang nicht abschließend beantwortet worden[52]. Vor allem hat die Definition der Rechtsnatur Konsequenzen hinsichtlich der Bewertung der Frage[53], ob die Schranken eigene subjektive Rechte der Nutzer darstellen oder als reine Nutzungsgestattungen zu qualifizieren sind[54]. Die Nutzer halten in diesem Zusammenhang ein „Recht auf Privatkopie", abgeleitet aus der Vervielfältigungsfreiheit zum privaten Gebrauch nach § 53 Abs. 1 UrhG, für gegeben.

Die Gewährung der Schrankenregelung der Privatkopie im deutschen Urheberrecht zu Gunsten der Nutzer erfolgt aufgrund ihrer Grundrechte, insbesondere der Meinungsfreiheit, Informations- und Kunstfreiheit. Hiermit soll ein gerechter Ausgleich zwischen den Interessen der Urheber auf der einen und denen der Nutzer auf der anderen Seite gefunden werden. Dieser Ausgleich hat durch die Schrankenregelung, die vom Gesetzgeber eingeführt wurde, bereits Einzug in das Urheberrecht gefunden. Vor diesem Hintergrund ist es problematisch, inwieweit die urheberrechtliche Schrankenbestimmung als subjektives Recht der Nutzer gedeutet werden kann.

---

49 BGH GRUR 2003, 956 (957).

50 Dreier, in: Dreier/Schulze, UrhG, Vorb. §§ 44a ff. Rn. 7.

51 BGH GRUR 2002, 963 (966).

52 Geiger, GRUR Int. 2004, 815 (816); Geiger, GRUR Int. 2008, 459 (460).

53 In anderen europäischen Ländern ist dies zumeist eine viel diskutierte Frage. Überwiegend wird die Ansicht vertreten, dass nur dem Urheber Rechte zukommen. Begründet wird dies damit, dass der Urheber allein im Mittelpunkt des Urheberrechtsgesetzes steht und somit ein gewisses Hierarchieverhältnis zu seinen Gunsten entsteht, welches lediglich ihm Rechte gewährt und nicht den Nutzern. Vgl. hierzu Geiger, GRUR Int. 2004, 815 (817), auch Haller, Urheberrechtsschutz in der Musikindustrie, S. 154 f.

54 Geiger, GRUR Int. 2004, 815 (816).

Die Frage, ob das Urheberrecht dem Nutzer ein subjektives Recht, insbesondere ein „Recht auf Privatkopie", einräumt oder die Schrankenbestimmung dem Urheber lediglich die Möglichkeit nimmt, gewisse Nutzungshandlungen aufgrund des Ausschließlichkeitsrechts zu verbieten, ist Gegenstand der weiteren Betrachtung.

Es gibt dem Grunde nach zwei Möglichkeiten ein subjektives Recht der Nutzer zu konstruieren[55]. Zum einen könnten die gesetzlichen Schranken das Ausschließlichkeitsrecht des Urhebers zugunsten des jeweils privilegierten Nutzers mit einem aus dem Urheberrecht abgeleiteten Nutzungsrecht belastet werden. Zum anderen könnte aber auch ein unabhängiges, neben dem Urheberrecht bestehendes Recht des Nutzers konstruiert werden, welches durch die entsprechenden Beschränkungen des Ausschließlichkeitsrechts des Urhebers lediglich anerkannt und durchgesetzt wird[56].

1. Abgeleitetes Nutzungsrecht

a) Rechtsgeschäftlich eingeräumtes Nutzungsrecht

Nach § 31 UrhG besteht grundsätzlich die Möglichkeit der Einräumung eines Nutzungsrechts durch den Urheber. Im Wege der Rechtseinräumung wird über das Nutzungsrecht verfügt, hierfür ist eine rechtsgeschäftliche Einräumung nach §§ 398, 413 BGB erforderlich[57]. Für die Vermutung einer rechtsgeschäftlichen Nutzungseinräumung müssten sich die Freistellungen bestimmter Werknutzungen vom Ausschließlichkeitsrechts des Urhebers im Rahmen einer Schrankenbestimmung als gerade gesetzlich vermutete Nutzungseinräumung durch den Rechteinhaber konstruieren lassen[58]. Hiergegen spricht allerdings, dass die Schrankenbestimmungen in den §§ 44a ff. UrhG nicht auf einer Willensbetätigung des Urhebers beruhen, sondern unmittelbar aus dem Gesetz resultieren, als bereits durch den Gesetzgeber vorgenommene Abwägung der sich gegenüberstehenden Interessen[59]. Damit scheidet eine rechtsgeschäftliche Einräumung ei-

---

55 Eine sehr ausführliche Erörterung der Problematik, ob die Schrankenbestimmungen subjektive Rechte der Nutzer darstellen leistet Stieper, Rechtfertigung, Rechtsnatur, Disponibilität der Schranken des Urheberrechts, S. 99 ff.

56 So Stieper, Rechtfertigung, Rechtsnatur, Disponibilität der Schranken des Urheberrechts, S. 100 f.

57 Schulze, in: Dreier/Schulze, UrhG, § 31 Rn. 15.

58 Vgl. hierzu Stieper, Rechtfertigung, Rechtsnatur, Disponibilität der Schranken des Urheberrechts, S. 100 f.

59 Vgl. hierzu Teil 1 Punkt B I 2. „Ausgestaltung der Schrankenbestimmungen", S. 4 ff.

nes Nutzungsrechts aus. Die Einräumung eines urheberrechtlichen Nutzungsrechts ist grundsätzlich auch auf gesetzlichem Wege denkbar[60].

b) Gesetzlich eingeräumtes Nutzungsrecht

Vor allem zu § 53 Abs. 1 UrhG wird vertreten, dass diese Vorschrift dem Nutzer ein gesetzliches Nutzungsrecht, ein „Recht auf Privatkopie“, einräumt[61]. § 53 Abs. 1 bis 3 UrhG sind als „gesetzliche Lizenz“ ausgestaltet. In Hinblick auf die Klärung der Frage, ob es ein „Recht auf Privatkopie“ der Nutzer gibt, muss daher die Ausgestaltung der Schrankenbestimmung als „gesetzliche Lizenz“ näher untersucht werden[62]. Die Schrankenbestimmungen, die sog. „gesetzlichen Lizenzen“, sehen als Ausgleich für die Erlaubnisfreiheit einer Nutzungshandlung einen gesetzlichen Anspruch des Urhebers auf angemessene Vergütung vor. Hierzu gehört insbesondere auch die verwertungsgesellschaftspflichtige Geräte-, Speichermedien- und Betreiberabgabe nach den §§ 54, 54a ff. UrhG als Ausgleich für die von § 53 Abs. 1 bis 3 UrhG erlaubte Vervielfältigung zum eigenen Gebrauch[63].

So wird angenommen, dass der Nutzer als Gegenleistung für die Zahlung der Vergütungsabgabe das Recht erwerbe, ein urheberrechtlich geschütztes Werk privat zu vervielfältigen[64]. Der Vergütungsanspruch stelle sich daher als ein Äquivalent zu dem in § 53 Abs. 1 UrhG dem Einzelnen eingeräumten Nutzungsrecht dar[65].

Allerdings kann allein aus der Tatsache, dass das Gesetz dem Nutzer als Ausgleich für die Freistellung einer Nutzungshandlung eine Vergütungspflicht auferlegt, nicht gefolgert werden, dass dem Nutzer damit ein positives Nut-

---

60 Grützmacher, in: Wandtke/Bullinger, UrhG, § 69d Rn. 26; Guntrum, S. 103 f.; a.A. Hohagen, Vervielfältigungsfreiheit, S. 500 Fn. 1175, der den Begriff des Nutzungsrechts auf den Bereich rechtsgeschäftlichen Handelns beschränken will.

61 Abdallah/Gercke/Reinert, ZUM 2004, 31 (34); Dieselhorst, GRUR Int. 1994, 788 (789); Köcher/Kaufmann, MMR 2005, 751 (753f.); ähnlich Hoeren, MMR 2000, 3 (4).

62 Alleine bei Betrachtung des Begriffs der „gesetzlichen Lizenz“ könnte dieser bereits nahelegen, dass dem Schrankenbegünstigten, wie bei einer vertraglichen Lizenz ein Nutzungsrecht auf gesetzlichem Wege eingeräumt wird. Vgl. hierzu Stieper, Rechtfertigung, Rechtsnatur, Disponibilität der Schranken des Urheberrechts, S. 137.

63 Lüft, in: Wandtke/Bullinger, UrhG, § 54 Rn 7.

64 Abdallah/Gercke/Reinert, ZUM 2004, 31 (34); Dieselhorst, GRUR Int. 1994, 788 (789). Ausdrücklich gegen ein Recht auf Privatkopie Arlt, DRMS, S. 190 ff.; Enders, ZUM 2004, 593 (601); Guntrum, S. 106; Hohagen, in: Festschrift f. Schricker 2005, 353 ff; Loewenheim, in: Schricker, UrhG, § 53 Rn. 2a a.E.; Schack, UrhR, S. 267 Rn. 554; Stickelbrock, GRUR 2004, 736 (740); v. Diemar, GRUR 2002, 587 ff..

65 Hoeren, Urheberrecht und Verbraucherschutz, S. 18.

zungsrecht zusteht[66]. Dagegen spricht bereits, dass die Einräumung eines Nutzungsrechts immer das Bestehen eines entsprechenden Verwertungsrechts des Urhebers voraussetzt, weil Nutzungsrechte nur einen den Verwertungsrechten innewohnenden Inhalt haben können[67]. Der Vergütungsanspruch des Urhebers müsste daher ein Verwertungsrecht zumindest in abgeschwächter Form darstellen[68]. Sind Vergütungsansprüche dagegen nicht den Verwertungsrechten zuzuordnen, würde im Bereich privater Nutzungshandlungen auch kein Vervielfältigungsrecht bestehen, wodurch schon konstruktiv auszuschließen wäre, dass den Begünstigten der gesetzlichen Lizenz auf gesetzlichem Wege ein Nutzungsrecht eingeräumt werden könnte.

Gegen die Annahme, Vergütungsansprüche seien Verwertungsrechte, auch nur in abgeschwächter Form, sprechen jedoch verschiedene Gründe. Zum einen zieht die Verletzung eines Vergütungsanspruchs keinen Schadensersatzanspruch gem. § 97 UrhG nach sich, wie dies bei ausschließlichen Verwertungsrechten regelmäßig der Fall ist[69]. Zum anderen ist der Zeitpunkt der Entstehung von Verwertungsrechten anzuführen. Diese entstehen im gleichen Zeitpunkt wie die Begrenzungen durch die Nutzungshandlungen[70]. Die Vergütungsansprüche entstehen allerdings erst mit der Vornahme der jeweiligen Nutzungshandlung[71]. Das Bestehen eines Vergütungsanspruchs kann daher keinen Einfluss auf den Normcharakter einer Schranke als Begrenzung des Inhalts des urheberrechtlichen Ausschließlichkeitsrechts haben, weil es eben kein Verwertungsrecht darstellt. Damit lässt sich aus den Vergütungsansprüchen der §§ 54 ff. UrhG auch kein gesetzlich eingeräumtes Nutzungsrecht, ein sog. „Recht auf Privatkopie", ableiten.

2. Originäres Nutzungsrecht

Nach den bisherigen Überlegungen steht demnach fest, dass dem Nutzer keine urheberrechtliche, also vom Ausschließlichkeitsrecht abgeleitete Nutzungsbe-

---

66 v. Diemar, Digitale Kopie, S. 89.

67 Rehbinder, Urheberrecht, S. 212 Rn. 542; v. Diemar, GRUR 2002, 587 (587); dies., Digitale Kopie, S. 89.

68 Vgl. hierzu v. Diemar, GRUR 2002, 587 (587).

69 Vgl. hierzu v. Diemar, GRUR 2002, 587 (587); Stieper, Rechtfertigung, Rechtsnatur, Disponibilität der Schranken des Urheberrechts, S. 141.

70 Bei den gesetzlichen Lizenzen ist, wie auch bei den Freistellungen, das Verwertungsrecht des Urhebers bereits von vorherein durch die Nutzungshandlungen begrenzt. Hohagen, Vervielfältigungsfreiheit, S. 499.

71 v. Diemar, GRUR 2002, 587 (588).

fugnis eingeräumt wird. Allerdings könnte sich der Nutzer des Weiteren auf ein originäres subjektives Nutzungsrecht[72] berufen.

Ein subjektives Recht wird zumeist umschrieben, als eine von der Rechtsordnung verliehene Rechtsmacht oder Berechtigung zur selbstbestimmten Wahrnehmung der geschützten Interessen durch den Rechtsinhaber[73]. Charakteristisch für ein subjektives Recht ist, dass einzelnen Personen eine Rechtsposition eingeräumt wird, über deren Ausübung diese unabhängig selbst entscheiden können[74]. Inhalte eines solchen Rechts können dabei Rechte auf etwas, Freiheiten oder Kompetenzen sein[75].

Ein subjektives Recht auf Nutzung würde eine gewisse Herrschaftsposition voraussetzen[76]. Das Urheberrecht stellt ein absolutes Herrschaftsrecht dar[77]. Insbesondere werden dem Urheber in den §§ 15 ff. UrhG in bestimmtem Umfang die ausschließlichen Verwertungsbefugnisse über sein Werk zugewiesen. Der Urheber kann danach sein Werk auf die genannten Arten nutzen und hat zudem das Recht, alle anderen Personen von einer solchen Nutzung auszuschließen. Ein solches Herrschaftsrecht räumen die Schrankenbestimmungen dem jeweiligen Nutzer aber nicht ein. Die dem einzelnen Nutzer eingeräumte Rechtsposition ist daher primär als rechtliche Freiheit[78] zu qualifizieren, in deren Rahmen der Nutzer die näher definierten Nutzungshandlungen vornehmen kann[79].

---

72 Zum Teil findet auch die Bezeichnung als objektives Recht in diesem Zusammenhang Verwendung. Allerdings ist diese Bezeichnung unpassend, denn unter einem objektiven Recht versteht man die Summe aller abstrakten Rechtsnormen, zu denen sowohl Akte der Gesetzgebung als auch das ungeschriebene Gewohnheitsrecht zählen. Vgl. hierzu Stieper, Rechtfertigung, Rechtsnatur, Disponibilität der Schranken des Urheberrechts, S. 157.

73 Stieper, Rechtfertigung, Rechtsnatur, Disponibilität der Schranken des Urheberrechts, S. 157; Larenz/Wolf, BGB-AT, § 13 Rn. 24 u. § 14 Rn 1 f.; Schack, BGB-AT, S. 13 Rn. 45.

74 Hohagen, in: Festschrift f. Schricker 2005, 353 (355); Larenz/Wolf, BGB-AT, § 14 Rn. 1; Schack, BGB-AT, S. 13 Rn. 45.

75 Larenz/Wolf, BGB-AT, § 14 Rn. 1 ff.

76 Hohagen, in: Festschrift f. Schricker 2005, 353 (355).

77 Hohagen, in: Festschrift f. Schricker 2005, 353 (355).

78 Eine rechtliche Freiheit besteht immer dann, wenn es einer Person sowohl erlaubt ist, eine bestimmte Handlung vorzunehmen, als auch die Handlung zu unterlassen. Der Person ist es also weder verboten noch geboten die fragliche Handlung vorzunehmen. Stieper, Rechtfertigung, Rechtsnatur, Disponibilität der Schranken des Urheberrechts, S. 159.

79 Stieper, Rechtfertigung, Rechtsnatur, Disponibilität der Schranken des Urheberrechts, S. 162 ff.

Ob diese Qualifizierung als rechtliche Freiheit trotzdem bei einigen Schrankenbestimmungen die Folgen eines subjektiven Rechts des Nutzers haben kann, hängt entscheidend davon ab, ob die erlaubte Nutzungshandlung es rechtfertigt, von einer individuellen Rechtszuweisung an den einzelnen Nutzer und damit von einem „Recht auf Nutzung" im Sinne eines subjektiven Rechts zu sprechen[80]. Dies ist allerdings wiederum nur der Fall, wenn der Nutzer zumindest von einer Person (insbesondere dem Urheber) verlangen kann, nicht an der Nutzung gehindert zu werden oder er auch andere Nutzer an der jeweiligen Nutzungshandlung hindern kann[81].

Mit Blick auf die Privatkopie ist dabei zwischen der analogen und der digitalen zu unterscheiden. Bezogen auf die digitale Privatkopie hat der Nutzer nach heutiger Rechtslage nicht die Möglichkeit (obwohl eine Vervielfältigung zum privaten Gebrauch nach § 53 Abs. 1 UrhG durchaus zulässig ist) eine solche herzustellen, soweit die Vorlage durch technische Schutzmaßnahmen versehen ist. Zum Ausgleich für die Errichtung der technischen Schutzmaßnahmen wurde § 95b UrhG eingeführt, der dem Nutzer eine Art subjektives Recht einräumt und somit manche Nutzungshandlungen weiterhin trotz der Verwendung technischer Schutzmaßnahmen gestattet. Die digitale Privatkopie ist von § 95b Abs. 1 Nr. 6 UrhG nicht erfasst. Daraus lässt sich folgern, dass den Nutzern durch die Schrankenbestimmung der Privatkopie gem. § 53 UrhG ein subjektives Recht hinsichtlich der digitalen Privatkopie, mit welchem sie die Nutzungshandlung unter allen Umständen gegen den Urheber durchsetzen können, nicht zukommt. In Bezug auf analoge Privatkopien gewährt § 95b UrhG den Nutzern allerdings erstmals eine Art subjektives Recht[82].

Die rechtliche Freiheit, als welche die Schrankenbestimmung des § 53 Abs. 1 UrhG zu qualifizieren ist, ist in Bezug auf die digitale Privatkopie nicht als subjektives Recht mit den Folgen ausgestaltet, dass dem einzelnen Nutzer eine Rechtsposition verschafft wird, über deren Ausübung er unabhängig und selbst entscheiden kann. Das wird durch das Verbot der Umgehung der technischen Schutzmaßnahmen und die Nichtdurchsetzbarkeit der digitalen Privatkopie deutlich. Ein „Recht auf Privatkopie" der Nutzer, zumindest der digitalen, besteht somit nicht.

---

80 Stieper, Rechtfertigung, Rechtsnatur, Disponibilität der Schranken des Urheberrechts, S. 162 ff.

81 Stieper, Rechtfertigung, Rechtsnatur, Disponibilität der Schranken des Urheberrechts, S. 162 ff.

82 So Arlt, DRMS, S. 128 f.; Geiger, GRUR Int. 2004, 815 (818); Staudacher, Die digitale Privatkopie, S. 9 f; Stickelbrock, GRUR 2004, 736 (740).

Teil 2. Historische Entwicklung des Urheberrechts und der Privatkopie

Die Rechte der Schriftsteller, Komponisten und bildenden Künstler wurden 1965 im Urheberrechtsgesetz erstmals in Deutschland umfassend verankert und geschützt[83]. Die Privatkopie war bereits Anfang des 20. Jahrhundert im § 15 Abs. 2 LUG verankert.

Die Entwicklung des Urheberrechts gerade in Bezug auf die Schrankenregelung der Privatkopie ist immer im Zusammenhang mit der Entwicklung der technischen Möglichkeiten zu sehen und spiegelt sich in dieser wieder. Fortwährend haben technische Neuerungen auch die Rechtsentwicklung beeinflusst, denn der Gesetzgeber orientierte sich zunächst immer nur an den bereits bekannten Verwertungsmöglichkeiten.

A. Antike

Ausgehend vom antiken Griechenland gab es auch im antiken Rom zumindest während der Blütezeit des römischen Reiches ein bereits hoch entwickeltes Schriftenwesen[84]. Die Handschriften auf Papyrusrollen wurden zum Teil gewerbsmäßig von dazu ausgebildeten Sklaven vervielfältigt und weiter verkauft[85]. Das Bewusstsein, dass dem Urheber in materieller und ideeller Hinsicht ein Recht an seinem Werk zuzuordnen sei und ihm ein Verwertungsanspruch zustehen könnte, war dieser Zeit fremd[86]. Rechtsgut wurde in dieser Zeit das Manuskript lediglich in seiner Gegenständlichkeit, nicht aber die dahinter stehende geistige Leistung, diese blieb vielmehr schutzlos[87]. Gegenstand der sog. Verlagsverträge war deshalb auch nur der Manuskripterwerb und nicht die Übertragung besonderer Vervielfältigungs- und Verbreitungsrechte, wie es heute bei Verlagsverträgen üblich ist[88].

Die Stellung des Werkes eines Urhebers im alten Rom ist in keinster Weise mit seiner Stellung in der heutigen Zeit vergleichbar. Die Mehrzahl der Geistes-

---

83 Ausführlich zur Entwicklung des Urheberrechts, siehe Bappert, Wege zum Urheberrecht; Gieseke, Vom Privileg zum Urheberrecht.

84 Bappert, Wege zum Urheberrecht, S. 48; Gieseke, Vom Privileg zum Urheberrecht, S. 2.

85 Seifert, NJW 1992, 1270 (1271).

86 Bappert, Wege zum Urheberrecht, S. 33 u. 49; Rehbinder, Urheberrecht, S. 7 f. Rn. 12.

87 Bappert, Wege zum Urheberrecht, S. 33; Rehbinder, Urheberrecht, S. 7 f. Rn. 12.

88 Bappert, Wege zum Urheberrecht, S. 49.

werke wurde als Allgemeingut betrachtet und so blieben auch deren Urheber/Autoren zumeist unbekannt[89]. Die Autoren strebten auch nicht nach hohen Einnahmen, sondern vielmehr nach Ruhm[90]. Durch ihre Werke wollten sie große Bekanntheit erreichen und somit „unsterblich" werden. Problematisch war in dieser Zeit, dass es praktisch für jedermann ein Leichtes war, fremde Werke abzuschreiben und unter anderem Namen zu veröffentlichen. Es bestand noch kein anerkanntes Recht am geistigen Eigentum[91] und somit gab es auch keine rechtliche Vorgehensweise gegen Vervielfältigungen, obwohl der geistige Diebstahl im alten Rom zumindest moralisch missbilligt wurde[92]. Immerhin wurde derjenige, der einen geistigen Diebstahl vornahm, mit einem „plagiarius", einem Menschenräuber, verglichen[93].

B. Mittelalter

Im Mittelalter blieb der Urheber weiterhin als Schöpfer seines Werkes größtenteils anonym[94]. Die persönliche Werkverwirklichung und die schöpferische Tätigkeit wurden von der Allgemeinheit weiterhin nicht als Tat des Urhebers anerkannt[95]. Aufgrund dieser Tatsache konnte sich auch im Mittelalter noch kein Urheberrecht im heutigen Sinne entwickeln[96].

Zudem bestand weiterhin kein Schutz vor Vervielfältigungen, Verbreitungen oder Abänderungen der Werke[97], denn die Herstellung von Abschriften der Werke war grundsätzlich frei[98]. Fürchtete der mittelalterliche Urheber den ungenauen Abschreiber und die damit verbundene schlechte Wiedergabe seiner Werke[99], so belegte er zur Verhinderung einer Abänderung seines Werkes dieses mit einem Fluch (sog. Bücherfluch) als Notwehr gegen Eingriffe in die Originalität

89 Bappert, Wege zum Urheberrecht, S. 22.
90 Seifert, NJW 1992, 1270 (1271).
91 Rehbinder, Urheberrecht, S. 7 f. Rn. 12.
92 Gieseke, Vom Privileg zu Urheberrecht, S. 3.
93 Gieseke, Vom Privileg zu Urheberrecht, S. 3. Von diesem lateinischen Wort stammt noch heute das Wort Plagiat ab.
94 Bappert, Wege zum Urheberrecht, S. 64.
95 Bappert, Wege zum Urheberrecht, S. 63.
96 Rehbinder, Urheberrecht, S. 8 Rn. 13.
97 Gieseke, Vom Privileg zum Urheberrecht, S. 10.
98 Hiervon ausgenommen waren die Stationarii, für welche in den Statuten der Universitäten in Oberitalien, Paris und Wien ein Preis für die Vermietung von Handschriften festgelegt war.
99 Bappert, Wege zum Urheberrecht, S. 64.

des Werkes[100]. Damit wurde versucht, die „Wahrheit“ der Aussage der Texte oder Bilder zu bewahren, nicht aber die Individualität der Werke an sich zu schützen[101].

C. Der Buchdruck und das Privilegienwesen

Um 1440, mit der Erfindung des Buchdrucks durch Johannes Gutenberg, des Kupferstichs und der Holzschneidekunst, die eine größere Zahl von Auflagen erst ermöglichten, wuchs auch die Anzahl der an sich in rechtlicher Hinsicht nicht zu beanstandenden Nachdrucke[102]. Die Herstellung von Druckwerken war zu dieser Zeit aufwendig und sehr kostspielig, so dass die Verleger und Drucker diese nur betreiben konnten, soweit Nachdrucke, die wesentlich kostengünstiger hergestellt werden konnten, den Absatz der von ihnen gedruckten Werke nicht behinderten[103]. Ein Autorenhonorar[104] wurde weitestgehend abgelehnt, nur in Einzelfällen wurde ein solches für ein Manuskript an sehr bekannte Autoren von den Druckern oder Verlegern bezahlt[105]. Die Renaissance führte allmählich zu einem Bewusstseinswandel, wonach das Werk mehr und mehr als Ausdruck der schöpferischen Persönlichkeit eines Urhebers gesehen und verstanden wurde[106]. Textveränderungen oder -verfälschungen wollte man nun nicht mehr hinnehmen. Die Autoren strebten an, mit ihren ursprünglich erstellten Werken in Verbindung gebracht zu werden und nicht mit Fälschungen oder schlecht hergestellten Nachdrucken[107]. Vermehrt trat die enge Beziehung zwischen der Persönlichkeit des Werkschöpfers zu seinem Werk in den Vordergrund[108]. Dadurch ver-

100 Bappert, Wege zum Urheberrecht, S. 64; Gieseke, Vom Privileg zum Urheberrecht, S. 10; Rehbinder, Urheberrecht, S. 8 Rn. 13. Jeder, der ein Werk verfälschen wollte, sollte so verflucht sein.

101 Bappert, Wege zum Urheberrecht, S. 65.

102 Gieseke, Vom Privileg zum Urheberrecht, S. 17 u. 33; Seifert, NJW 1992, 1270 (1273).

103 Rehbinder, Urheberrecht, S. 8 Rn. 14; ebenso Kress, Die private Vervielfältigung im Urheberrecht, S. 82; Prechtl, Privatkopie und Pauschalvergütungssystem, 2006, S. 5.

104 Honorarium = Ehrengeschenk; ein Honorar war erst seit dem 16. Jahrhundert als Bezahlung üblich, vgl. Gieseke, Vom Privileg zum Urheberrecht, S. 20 f. u. 53.

105 Gieseke, Vom Privileg zum Urheberrecht, S. 18. Autoren bekamen für ihre Arbeit lediglich Freiexemplare, die sie dann verkaufen konnten. Daher konnten nur diejenigen Autoren sein, die es sich finanziell gesehen leisten konnten ohne Honorar arbeiten zu können.

106 Jahn, Urheberpersönlichkeitsrecht, S. 10.

107 Gieseke, Vom Privileg zum Urheberrecht, S. 37.

108 Gieseke, Vom Privileg zum Urheberrecht, S. 37.

stärkten sich auch die Schutzabsichten hinsichtlich der Individualität des Werkes.

Um 1500 gewährten sowohl der Kaiser als auch die Landesherren sowie die Städte den Druckern, Verlegern und auch den Autoren vereinzelt ein ausschließliches Recht zur Vervielfältigung und Verbreitung ihrer Werke für einen bestimmten Zeitraum[109]. Die Privilegien gelten als erste Erscheinungsform eines besonderen Schutzes von gedruckten Geisteswerken und kamen in vier verschiedenen Formen vor[110].

Zum einen gab es die Druckprivilegien[111]. Diese sollten das Nachdrucken für bestimmte Zeit verbieten und stellten damit ein befristetes Privileg zur ausschließlichen Ausübung des Druckgewerbes in einer bestimmten Gegend dar[112]. Zum anderen wurden die sog. Bücherprivilegien eingeführt. Sie sollten den Absatz der Druckauflage sichern, damit schützten sie ebenso wenig wie die Druckprivilegien das Geisteswerk an sich, sondern vielmehr das Druckwerk. Dahinter stand die Überlegung, dass diejenigen, die die Arbeit oder die Kosten oder beides für das Zustandekommen eines Werkes in gedruckter Form aufgebracht hatten, billigerweise dafür belohnt werden sollten und somit gegen alles Abträgliche geschützt werden mussten[113].

Auch die Autoren versuchten für ihre geistige Schöpfung einen gewissen Schutz und eine Art Belohnung zu erwirken[114]. Diese Bedürfnisse wurden durch die sog. Autorenprivilegien berücksichtigt. Sie schützten vor allem ideelle Interessen der Autoren, wie z.B. die Tatsache, dass einfacher gegen Verfälschungen oder das Nichtbeifügen des Namens zu einem Nachdruck vorgegangen werden konnte. In Deutschland wurde ein solches Privileg beispielsweise Albrecht Dürer (1511) sowie Martin Luther (1532) eingeräumt. Aber auch diese Autorenprivilegien können nicht als Beginn des Urheberrechts im heutigen Sinne gesehen werden[115], da sie das Geisteswerk durch Anknüpfung des Schutzes an den Druck allenfalls mittelbar schützten[116]. Aus den Autorenprivilegien konnten die Autoren keinerlei Einkünfte ziehen.

Des Weiteren wurden Mitte des 16. Jahrhunderts sog. Territorialprivilegien eingeführt. Diese waren Sondergesetze, die zugunsten bestimmter Personen-

---

109 Gieseke, Vom Privileg zum Urheberrecht, S. 39; Rehbinder, Urheberrecht, S. 8 Rn. 14.

110 Bappert, Wege zum Urheberrecht, S. 178.

111 Auch Privilegium Impressorium oder kurz Impressorium genannt.

112 Bappert, Wege zum Urheberrecht, S. 182; Rehbinder, Urheberrecht, S. 8 f. Rn. 15.

113 Gieseke, Vom Privileg zum Urheberrecht, S. 66.

114 Rehbinder, Urheberrecht, S. 9 R. 17.

115 A.A. Thesen von Pohlmann, in: Gieseke, Vom Privileg zum Urheberrecht, S. 67 f.

116 Gieseke, Vom Privileg zum Urheberrecht, S. 68; Rehbinder, Urheberrecht, S. 9 f. Rn. 17.

gruppen (z.B. aller Verleger einer Stadt) allgemeine Nachdruckverbote für eine begrenzte Zeit aussprachen. Die Dauer all dieser Privilegien konnte zwischen 1 bis 30 Jahren schwanken. Es wurde allerdings nicht für jedes Werk ein solches Privileg beantragt, denn Aufwand und Kosten standen meist außer Verhältnis zu der Durchsetzbarkeit. Auch bewirkten weder die Privilegien noch die erlassenen Nachdruckverbote einen angemessenen und umfassenden Rechtsschutz.

D. 18. und 19 Jahrhundert

Zuerst wurde die Idee eines Verlagseigentums vertreten, von welchem die Verleger und Drucker gewisse Rechte durch ihre Tätigkeit als Vervielfältiger ableiten konnten[117]. Zweck des Verlagseigentums sollte ein genereller Schutz gegen Nachdrucke sein[118]. Im 18. Jahrhundert wurde erstmals über eigentumsähnliche Rechte der Autoren an ihren geistigen Leistungen nachgedacht. Ein Umdenken war an die Frage geknüpft, ob dem Werk an sich schon aus der Natur der Sache heraus ein besonderer rechtlicher Status und damit verbunden ein Schutz erwachsen würde, der auch unabhängig von der Erteilung eines Privilegs bestehen würde. Das Privilegienwesen in Deutschland funktionierte aufgrund der territorialen Aufsplitterung in verschiedene Fürstentümer und freie Städte schon seit langem nicht mehr[119]. Die Rechtswissenschaft entwickelte daraufhin die Lehre vom geistigen Eigentum. Damit etablierte sich stetig die Überzeugung, dass dem kreativen Schöpfer ein geistiges Eigentum an seinem Werk zustehe, welches unabhängig von Privilegien besteht[120].

Ein ausschließliches Vervielfältigungsrecht des Autors wurde als Erstes im so genannten Statute of Anne, einem englischen Gesetz von 1710, anerkannt[121]. Dieses Recht traten die Autoren den Verlegern ab, wobei nach Ablauf der vereinbarten Zeit wieder alle Rechte an den Autor zurückgingen. Damit das Werk geschützt war, musste es im Register der Buchhändlergilde eingetragen werden und mit einem Copyright-Vermerk versehen werden[122]. In Frankreich kam es aufgrund einer Auseinandersetzung zwischen den Pariser Buchhändlern und denen der Provinzen Anfang des 18. Jahrhunderts ebenfalls zum Umdenken. Privi-

---

117 Gieseke, Vom Privileg zum Urheberrecht, S. 115; siehe allgemein zur Idee des Verlagseigentums, Bappert, Wege zum Urheberrecht, S. 217 f.

118 Bappert, Wege zum Urheberrecht, S. 217.

119 Rehbinder, Urheberrecht, S. 12 Rn. 25.

120 Jahn, Urheberpersönlichkeitsrecht, S. 15 ff.

121 Hucko, Festschrift f. Nordemann 2004, 321 (321); Rehbinder, Urheberrecht, S. 11 Rn. 21.

122 Rehbinder, Urheberrecht, S. 11 Rn 21.

legien wurden nicht mehr als rechtsbegründend angesehen, sondern vielmehr als Unterstützung für natürliche, originär beim Autor entstandene Rechte an seinem Werk[123]. Mit Beginn der französischen Revolution 1789 wurden Privilegien allgemein abgeschafft. Die Idee vom geistigen Eigentum war bereits soweit im Rechtsbewusstsein verankert, dass diese die Grundlage der Revolutionsgesetze bilden konnte[124].

Durch die Zersplitterung des Staates begann in Deutschland die Wende erst mit dem „ersten Königlich Preußischen Gesetz vom 11. Juni 1837 zum Schutz des Eigentums an Werken der Wissenschaft und Kunst gegen Nachdruck und Nachbildung", welches erstmals dem Urheber ausschließliche Rechte an seinem Werk gewährte[125]. Das Gesetz verbot die Vervielfältigung von Zeichnungen, Gemälden und Skulpturen. Jedoch wurden nur Werke der bildenden Kunst[126] geschützt und nicht auch Werke der angewandten Kunst[127]. Zudem reichte das Vorliegen eines Gebrauchszwecks bereits aus, um das Werk dennoch vervielfältigen zu können. Die neuen technischen Erfindungen, wie die der Photographie (1839[128]), führten dazu, die Nutzung urheberrechtlicher Werke durch neue Reproduktionsmethoden und neue Möglichkeiten der unkörperlichen Wiedergabe rechtlich zu regeln[129].

Gelöst von der Rechtsvorstellung, die dem Privilegienwesen zugrunde lag, geht die moderne Urheberrechtstheorie aller Kulturstaaten von der Auffassung aus, dass dem Werkschöpfer selbst die Herrschaft über sein geistiges Werk nicht erst durch die Einräumung Einzelner, z.B. durch den Gesetzgeber oder durch Verwaltungsakt, verliehen wird, sondern bereits mit der Erschaffung des Werkes selbst entsteht und so mit dem Erschaffenden untrennbar verbunden ist[130].

Am 11. Juni 1870 wurde das „Gesetz betreffend das Urheberrecht an Schriftwerken, Abbildungen, musikalischen Kompositionen und dramatischen

123 Gieseke, Vom Privileg zum Urheberrecht, S. 142.

124 Rehbinder, Urheberrecht, S. 11 f. Rn. 23.

125 Hucko, Festschrift f. Nordemann 2004, 321 (321); Rehbinder, ZUM 1987, 328; Stroh, Der Rechtsschutz von Musiknoten vor unerlaubter Vervielfältigung, S. 27; Wadle, Urheberrecht zwischen Gestern und Morgen, S. 20; Zur Entwicklung hin zum Königlich Preußischen Gesetz vgl. auch Hitzig, UFITA Bd. 107 (1988), S. 163 (163 ff.).

126 Hierzu zählten ursprünglich die Baukunst, Bildhauerei, Malerei und Grafik sowie das Kunstgewerbe.

127 Unter dem Begriff der angewandten Kunst ist die handwerkliche, maschinelle oder industrielle Herstellung von Gebrauchsgegenständen mit künstlerischem Anspruch zu verstehen.

128 Zur Geschichte des Urheberrechts im Kaiserreich siehe Vogel, GRUR 1987, 873 ff.

129 Vogel, GRUR 1987, 873 (874).

130 Krüger-Nieland, GRUR 1957, 535 (536).

Werken“ des Norddeutschen Bundes verkündet. 1871 wurde dieses Gesetz zum Reichsgesetz erklärt[131].

E. Das LUG und das KUG – insbesondere die Rechtsprechung hin zum Inkrafttreten des deutschen Urhebergesetzes von 1965[132]

Anfang des 20. Jahrhunderts wurde das Reichsgesetz von 1870/71 vom „Gesetz betreffend das Urheberrecht an Werken der Literatur und der Tonkunst vom 19. Juni 1901“ (LUG)[133], dem „Gesetz über das Verlagsrecht vom 19. Juni 1901“ und dem „Gesetz betreffend das Urheberrecht an Werken der bildenden Künste und Photographie vom 9. Januar 1907“ (KUG) abgelöst.

Bei Schaffung des „Gesetzes betreffend das Urheberrecht an Werken der Literatur und der Tonkunst vom 19. Juni 1901“ (LUG) wollte der Gesetzgeber die Rechtslage des Urhebers auch in Bezug auf das Vervielfältigungsrecht gegenüber dem „Literarischen Urhebergesetz“ von 1870 verbessern, indem es dem Urheber zusätzlich die nichtmechanischen Vervielfältigungen vorbehielt. Gleichzeitig sollten Sinn und Zweck des erlaubten Abschreibens nicht durch das neue LUG vereitelt werden. Kapitalschwachen Menschen wie auch kleinen Theater- und Gesangsvereinen sollte ermöglicht werden, gebührenfreie Vervielfältigungen mittels Abschriften anfertigen zu können[134]. Die Urheber hatten durch dieses Vorgehen keine Einbußen zu befürchten, da die Abschriften per Hand meist von so schlechter Qualität waren und daher nicht als Kopie verkauft werden konnten[135]. Zudem kam dieser Personenkreis aufgrund seiner wirtschaftlich schlechten Lage ohnehin nicht als Käufer in Betracht. Die in § 11 LUG normierte ausschließliche Befugnis des Urhebers, „das Werk zu vervielfältigen“, wurde

---

131 § 4 des Reichsgesetzes von 1871 enthielt folgende Regelung: „Jede mechanische Vervielfältigung eines Schriftwerkes, welche ohne Genehmigung des Berechtigten hergestellt wird, heißt Nachdruck und ist verboten.“ Das Abschreiben war allerdings nach § 4 Abs. 3 des Gesetzes gestattet, soweit es nicht „den Druck ersetzte“. Vgl. hierzu auch Hucko, in: Festschrift f. Nordemann 2004, 321 (323).

132 Betrachtet werden soll in dieser Arbeit lediglich das Urheberrecht der BRD, für einen Vergleich des Urheberrechts der BRD und desjenigen der DDR sowie bis hin zur Annäherung durch die Wiedervereinigung, siehe Katzenberger, GRUR Int. 1993, 2 ff.

133 Das LUG wurde durch die Gesetze vom 22. Mai 1910 und vom 13. Dezember 1934 abgeändert.

134 BGHZ 17, 266 (283).

135 Krüger-Nieland, GRUR 1957, 535 (536).

durch § 15 Abs. 2 LUG[136] für den privaten Gebrauch wie folgt eingeschränkt: „Eine Vervielfältigung für den persönlichen Gebrauch ist zulässig, wenn sie nicht den Zweck hat, aus dem Werk eine Einnahme zu erzielen“[137]. Damit wurde auf der einen Seite klargestellt, dass grundsätzlich jede Vervielfältigung dem Urheber vorbehalten bleiben sollte und dass auf der anderen Seite weiterhin Vervielfältigungen für den persönlichen Gebrauch vorgenommen werden konnten. Hauptanliegen des Gesetzgebers war es, im Interesse der Musikpflege und aus sozialen Gründen einem beschränkten Kreis von kapitalschwachen Personen die gebührenfreie Vervielfältigung von Noten mittels Abschriften gerade für den persönlichen Gebrauch zu gestatten[138].

Aufgrund der damaligen technischen Möglichkeiten konnte der Gesetzgeber von 1901 und auch der von 1910 nicht vorhersehen, inwieweit die Freigabe der Vervielfältigung zum persönlichen Gebrauch die wirtschaftlichen Interessen der Urheber wie auch der Verleger beeinträchtigen würde[139]. Der damalige Gesetzgeber glaubte, durch den angeführten Katalog von Ausschließlichkeitsrechten alle wirtschaftlich ins Gewicht fallenden Mitteilungsformen von Geisteswerken erschöpfend erfasst zu haben. Das Verfahren der Vervielfältigung auf Tonträgern war so kostspielig und kompliziert, dass nicht damit zu rechnen war, dass diese Art der Übertragung bald auch im privaten Bereich vermehrt anzutreffen sein würde[140].

Die Situation änderte sich grundlegend mit der Entwicklung der Kopiertechniken, die jeden in die Lage versetzten, ohne technische Vorkenntnisse und mit minimalem zeitlichen und später auch finanziellem Aufwand Vervielfältigungen herzustellen, die in ihrer Qualität dem Original nicht mehr wesentlich

---

136 § 15Abs. 1 LUG lautete: „ Eine Vervielfältigung ohne Einwilligung des Berechtigten ist unzulässig, gleichviel durch welches Verfahren sie bewirkt wird; auch begründet es keinen Unterschied, ob das Werk in einem oder in mehreren Exemplaren vervielfältigt wird.“
Für Werke der bildenden Künste war die Privatkopie in § 18 Abs. 1 KUG verankert. Dieser sah vor: „Eine Vervielfältigung zum eigenen Gebrauch ist mit Ausnahme des Nachbauens zulässig, wenn sie unentgeltlich bewirkt wird.“

137 Mit dem Begriff persönlicher oder auch privater Gebrauch ist in erster Linie der Gebrauch in der Privatsphäre derjenigen Person gemeint, die die Vervielfältigung hergestellt hat.
„Aus dem Werke“ erzielte man eine Einnahme nur dann, wenn das Werk selbst zum Gegenstand wirtschaftlicher Nutzungen gemacht wurde und nicht lediglich die eigene Arbeitskraft mit Bezug auf das Werk die Einnahme mit sich brachte.

138 BGHZ 17, 266 (284); vgl. hierzu auch Stroh, Der Rechtsschutz von Musiknoten vor unerlaubter Vervielfältigung, S. 28 f.

139 Krüger-Nieland, GRUR 1957, 535 (536).

140 BGHZ 17, 266 (285).

nachstanden. Nach dem 2. Weltkrieg begann die Tonbandgeräteindustrie die Aufnahmegeräte, die bisher nur für Tonstudios und Rundfunkanstalten entwickelt wurden, in handlicher Form und zu erschwinglichen Preisen auf den Markt zu bringen[141]. Bereits in den 50er Jahren, als die ersten Tonbandgeräte in Deutschland auf den Markt kamen, deren Qualität sich im Laufe der Jahre stätig verbesserte und weiterentwickelte, hatten sich Rechtsprechung wie auch Lehre mit der Frage zu beschäftigen, welche Möglichkeiten des Einschreitens den Urhebern und Rechteinhabern gegen die Gerätehersteller oder auch die Nutzer zustehen sollten, um derartige ungewollte Vervielfältigungen vermeiden zu können[142].

Zu Problemen führte diese Entwicklung, da der urheberrechtlichen Freistellung des privaten Gebrauchs in § 15 Abs. 2 LUG (bzw. § 18 Abs. 1 KUG) die Überlegung zu Grunde lag, dass das Urheberrecht an der privaten Sphäre jedes Einzelnen seine Grenzen finden würde. In der Folgezeit hatte sich der BGH vermehrt mit der Auslegung und Anwendung des § 15 Abs. 2 LUG zu befassen[143].

I. Entwicklung der Rechtsprechung

1. Urteil des BGH vom 21. November 1952

Zunächst einmal stellte der BGH mit seinem Urteil vom 21. November 1952[144] grundlegend fest, dass das Überspielen von Schallplatten auf Magnettonbänder nicht als Bearbeitung zu behandeln sei, sondern als Vervielfältigung i. S. d. § 11 LUG. Eine echte Bearbeitung i. S. d. § 2 Abs. 1 LUG verlange schon begrifflich eine Veränderung des Originalwerkes, z.B. durch Übersetzung oder Dramatisierung. Wohingegen eine Vervielfältigung nur die Verkörperung des unveränderten Werkes durch Herstellung eines oder mehrere Vervielfältigungsstücke sei[145]. Auch nahm der BGH in dieser Entscheidung zu der Grenze der Vervielfältigungsfreiheit zum persönlichen Gebrauch Stellung; diese sei schon nach dem Wortlaut überschritten, soweit die Vervielfältigung zu gewerblichen

141 Löffler, NJW 1962, 993 (993); Davis/v. Rauscher auf Weeg, Das Recht der Hersteller von Tonträgern, S. 151 Rn. 435.

142 Collova, UFITA Bd. 125 (1994), S. 53 (56 f.).

143 Collova, UFITA Bd. 125 (1994), S. 53 (56 f.); Stroh, Der Rechtsschutz von Musiknoten vor unerlaubter Vervielfältigung, S. 29.

144 BGHZ 8, 88 ff.

145 BGHZ 8, 88 (91).

Zwecken und mit der Absicht der alsbaldigen akustischen Wiedergabe an beliebige Dritte stattfinde[146].

2. Urteil des BGH vom 18. Mai 1955

Mit Urteil vom 18. Mai 1955 reagierte der BGH auf den Wandel der technischen Möglichkeiten und entschied zugunsten der Gesellschaft für musikalische Aufführungs- und mechanische Vervielfältigungsrechte (GEMA) und der durch sie vertretenen Urheber, dass Vervielfältigungen zum persönlichen Gebrauch entgegen dem Wortlaut des § 15 Abs. 2 LUG auch dann genehmigungsbedürftig seien, wenn sie gerade im häuslichen, also privaten Bereich und ohne die Absicht, daraus eine Einnahme zu erzielen, hergestellt würden[147].

Bereits im März 1950 wies die GEMA in einem Rundschreiben die beteiligten Kreise, insbesondere die Hersteller und Händler von Tonbandgeräten, darauf hin, dass die Aufnahme von Rundfunksendungen und Schallplattenmusik durch die Besitzer solcher Geräte eine Urheberrechtsverletzung darstelle und nicht hingenommen werde. Gegen Zahlung eines Abgeltungsbetrages verzichtete die GEMA auf Ansprüche hinsichtlich der privaten Benutzung der Tonbandgeräte. Eine gütliche Einigung mit einigen wenigen Geräteherstellern war so möglich[148]. Grundig gehörte nicht zu denjenigen Herstellern, die einen Abgeltungsbetrag an die GEMA zahlten.

Daraufhin klagte die GEMA gegen Grundig (1) den Vertrieb von Geräten zu untersagen, ohne von den Empfängern eine Verpflichtungserklärung erlangt zu haben, dass die Geräte nur mit Einwilligung der GEMA zur Vervielfältigung zu nutzen sind und (2) Grundig ebenfalls zu untersagen, für die Magnettonbänder weiterhin zu Werben ohne gleichzeitig darauf hinzuweisen, dass eine Benutzung der Geräte zur Aufnahme und Wiedergabe von Werken durchaus die Rechte der von der GEMA betreuten Urheber verletzen könnte[149].

Die vom BGH zu klärende Kernfrage war, ob die Magnettonaufnahme, die eine Vervielfältigung darstellte, unter die Privilegierung des § 15 Abs. 2 UrhG fallen würde und daher ohne Einwilligung des Urhebers im häuslichen Bereich zulässig war. Der BGH wies darauf hin, dass nach dem reinen Wortlaut die Vorschrift des § 15 Abs. 2 LUG auch auf Vervielfältigungen mit Magnettonbändern anwendbar sei. Allerdings müsse der Sinn und Zweck dieser Vorschrift berück-

146 BGHZ 8, 88 (96).

147 BGHZ 17, 266 (281).

148 Vgl. hierzu Dietz, GRUR 1978, 457 (459).

149 BGHZ 17, 266 (269).

sichtig werden, nach welchem nach Ansicht des BGH[150] die kapitalschwachen Personenkreise begünstig werden sollten.

§ 15 Abs. 2 LUG stelle daher eine Ausnahmevorschrift dar, die eng auszulegen sei und nicht, wie bisher von Rechtsprechung und Lehre angenommen, der Ausdruck eines das Urheberrecht beherrschenden Grundsatzes darstelle, dass die Privatsphäre jedes Einzelnen grundsätzlich von urheberrechtlichen Belangen und Ansprüchen freizuhalten sei[151]. § 15 Abs. 2 LUG ziele folglich nicht auf den Vervielfältigungsvorgang als solchen ab, sondern alleine auf den Gebrauchszweck der Vervielfältigung[152]. Damit liege eine Urheberrechtsverletzung vor, soweit Vervielfältigungsstücke in der privaten Sphäre zum Zwecke, sie gewerbsmäßig zu vertreiben, hergestellt werden.

Damit gelangte der BHG zu dem Ergebnis, dass die Vorschrift des § 15 Abs. 2 LUG auf die Vervielfältigungsmöglichkeit mit Magnettonbändern überhaupt nicht anzuwenden sei[153]. Er begründete seine Entscheidung damit, dass eine solche Entwicklung der Vervielfältigungsmöglichkeiten außerhalb des Vorstellungsbereichs des Gesetzgebers von 1901 gelegen habe und dieser nur solche Ausnahmen habe zulassen wollen, die keine große Beeinträchtigung der wirtschaftlichen Interessen der Urheber darstellten[154].

Die Anerkennung einer Vervielfältigungsfreiheit für private Tonbandaufnahmen hätte aufgrund fortschreitender technischer Entwicklungen zu einer enormen Beeinträchtigung des Vervielfältigungsrechts des Urhebers geführt, die nicht in der Absicht des Gesetzgebers von 1901 lag[155].

3. Urteil des BGH vom Juni 1955

In einer weiteren Entscheidung[156] hatte sich der BGH mit der Frage der fotomechanischen Vervielfältigung (Fotokopie oder Mikrokopie) im Rahmen des § 15 Abs. 2 LUG zu befassen. Hierbei stellte der BGH zunächst klar, dass auch eine fotomechanische Vervielfältigung nach dem reinen Wortlaut unter den § 15 Abs. 2 LUG fallen würde[157]. Eingehend auf das Urteil vom 18. Mai 1955 erörterte der BGH weiter, dass auch die fotomechanische Vervielfältigung einen

150 Kritisch hierzu Bappert, GRUR 1956, 255 (256 f).

151 BGHZ 17, 266 (281 f).

152 BGHZ 17, 266 (281).

153 Vgl. auch Stroh, Der Rechtsschutz von Musiknoten vor unerlaubter Vervielfältigung, S. 30.

154 BGHZ 17, 266 (275).

155 Krüger-Nieland, GRUR 1957, 535 (539); so auch Dietz, GRUR 1978, 457 (458).

156 BGH GRUR 1955, 544 ff.

157 BGH GRUR 1955, 544 (546).

bedeutenden urheberrechtlichen Interessenkonflikt auslösen würde, soweit diese im persönlichen Bereich stattfinde. Daher müsse ebenfalls an dieser Stelle von der wörtlichen Anwendung des § 15 Abs. 2 LUG hin zu einer einschränkenden Auslegung bzw. Anwendung der Ausnahmevorschrift abgewichen werden[158].

Vorliegend scheiterte allerdings jegliche Anwendung des § 15 Abs. 2 LUG, da es sich nicht um eine Vervielfältigung zum persönlichen Gebrauch, wie es von § 15 Abs. 2 LUG gefordert wird, handelte, sondern vielmehr um eine zum gewerblichen.

4. Urteil des BGH vom 22. Januar 1960

Mit Urteil vom 22. Januar 1960[159] bestätigte der BGH seine Rechtsprechung vom 18. Mai 1955 insoweit, als dass Hersteller von Tonbandgeräten, die auch zur Vervielfältigung oder Erstaufnahme genutzt werden können, nicht nur bei dem Vertrieb ihrer Geräte, sondern auch bei der Werbung eindeutig und augenfällig darauf hinweisen müssen, bei welchen Verwendungsmöglichkeiten der Geräte Rechte der Urheber zu beachten sind[160].

In dem zu entscheidenden Fall machte die Beklagte Grundig in ihrer Werbung keinerlei Angaben über die Eignung ihrer Geräte zum Überspielen und Aufnehmen. Eine solche so genannte neutrale Werbung, war nach Auffassung des BGH nicht zulässig. Hiermit war die Frage der Erlaubnispflicht privater Magnettonbandaufnahmen nach diesem Recht endgültig geklärt worden[161].

5. Urteil des BGH vom 12. Juni 1963[162]

Auch dieses Urteil kann als Ergänzung des BGH-Urteils von 1955 gesehen werden. Bekräftigt durch die Urteile von 1955 und von 1960 begehrte die GEMA in diesem Rechtsstreit die Verurteilung der Hersteller von Tonbändern auch bei der Werbung für die Tonbänder auf mögliche Beeinträchtigungen urheberrechtlicher Rechte hinzuweisen, die durch den Gebrauch solcher Tonbänder entstehen können. Der BGH entsprach dem Antrag der GEMA. Die Hersteller von Magnettonbändern wurden dazu verpflichtet, darauf hinzuweisen, dass bei einer Benutzung ihrer Bänder zur Aufnahme urheberrechtlich geschützter Musikwerke aus dem Repertoire der GEMA ihre Einwilligung einzuholen sei[163]. Der GEMA-

158 BGH GRUR 1955, 544 (546).
159 BGH GRUR 1960, 340 ff.
160 BGH GRUR 1960, 340 (340).
161 BGH GRUR 1960, 340 (345).
162 BGH GRUR 1964, 91 ff.
163 BGH GRUR 1964, 91 (91).

Hinweis musste an sichtbaren Stellen angebracht werden. Das Argument der Tonbandhersteller, dass die Käufer der Tonbänder bereits beim Kauf eines Abspielgerätes durch dessen Werbung ausreichend über mögliche Folgen belehrt und gewarnt würden, entkräftete der BGH damit, dass es gerade die Tonbänder seien, auf denen die unerlaubten Vervielfältigungen von Urhebergut festgehalten würden[164]. Somit könne die Beeinträchtigungsgefahr, die von Tonbändern ausgehe keinesfalls geringer angesehen werden, als diejenige, die von den Abspielgeräten ausgehe[165].

6. Urteil des BGH vom 26. Juni 1963

Mit Urteil vom 26. Juni 1963 entschied der BGH, dass Verpflichtungen zu derartigen Hinweisen in der Werbung für Tonbandgeräte auch für Einzelhändler gelten sollten[166].

Auch Einzelhändler, die Tonbandgeräte an die Endverbraucher absetzten, bei denen durchaus die Gefahr einer urheberrechtlichen Benutzung gegeben sei, würden dadurch in einer adäquat ursächlichen Weise zu einer Beeinträchtigung der Rechte der GEMA sowie der Urheber beitragen. Daher seien ebenfalls die Einzelhändler bei der Werbung und beim Verkauf ihrer Geräte hinweispflichtig[167].

7. Urteil des BGH vom 29. Mai 1964

Mit Urteil vom 29. Mai 1964[168] stellte der BGH fest, dass kein Anspruch der GEMA gegen die Gerätehersteller bestehe, dass die Geräte nur gegen Vorlage eines Personalausweises verkaufen zu dürften[169]. Die GEMA erhoffte sich durch diese Klage bessere Chancen, um gegen die „illegalen" Vervielfältigungen vorgehen zu können, die in der privaten Sphäre mit den Magnettonbandgeräten hergestellt wurden.

Bis zu diesem Urteil hatte die GEMA zwar bereits die Verurteilung von Gerätefirmen und Einzelhändlern zum Anbringen der GEMA-Hinweise an den Magnettonbandgeräten sowie auch an den Tonbändern erreicht, allerdings konnte die hiermit angestrebte Durchsetzung des Vergütungsanspruch in der Praxis nicht realisiert werden.

---

164 BGH GRUR 1964, 91 (92).
165 BGH GRUR 1964, 91 (92).
166 BGH GRUR 1964, 94 f.
167 BGH GRUR 1964, 94 (96).
168 BGH GRUR 1965, 104 ff.
169 BGH GRUR 1965, 104 f.

Die bei der GEMA errichtete Münchner Zentralstelle für private Überspielungsrechte (ZPÜ) hat bis 1964 lediglich etwa 5000 private Tonbandgerätebesitzer verpflichten können, gegen eine Gebühr von 10,-DM und später 12,-DM jährlich die Genehmigung für Tonbandaufnahmen von Werken der Musik und Literatur zu erhalten[170]. Dagegen steht die geschätzte Zahl von über einer Million verkaufter Geräte[171]. Nur wenige Gerätehersteller waren zur Zahlung einer pauschalen Lizenzgebühr pro verkauftes Tonbandgerät bereit. Diese Situation verdeutlicht das Bedürfnis der GEMA nach neuen Ansatzpunkten und mehr Sicherheit, um ihre Ansprüche auf Vergütung auch in der Praxis für die Zukunft besser durchsetzten zu können.

Mit dem vorliegenden Rechtsstreit versuchte die GEMA daher, endlich ein praxistaugliches Urteil zu erwirken, um die angestrebte Vergütung auch zu erhalten. Der BGH lehnte jedoch die durch die GEMA angestrebte Maßnahme, die Vorlage des Personalausweises beim Kauf eines Tonbandgerätes, unter anderem mit dem Argument ab, dass die Kenntnis der Namen und Adressen der Käufer solcher Geräte alleine noch in keiner Weise sicherstellen könnten, dass die beanstandeten Rechtsverletzungen unterbleiben würden. Darüber hinaus würden solche Maßnahmen über die Grenzen des Zumutbaren hinausgehen[172]. Zudem müsse berücksichtig werden, dass ein Erwerber eines Magnettonbandgerätes dieses durchaus benutzen könne, ohne die Urheberrechte der durch die GEMA vertretenen Urheber zu verletzen[173]. Des Weiteren sei zu berücksichtigen, dass der Käufer nicht immer der Benutzer ist[174].

Allerdings hielt es der BGH in diesem Urteil für möglich, dass die GEMA unmittelbar einen Anspruch gegen die Gerätehersteller auf Zahlung einer Vergütung zum Ausgleich der durch sie geschaffenen Gefahrenlage haben könnte. Dies sei nur unter dem Gesichtspunkt möglich, dass die Gerätehersteller, die zur Überspielung geeignete Tonbandgeräte in den Verkehr brächten, obwohl ihnen bekannt sei, dass die Geräte trotz entsprechender Hinweise in der Werbung überwiegend ohne die erforderliche Urheberrechtserlaubnis benutzt würden.

---

170 BGH GRUR 1965, 104 (109); darauf verweisend auch Dietz, GRUR 1978, 457 (459 f.); ebenso Reimer, GRUR 1965, 104 (109).

171 Spitzbarth geht in NJW 1963, 881 f. von 1,8 Mio. verkauften Geräten bei lediglich 3000 zahlenden Tonbandgerätebesitzern aus. Gleichwohl welchen Zahlen man glaubt, wird die Unausgewogenheit zwischen verkauften Geräten und zahlenden Gerätebesitzern hier deutlich.

172 BGH GRUR 1965, 104 (107).

173 BGH GRUR 1965, 104 (108).

174 BGH GRUR 1965, 104 (108).

Zumindest objektiv gesehen komme dies einer Beihilfe an den von den Gerätebenutzern begangenen Urheberrechtsverletzungen nahe[175].

8. Urteil des BGH vom 08. Januar 1965

Am 08. Januar 1965 urteilte der BGH ein weiteres Mal über die Hinweispflicht in der Werbung für Magnettonbänder[176]. Danach sollen die Hersteller von Magnettonbändern selbst dann verpflichtet sein in ihrer Werbung darauf hinzuweisen, dass für eine Benutzung der Tonbänder für eine Aufnahme urheberrechtlich geschützter Musikwerke die Einwilligung der GEMA erforderlich sei, wenn dieser Hinweis Rechtsverletzungen nicht mit einer an Sicherheit grenzenden Wahrscheinlichkeit ausschließe[177]. Die Hersteller der Tonbänder seien aufgrund des Vertriebes von diesen als „mittelbare Störer" zu qualifizieren. Gem. §§ 11 Abs. 1 S. 1, 15 Abs. 1 LUG i. V. m. § 1004 BGB richtet sich der Anspruch auf geeignete Vorkehrungen gegen rechtsverletzende Benutzung der Bänder durch die Erwerber, somit auch gegen die Hersteller der Tonbänder[178].

Die Problematik der Umsetzbarkeit eines Anspruchs auf Vergütung gegen die Hersteller der Tonbandgeräte oder gegen die Benutzer wurde in der Praxis nicht gelöst.

9. Ergebnis

Seit Erlass des LUG (1901, abgeändert 1910 und 1934), des KUG (1907) und auch des Gesetzes über das Verlagsrecht (1901) haben sich eine Reihe neuer und bedeutender Verwertungsmöglichkeiten für die Nutzer von Urhebergut ergeben. Insbesondere entstanden die Neuerungen durch die modernen Vervielfältigungsmöglichkeiten, der Tonbandaufnahme, der Fotokopie und Mikrokopie[179]. Der Gesetzgeber hatte mit diesen Neuerungen in einem solchen Maß nicht rechnen können. Dementsprechend waren auch die gesetzlichen Bestimmungen nicht ausreichend ausgeführt[180].

Die Rechtsprechung war deshalb gezwungen, neue Sachverhalte unter die alte Gesetzeslage zu subsumieren. Sie bemühte sich, den neuen Problemen, entstanden durch den technischen Fortschritt, im Wege von Auslegung und Analogien entgegenzuwirken. Hierbei gibt es allerdings auch Grenzen. Sie sind er-

---

175 BT-Drucks. IV 3401 siehe Erläuterungen zu § 54.

176 BGH NJW 1965, 746 ff.

177 BGH NJW 1965, 746 (746).

178 BGH NJW 1965, 746 (746).

179 Strauß, UFITA Bd. 22 (1956 II), S. 129 (129 f.).

180 Strauß, UFITA Bd. 22 (1956 II), S. 129 (129 f.).

reicht, wenn sich der geltende Rechtszustand immer weiter vom Wortlaut des Gesetzes entfernt[181].

An dieser Stelle zeigte sich endgültig die Reformbedürftigkeit des deutschen Urhebergesetzes. Abgesehen vom Verlagsrecht, welches sich bis zu diesem Zeitpunkt im Wesentlichen bewährt hatte, waren die geltenden Urheberrechtsgesetze unumstritten veraltet[182]. Der Wandel des technischen Fortschritts zeigte deutlich, dass es an der Zeit war, endlich einen gerechten Interessenausgleich zwischen den Interessen der Allgemeinheit an einer erlaubnisfreien und unbeschränkten Nutzung urheberrechtlich geschützter Werke und dem Interesse der Urheber an einer angemessenen Vergütung für ihr geistiges Eigentum herzustellen.

II. Entwicklung der Gesetzgebung

Die am häufigsten diskutierte Frage bei den Reformarbeiten war die nach der Ausgestaltung der Regelung über die Vervielfältigung zum persönlichen und sonstigen eigenen Gebrauch. Die Reformbestrebungen reichen in Deutschland bis ins Jahr 1932 zurück[183]. Es wurden mehrere Entwürfe zur Änderung des Urheberrechtsgesetzes ausgearbeitet, teils vom Reichsjustizministerium oder von der „Akademie für Deutsches Recht" oder auch von privater Seite[184]. Durch den Zweiten Weltkrieg wurden die Reformbestrebungen weitestgehend unterbrochen. Das Bundesministerium der Justiz (BMJ) nahm die Reformarbeiten nach dem Krieg wieder auf. Hierfür gründete es eine Sachverständigenkommission. Innerhalb der Kommission sind zwei nicht veröffentlichte Entwürfe ausgearbeitet worden, die die Grundlage für den Referentenentwurf von 1954 bildeten[185].

181 BT-Drucks. IV/270, Einl., S. 27.

182 BT-Drucks. IV/270, Einl., S. 27.

183 Referentenentwurf eines Urheberrechtsgesetzes aus dem Jahr 1954, in: Referentenentwürfe zur Urheberrechtsreform (Veröffentlicht durch das BMJ 1954), S. 63. Siehe ausführlich zur gesetzlichen Entwicklung bis hin zum Urheberrechtsgesetz von 1965 Maracke, Die Entstehung des Urheberrechtsgesetzes von 1965; ebenso Strauß, UFITA Bd. 22 (1956 II), S. 129 (130); Ulmer, Urheber- und Verlagsrecht, S. 60 f.

184 BT-Drucks. IV/270, Einl., S. 27; vgl. auch Ulmer, Urheber- und Verlagsrecht, S. 60.

185 Referentenentwurf eines Urheberrechtsgesetzes aus dem Jahr 1954, in: Referentenentwürfe zur Urheberrechtsreform (Veröffentlicht durch das BMJ 1954), S. 63.

1. Referentenentwurf von 1954[186]

Der Referentenentwurf[187] von 1954, hatte sich unter anderem, wie auch die unveröffentlichten Entwürfe, mit den neuen Vervielfältigungsmethoden und den damit verbundenen Problemen für das Recht der Vervielfältigung zum persönlichen Gebrauch auseinanderzusetzten. Der Entwurf hielt an dem Grundsatz des geltenden Rechts (§ 15 Abs. 2 LUG; § 18 Abs. 1 KUG) fest, nach welchem die Vervielfältigung eines Werkes zum persönlichen Gebrauch zulässig sein sollte (§ 47 RefE[188]). Hierfür war der Gedanke entscheidend, dass das Recht des Urhebers vor der privaten Sphäre des einzelnen Staatsbürgers haltmachen musste. Dabei war im Entwurf ausdrücklich klargestellt worden, dass der persönliche Gebrauch nicht den Gebrauch zu beruflichen Zwecken umfasste[189]. § 47 Abs. 2 RefE sah vor, dass auch außerhalb der privaten Sphäre Vervielfältigungen in gewissem Umfang ohne Zustimmung des Urhebers unter bestimmten, eng begrenzten Voraussetzungen hergestellt werden durften[190].

Der Entwurf war ein Erfolg für die Gerätehersteller und Vertreiber, denn der Haupteinwand der Schallplattenindustrie und Urheber, dass durch eine freie Vervielfältigung die Einnahmen aus dem Plattenkauf zurückgehen würden und somit Existenzen bedroht wären, wurde nicht berücksichtigt[191]. Begründet wurde diese Entscheidung unter anderem damit, dass ein gesetzliches Verbot der Vervielfältigung zum privaten Gebrauch in der Praxis nicht durchsetzbar sei, indem hierfür Kontrollen privater Haushalte nötig wären und solche nicht mit Art. 13 GG der Unverletzlichkeit der Wohnung vereinbar seien[192].

---

186 Referentenentwurf von 1954: Referentenentwurf eines Urheberrechtsgesetzes aus dem Jahr 1954, in: Referentenentwürfe zur Urheberrechtsreform. Veröffentlicht durch das Bundesjustizministerium, Bonn 1954.

187 Referentenentwurf im Folgenden abgekürzt RefE.

188 Nach § 47 Abs. 1 RefE war es jedermann, gestattet Vervielfältigungen zum persönlichen Gebrauch herzustellen oder durch Dritte herstellen zu lassen. Vgl. Referentenentwurf eines Urheberrechtsgesetzes aus dem Jahr 1954, in: Referentenentwürfe zur Urheberrechtsreform (Veröffentlicht durch das BMJ 1954), S. 148 ff.

189 Referentenentwurf eines Urheberrechtsgesetzes aus dem Jahr 1954, in: Referentenentwürfe zur Urheberrechtsreform (Veröffentlicht durch das BMJ 1954), S. 71.

190 Referentenentwurf eines Urheberrechtsgesetzes aus dem Jahr 1954, in: Referentenentwürfe zur Urheberrechtsreform (Veröffentlicht durch das BMJ 1954), S. 148 ff.

191 Referentenentwurf eines Urheberrechtsgesetzes aus dem Jahr 1954, in: Referentenentwürfe zur Urheberrechtsreform (Veröffentlicht durch das BMJ 1954), S. 151 f.

192 Referentenentwurf eines Urheberrechtsgesetzes aus dem Jahr 1954, in: Referentenentwürfe zur Urheberrechtsreform (Veröffentlicht durch das BMJ 1954), S. 152. Siehe hierzu Maracke, in: Die Entstehung des Urheberrechtsgesetzes von 1965 S. 475; vgl. auch Schenk, Die digitale Privatkopie, S. 8f.

Während der Diskussion zum Referentenentwurf wurden zahlreiche Stimmen laut[193]. Die Befürworter eines angemessenen Urheberrechtsschutzes hielten § 47 RefE für zu weitgehend, demgegenüber wurde die weite Regelung des § 47 RefE in Hinblick auf die Wahrung der Interessen der Wirtschaft sowie der Allgemeinheit begrüßt[194].

Im Verlauf der weiteren Beratungen zeichnete sich ab, dass eine so weit reichende Bestimmung zur Vervielfältigungsfreiheit wie in § 47 RefE so nicht Gesetz werden konnte. Trotz der Überlegungen des Gesetzgebers für eine weitgehende Regelung der Vervielfältigungsfreiheit, entschied der BGH mit Urteil vom 18. Mai 1955[195], dass private Vervielfältigungen mit Magnettonbändern überhaupt nicht unter die Vorschrift des § 15 Abs. 2 LUG fallen sollten und damit per se eine unzulässige Vervielfältigung darstellten[196].

2. Ministerialentwurf von 1959[197]

Beeinflusst durch die Urteile des BGH vom 18. Mai und 24. Juni 1955, folgte im Sommer 1959 der sog. Ministerialentwurf zum neuen Urheberrechtsgesetz[198]. Dieser sah vor, dass die Vervielfältigung zum privaten Gebrauch ohne Einwilligung des Urhebers zulässig sein sollte (§ 50 Abs. 1). Die Aufnahme der öffentlichen Wiedergabe eines Werkes auf Bild- oder Tonträger sowie die Übertragung eines Werkes von einem Bild- oder Tonträger auf einen anderen, auch zum persönlichen Gebrauch, sollte nach § 50 Abs. 1 S. 2 des Entwurfes grundsätzlich nicht gestattet sein[199]. Weiterhin sollten zwar auch einzelne Vervielfältigungen

193 Hubmann, UFITA Bd. 19 (1955), S. 58 (72 ff.), der eine Beeinträchtigung der Urheberrechtlichen Interessen in § 47 erblickte; Goldbaum, UFITA Bd. 19 (1955), S. 42 (46), sprach sich ebenfalls gegen § 47 aus; de Boor hielt § 47 auch in seiner derzeitigen Fassung für unannehmbar (GRUR 1954, 440 (445)); a.A. Hefermehl, UFITA Bd. 24 (1957), S. 56 (89 ff.). Nach Hefermehl sei die in § 47 vorgesehene Regelung, nach der Tonbandaufnahmen zum persönlichen Gebrauch vom Urheberrecht nicht erfasst werden, in ihrer Grundkonzeption gerechtfertigt.

194 Vgl. hierzu auch die Ausführungen bei Maracke, Die Entstehung des Urheberrechtsgesetzes von 1965, S. 478.

195 Ausführliche Erörterung des Urteils vom BGH (18. Mai 1955) in Teil 2 unter Punkt E I 2, S. 30 ff.

196 Spitzbarth, NJW 1963,881 (881).

197 Ministerialentwurf von 1959: Ministerialentwurf eines Gesetzes über Urheberrecht und verwandte Schutzrechte (Urheberrechtsgesetz) aus dem Jahr 1959, in: Entwürfe des Bundesjustizministeriums zur Urheberrechtsreform (Ministerialentwürfe), Bonn 1959.

198 Vgl. auch BT-Drucks. IV/270, S. 30.

199 Vgl. hierzu Ministerialentwurf von 1959: Ministerialentwurf eines Gesetzes über Urheberrecht und verwandte Schutzrechte (Urheberrechtsgesetz) aus dem Jahr 1959, in:

außerhalb der privaten Sphäre zulässig sein, wie es bereits § 47 Abs. 2 RefE vorsah, jedoch nur unter der Voraussetzung einer angemessenen Vergütung für den Urheber[200]. Damit die öffentlichen Bibliotheken und wissenschaftlichen Institute sowie die Behörden nicht gezwungen sein sollten, eine Vergütung zu entrichten, die für den gewerblichen Gebrauch der Einzelvervielfältigung gedacht war, schränkte § 50 Abs. 2 S. 3 des Entwurfs die Vergütungspflicht insoweit ein[201].

3. Regierungsentwurf von 23. März 1962

Der daraufhin folgende Regierungsentwurf[202] von 1962 gab die Vervielfältigung zum persönlichen Gebrauch in § 54 Abs. 1 des Entwurfes grundsätzlich frei[203]. In § 54 Abs. 3 RegE wurde vorgeschlagen, dass dem Urheber für die Fälle der privaten Tonbandaufnahme ein Vergütungsanspruch gegen den privaten Benutzer des Tonbandgerätes zu gewähren sei. Begründet wurde der Vergütungsanspruch damit, dass ein Verbot der privaten Vervielfältigung in der Praxis nicht durchsetzbar wäre und der Urheber zudem vielmehr an einer angemessenen Vergütung für die Nutzung seines Werkes interessiert sei, als an der Ausübung eines Verbotsrechtes. Hingegen erschien die Zubilligung eines entsprechenden Vergütungsanspruchs für private Vervielfältigungen durch Fotokopie oder Mikrokopie nicht gerechtfertigt, da der Absatz gedruckter Werke durch diese Vervielfältigungen zur damaligen Zeit nicht beeinträchtigt war[204].

Auch dieser Entwurf stieß auf Kritik. Der Bundesrat lehnte den in § 54 Abs. 3 RegE geregelten Vergütungsanspruch insbesondere in Hinblick auf die Schwierigkeiten der praktischen Durchsetzbarkeit ab und forderte zugleich

---

Entwürfe des Bundesjustizministeriums zur Urheberrechtsreform (Ministerialentwürfe), Bonn 1959, S. 54.

200 Ministerialentwurf von 1959: Ministerialentwurf eines Gesetzes über Urheberrecht und verwandte Schutzrechte (Urheberrechtsgesetz) aus dem Jahr 1959, in: Entwürfe des Bundesjustizministeriums zur Urheberrechtsreform (Ministerialentwürfe), Bonn 1959, S. 56.

201 Vgl. ausführlich hierzu mit Verweisen auf die Diskussionen in den beteiligten Kreisen, Maracke, Die Entstehung des Urheberrechtsgesetzes von 1965, S. 488 ff.

202 Regierungsentwurf im Folgenden RegE.

203 Leinveber, Urheberrechtsreform, S. 25. Die Vervielfältigung zum sonstigen eigenen Gebrauch war dagegen in § 55 RegE geregelt. Begünstig wurden in § 55 drei Sonderfälle: 1. die Vervielfältigung zum eigenen wissenschaftlichen Gebrauch (§ 55 Abs. 1 Nr. 1), 2. die Vervielfältigung zur Aufnahme eines eigenen Archivs (§ 55 Abs. 1 Nr. 2) und 3. die Vervielfältigung eines durch Funk gesendeten Werkes zur eigenen Unterrichtung über Tagesfragen (§ 55 Abs. 1 Nr. 3).

204 Vgl. hierzu auch BT-Drucks. IV/3401, Bericht des Abgeordneten Reichel zu § 54, S. 8.

dessen ersatzlose Streichung[205]. Die Bundesregierung stimmte dem Verlangen des Bundesrates nach der Streichung des in § 54 Abs. 3 RegE geregelten Vergütungsanspruchs zu[206].

Damit wäre die private Tonbandaufnahme, wie jede andere Vervielfältigung zum persönlichen Gebrauch uneingeschränkt erlaubnis- und vergütungsfrei zulässig gewesen[207]. Der Rechtsausschuss des Bundestages setzte daraufhin verschiedene Unterausschüsse ein, die wiederum über die Frage diskutierten, inwieweit überhaupt ein Vergütungsanspruch für private Vervielfältigungen erhoben, wie ein solcher durchgesetzt werden und wie diejenigen davon befreit werden könnten, die die Geräte lediglich zum Abspielen von Schallplatten kaufen und nicht zur Vervielfältigung nutzen wollten[208]. Abgesehen vom Ausschuss für Kulturpolitik und Publizistik, welcher die Fassung des RegE ohne einen Vergütungsanspruch befürworteten, wurde ein Anspruch auf angemessene Vergütung der Urheber grundsätzlich jedoch nach anfänglichen Bedenken begrüßt[209].

In Anlehnung an das Urteil des BGH vom 29. Mai 1964[210] schlug der Ausschuss vor, § 54 RegE um einen Abs. 6 zu ergänzen. In diesem sollte den Urhebern der Anspruch auf Vergütung gegen die Gerätehersteller eingeräumt werden, wobei angenommen wurde, dass die Hersteller ihrerseits die Vergütung wieder im Wege des Kaufpreises auf die Käufer der Geräte abwälzen würden[211]. Um gegebenenfalls eine ungerechte Behandlung derjenigen Käufer, die die Geräte nicht zur Vervielfältigung nutzen wollten, abzuwenden, sollten reine Diktiergeräte von der Regelung ausgenommen werden. Des Weiteren argumentierte der Ausschuss, dass alle übrigen Käufer eines Gerätes mit der Zahlung des etwas höheren Kaufpreises für die Zukunft das Rechts zur privaten Vervielfältigung mit erworben haben. Somit hielte sich eine unrechtmäßige Behandlung der Käufer in Grenzen. Weder Bundestag noch Bundesrat hatten etwas gegen diesen Vorschlag des Vermittlungsausschusses einzuwenden. Somit wurde die Vergütungspflicht gegen die Hersteller der Tonbandgeräte in § 53 Abs. 5 (§ 53 Abs. 6

---

205 BT-Drucks. IV/3401, Bericht des Abgeordneten Reichel zu § 54, S. 8.

206 BT-Drucks. IV/3401, Bericht des Abgeordneten Reichel zu § 54, S. 8 f.

207 BT-Drucks. IV/3401, Bericht des Abgeordneten Reichel zu § 54, S. 8 f.

208 Maracke, Die Entstehung des Urheberrechtsgesetzes von 1965, S. 496.

209 BT-Drucks. IV/3401, Bericht des Abgeordneten Reichel zu § 54, S. 10.

210 Der BGH hielt es in diesem Urteil für möglich, dass die GEMA unmittelbar einen Anspruch gegen die Gerätehersteller auf Zahlung einer Vergütung haben könnte. Besprechung des Urteils in Teil 2 unter Punkt E I 7, S. 29 ff.

211 BT-Drucks. IV/3401, Bericht des Abgeordneten Reichel zu § 54, S. 10.

des RegE) der neuen Fassung des am 09.09.1965 in Kraft getretenen Urheberrechtsgesetzes übernommen[212].

F. Die Privatkopie im Urheberrechtsgesetz von 1965

Nach langen und schwierigen Debatten wurde durch das Urheberrechtsgesetz von 1965 erstmals im deutschen Urheberrechtsgesetz ein Pauschalvergütungssystem in § 53 Abs. 5 UrhG eingeführt[213]. Nach dem Wortlaut des § 53 Abs. 5 UrhG hat der Urheber eines Werkes gegen den Hersteller von Geräten, die zur Vornahme von Vervielfältigungen, wie die Aufnahme von Funksendungen auf Bild- oder Tonträger oder durch Übertragung von einem Bild- oder Tonträger auf einen anderen zum persönlichen Gebrauch entstehen, einen Anspruch auf angemessene Vergütung. Dieser Anspruch kann nur durch Verwertungsgesellschaften wahrgenommen werden.

Der Urheber erhielt damit erstmals einen Vergütungsanspruch gegen die Hersteller von Aufzeichnungsgeräten. Durch die Einführung des Pauschalvergütungssystems musste der Urheber aber auch Einschränkungen seiner Verwertungsrechte hinnehmen, denn ein Anspruch auf angemessene Vergütung war nur durch die Freigabe der Vervielfältigungen möglich[214]. Bei illegaler Nutzung stand dem Urheber hingegen nur ein Schadensersatz- oder Unterlassungsanspruch gegen die Nutzer zu[215].

Während § 53 UrhG die Vervielfältigung zum persönlichen Gebrauch regelt, befasste sich § 54 UrhG mit der Vervielfältigung zum sonstigen eigenen Gebrauch. Laut der Gesetzesbegründung decken sich die Begriffe des persönlichen und des sonstigen eigenen Gebrauchs nicht vollständig. Der persönliche Gebrauch stellt vielmehr einen Unterfall des sonstigen eigenen Gebrauchs dar, der nicht nur vom § 53 UrhG[216], sondern auch von § 54 UrhG erfasst wird[217]. Im

212 Die Verfassungsmäßigkeit dieser Regelung wurde später durch das Bundesverfassungsgericht bestätigt. Vgl. hierzu BVerfGE 31, 255 ff. – Tonbandvervielfältigungen; für die 1985 eingeführte Leerkassettenabgabe, vgl. BVerfGE 79, S. 1 ff. – Leerkassette sowie Betreiberabgabe; BVerfG GRUR 1997, 123 ff. – Kopierladen I.

213 Vgl. Gesetz über Urheberrechte und verwandte Schutzrechte v. 9.9.1965, BGBl. I, 1273; auch Geerlings, GRUR 2004, 207 (207); Schmid/Wirth, in: Schmid/Wirth/Seifert, UrhG, § 53 Rn. 3.

214 Dietz, Das Urheberrecht in der Europäischen Gemeinschaft, S. 164 Rn. 308.

215 Schmid/Wirth, in: Schmid/Wirth/Seifert, UrhG, § 53 Rn. 3.

216 § 53 Abs. 1 bis 4 UrhG lauteten: „(1) Zulässig ist, einzelne Vervielfältigungsstücke eines Werkes zum persönlichen Gebrauch herzustellen. (2) Der zur Vervielfältigung Be-

Gegensatz zur Vervielfältigung zum persönlichen Gebrauch, sollten nach § 54 UrhG auch juristische Personen oder Behörden Vervielfältigungen für ihre speziellen Zwecke herstellen können[218]. Die Vervielfältigung sollte, wie bisher auch, zum persönlichen Gebrauch frei zulässig sein, und zwar einschließlich der Vervielfältigung mittels Tonbandgerätes. Allerdings wurde dem Urheber für diese neuartige, mit der gewerblichen Vervielfältigung fast vergleichbare Werknutzung im privaten Bereich ein Vergütungsanspruch gegen die Hersteller solcher Geräte eingerichtet[219].

Der Bundestag hatte sich im Vorfeld eingehend mit der Frage nach der Einrichtung eines Vergütungsanspruchs der Urheber befasst. Die gewählte Lösung eines Anspruchs gegen die Gerätehersteller schien die effektivste und auch gerechteste zu sein[220]. Ein Vergütungsanspruch gegen die Gerätenutzer wurde hingegen mit den Bedenken abgelehnt, dass die Durchsetzung eines solchen Anspruchs nicht ohne ein Eindringen in die Privatsphäre der Benutzer umzusetzen

---

fugte darf die Vervielfältigungsstücke auch durch einen anderen herstellen lassen; doch gilt dies für die Übertragung von Werken auf Bild- und Tonträger und die Vervielfältigung von Werken der bildenden Künste nur, wenn es unentgeltlich geschieht. (3) Die Vervielfältigungsstücke dürfen weder verbreitet noch zu öffentlichen Wiedergaben benutzt werden. (4) Die Aufnahme öffentlicher Vorträge, Aufführungen oder Vorführungen eines Werkes auf Bild- oder Tonträger, die Ausführung von Plänen und Entwürfen zu Werken der bildenden Künste und der Nachbau eines Werkes der Baukunst sind stets nur mit Einwilligung des Berechtigten zulässig."

217 § 54 UrhG lautete: „(1) Zulässig ist, einzelne Vervielfältigungsstücke eines Werkes herzustellen oder herstellen zu lassen 1. zum eigenen wissenschaftlichen Gebrauch, wenn und soweit die Vervielfältigung zu diesem Zweck geboten ist, 2. zur Aufnahme in ein eigenes Archiv, wenn und soweit die Vervielfältigung zu diesem Zweck geboten ist und als Vorlage für die Vervielfältigung ein eigenes Werkstück benutzt wird, 3. zur eigenen Unterrichtung. über Tagesfragen, wenn es sich um ein durch Funk gesendetes Werk handelt, 4. zum sonstigen eigenen Gebrauch, a) wenn es sich um kleine Teile eines erschienenen Werkes oder um einzelne Aufsätze handelt, die in Zeitungen oder Zeitschriften erschienen sind, b) wenn es sich um ein vergriffenes Werk handelt und der Berechtigte nicht auffindbar ist. Ist der Berechtigte auffindbar und das Werk länger als drei Jahre vergriffen, so darf er seine Einwilligung zur Vervielfältigung nur aus wichtigem Grunde verweigern. (2) Dient die Vervielfältigung gewerblichen Zwecken des zur Vervielfältigung Befugten, so hat er dem Urheber hierfür eine angemessene Vergütung zu zahlen. (3) Die Bestimmungen in § 53 Abs. 3 und 4 sind entsprechend anzuwenden."

218 Amtliche Begründung zum sechsten Abschnitt, zu § 55 UrhG, BT-Drucks. IV/270, S. 72 f.

219 Schiefler, GRUR 1965, 587 (588); vgl. auch Dietz, Das Urheberrecht in der Europäischen Gemeinschaft, S. 168 f. Rn. 320 f.

220 Vgl. hierzu auch Bornkamm, in: Festschrift f. Nordemann 2004, 299 (302).

sei. Die Hersteller der Geräte[221] allerdings könnten die zu zahlende Vergütung wiederum auf den Käufer und damit an den wirklichen Nutzer über den Kaufpreis abwälzen.

1971 hatte sich das Bundesverfassungsgericht mit der Frage zu beschäftigen, ob der Vergütungsanspruch des Urhebers gegen die Hersteller von Tonbandgeräten gegen deren Grundrechte verstoße[222]. Eine Herstellerfirma von Tonbandgeräten legte Verfassungsbeschwerde ein, da sie sich durch § 53 Abs. 5 UrhG in ihren Rechten aus Art. 2, 3, 12 und 14 GG verletzt sah[223]. Nach ihrer Auffassung sei der Gesetzgeber bei Schaffung des § 53 Abs. 5 UrhG von unrichtigen tatsächlichen Voraussetzungen ausgegangen. Denn die Vervielfältigung geschützter Werke stelle schon gar keine Gefahr für den Urheberrechtsschutz dar und führe demnach auch zu keiner Schmälerung der Urhebereinnahmen. Zudem seien die privat hergestellten Vervielfältigungen in keiner Weise mit gewerblich hergestellten zu vergleichen[224].

Das Bundesverfassungsgericht hingegen wies die Verfassungsbeschwerde als unbegründet ab, weil die Regelung des § 53 Abs. 5 UrhG nach seiner Auffassung keine Grundrechte der Tonbandgerätehersteller verletze. Begründet wurde dieses Ergebnis damit, dass der Anspruch auf eine Vergütung seine Berechtigung dem Grunde nach im Recht des Urhebers finde, der über sein Werk und damit über dessen Vervielfältigung verfügen könne. Dieses Recht werde durch § 53 Abs. 1 UrhG dahingehend eingeschränkt, dass der Urheber die Herstellung einzelner Vervielfältigungsstücke seines Werkes durch Dritte dulden müsse, wenn sie zum persönlichen Gebrauch hergestellt würden. Nur insoweit werde dem Urheber als Ausgleich für die Nutzung seines Werkes ein Vergütungsanspruch eingeräumt[225].

Im Jahre 1978 hatte der BGH[226] über die Frage zu entscheiden, was genau unter „einzelnen" Vervielfältigungsstücken gem. § 53 Abs. 1 Nr. 4a UrhG zu

---

221 Gemeint sind die Tonbandgeräte, die bereits zur Herstellung von Vervielfältigungen geeignet waren. Hingegen sah man den Prozess der Verlagerung auf dem Gebiet der fotomechanischen Vervielfältigung vom gewerblichen in den privaten Bereich als noch nicht so fortgeschritten an, als dass auch solche Geräte wie Kopierer explizit unter die Vergütungsregelung fallen sollten.

222 BVerfG GRUR 1972, 488 ff.

223 Auf die vorliegende Entscheidung soll hier nur kurz eingegangen werden. Eine ausführliche Prüfung der Verfassungsmäßigkeit des Pauschalvergütungssystems bei Schenk, Die digitale Privatkopie.

224 BVerfG GRUR 1972, 488 (489).

225 BVerfG GRUR 1972, 488 (489).

226 BGH GRUR 1978, 474.

verstehen ist[227]. Der Begriff „einzelne“ findet sich, ohne dass er vom Gesetzgeber näher bestimmt worden ist, in mehreren Vorschriften des Urheberrechtsgesetzes, so z.B. in §§ 46, 51 UrhG („einzelne Werke“) und in §§ 47, 53 UrhG („einzelne Vervielfältigungen“). Lediglich aus dem allgemeinen Sprachgebrauch und aus der Begründung zu § 55 Abs. 1 Nr. 4 des Regierungsentwurfs[228] lasse sich entnehmen, dass nur einige wenige gemeint sein können[229]. Vorliegend hat sich der BGH in seinem Urteil „Vervielfältigungsstücke“[230] an sieben als maximal zulässige Kopien, orientiert. Allerdings war der BGH durch den Klageantrag, der die Untersagung der Anfertigung von mehr als sieben Kopien forderte, durch § 308 I ZPO gebunden. Damit steht also lediglich fest, dass mehr als sieben Kopien auf keinen Fall mehr dem Begriff „einzelne“ genügen.

Fraglich ist, ob die Anzahl der Kopien an ihrer Qualität gemessen werden können. So wird argumentiert, dass bei digitalen Kopien ohne jeglichen Qualitätsverlust der private Bedarf schneller gedeckt sei. Allerdings hat die Befriedigung des privaten Bedarfs nichts mit der Qualität der Kopie zu tun, sondern vielmehr mit der tatsächlichen Anzahl der benötigten Kopien. Des Weiteren ist jede Nennung einer Zahl unter sieben willkürlich, denn es lässt sich nicht sinnvoll argumentieren, dass zwei Kopien gerade zu wenig, aber vier bereits zu viel sein sollen.

Indem sich auch der BGH mit seiner Entscheidung für sieben Exemplare im Rahmen der bereits im Schrifttum vertretenen Auffassungen hält, lässt sich abschließend sagen, dass damit zumindest ein Anhaltspunkt zur Konkretisierung des Begriffs „einzelne“ gefunden worden ist[231].

G. Änderungsgesetze zum Urheberrecht betreffend die Privatkopie

I. Gesetz zur Änderung des Urheberrechts von 1985

Durch die Weiterentwicklung der Technik auf den Gebieten des Fotokopierens aber auch der Bild- und Tonbearbeitung und die damit verbundene immer stärkere Inanspruchnahme urheberrechtlich geschützter Werke, kam es in der Folgezeit zu einem stetig steigenden Ungleichgewicht beim angestrebten gerechten Interessenausgleich zwischen den Interessen der Urheber auf der einen und der

227 Diese Entscheidung ist mangels aktueller bis heute von Bedeutung.
228 BT-Drucks. IV/270, S. 72 f.
229 BGH GRUR 1978, 474 (476).
230 BGH GRUR 1978, 474.
231 BGH GRUR 1978, 474 (477).

Nutzer auf der anderen Seite. Weder die Leerkassette und ihr späterer Marktanteil, noch die Videoaufzeichnung waren bei der Verabschiedung des Gesetzes von 1965 bekannt oder vorhersehbar gewesen[232]. Um diese Schieflage zu beheben waren Reformarbeiten am Urheberrechtsgesetz von 1965 unerlässlich[233].

Zudem war eine Verbilligung der Geräte zu verzeichnen, so dass das bisherige System der Vergütung, die Zahlung eines durchschnittlich für angemessen gehaltenen Vergütungsanteils (maximal fünf Prozent) pro Gerät, der an den Kaufpreis gekoppelt wurde, nicht mehr zur gewünschten Deckung führte[234]. Im Rahmen der Novellierung des Urheberrechtsgesetzes von 1985 hatte der Gesetzgeber damit nicht nur den technischen Fortschritt, sondern auch die erhöhten Nutzungsaufkommen zu berücksichtigen.

Noch bevor erste konkrete Gesetzesvorlagen vorgebracht waren, war man sich bereits einig, dass eine Reform der Bestimmungen über die Vervielfältigung zum persönlichen und eigenen Gebrauch dringend erforderlich war[235]. Übereinstimmend war man der Ansicht, dass die Kopierfreiheit in Hinblick auf die reprographische Vervielfältigung erheblich zu erweitern war und dass zum Ausgleich des Abbaus der Ausschließlichkeitsrechte eine umfangreichere Vergütungspflicht zum Tragen kommen musste[236]. Mit diesen Ideen sollte der Verlagerung der Werknutzung durch reprographische Vervielfältigungen aus der gewerblichen in die private Sphäre Rechnung getragen werden.

Zu diesem Meinungsbild hatte auch ein BGH-Urteil[237] aus dem Jahre 1983 beigetragen. In dem zugrunde liegenden Rechtsstreit hatte sich der BGH mit der Frage der reprographischen Vervielfältigungen in Kopierläden zu befassen. Klägerin war eine Verlagsgesellschaft, die juristische Ausbildungsliteratur herstellte. Die Beklagte betrieb einen Kopierladen, in dem Kunden gegen Entgelt Fotokopien selbst herstellen oder durch einen Mitarbeiter herstellen lassen konnten. Vorliegend war es durch das Kopieren ganzer Werke zu einer Urheberrechtsverletzung der Klägerin gekommen. Ein Kausalzusammenhang zwischen dem zur

---

232 Davis/v. Rauscher auf Weeg, Das Recht der Hersteller von Tonträgern, S. 157 Rn. 452; Stroh, Der Rechtsschutz von Musiknoten vor unerlaubter Vervielfältigung, S. 34.

233 Vgl. auch Davis/v. Rauscher auf Weeg, Das Recht der Hersteller von Tonträgern, S. 155 f. Rn. 448 f.; Stroh, Der Rechtsschutz von Musiknoten vor unerlaubter Vervielfältigung, S. 34.

234 Davis/v. Rauscher auf Weeg, Das Recht der Hersteller von Tonträgern, S. 156. Rn. 451; Schmid/Wirth, in: Schmid/Wirth/Seifert, UrhG, Vorb. §§ 54 ff. Rn. 1; Stroh, Der Rechtsschutz von Musiknoten vor unerlaubter Vervielfältigung, S. 34.

235 Vgl. hierzu auch Davis/v. Rauscher auf Weeg, Das Recht der Hersteller von Tonträgern, S. 156 Rn. 451.

236 Kolle, GRUR Int. 1975, 201 (212).

237 BGH GRUR 1984, 54 - „Kopierläden“.

Verfügung stellen der Kopiergeräte sowie der Urheberrechtsverletzungen wurde vom BGH angenommen. Um die Gefahr solcher unberechtigter Vervielfältigungen urheberrechtlich geschützten Materials auszuschließen oder zumindest ernsthaft verhindern zu können, wurde ein im Ladenlokal angebrachter deutlich sichtbarer Hinweis auf die Verpflichtung der Kunden zur Beachtung fremder Urheberrechte im Einzelfall für geeignet und zumutbar empfunden[238]. Eine generelle Kontrollpflicht durch die Mitarbeiter des Kopierladens kann allerdings auch im Hinblick auf die Vertraulichkeit der zu kopierenden Unterlagen nicht zugemutet werden[239]. Um derartige Kopien in der Zukunft nicht vom urheberrechtlichen Vergütungsanspruch auszunehmen, entschied sich der Gesetzgeber von 1985 auch zur Einführung einer Fotokopierabgabe.

So empfahl der Rechtsausschuss dem Bundestag die Annahme eines Gesetzesentwurfs, der eine Vergütung[240] (1) für das Fotokopieren geschützter Werke, diese sollte sowohl an die Leistungsfähigkeit des Kopiergerätes wie auch an den einzelnen Kopiervorgang gebunden sein, (2) für die Bild- und Tonaufzeichnung, die sowohl an das Aufzeichnungsgerät als auch an die jeweilige Leerkassette angeknüpft werden sollte (Vorschlag zur Einführung einer Pauschalabgabe auf Leerkassetten und Kassettenrekorder[241]), vorsah. Der Vergütungsanspruch sollte, wie bisher auch, von Verwertungsgesellschaften vorgenommen werden, so dass sich in der Praxis keinerlei Änderungen ergeben würden[242].

Nach Ansicht des Rechtsausschusses waren aufgrund der Eigentumsgarantie des Grundgesetzes, die dem Urheber durch das Urheberrechtsgesetz zukommt, keine Alternativen zu dessen wirksamen Schutz hinsichtlich einer Gesetzesänderung ersichtlich[243]. Nach der Beschlussempfehlung des Ausschusses sollte der Bundestag daher diesem Gesetzesentwurf zustimmen[244]. Zudem wurde die Bundesregierung ersucht, alle drei Jahre ab Inkrafttreten dieser Neufassung des Urheberrechtsgesetzes Bericht vorzulegen. Zu berichten war (1) über die Entwicklung der urheberrechtlichen Vergütung gem. § 54 UrhG, insbesondere unter Berücksichtigung der Frage, ob das Vergütungsaufkommen als angemessen im Sinne des § 54 UrhG angesehen werden kann, (2) über die Einwirkungen der technischen Entwicklung auf das Urheberrecht und die Leistungsschutzrechte.

---

238 BGH GRUR 1984, 54 (54).

239 BGH GRUR 1984, 54 (54).

240 BT-Drucks. 10/3360, S. 2.

241 Der Gesetzgeber dehnte im Urheberrechtsgesetz von 1985 die Pauschalabgaben tatsächlich auf Leerkassetten und Kassettenrekorder aus; vgl. dazu BT-Drucks. 10/837, S. 17; Geerlings, GRUR 2004, 207 (207).

242 BT-Drucks. 10/3360, S. 2.

243 BT-Drucks. 10/3360, S. 2.

244 BT-Drucks. 10/3360, S. 3.

Gegebenenfalls sollte die Bundesregierung geeignete Maßnahmen zur Sicherung des geistigen Eigentums, auch in seinem wirtschaftlichen Bestand vorschlagen[245].

Am 24. Juni 1985 wurde dieses Gesetz zur Änderung von Vorschriften auf dem Gebiet des Urheberrechts durch den Bundestag beschlossen. Am 1. Juli 1985 trat es in Kraft[246]. Nach der Änderung regelt § 53 UrhG die Vervielfältigung zum privaten[247] und sonstigen eigenen Gebrauch, wohingegen sich § 54 UrhG ausschließlich mit den Vergütungspflichten befasst. In § 54 Abs. 1 UrhG wurde die Vergütungspflicht der Hersteller von Geräten und Bild- oder Tonträgern, die gerade zur Vornahme von Vervielfältigungen bestimmt sind, neu geregelt. Vergütungspflichtig sind nunmehr auch die Vervielfältigungen zum sonstigen eigenen Gebrauch, die ebenfalls, wie auch diejenigen zum privaten Gebrauch, einen Eingriff in die Rechte der Urheber darstellen[248]. Erstmals wurden damit auch die Hersteller von Bild- und Tonträgern in die Vergütungspflicht einbezogen.

§ 54 Abs. 2 UrhG regelte erstmalig eine Vergütungspflicht für Reprographien. Die angemessene Vergütung, die den Urhebern durch die Nutzung der Berechtigten zusteht, wurde in festen Vergütungssätzen in einer Anlage zu § 54 Abs. 4 UrhG geregelt. Nach dieser Anlage lag die Vergütung aller Berechtigten für z.B. ein Tonaufzeichnungsgerät bei 2,50 DM und für ein Bildaufzeichnungsgerät mit oder ohne Tonteil bei 18,- DM. Die Vergütungssätze für Kopiergeräte wurden je nach Leistungsfähigkeit der Geräte und zusätzlich nach einer Stückvergütung für jede DIN-A4-Kopie gestaffelt. Auf diese Weise versuchte man bereits der deutlichen Zunahme der Vervielfältigungen von Druckwerken durch die modernen Fotokopiertechniken zu begegnen. Die Vergütungen waren von nun an nicht mehr an die Gerätepreise gekoppelt[249]. Eine Verordnung, die die Möglichkeit eröffnen sollte, die Vergütungssätze zeitnah und flexibel an die tatsächlichen Gegebenheiten anzupassen, wurde abgelehnt[250]. Zusätzlich wurden zur besseren Durchsetzung der Vergütungsansprüche Auskunftsansprüche gegen die Hersteller und Importeure auf Auskunftserteilung über die veräußerten oder in Verkehr gebrachten Geräte eingeführt. Diese konn-

---

245 Beschlussempfehlung des Rechtsausschusses, BT-Drucks. 10/3360.

246 BGBl. I, 1985, Nr. 33, S. 1137 ff.

247 Die Wortlautänderung wurde lediglich zur besseren Verständlichkeit vorgenommen, eine Änderung des Sinns wurde nicht bezweckt; BT-Drucks. 10/873, S. 16.

248 BT-Drucks. 10/837, S. 19.

249 BT-Drucks. 10/837, S. 19.

250 Der Gesetzesentwurf der Bundesregierung sah eine solche Verordnung noch vor; siehe BT-Drucks. 10/837 S. 5.

ten allerdings nur von den Verwertungsgesellschaften für die Rechteinhaber geltend gemacht werden.

II. Produktpiraterie-Gesetz vom 07. März 1990[251]

Durch das Gesetz zur Stärkung des Schutzes des geistigen Eigentums und zur Bekämpfung der Produktpiraterie wurden in § 54 Abs. 4 und Abs. 5 UrhG kleinere Änderungen vorgenommen. Dem § 54 Abs. 4 wurde ein neuer Satz 2 angefügt. Dieser lautete: „In Rechnungen für die Veräußerung oder ein sonstiges Inverkehrbringen der Geräte nach Absatz 2 Satz 1 ist auf die auf das Gerät entfallende Urheberrechtsvergütung hinzuweisen." Damit begründete der Gesetzgeber die Pflicht, dass bei der Veräußerung oder dem Inverkehrbringen von Geräten in den ausgestellten Rechnungen auf die urheberrechtliche Vergütung hinzuweisen war, die auf die jeweiligen Geräte entfielen. Zudem wurde in § 54 Abs. 5 der Satz 3 gestrichen[252] und durch folgenden Satz ersetzt: „Kommt der Auskunftspflichtige seiner Auskunftspflicht nicht, nur unvollständig oder sonst unrichtig nach, so kann der doppelte Vergütungssatz verlangt werden." Durch diese neue Regelung der Möglichkeit bei Verletzung der Auskunftspflicht die doppelten Vergütungssätze verlangen zu können, sollte die Stellung der Verwertungsgesellschaften gegenüber den Vergütungspflichtigen verbessert und gestärkt werden[253].

III. Zweites Änderungsgesetz des Urheberrechts vom 09. Juni 1993[254]

Das Änderungsgesetz von 1993 diente der Umsetzung der Richtlinie 91/250/EWG des Rates vom 14. Mai 1991 über den Rechtsschutz von Computerprogrammen.

§ 53 Abs. 4 S. 2 UrhG[255] wurde aufgehoben, da das Vervielfältigungsrecht in Bezug auf Computerprogramme nunmehr durch die § 69c bis § 69e UrhG ge-

251 BGBl. I, 1990, Nr. 10, S. 422 ff. – zum 01.Juli 1990 in Kraft getreten.

252 § 54 Abs. 5 S. 3 UrhG in der Fassung von 1985 lautete: „Die Auskunft ist jeweils für das vorangegangene Kalenderjahr zu erteilen."

253 BT-Drucks. 14/3972, S. 6.

254 BGBl. I, 1993, Nr. 29, S. 910 f.

255 § 53 Abs. 4 S. 2 UrhG lautete bisher: „ebenso ist die Vervielfältigung eines Programmes für die Datenverarbeitung (§ 2 Abs. 1 Nr. 1) oder wesentlicher Teile davon stets nur mit Einwilligung des Berechtigten zulässig.

regelt wurde[256]. Die Streichung änderte jedoch nichts an der bisherigen Rechtslage. Vervielfältigungen zum privaten und sonstigen eigenen Gebrauch waren weiterhin ohne Einwilligung des Rechteinhabers stets zulässig.

IV. Gesetz zur Änderung des Patentgebührengesetzes und anderer Gesetze vom 25. Juli 1994[257]

In diesem Änderungsgesetz wurde § 54 UrhG durch die neu eingeführten §§ 54 bis §§ 54h UrhG ersetzt. § 54 UrhG regelte weiterhin die Vergütungspflicht für Vervielfältigungen im Wege der Bild- und Tonaufzeichnungen. § 54a UrhG setzte die Vergütungspflicht für Vervielfältigungen im Wege der Ablichtungen fest. § 54b UrhG normierte den Wegfall der Vergütungspflicht des Händlers. § 54c UrhG befasste sich mit dem Wegfall der Vergütungspflicht bei Ausfuhr. § 54d UrhG ordnete die Vergütungshöhe an. § 54e UrhG gestaltete die Hinweispflicht in Rechnungen auf urheberrechtliche Vergütungspflicht. § 54f UrhG wies auf die Meldepflicht hin. § 54g UrhG regelte die Auskunftspflicht und § 54h UrhG befasste sich mit den Verwertungsgesellschaften; Handhabung der Mitteilungen. Des Weiteren wurde die Anlage zu § 54 Abs. 4 UrhG abgeändert.

Die Änderungen wurden mit der Verwirklichung des gemeinsamen Binnenmarktes[258] begründet, die zu der zentralen Aufgabe der Europäischen Wirtschaftsgemeinschaft zählte[259]. Der gemeinsame Markt hatte zur Folge, dass die Einfuhrkontrollmeldungen für Gegenstände, die der Vergütungspflicht des § 54 UrhG unterlagen, wegfielen. Aufgrund dieser Tatsache musste versucht werden, auf andere Weise sicher zu stellen, dass den Berechtigten die ihnen zustehende Vergütung zufließen kann[260].

---

256 BT-Drucks. 12/4022, S. 8 f.

257 BGBl. I, 1994, Nr. 48, S. 1739 ff.

258 Zum 1. Januar 1993 wurde der gemeinsame europäische Binnenmarkt geschaffen, die Einfuhrkontrollmeldungen fielen weg.

259 Reischl, GRUR Int. 1982, 151 (151).

260 Beschlussempfehlung und Bericht des Rechtsausschusses zu dem Gesetzesentwurf der Bundesregierung BT-Drucks. 12/5280.

V. Gesetz zur Regelung der Rahmenbedingungen für Informations- und Kommunikationsdienste (Informations- und Kommunikationsdienste-Gesetz – IuKDG) vom 28. Juli 1997[261]

Das Änderungsgesetz vom 28. Juli 1997 hatte in Folge der EU-Datenbankrichtlinie[262] zum Ziel, dem Wandel der Informations- und Kommunikationstechnologien Rechnung zu tragen. Dabei stand die Schaffung einer verlässlichen Grundlage für die Gestaltung der sich dynamisch entwickelnden Angebote im Bereich der Informations- und Kommunikationsdienste im Vordergrund, um zugleich einen Ausgleich zwischen freiem Wettbewerb, berechtigten Nutzerinteressen und öffentlichen Ordnungsinteressen herzustellen[263]. § 53 UrhG wurde wie folgt geändert: Nach Abs. 4 des § 53 UrhG wurde ein neuer Abs. 5 eingefügt, die Abs. 5 und 6 sind sodann zu den Abs. 6 und 7 des § 53 UrhG geworden. Der neue Abs. 5 lautete: „Absatz 1 sowie Absatz 2 Nr. 2 bis 4 finden keine Anwendung auf Datenbankwerke, deren Elemente einzeln mit Hilfe elektronischer Mittel zugänglich sind. Absatz 2 Nr. 1 findet auf solche Datenbankwerke mit der Maßgabe Anwendung, dass der wissenschaftliche Gebrauch nicht zu gewerblichen Zwecken erfolgt."

VI. Gesetz zur Bereinigung der Kostenregelung auf dem Gebiet des geistigen Eigentums vom 13. Dezember 2001[264]

Mit diesem Gesetz wurde die Anlage mit den Vergütungssätzen zu § 54d Abs. 1 UrhG geändert. Die Vergütungssätze wurden aufgrund der bevorstehenden Währungsänderung auf den Euro umgestellt, ansonsten blieben die Sätze in der Anlage von 1985 unverändert[265].

---

261 BGBl. I, 1997, Nr. 52, S. 1870 – zum 01. Januar 1998 in Kraft getreten.

262 Richtlinie 96/9/EG des Europäischen Parlaments und des Rates vom 11. März 1996 über den rechtlichen Schutz von Datenbanken.

263 BT-Drucks. 13/7385, S. 16.

264 Bundesgesetzblatt I Nr. 69 vom 19. Dezember 2001, S. 3656 ff. – zum 01.Januar 2002 in Kraft getreten.

265 BGBl. I, 2001 Nr. 69, S. 3656; so auch Geerlings, GRUR 2004, 207 (208).

H. Einfluss internationaler Abkommen und des Gemeinschaftsrechts auf das Urheberrecht und die Entwicklung der Privatkopie in Deutschland

I. Die Berner Übereinkunft

Das deutsche Urheberrecht hat viele Wurzeln in internationalen Abkommen. Fast zeitgleich zu den nationalen Entwicklungen der Gesetzgebung zum geistigen Eigentum gegen Ende des 19. Jahrhunderts kam es zum Abschluss der Berner Übereinkunft. Die Berner Übereinkunft zum Schutze von Werken der Literatur und Kunst von 1886 (RBÜ) stellt noch heute eines der bedeutendsten und grundlegendsten internationalen Abkommen für das Urheberrecht dar[266]. Sie wurde entsprechend der Vorgaben in Art. 27 Abs. 1 RBÜ im Sinne einer kontinuierlichen Verbesserung des Urheberrechtsschutzes mehrfach vervollständigt und revidiert, zuletzt am 24.01.1971 in Paris. Die RBÜ ist ein mehrseitiger völkerrechtlicher Vertrag, dem mittlerweile alle kulturell wichtigen Staaten der Welt angehören[267]. Die vertragsschließenden Staaten haben sich mit dem Zweck zusammengeschlossen, einen internationalen Schutz der Urheberrechte herbeizuführen. Grundprinzip hierbei ist die Inländerbehandlung (Assimilation), dieses Prinzip statuiert die Übereinkunft in Art. 5[268]. Das Verwaltungsorgan der Berner Übereinkunft ist das Internationale Büro in Genf, welches auch zugleich das Sekretariat der Weltorganisation für geistiges Eigentum (World Intellectual Property Organisation = WIPO) ist. Die WIPO ist eine Unterorganisation der Vereinten Nationen. Sie beschäftigt sich auf internationaler und multilateraler Ebene mit dem geistigen Eigentum und dem gewerblichen Rechtsschutz[269].

Die RBÜ strebt mit dem Grundsatz der Inländerbehandlung eine Gleichbehandlung von Urhebern in den Verbandsstaaten an[270]. Nicht geschützt werden die inländischen Urheber im Inland, für diese gilt lediglich das inländische Urheberrecht[271]. Damit ist die RBÜ nicht auf nationale Sachverhalte anwendbar[272]. Zudem gewährt die RBÜ zahlreiche Rechte, auf die sich jeder Urheber eines anderen Mitgliedstaates der RBÜ als Mindestschutz berufen kann[273]. Damit soll

266 Holeweg, GRUR Int. 2001, 141 (142).

267 Für die Bundesrepublik Deutschland ist der Pariser Fassung der Übereinkunft am 10.10.1974 in Kraft getreten.

268 Rehbinder, Urheberrecht, S. 374 f. Rn. 985.

269 Reinbothe, GRUR Int. 1992, 707 (707).

270 Rehbinder, Urheberrecht, S. 374 f. Rn. 985.

271 Rehbinder, Urheberecht, S. 374 f. Rn. 985.

272 Katzenberger, GRUR Int. 1995, 447 (454).

273 Rehbinder, Urheberecht, S. 375 Rn. 988.

eine gewisse Gleichbehandlung der Urheber aus den unterschiedlichen Staaten erreicht werden. Dieser Mindestschutz gilt selbst dann, wenn das nationale Recht entsprechende Rechte nicht oder nicht in gleichem Umfang gewährleistet. Nach dem Grundsatz der Inländerbehandlung mussten folglich die Vorgaben der RBÜ auch in Deutschland umgesetzt werden. Nicht überraschend ist, dass jeder Mitgliedstaat, der seine inländischen Urheber nicht benachteiligen will, seinen urheberrechtlichen Schutz zumindest an das Niveau der RBÜ angehoben oder sogar eine Bevorzugung inländischer Urheber herbeigeführt hat.

Auf der Revisionskonferenz in Stockholm von 1967 wurde eine richtungsweisende und umfassende Generalklausel betreffend das Vervielfältigungsrecht in Art. 9 Abs. 2 RBÜ als Mindestrecht eingeführt. Diese Voraussetzungen gelten auch heute noch für verbandseigene Werke in den Verbandsländern[274]. Der in Art. 9 Abs. 2 RBÜ geregelte Drei-Stufen-Test besagt, dass Ausnahmen des Vervielfältigungsrechts nur unter seinen Voraussetzungen gestattet sind. Danach sind Ausnahmen nur für bestimmte Sonderfälle zulässig (1. Stufe), in denen weder die normale Auswertung eines Werkes beeinträchtigt wird (2. Stufe), noch die berechtigten Interessen des Urhebers unzumutbar verletzt werden (3. Stufe).

II. Das Welturheberrechtsabkommen

Das zweite große, multilaterale Abkommen auf dem Gebiet des Urheberrechts ist das Welturheberrechtsabkommen (WUA). Es wurde von der UNESCO nach dem Zweiten Weltkrieg beschlossen. Grund hierfür waren die USA, die der Berner Übereinkunft wegen der großen Differenzen zu ihrem Urheberrecht zunächst nicht beitreten wollten[275]. 1989 konnten die USA nach der Anpassung ihres heimischen Urheberrechts dann der Berner Übereinkunft beitreten.

Die Bedeutung des Welturheberrechtsabkommens war allerdings immer schon äußerst gering, da die Regelungen der Berner Übereinkunft den Regelungen der WUA vorgehen. D.h., dass verbandseigene Werke der Berner Übereinkunft in Verbandsländern, die gleichzeitig auch Vertragsstaaten des WUA sind, nur nach den Vorschriften der Berner Übereinkunft geschützt sind[276]. Mit dem Beitritt der USA und dem ohnehin zurückbleibenden Schutzstandard, verlor die WUA mehr und mehr an Bedeutung[277].

---

274 Senftleben, GRUR Int. 2004, 200 (201).

275 Forkel, NJW 1997, 1672 (1675); v. Lewinski, GRUR Int. 1996, 630 (635).

276 Katzenberger, GRUR Int. 1995, 447 (454); Rehbinder, Urheberrecht, S. 376 Rn. 989.

277 Forkel, NJW 1997, 1672 (1675).

III. Das TRIPS-Abkommen

Im TRIPS-Abkommen[278] wurden die Rechte und Ausnahmen der Berner Übereinkunft weitestgehend übernommen[279]. Das TRIPS-Abkommen ist ein besonderes Abkommen über handelsbezogene Aspekte der Rechte an geistigem Eigentum[280], einschließlich des Handels mit Nachahmungen und Fälschungen, welches mit der Schaffung der Welthandelsorganisation (World Trade Organization = WTO[281] mit Sitz in Genf) 1994 geschlossen wurde[282]. Im Vergleich zur RBÜ geht es allerdings über deren Regelungsgehalt hinaus[283]. Die Aufnahme des Schutzes der Rechte des geistigen Eigentums im TRIPS-Abkommen hatte im Wesentlichen drei Ursachen: Zum einen die zunehmende wirtschaftliche Bedeutung und damit auch die Schutzbedürftigkeit der durch diese Rechte geschützten Güter, zum anderen die Defizite des traditionellen internationalen Schutzes dieser Rechte und letztlich die Fragwürdigkeit einseitiger und bilateraler Schutzalternativen[284]. Auch das TRIPS-Abkommen folgt dem Prinzip der Inländerbehandlung (Art. 3 TRIPS) sowie dem Prinzip der Meistbegünstigung[285] (Art. 4 TRIPS)[286]. Zudem bleibt der Grundsatz der Territorialität unberührt[287].

278 Ausführliche Besprechung des TRIPS-Abkommens bei Katzenberger, GRUR Int. 1995, 447 ff; siehe auch v. Lewinski, GRUR Int. 1997, 667 ff.

279 Katzenberger, GRUR Int. 1995, 447 (456).

280 Katzenberger, GRUR Int. 1995, 447 (448).

281 Die WTO bildet den gemeinsamen institutionellen Rahmen für die Wahrnehmung der Handelsbeziehungen zwischen ihren Mitgliedern in Angelegenheiten im Zusammenhang mit den in den Anlagen dieses Übereinkommens enthaltenen Übereinkommen und dazugehörigen Rechtsinstrumenten. Die WTO ist aus dem General Agreement on Tariffs and Trade (GATT) in siebenjährigen Verhandlungen gegründet worden. Mit Wirkung zum 01.01.1995 nahm sie ihre Arbeit auf. (GATT ist ein allgemeines Zoll- und Handelsabkommen, welches am 30. Oktober 1947 zum 01. Januar 1948 geschlossen wurde.)

282 Rehbinder, Urheberrecht, S. 377 Rn. 992.

283 Katzenberger, GRUR Int. 1995, 447 (460); Reinbothe, GRUR Int. 1992, 707 (709, 712 f.); ders., ZUM 1996, 735 (736). Die sog. Bern-Plus-Elemente sind in Art. 10-13 TRIPS geregelt und umfassen neben einer Erweiterung des Schutzgegenstandes auf Computerprogramme und Zusammenstellungen von Daten unter anderem auch die Regelung der Vermietrechte.

284 Katzenberger, GRUR Int. 1995, 447 (450).

285 Nach dem Prinzip der Meistbegünstigung wird den Urhebern ein Anspruch auf die gleichen Vergünstigungen wie die am meisten begünstigten Mitglieder anderer Staaten gewährt.

286 Rehbinder, Urheberrecht, S. 377 Rn. 992; Reinbothe, GRUR Int. 1992, 707 (713 f.); Ullrich, GRUR Int. 1995, 623 (624).

Der „Drei-Stufen-Test“ wurde in Art. 13 TRIPS, unabhängig von der Nutzungsweise, übernommen[288]. Dieser ist als horizontale Auslegungsregel für die Anwendung von Ausnahmen zum Urheberrecht zu sehen. Bestimmungen mit horizontaler Wirkung sind solche, die für verschiedene Urheber gelten[289]. Art. 13 TRIPS ist, den Sinn und Zweck der durch Art. 9 Abs. 2 RBÜ enthaltenen Ausnahmeregelung für die Begrenzung des Vervielfältigungsrechts berücksichtigend, hingegen allerdings auf alle Schrankenbestimmungen des Urheberrechts anzuwenden[290]. Der „Drei-Stufen-Test“ stellt damit keinen Test für ein bestimmtes System, wie z.B. nur eine besondere Schranke dar, sondern er ist ein Mittel zur Überprüfung der Rechtmäßigkeit von jeglichen Schranken im Urheberrechtsgesetz. Aus diesem Grund wird der „Drei-Stufen-Test“ auch als „Schranken-Schranke“ bezeichnet.

IV. Der WIPO-Urheberrechtsvertrag

Die Berner Übereinkunft sowie auch das Welturheberrechtsabkommen waren dem Fortschritt und den damit verbundenen Anforderungen an das digitale Zeitalter, vor allem dem rasanten Voranschreiten des Internets, nicht gewachsen[291].

Um das Urheberrecht auf diesen Wandel besser einstellen zu können, wurden am 20. Dezember 1996 auf der Diplomatischen Konferenz über bestimmte Fragen des Urheberrechts und verwandter Rechte in Genf die beiden WIPO-Verträge zum Urheberrecht (WCT)[292] und zu Darbietungen und Tonträgern (WPPT)[293] geschlossen.

Der WIPO-Urheberrechtsvertrag hat mit neuartigen Rechten, wie dem Recht der Zugänglichmachung in Art. 8 WCT, und den Pflichten in Bezug auf Informationen für die Wahrnehmung der Rechte in Art. 12 WCT, den erforderlichen Ausbau des Urheberrechtsschutzes hinsichtlich der neuen digitalen Informationstechnologien mit sich gebracht[294]. Erstmals wurden zudem Pflichten in Bezug auf technologische Maßnahmen in Art. 11 WCT und Art. 18 WPPT gere-

---

287 Völkerrechtlich besagt das Territorialitätsprinzip, dass die Wirkung nationaler Rechte auf das jeweilige Staatsgebiet des gesetzgebenden Territoriums beschränkt ist. Vgl. hierzu Ullrich, GRUR Int. 1995, 623 (624).

288 Katzenberger, GRUR Int. 1995, 447 (467).

289 Reinbothe, GRUR Int. 1992, 707 (711).

290 Reinbothe, GRUR Int. 1992, 707 (711).

291 Holeweg, GRUR Int. 2001, 141 (142).

292 WCT = WIPO Copyright Treaty.

293 WPPT = WIPO Performances and Phonograms Treaty.

294 Rehbinder, Urheberrecht, S. 376 Rn. 990.

gelt[295]. Der WIPO-Vertrag über Darbietungen und Tonträger (WPPT) passte die Leistungsrechte der ausübenden Künstler und Tonträgerhersteller an die technischen Neuerungen an.

Mit diesen Verträgen[296] wurde der internationale Schutz des Urheberrechts und der verwandten Schutzrechte auf den neuesten Stand gebracht[297]. Eines der Hauptprobleme bzw. Aufgaben der diplomatischen Konferenz der WIPO zu den WIPO-Verträgen war es, alle Fragen in Hinblick auf die digitalen Technologien, die sich für das Urheberrecht ergaben, in einen gerechten Ausgleich der widerstreitenden Interessen zu bringen[298]. Somit war zum einen fraglich, ob die Vervielfältigungen, die nunmehr aufgrund der technischen Voraussetzungen in wenigen Sekunden vollzogen werden konnten, auch in rechtlicher Hinsicht als solche zu werten waren. Hieraus ergab sich zum anderen die Frage, inwieweit diese Vervielfältigungen dann im Rahmen der Schrankenregelungen zu berücksichtigen waren.

Mit dem sog. „Basic Proposal" zum Urheberrechtsvertrag sollte ein Art. 7 in den WCT eigeführt werden, der klarstellen sollte, dass Art. 9 RBÜ nicht nur unmittelbare und dauerhafte, sondern auch gerade mittelbare und vorübergehende Vervielfältigungen erfasst[299]. Letztlich wurde der Vorschlag zur Aufnahme von Art. 7 im WCT aufgrund heftiger Diskussionen mit den Interessenvertretern beider Seiten jedoch abgelehnt[300]. Daraufhin wurde eine gemeinsame Erklärung in die Verträge aufgenommen, dass Art. 9 RBÜ, der im Rahmen des WCT in vollem Umfang anzuwenden ist, bzw. Art. 7 und 11 i.V.m. 16 WPPT auch im digitalen Umfang anzuwenden sind, insbesondere bei der digitalen Nutzung[301].

Bei der Auslegung des Art. 9 Abs. 1 RBÜ sollte hingegen weiterhin darauf geachtet werden, dass auch vorübergehende Vervielfältigungen erfasst werden. Abschließend bleibt festzuhalten, dass es den Vertragsstaaten aufgrund der flexiblen Formulierung des Art. 9 Abs. 2 RBÜ überlassen war, die durch WCT und

---

295 Diese Regelungen bilden indirekt später die Grundlage für die Regelungen über technische Schutzmaßnahmen nach §§ 95a ff. UrhG.

296 Ursprünglich war der WIPO-Urheberrechtsvertrag das Protokoll zur Berner Übereinkunft und ist damit inhaltlich eher als ein Reformgesetz zu dieser zu sehen. Im Sinne von Art. 20 RBÜ ist es formal jedoch ein Sonderabkommen und darf deshalb keinen geringeren Schutz als die Berner Übereinkunft vorsehen. Somit sind die maßgeblichen Artikel der Berner Übereinkunft (insbesondere Art. 5) auf die WCT entsprechend anwendbar (Art. 3 WCT). Auch der „Drei-Stufen-Test" ist wiederum im WIPO-Urheberrechtsvertrag enthalten ist.

297 Czychowski, NJW 2003, 2409 (2409).

298 v. Lewinski, GRUR Int. 1997, 667 (672); Rigamonti, GRUR Int. 2005, 1 (3 f.).

299 v. Lewinski, GRUR Int. 1997, 667 (672 f.).

300 v. Lewinski, GRUR Int. 1997, 667 (672 f.).

301 v. Lewinski, GRUR Int. 1997, 667 (673).

WPPT übernommen worden sind, diese aufzunehmen oder eine detailliertere Vorschrift zu erarbeiten, die allerdings nicht über die Schrankenbestimmungen des WCT und WPPT hinausgehen durfte[302].

In Kraft getreten sind die internationalen Abkommen bereits am 06. März 2002 bzw. am 20 Mai 2002 mit der Hinterlegung der jeweils 30. Ratifizierungsurkunde[303]. Der WCT wie auch WPPT wurden durch die Europäische Kommission und die Bundesrepublik Deutschland allerdings erst im Dezember 2009 ratifiziert[304]. Die Gründe für die späte Ratifizierung durch die Europäische Kommission lagen darin, dass zunächst das Europäische Recht harmonisiert und den Vorgaben der internationalen Standards angepasst wurde.

V. Richtlinie[305] 2001/29/EG

Die Richtlinie 2001/29/EG setzte die Vorgaben der WIPO-Verträge zur Anpassung des Urheberrechts an die digitale Welt auf europäischer Ebene um. Im Juni 1994 wurde auf einer Tagung des Europäischen Rates in Korfu die Notwendigkeit einer Schaffung eines allgemeinen und flexiblen Ordnungsrahmens auf Gemeinschaftsebene für die Förderung der Entwicklung der Informationsgesellschaft in Europa hervorgehoben[306]. Erwägungsgründe hierfür waren der enorme technische Fortschritt, der in vielen Mitgliedstaaten bereits zu Gesetzgebungsinitiativen geführt hatte und aufgrund dieser, erhebliche Unterschiede im Rechtsschutz befürchtet wurden. Des Weiteren sah man sich Beschränkungen

302 v. Lewinski, GRUR Int. 1997, 667 (673); Rigamonti, GRUR Int. 2005, 1 (4).

303 Vgl. hierzu auch die Pressemitteilung des Bundesministeriums der Justiz vom 14.12.2009 – „Fortschritt für das internationale Urheberrecht: EU-Mitglieder ratifizieren WIPO-Internetverträge", http://www.bmj.bund.de/enid/604838d7cb6803af8ac53ac98e412d45,cc7d45636f6e5f6964092d0936343136093a095f7472636964092d09343030/Pressestelle/Pressemitteilungen_58.html.

304 Pressemitteilung des Bundesministeriums der Justiz vom 14.12.2009 – „Fortschritt für das internationale Urheberrecht: EU-Mitglieder ratifizieren WIPO-Internetverträge", http://www.bmj.bund.de/enid/604838d7cb6803af8ac53ac98e412d45,cc7d45636f6e5f6964092d0936343136093a095f7472636964092d09343030/Pressestelle/Pressemitteilungen_58.html.

305 Eine Richtlinie ist ein an die Mitgliedstaaten gerichteter Gesetzgebungsbefehl, der innerhalb einer gewissen Zeit in nationale Gesetze umzusetzen ist. Vgl. hierzu Reinbothe, GRUR Int. 2001, 733 (733). Richtlinien fungieren somit als Instrumente der Rechtsangleichung in Bezug auf bestimmte Rechtsbereiche in Europa. Nach dem Grundsatz der Subsidiarität dürfen nur diejenigen Fragen auf Gemeinschaftsebene gesetzgeberisch geregelt werden, für welche die einzelstaatliche Gesetzgebung der EG-Mitgliedstaaten nicht ausreicht. Vgl. auch EuGH v. 5.10.2000, Rechtssache 376/98, RIW 2000, 951.

306 Europäische Gemeinschaften, GRUR Int. 1998, 402 (402).

des freien Verkehrs von Dienstleistungen und Produkten mit urheberrechtlichem Gehalt und einer damit verbundenen Zerrsplitterung des Binnenmarktes ausgesetzt. Die Harmonisierung des Urheberrechts und der verwandten Schutzrechte war daher aus Sicht des Europäischen Rates unerlässlich. Dem ersten Entwurf vom 10.12.1997[307] auf der Grundlage des bereits 1995[308] vorgelegten Grünbuchs und dem daraus abgeleiteten Arbeitsprogramm[309] folgte nach Stellungnahme des Europäischen Parlaments[310] und des Wirtschafts- und Sozialausschusses[311] ein abgeänderter Entwurf der Richtlinie am 21.05.1999[312]. Der letzte Entwurf einer Richtlinie des Europäischen Parlaments und des Rates zur Harmonisierung bestimmter Aspekte des Urheberrechts und der verwandten Schutzrechte wurde am 14. Februar 2001, nachdem der Rat einen gemeinsamen Standpunkt festgelegt hatte, vom Europäischen Parlament angenommen. Die Beratungen im Europäischen Parlament waren dabei geprägt von intensiver Lobby-Beteiligung. Die Kommission stimmte den letzten Änderungsvorschlägen zu. Die Richtlinie 2001/29/EG zur Harmonisierung bestimmter Aspekte des Urheberrechts und der verwandten Schutzrechte regelt nun auch das Vervielfältigungsrecht[313], das Recht der öffentlichen Wiedergabe, das Verbreitungsrecht und die Umgehung von Systemen zum Schutz vor Verletzungen des Urheberrechts[314].

Die meisten Diskussionen wurden in den Gremien der EG-Gesetzgebungsorgane zu der Ausgestaltung der Ausnahmen und Beschränkungen in Art. 5 und zum Vorschlag der Ausgestaltung des Schutzes von technolo-

---

307 KOM (97) 628 endg. v. 10.12.1997.

308 Grünbuch „Urheberrecht und verwandte Schutzrechte in der Informationsgesellschaft", KOM (95) 382 endg. v. 19.07.1995.

309 Initiativen zum Grünbuch über Urheberrecht und verwandte Schutzrechte in der Informationsgesellschaft, KOM (96) 568 endg. v. 20.11.1996.

310 Legislative Entschließung des Europäischen Parlaments in erster Lesung mit zahlreichen Änderungsvorschlägen, v. 10.02.1999, ABlEG Nr. C 150, S. 171 ff. v. 28.05.1999.

311 Stellungnahme des Wirtschafts- und Sozialausschusses v. 09.09.1998 ABlEG Nr. C 407, S. 30 ff. v. 28.12.1998.

312 KOM (1999) 250 final v .25.5.1999, ABl. EG Nr. C 180 v. 25.6.1999, S. 6.

313 Die Idee, das Vervielfältigungsrecht zu harmonisieren, um eine europäische Lösung für das Problem der privaten Vervielfältig von Tonbandaufnahmen zu erreichen, war nicht neu. Bereits 1978 empfahl Dietz der Europäischen Kommission ein Harmonisierungsprogramm, das sich an das deutsche Urheberrecht anlehnen sollte. (Vgl. hierzu auch Davis/v. Rauscher auf Weeg, Das Recht der Hersteller von Tonträgern, S. 42 Rn. 100.) Grund hierfür war, dass Deutschland seit 1965 ein Urheberrecht hatte, welches dem Urheber eine Vergütung seitens der Hersteller und Importeure von Ton- und Videoaufnahmegeräten als Ausgleich für die Möglichkeit der Privatkopie gewährte. Dieser Vorschlag wurde allerdings von der Kommission bisher immer abgelehnt.

314 Kretschmer, GRUR 1998, 116 (116); v. Lewinski, GRUR Int. 1998, 637 (638).

gischen Schutzvorrichtungen gemäß Art. 6 geführt[315]. Die Richtlinie vom 22. Mai 2001 wurde angenommen und ist mit ihrer Veröffentlichung im Amtsblatt am 22. Juni 2001 in Kraft getreten. Sie zielt in Hinblick auf die Privatkopie darauf ab, dem Rechteinhaber einen gewissen Schutz sowohl vor analogen als auch digitalen Privatkopien zu gewährleisten und unterstützt zu diesem Zweck auch die Anwendung technischer Schutzmaßnahmen[316]. Gem. Art. 13 der Richtlinie 2001/29/EG hatten die Mitgliedstaaten bis zum 22. Dezember 2002 Zeit, die Vorgaben der Richtlinie in nationale Gesetze umzusetzen.

1. Regelungen der Richtlinie 2001/29/EG

Die Richtlinie ist zunächst in 4 Kapitel mit insgesamt 15 Artikel eingeteilt, wobei den Kapiteln 61 Erwägungsgründe vorangestellt sind[317].

Kapitel I legt das Ziel und den Anwendungsbereich im ersten Artikel fest. Das II. Kapitel widmet sich in den Art. 2 – 5 der Richtlinie den „Rechten und Ausnahmen“. Das ausschließliche Recht der Verwertung steht, wie auch im deutschen Urheberrecht, den Urhebern und den Leistungsschutzberechtigten zu. Geregelt wird dies durch Art. 2 – 4 der Richtlinie 2001/29/EG. Das Vervielfältigungsrecht ist in Art. 2 der Richtlinie definiert und umfasst sowohl „unmittelbare als auch mittelbare, vorübergehende oder dauerhafte Vervielfältigungen auf jede Art und Weise und in jeder Form“. Unter einer unmittelbaren Vervielfältigung ist das Duplizieren eines Werkes oder eines sonstigen Schutzgegenstandes direkt auf denselben oder einen anderen Träger zu verstehen[318]. Mittelbar ist die Vervielfältigung hingegen dann, wenn sie über ein Zwischenstadium erfolgt[319].

Bereits die Berner Übereinkunft gewährleistete gem. Art. 9 Abs. 1 ein umfassendes Vervielfältigungsrecht, so dass der Richtlinie in Bezug auf dieses Recht lediglich deklaratorische Bedeutung zukommt[320]. Allerdings ist hervorzuheben, dass nicht nur Vervielfältigungshandlungen im analogen Bereich gemeint sind, sondern auch gerade diejenigen im digitalen[321]. Laut Erwägungsgrund (21) der Richtlinie ist die Definition des Vervielfältigungsrechts bewusst weit gefasst, um „die Rechtssicherheit im Binnenmarkt zu gewährleisten“[322].

---

315 Reinbothe, GRUR Int. 2001, 733 (734).

316 Zur Beratung des Richtlinienvorschlags siehe auch Reinbothe, GRUR Int. 2001, 733 (734 f.).

317 Abgedr., in: EuZW 2002, 325 ff.

318 Mayer, EuZW 2002, 325 (326).

319 Mayer, EuZW 2002, 325 (326).

320 Reinbothe, GRUR Int. 2001, 733 (736).

321 Bayreuther, ZUM 2001, 828 (829); Schippan, NJW 2001, 2682 (2683).

322 Reinbothe, GRUR Int. 2001, 733 (736).

Art. 5 umfasst einen sehr umfangreichen Katalog an „Ausnahmen und Beschränkungen“. Abs. 1 und Abs. 2 enthalten Ausnahmen und Schranken vom Vervielfältigungsrecht. Abs. 3 enthält hingegen weitere Tatbestände von Ausnahmen und Schranken, die auf das Vervielfältigungsrecht, auf das Recht der öffentlichen Wiedergabe und das Recht der Zugänglichmachung Anwendung finden. Abs. 4 hat eine Ausnahme vom Verbreitungsrecht zum Inhalt. In Art. 5 Abs. 5 ist der „Drei-Stufen-Test“ festgeschrieben, der als Auslegungsregel auf sämtliche in Art. 5 genannten Ausnahmen und Schranken anzuwenden ist[323]. Durch die Anforderungen des „Drei-Stufen-Test“ ist der Spielraum bei der Gestaltung der Ausnahmen durch die Mitgliedstaaten somit eingeschränkt.

Die in Art. 5 genannten Schranken sind abschließend. Das bedeutet, dass die Mitgliedstaaten keine weiteren Schranken vorsehen dürfen. Auch Erwägungsgrund (32) stellt klar, dass die Liste „erschöpfend“ ist. Der abschließende Charakter dieser Schranken- und Ausnahmenbestimmung ist bedeutend, denn bei einer nicht abschließenden Regelung wäre keine Harmonisierung zu erreichen.

Art. 5 Abs. 1 enthält die einzige obligatorische Ausnahme. Es war die umstrittenste Ausnahmeregelung der Richtlinie[324]. Denn obwohl die Richtlinie anerkennt, dass es sich auch bei flüchtigen und kurzfristigen Vervielfältigungshandlungen, die oftmals bei digitalen Übermittlungsvorgängen entstehen, um Vervielfältigungen handelt, nimmt sie diese vom Anwendungsbereich des Art. 5 aus, so dass dem Urheber keinerlei Vergütungsansprüche zukommen. Somit ist die Qualifizierung des Art. 5 Abs. 1 nach den Erwägungsgründen (21) und (33) der Richtlinie von Bedeutung, da damit ebenfalls der „Drei-Stufen-Test“ auf diesen Absatz anwendbar ist, so dass im Einzelfall trotz kurzfristiger Speicherung doch eine erlaubnispflichtige Vervielfältigung vorliegen kann.

Alle anderen Ausnahmen und Schranken in Art. 5 der Richtlinie 2001/29/EG sind fakultativ[325]. Art. 5 Abs. 2b) ist auf sämtliche Vervielfältigungen auf beliebigen Tonträgern anzuwenden, die zum privaten Gebrauch vorgenommen werden. Hierbei wird nicht ausdrücklich zwischen analogen und digitalen Vervielfältigungen unterschieden. Allerdings stellen die Erwägungsgründe (38) und (39) klar, dass die Mitgliedstaaten bei der Umsetzung dieser Regelung der Unterscheidung zwischen analoger und digitaler Vervielfältigung Rechnung tragen sollen. Art. 5 Abs. 2b) der Richtlinie war heftig umstritten, da die Urheberrechtslobby angesichts der Gefahren, die dem Urheberrecht durch die Digitalisierung drohen, stets eine Beschränkung der Vervielfältigungen auf analoge

323 Reinbothe, GRUR Int. 2001, 733 (740).

324 Lüft, in: Wandtke/Bullinger, UrhG, § 53, Rn. 4.

325 Bayreuther, ZUM 2001, 828 (829).

Kopien forderte[326]. Allerdings sah bereits der erste Richtlinienentwurf die Erstreckung auch auf digitalen Kopien vor, so wie letztlich auch die Richtlinie selbst.

Auch wenn die meisten Ausnahmen fakultativ umzusetzen sind, betont die Richtlinie in Erwägungsgrund (31) doch die Notwendigkeit einer einheitlichen Umsetzung in nationales Recht, um vor dem Hintergrund der neuen technischen Möglichkeiten ein möglichst hohes Maß an Harmonisierung zu erreichen[327]. Ausgleichsansprüche wurden lediglich für drei Ausnahmebestimmungen[328] verpflichtend durch die Richtlinie festgeschrieben. Das bedeutete im Umkehrschluss nicht, dass die Mitgliedstaaten nicht auch für andere Ausnahmetatbestände Ausgleichansprüche hätten einräumen können. Jedoch führt diese Freiheit nicht zu einem besonders hohen Maße an Harmonisierung, wenn jeder Mitgliedstaat selbst entscheiden kann, für welche Ausnahmetatbestände er Ausgleichsansprüche einführen möchte. Zudem ist auch nicht durch die Richtlinie geregelt, nach welchen Kriterien die Vergütung zu erfolgen hat, also ob sich die Rechteinhaber an jeden einzelnen Nutzer wenden müssen oder direkt „pauschal" an eine Verwertungsgesellschaft[329].

Für das deutsche Recht bedeutet dies, dass Vergütungspflichten selbst dann aufrecht erhalten werden können, wenn die mit den jeweiligen Ausnahmeregelungen korrespondierenden Freistellungsbestimmungen der Richtlinie keinen Ausgleichanspruch vorsehen[330].

Kapitel III enthält in Anlehnung an die entsprechenden Bestimmungen im WCT und WPPT Regelungen über den „Schutz technischer Maßnahmen und von Informationen für die Wahrnehmung der Rechte", welche das Piraterierisiko minimieren sollen und zugleich das Ziel eines einheitlichen gleichwertigen Schutzniveaus in allen Mitgliedstaaten verfolgen. Der in diesem Kapitel enthaltene Art. 6 regelt den Schutz technologischer Maßnahmen und basiert hierbei auf Art. 11 WCT und Art. 18 WPPT. Rechteinhaber können mit Hilfe von technischen Vorkehrungen die Verwertung ihrer Werke kontrollieren bzw. einschränken, eine unbefugte Nutzung verhindern oder diese für das Anfertigen von Kopien sperren. Die Richtlinie setzt vorrangig auf freiwillige Maßnahmen und belässt den Rechteinhabern die vollständige Kontrolle über technische Schutzmaßnahmen. Art. 6 versucht mit seinen komplexen Regelungen das be-

---

326 Spindler, GRUR 2002, 105 (112).

327 Rosén, GRUR Int. 2002, 195 (200).

328 Für Art. 5 Abs. 2a) reprographische Vervielfältigungen, b) Vervielfältigungen und e) Vervielfältigungen von Sendungen durch soziale Einrichtungen.

329 Bayreuther, ZUM 2001, 828 (831).

330 So etwa: §§ 46 Abs. 4, 47 Abs. 2, 54a Abs. 1 i.V. m. 5 Abs. 3 UrhG und Art. 5 Abs. 3a) und g) der Richtlinie.

sonders schwierige Unterfangen, einen ausgewogenen Ausgleich zwischen allen beteiligten Kreisen zu erreichen[331].

Anders als WCT und WPPT gewährt Art. 6 Abs. 1 der Richtlinie rechtlichen Schutz nicht nur gegen Akte der Umgehung selbst[332], sondern nach Art. 6 Abs. 2 stellt die Richtlinie darüber hinaus auch klar, dass bereits Vorbereitungshandlungen zur Umgehung technischer Schutzvorrichtungen verhindert werden sollen[333]. Nach Abs. 3 sind technische Maßnahmen definiert als „alle Technologien, Vorrichtungen oder Bestandteile, die im normalen Betrieb dazu bestimmt sind, Werke oder sonstige Schutzgegenstände betreffende Handlungen zu verhindern oder einzuschränken, die nicht von der Person genehmigt worden sind, die Inhaber der Urheberrechte oder der dem Urheberrecht verwandten gesetzlich geschützten Schutzrechte (...) ist".

Art. 6 Abs. 1 der Richtlinie gewährt einen umfassenden Schutz. Hierdurch könnten die Schranken des Urheberrechts faktisch ausgehebelt werden. Als Gegengewicht wurde deshalb Abs. 4 eingeführt[334]. Art. 6 Abs. 4 Unterabs. 1 verpflichtet die Mitgliedstaaten in bestimmten Fällen zur Schaffung von geeigneten Maßnahmen, die sicherstellen, dass die Rechteinhaber den Begünstigten Hilfsmittel zur Nutzung der ihnen zustehenden Schranken zur Verfügung stellen, sofern die Rechteinhaber nicht innerhalb einer angemessenen Frist selbst freiwillige Maßnahmen treffen oder sich auf eine andere Art mit den Nutzern einigen. Diese Maßnahme ist zwingend umzusetzen. Nach Unterabs. 3 genießen derartige freiwillige Maßnahmen wiederum Umgehungsschutz nach Art. 6 Abs. 1.

Problematisch ist allerdings, dass die Richtlinie dieses Gegengewicht nur für bestimmte Fälle eingerichtet hat, nämlich für Art. 5 Abs. 2a) Reprographie; c) öffentlich zugängliche Einrichtungen; d) ephemere Aufzeichnungen; e) nicht kommerzielle Einrichtungen; sowie Art. 3a) Unterricht und Forschung; b) Nutzung durch Behinderte; und e) öffentliche Sicherheit/Verfahren. Die Möglichkeit der Erstellung einer digitalen Privatkopie aus Art. 5 Abs. 2b) ist jedoch nicht in Art. 6 Abs. 4 Unterabs. 1 der Richtlinie enthalten.

---

331 Mayer, EuZW 2002, 325 (328).

332 Art. 6 Abs. 1: „...die Umgehung wirksamer technischer Maßnahmen durch eine Person vor, der bekannt ist oder bekannt sein muss, dass sie dieses Ziel verfolgt."

333 Art. 6 Abs. 2: „...angemessenen Rechtsschutz gegen die Herstellung, die Einfuhr, die Verbreitung, den Verkauf, die Vermietung, die Werbung im Hinblick auf Verkauf oder Vermietung und den Besitz zu kommerziellen Zwecken von Vorrichtungen, Erzeugnissen oder Bestandteilen sowie die Erbringung von Dienstleistungen vor...."

334 Reinbothe, GRUR Int. 2001, 733 (741); ebenso Dreier, ZUM 2002, 28 (36). In Erwägungsgrund (48) heißt es dazu, es dürfen technische Schutzmechanismen den normalen Betrieb elektronischer Geräte und deren Entwicklung nicht behindern.

Nach Art. 6 Abs. 4 Unterabs. 2 der Richtlinie sind die Mitgliedstaaten in Bezug auf den Ausnahmetatbestand zwar berechtigt, nicht aber verpflichtet, angemessene technische Maßnahmen zu ergreifen, um die Ziele derartiger Ausnahmen und Beschränkungen zu erreichen[335]. Jedoch ist auch dies den Mitgliedstaaten nur in einem begrenzten Rahmen möglich, um letztlich einen gerechten Interessenausgleich zu fördern und diesen nicht zu verhindern. Zur Vermeidung des Missbrauchs genießen die technischen Maßnahmen, die durch die Rechteinhaber verwendet werden, daher auch Rechtsschutz[336].

Bezogen auf die digitale Privatkopie bedeutet dies, dass die Mitgliedstaaten Maßnahmen treffen können, sofern die Vervielfältigungen zum privaten Gebrauch nicht schon durch die Rechteinhaber nach Art. 5 Abs. 2b) und Art. 5 Abs. 5 ermöglicht worden sind. Die Richtlinie räumt dem nationalen Gesetzgeber damit ausdrücklich die Möglichkeit ein, die digitale Privatkopie in den Katalog der Schranken, die trotz des Kopierschutzes nutzbar bleiben sollen, aufzunehmen[337].

Der deutsche Gesetzgeber hat sich jedoch gegen die Ausgestaltung der digitalen Privatkopie als durchsetzungsstark im „Ersten Korb" sowie auch im „Zweiten Korb" entschieden[338].

In Kapitel IV der Richtlinie folgen abschließend die allgemeinen Bestimmungen zur ordnungsgemäßen Anwendung und Umsetzung der Richtlinie. Art. 8 der Richtlinie befasst sich mit den Sanktionen und Rechtsbehelfen gegen begangene Rechtsverletzungen. Nach Art. 8 Abs. 1 sollen die Mitgliedstaaten alle notwendigen Maßnahmen treffen, um die Anwendung der von der Richtlinie festgelegten Rechte und Pflichten sicherstellen zu können. Dies soll durch angemessene Sanktionen und Rechtsbehelfe geschehen. Gem. Art. 8 Abs. 2 trifft jeder Mitgliedstaat die erforderlichen Maßnahmen, um sicherzustellen, dass Rechteinhaber, deren Interessen durch eine in seinem Hoheitsgebiet begangene Rechtsverletzung beeinträchtigt werden, Klage auf Schadensersatz erheben und/oder eine gerichtliche Anordnung sowie gegebenenfalls die Beschlagnahme von rechtswidrigem Material sowie von Vorrichtungen, Erzeugnissen und Bestandteilen im Sinne des Art. 6 Abs. 2 beantragen können.

---

335 Erwägungsgrund 52 der Richtlinie 2001/29/EG; siehe auch Bayreuther, ZUM 2001, 828 (838); Dreyer, in: Dreyer/Kotthoff/Meckel, UrhR, § 53 Rn. 13; ebenfalls Spindler, GRUR 2002, 105 (118).

336 Flechsig, ZUM 2002, 1 (16).

337 Ulbricht, CR 2004, 674 (675); siehe auch Goldmann/Liepe, ZUM 2002, 362 (367); sowie Knies, ZUM 2002, 793 ff.

338 Dreyer, in: Dreyer/Kotthoff/Meckel, UrhR, § 53 Rn. 13; Schmid/Wirth, in: Schmid/Wirth/Seifert, UrhG, § 53 Rn. 6.

Besonders bedeutend ist Art. 8 Abs. 3 der Richtlinie. Hiernach sollen die Mitgliedstaaten sicherstellen, dass die Rechteinhaber gerichtliche Anordnungen gegen Vermittler/Provider beantragen können, deren Dienste von einem Dritten zur Verletzung eines Urheberrechts und verwandter Schutzrechte genutzt werden. Rechteinhaber können danach gerichtlich auch gegen Provider aus anderen Ländern vorgehen, wenn deren Dienste von einem Dritten zur Verletzung eines Urheberrechts oder verwandten Schutzrechts genutzt wird, auch wenn der Provider selbst keine Urheberrechtsverletzung begangen hat[339]. Dies lässt sich damit begründen, dass die Providerdienste immer stärker von Dritten zu Rechtsverstößen genutzt werden und die Provider die besten Möglichkeiten besitzen, gegen diese Verstöße vorzugehen und sie zu unterbinden[340].

Zur besseren Verfolgung derartiger Verstöße wird es unerlässlich sein, die Identität der Rechtsverletzer festzustellen. Hierzu wird der deutsche Gesetzgeber entsprechende Auskunftsansprüche gegen die Provider im Urheberrechtsgesetz verankern müssen.

2. Kritische Betrachtung der Richtlinie

Die Richtlinie 2001/29/EG wurde oft sehr kritisch betrachtet[341]. Zum einen wurde zu bedenken gegeben, dass die Richtlinie nur einen geringen Harmonisierungseffekt aufgrund des umfangreichen und zu ausgedehnten Schrankenkatalogs in den Art. 5 Abs. 2 und Abs. 3 mit sich bringen würde[342]. Zum anderen wurde bezweifelt, wie eine Harmonisierung durch eine zwar abschließende, dafür aber in keinem Punkt[343] verpflichtende Regelung der Ausnahmen in Art. 5 in den einzelnen Mitgliedstaaten erreicht werden solle[344]. Aufgrund des Umfangs eröffnet Art. 5 der Richtlinie den Mitgliedstaaten viele unterschiedliche Alternativen der Umsetzung der Schrankenbestimmungen. Diese Tatsache könnte kaum zu einem annähernd gleichen Ergebnis auf europäischer Ebene führen[345].

Zudem ist kritisch angemerkt worden, dass die divergierenden Vergütungsregelungen in den einzelnen Mitgliedstaaten nicht zu einer besseren Vereinheitlichung nationaler Urheberrechte führen könnten. Denn solange den Rechtein-

339 Flechsig, ZUM 2002, 1 (18); Spindler, GRUR 2002, 105 (119 f.)

340 Erwägungsrund (59) der Richtlinie 2001/29/EG.

341 Aschenbrenner, ZUM 2005, 145 (150); Bayreuther, ZUM 2001, 828 (831); Rosén, GRUR Int. 2002, 195 (201 f.).

342 Schippan, NJW 2001, 2682 (2683).

343 Eine Ausnahme stellt lediglich Art. 5 Abs. 1 der Richtlinie dar, der obligatorisch umzusetzen war.

344 Aschenbrenner, ZUM 2005, 145 (150); Rosén, GRUR Int. 2002, 195 (201).

345 Rosén, GRUR Int. 2002, 195 (201).

habern zugemutet würde, dass sie in jedem einzelnen Mitgliedstaat auf eine andere Art und Weise ihre Rechte verfolgen müssen, könne die Richtlinie in dieser Hinsicht keinen großen Harmonisierungseffekt erreichen.

Hingegen wurde der Richtlinie eine enorme Bedeutung für die Mitgliedsstaaten der Europäischen Union zuerkannt. Grund hierfür waren die Bestrebungen das Vervielfältigungsrecht zu harmonisieren[346].

I. Richtlinie 2004/48/EG – Enforcement-Richtlinie

Die Richtlinie 2004/48/EG[347] des Europäischen Parlaments und des Rates vom 29. April 2004 zur Durchsetzung der Rechte des geistigen Eigentums[348] befasste sich mit der Harmonisierung bestimmter materieller Sanktionen und verfahrensrechtlicher Instrumente[349]. Mit der Änderung des Urheberrechtsgesetzes zum 01.09.2008 wurde die Richtlinie in nationales Recht umgesetzt.

Das Hauptanliegen der Enforcement-Richtlinie besteht darin, dem Rechteinhaber einen möglichst effektiven Rechtsschutz gegen die Verletzung seiner Rechte zu gewähren. Nach den ursprünglichen Vorstellungen der Kommission sollte die Richtlinie vor allem den Bemühungen um eine bessere und schärfere Bekämpfung der Nachahmung und Produktpiraterie auf dem Binnenmarkt dienen[350]. Die Richtlinie befasst sich mit den Beweisvorlagepflichten des Verletzers (Art. 6), dem Beweissicherungsverfahren (Art. 7), Auskunftsrechten (Art. 8), bestimmten einstweiligen Maßnahmen und Sicherungsmaßnahmen (Art. 9), Abhilfemaßnahmen (Art. 10), Unterlassungsanordnungen (Art. 11) und Ersatzmaßnahmen (Art. 12), Regeln zum Schadensersatz (Art. 13) und zu den Prozesskosten (Art. 14) sowie mit der Veröffentlichung der Gerichtsentscheidungen (Art. 15). Mit dieser Richtlinie wurde erstmals auch versucht, verfahrensrechtliche Grundsätze zum Schutz des geistigen Eigentums auf europäischer Ebene zu harmonisieren. Lediglich über das TRIPS-Abkommen bestand eine begrenzte gemeinschaftsrechtliche Verpflichtung der Mitgliedstaaten, zum Schutze von Rechten des geistigen Eigentums bestimmte Verfahrensgrundsät-

---

346 Reinbothe, GRUR Int. 2001, 733 (744).

347 Im Folgenden Enforcement-Richtlinie.

348 Richtlinie 2004/48/EG des Europäischen Parlaments und Rates vom 29.04.2004, ABl. L 157 vom 30.04.2004, S. 45 ff.; berichtigte Fassung dieser Richtlinie in ABl. L 195 vom 02.06.2004.

349 Vgl. hierzu Bodewig/Wandtke, GRUR 2008, 220 (220); Knaak, GRUR Int. 2004, 745 (745).

350 Vgl. Knaak, GRUR Int. 2004, 745 (746); ebenso Kämper, GRUR Int. 2008, 539 (540).

ze[351] einzuführen. In manchen Regelungen stimmen TRIPS-Abkommen und Enforcement-Richtlinie überein, in wichtigen Punkten ist die Richtlinie allerdings weiter gefasst als das Abkommen. Sie enthält lediglich zivilrechtliche und verwaltungsrechtliche Maßnahmen. Strafrechtliche Verpflichtungen des TRIPS-Übereinkommens bleiben daher durch die Richtlinie unberührt[352].

Die Umsetzung der Richtlinie hatte im deutschen Urheberrechtsgesetz vor allem Auswirkungen auf den Schadensersatzanspruch gem. § 97 Abs. 2 UrhG sowie den Auskunftsanspruch gem. § 101 UrhG[353]. Ein Augenmerk sei schon vorab auf die Umgestaltung des äußerst wichtigen Auskunftsanspruchs gelenkt. Art. 8 erstreckt den Auskunftsanspruch in den im Absatz 1 Buchstabe a) bis d) genannten Fällen auch auf Dritte[354]. Demgegenüber konnte vor der Umsetzung der Enforcement-Richtlinie in das deutsche Urheberrecht nur der Verletzer selbst auf Auskunft in Anspruch genommen werden. Besonders in Hinblick auf den Auskunftsanspruch war die Schaffung eines Drittauskunftsanspruchs i.S. des § 101 Abs. 2 UrhG von großer Bedeutung. Aufgrund der Schaffung eines Drittauskunftsanspruchs kann der Rechteinhaber auf zivilrechtlichem Wege Auskunft über die Daten eines hinter einer IP-Adresse stehenden Verletzers erhalten. Bislang gab es keine Möglichkeit von dem Internetprovider, der über die Daten der jeweiligen Nutzer verfügt, diese direkt zu bekommen. Der Rechteinhaber hatte lediglich die Alternative, eine Strafanzeige gegen Unbekannt zu stellen, um dann über die Akteneinsicht nach § 406e StPO an die Daten des Nutzers zu gelangen. Dem Auskunftsanspruch kommt deshalb Bedeutung zu, da ohne die Daten des Nutzers, welcher die Rechtsverletzung begangen hat, keine weiteren zivilrechtlichen Schritte eingeleitet werden können. Daher dürfte auch das in Art. 8 der Richtlinie geregelte Recht auf Auskunft eine der wichtigsten Vorschriften der Enforcement-Richtlinie sein.

Durch die Umsetzung von Art. 8 der Richtlinie werden in Zukunft in allen Mitgliedstaaten die rechtlichen Voraussetzungen dafür vorhanden sein, dass der Rechteinhaber als Kläger Auskünfte über den Ursprung und die Vertriebswege von rechtswidrigen Waren und über den Umfang der Rechtsverletzung erhalten kann. Die Richtlinie lässt offen, ob dieser Auskunftsanspruch künftig auf Grund-

---

351 Vgl. hierzu EuGH GRUR Int. 2002, 41 – Route 66.

352 Vgl. hierzu auch Knaak, GRUR Int. 2004, 745 (747).

353 Diese Ansprüche werden im Einzelnen gesondert bei der Frage nach den zivilrechtlichen Konsequenzen bei Verstößen gegen § 53 Abs. 1 UrhG besprochen.

354 Art. 8 knüpft an die Vorgaben in Art. 47 des TRIPS-Übereinkommens an, geht aber weiter und definiert neben dem Kreis der Personen, die zur Auskunft verpflichtet werden können, auch den Inhalt der zu erteilenden Auskunft. Vgl. Knaak, GRUR Int. 2004, 745 (749).

lage eines materiell rechtlichen Anspruchs des Verletzten oder über eine prozessuale Befugnis des Gerichts wahrgenommen werden kann[355].

J. Entwicklung im Zuge des „Ersten Korbs“[356]

Bereits 1998 hatte das Bundesjustizministerium einen Referentenentwurf für das fünfte Änderungsgesetz zum Urheberrechtsgesetz vorgelegt, welches Änderungen enthalten sollte, die durch die Umsetzung der WIPO-Verträge von 1996 notwendig waren[357]. Die Diskussion über den Referentenentwurf wurde durch die Richtlinie 2001/29/EG unterbrochen, die bestimmte Aspekte des Urheberrechts und der verwandten Schutzrechte auf europäischer Ebene harmonisieren sollte[358].

Da die Richtline bereits bis zum 22. Dezember 2002 umzusetzen war, entschloss man sich, die entsprechenden Vorgaben in die laufenden Reformbestrebungen mit einzubeziehen. Aufgrund der sehr kurzen Umsetzungsfrist sollten zunächst nur die zwingenden Vorgaben der Richtlinie in einem sog. „Ersten Korb“ umgesetzt werden[359].

Die Bundesregierung hatte sich zum Ziel gesetzt das deutsche Urheberrecht mit Hilfe der Vorgaben aus den internationalen Abkommen wie den WIPO-Verträgen und den Vorgaben des Gemeinschaftsrechts an die Entwicklungen im Bereich der Informations- und Kommunikationstechnologien, insbesondere der digitalen Technologien, anzupassen[360]. Man war sich bewusst, dass es mit den neuen Technologien möglich war, urheberrechtlich geschütztes Material über alle Grenzen hinaus und ohne jeglichen Qualitätsverlust zu verbreiten und zu vervielfältigen. Für dieses neue digitale Umfeld sollte deshalb nicht nur für Rechteinhaber, sondern auch für Verwerter und Nutzer ein neuer, angemessener Rechtsrahmen geschaffen werden, welcher weiterhin die Interessen der Rechteinhaber schützt und gleichzeitig die Wissensgesellschaft mit ihren Bedürfnissen nach Informationen nicht behindert[361].

355 Vgl. auch Knaak, GRUR Int. 2004, 745 (749).

356 BGBl. I, 2003, Nr. 46, S. 1774-1788 – in Kraft getreten am 13.09.2003.

357 Czychowski, NJW 2003, 2409 (2409).

358 Czychowski, NJW 2003, 2409 (2409); Nordemann/Nordemann/Czychowski, NJW 2002, 562 (562 f.).

359 BT-Dr. 15/38, S. 14.

360 BT-Drucks. 15/38, S. 14-15.

361 Czychowski, NJW 2003, 2409 (2409).

I. Gesetzesentwurf der Bundesregierung

Der Gesetzesentwurf der Bundesregierung[362] hielt zur Erreichung dieser Ziele verschiedene Änderungen für erforderlich. Zum einen die Einführung eines neuen Verwertungsrechts des Urhebers. § 19a UrhG sollte das „Recht der öffentlichen Zugänglichmachung" regeln. Zum anderen mussten die Schrankenregelungen des Urheberrechtsgesetzes an die Vorgaben der Richtlinie angepasst werden. In diesem Bereich bedurfte es nur geringfügigen Änderungen. In diesem Zusammenhang war klarzustellen, dass auch die digitale Privatkopie zulässig ist. Darüber hinaus sollten sog. „wirksame technische Schutzmaßnahmen" vor Umgehung geschützt werden.

Das Urheberrecht musste klarstellen, dass ausübende Künstler, wie z.B. Musiker, hinsichtlich ihrer Darbietungen nicht nur das von der Richtlinie zwingend vorgegebene neue „Recht der öffentlichen Zugänglichmachung" als Ausschließlichkeitsrecht erhalten, sondern dass sie insgesamt hinsichtlich ihrer Rechtsstellung den Urhebern angenähert werden[363].

Die Bundesregierung verdeutlichte, dass die Änderungen in § 53 UrhG vor allem hinsichtlich der Geltung auch für digitale Vervielfältigungen klarstellende Bedeutung haben[364]. Zugleich sollte die Schranke durch die Änderungen entsprechend den Vorgaben der Art. 5 Abs. 2 und 3 der Richtlinie 2001/29/EG ausgestaltet werden.

Die Schrankenregelung des § 53 Abs. 1 UrhG zugunsten der Privatkopie wurde den Vorgaben des Art. 5 Abs. 2 und 3 der Richtlinie angepasst. Das ausdrückliche Abstellen auf eine „natürliche Person" sowie der Ausschluss kommerzieller Zwecke, wobei hier der Begriff des „Erwerbszwecks" verwendet wurde, entsprach auch dem bisher geltenden Recht und hatte somit lediglich klarstellende Funktion[365]. Auch der übernommene Wortlaut „beliebiger Tonträger" als Zielmedium der Kopie, hatte klarstellende Bedeutung. Eine weitere Differenzierung nach der Art der verwendeten Technik erfolgte hingegen nicht[366]. Nach dem Regierungsentwurf waren weiterhin Vervielfältigungen durch Dritte möglich. Zudem wurde das Erfordernis der Unentgeltlichkeit von Vervielfältigungen durch Dritte über den Bereich der Übertragung auf Bild- und Tonträger und von Werken der bildenden Kunst hinaus verallgemeinert[367].

362 BT-Dr. 15/38.

363 BT-Drucks. 15/38, S. 1.

364 BT-Drucks. 15/38, S. 20.

365 BT-Drucks. 15/38, S. 20; BR-Drucks. 684/02, S. 46.

366 BT-Drucks. 15/38, S. 20; BR-Drucks. 684/02, S. 46.

367 BT-Drucks. 15/38, S. 20.

Der Regierungsentwurf behielt die bisherige Regelung des § 53 Abs. 2 UrhG zugunsten der Vervielfältigung zum sonstigen eigenen Gebrauch grundsätzlich bei[368]. Damit trug er den sich aus der Richtlinie zwingend ergebenen Notwendigkeiten Rechnung. Denn viele der Inhalte, die § 53 Abs. 2 UrhG regelte, ließen sich unter die Absätze des Art. 5 der Richtlinie fassen[369]. Die vorgesehene Ergänzung des Satzes 2 fügt ausschließlich zusätzliche Voraussetzungen für die Zulässigkeit der Vervielfältigung in einzelnen Fällen des Satzes 1 hinzu. Dabei hatte der Satz 2 keinerlei Auswirkungen auf die Tatbestandsmerkmale des Satzes 1[370]. In Absatz 3 wurde die Verwertungsbasis für die Schrankenbestimmung ausgeweitet. Die bisherige Begrenzung auf Druckwerke bzw. in Zeitungen oder Zeitschriften erschienene Beiträge wurde aufgegeben. Damit wurde ermöglicht, dass auch Material, welches ausschließlich in der Form der öffentlichen Zugänglichmachung verbreitet wird, genutzt werden kann. Das Kriterium, dass die Vervielfältigung zum jeweiligen Zweck geboten sein muss, blieb notwendiger Weise bestehen. Dies sollte verhindern, dass die Ausweitung der Verwertungsbasis nicht zugleich eine Veränderung des eng definierten Anwendungsbereichs der Schranke mit sich bringt.

Des Weiteren wurden zur Umsetzung der Art. 6 und 7 der Richtlinie 2001/29/EG die §§ 95a bis 95d, 108b und 111a UrhG im Gesetzesentwurf der Bundesregierung eingeführt. § 95a UrhG sieht den Schutz wirksamer technischer Maßnahmen vor Umgehung und auch vor Vorbereitungshandlungen vor[371]. Hierunter fallen alle Werke mit Ausnahme von Software. Nach §§ 69a ff. UrhG unterfällt Software Sonderregelungen. § 95b UrhG stellt die Nutzung bestimmter Schranken für die Begünstigten sicher und setzt damit die Verpflichtung aus Art. 6 Abs. 4 Unterabsatz 1 der Richtlinie um. In § 95c UrhG wird der Schutz von Informationen geregelt, die zur Rechtewahrnehmung erforderlich sind. § 95d UrhG regelt das Kennzeichnungsgebot, welches dem Verbraucherschutz und der Lauterkeit des Wettbewerbs dienen soll[372].

Mit den §§ 108b und 111a UrhG können Verstöße gegen §§ 95a, 95c und 95d UrhG strafrechtlich sowie als Ordnungswidrigkeit sanktioniert werden[373]. Die Richtlinie 2001/29/EG schreibt in Art. 6 gegen die Umgehung wirksamer technischer Maßnahmen und deren Vorbereitungshandlung und in Art. 7 gegen die Entfernung oder Änderung elektronischer Informationen für die Rechtewahrnehmung und darauf folgende Verwertungshandlungen jeweils einen an-

368 BT-Drucks. 15/38, S. 21.

369 BT-Drucks. 15/38, S. 21; auch Bayreuther, ZUM 2001, 828 (831 f.).

370 BT-Drucks. 15/38, S. 21.

371 BT-Drucks. 15/38, S. 26.

372 BT-Drucks. 15/38, S. 28.

373 BT-Drucks. 15/38, S. 28.

gemessenen Rechtsschutz vor. Die Verwirklichung des Schutzes im Rahmen des Zivil-, Ordnungswidrigkeiten- oder Strafrechts überlasst sie den Mitgliedstaaten. In Deutschland hat man sich überwiegend für eine strafrechtliche Verfolgung ausgesprochen. Somit wurden die Umgehung von Schutzmaßnahmen und bestimmter Vorbereitungshandlungen der Umgehung, die Entfernung oder Veränderung von elektronischen Informationen sowie die Einfuhr und Verwertung von Werken, bei denen elektronische Informationen entfernt oder verändert wurden, unter Strafe gestellt[374].

II. Stellungnahme des Bundesrates

Der Bundesrat hat in seiner Stellungnahme zum Gesetzesentwurf einige Bestrebungen der Bundesregierung kritisiert[375].

Grundsätzlich begrüßte der Bundesrat das Anliegen der Bundesregierung, das Urheberrecht den Erfordernissen der Informationsgesellschaft und der digitalen Technologien anzupassen[376]. Gegen einzelne von der Bundesregierung ausgearbeitete Vorschläge im Gesetzesentwurf äußerte der Bundesrat jedoch Bedenken. Unter anderem forderte der Bundesrat eine grundlegende Überarbeitung des Gesetzesentwurfs zu § 53 UrhG. Denn der Entwurf des § 53 UrhG werde den Besonderheiten der modernen Informationsgesellschaft aufgrund der Gleichstellung von analoger und digitaler Vervielfältigung nicht gerecht[377]. Es bedürfe einer Differenzierung zwischen analoger und digitaler Vervielfältigung, um einen gerechten Ausgleich für die Werknutzung gewährleisten zu können[378]. Darüber hinaus berücksichtige der Entwurf auch nicht, dass die digitale Vervielfältigungstechnik die Anfertigung von beliebig vielen Kopien in Originalqualität ermöglicht. Das bisherige System der Pauschalvergütung für Geräte und Kopiermedien könne somit keine angemessene Kompensation gewährleisten[379]. Zur Lösung dieses Problem schlug der Bundesrat vor, der individuellen Lizenzierung Vorrang vor dem Pauschalvergütungssystem einzuräumen.

Weiterhin forderte der Bundesrat eine dahingehende Klarstellung, dass Kopien nur zulässig seien, soweit der Nutzer auf das Original oder eine zulässige Kopie berechtigten Zugriff habe, um die Gefahr von Raubkopien besser aus-

---

374 BT-Drucks. 15/38, S. 28.
375 BR-Drucks. 684/02.
376 BR-Drucks. 684/02, S. 1.
377 BR-Drucks. 684/02, S. 5.
378 BR-Drucks. 684/02, S. 5.
379 BR-Drucks. 684/02, S. 5; BT-Drucks. 15/38, S. 37.

schließen zu können[380]. Außerdem wollte der Bundesrat ein Verbot der Herstellung durch Dritte erreichen, um unentdeckte illegale Vervielfältigungen einzudämmen[381].

Schließlich befürwortete der Bundesrat die Einführung spezifischer Vergütungsregelungen für die digitale Privatkopie, welche vor allem den Einsatz technischer Schutzmaßnahmen beinhalten sollten. Dabei war man sich durchaus bewusst, dass im Bereich des „Digital Rights Management" noch Entwicklungsbedarf bestehe, um ausreichende Sicherheit bieten zu können[382]. Allerdings hielt er diesen Bereich für ausreichend entwicklungsfähig und appellierte damit gleichzeitig an die Wirtschaft, entsprechende Systeme zu schaffen. Der Bundesrat forderte, den Gesetzesentwurf bezüglich des Pauschalvergütungssystems in den §§ 54 UrhG zu überarbeiten und zu ändern[383].

III. Erwiderung der Bundesregierung

Entgegen der Stellungnahme des Bundesrates sah die Bundesregierung keine Notwendigkeit für eine umfassende Überarbeitung des § 53 UrhG[384]. Zwar war sie sich durchaus bewusst, dass Unterschiede zwischen analoger und digitaler Vervielfältigung bestehen würden, allerdings habe auch die Richtlinie es nicht für erforderlich gehalten, die digitale Vervielfältigung von der Privatkopieschranke auszunehmen[385]. Die Bundesregierung war der Ansicht, dass sich eine Differenzierung zwischen analoger und digitaler Vervielfältigung bei der Gestaltung der pauschalen Vergütung empfehle[386]. Dabei war sie der Meinung, dass das bestehende Pauschalvergütungssystem alleine gegenwärtig flächendeckend eine angemessene Kompensation für die digitale Vervielfältigung darstelle und es somit entgegen der Ansicht des Bundesrates vorläufig keinerlei Änderungen bedürfe[387]. Das Digital Rights Management System war nach ihrer Auffassung zum damaligen Zeitpunkt hingegen noch nicht einsatzfähig[388]. Allerdings erblickte auch die Bundesregierung in der Perspektive einer individuellen Lizenzierung Vorzüge und Chancen. Zugleich machte sie aber deutlich, dass die For-

---

380 BR-Drucks. 684/02, S. 6; BT-Drucks. 15/38, S. 37.
381 BR-Drucks. 684/02, S. 6.
382 BR-Drucks. 684/02, S. 7.
383 BR-Drucks. 684/02, S. 8.
384 BT-Drucks. 15/38, S. 40.
385 BT-Drucks. 15/38, S. 40 f.
386 BT-Drucks. 15/38, S. 41.
387 BT-Drucks. 15/38, S. 41.
388 BT-Drucks. 15/38, S. 41.

derung nach der Ablösung des Systems der pauschalen Vergütung nicht von heute auf morgen zu realisieren sei[389].

Des Weiteren lehnte die Bundesregierung ein Verbot der Herstellung durch Dritte ab, weil es nach ihrem Dafürhalten an der Kontrollierbarkeit fehle[390]. Hinsichtlich des Merkmals der „legalen Quellen“ sah sich die Bundesregierung veranlasst, § 53 UrhG erneut überprüfen zu lassen, da das Erfordernis einer „legalen Quelle“ de facto auf ein Verbot der Herstellung von Kopien zum privaten Gebrauch hinausliefe. Gerade beim Online-Zugriff oder bei Online-Vervielfältigungen lasse sich die Rechtmäßigkeit einer Kopiervorlage nur schwer erkennen[391]. Mit dieser Überlegung machte die Bundesregierung deutlich, dass auch sie davon ausgehe, dass eine Vielzahl von Kopien von nicht legalen Quellen erfolgte[392]. Sie erkannte damit das Missbrauchspotential, welches sich bei einer uneingeschränkten Zulässigkeit der digitalen Privatkopie ergeben konnte[393].

IV. Weiteres Verfahren

Auf Beschlussempfehlung des Rechtsausschusses[394] nahm der Bundestag den Regierungsentwurf der Bundesregierung in leicht abgeänderter Fassung an. Anders als vom Bundesrat gefordert, wurde das Tatbestandsmerkmal der „legalen Quelle“ nicht in § 53 UrhG aufgenommen. Aus diesem Grund rief der Bundesrat, auf Empfehlung des Rechts- und Wirtschaftsauschusses, den Vermittlungsausschuss an[395]. Dieser war der Auffassung, dass die Befürchtungen der Bundesregierung, dass das Erfordernis der „legalen Quelle“ de facto auf ein Verbot der Privatkopie hinauslaufen würde, da der Nutzer häufig die Rechtmäßigkeit der Kopiervorlage nicht erkennen könne, nicht überzeuge. So sei nach herrschender Auffassung schon im bis dato geltenden Recht die „legale Quelle“ Voraussetzung für die Zulässigkeit der Privatkopie gewesen. Im Übrigen erschließe sich die Beschaffenheit der Vorlage bereits regelmäßig aus den Umständen ihrer Zurverfügungstellung, so dass eine Raubkopie zu erkennen sei[396]. Auf Anraten des Ausschusses verfolgte der Bundesrat weiterhin die Untersagung der Herstellung

389 BT-Drucks. 15/38, S. 41.
390 BT-Drucks. 15/38, S. 41.
391 BT-Drucks. 15/38, S. 39.
392 Schippan, ZUM 2003, 378 (383).
393 Schippan, ZUM 2003, 378 (379).
394 BT-Drucks. 15/837.
395 BR-Drucks. 271/1/03.
396 BR-Drucks. 271/1/03, S. 3.

digitaler Privatkopien durch Dritte[397]. Dies begründete er damit, dass der ursprüngliche Gedanke des historischen Gesetzgebers, Personen nicht zu benachteiligen, die sich teure Vervielfältigungsgeräte selbst nicht leisten konnten, aufgrund der mittlerweile weiten Verbreitung von Kopiergeräten in Privathaushalten, hinfällig sei[398]. Der Vermittlungsausschuss empfahl in § 53 Abs. 1 S. 1 UrhG die Worte „soweit nicht zur Vervielfältigung eine offensichtlich rechtswidrig hergestellte Vorlage verwendet wird" einzufügen. Den Ausschluss der Herstellung digitaler Privatkopien durch Dritte, wie es der Bundesrat befürwortete, hielt der Vermittlungsausschuss demgegenüber nicht für erforderlich[399]. Da der Bundesrat keinen Einspruch gegen den Gesetzesentwurf erhob, trat der „Erste Korb", das Gesetz zur Regelung des Urheberrechts in der Informationsgesellschaft am 13.09.2003 in Kraft.

K. Entwicklung im Zuge des „Zweiten Korbs"[400]

Der „Erste Korb" hatte bei der Umsetzung der Richtlinie 2001/29/EG zu bestimmten Punkten ausdrücklich noch keinerlei Regelungen getroffen. In Anbetracht der zeitlichen Vorgaben des Europäischen Gesetzgebers waren nur die zwingenden Vorgaben der Richtlinie bearbeitet worden, andere hingegen wurden gänzlich ausgespart. Daher eröffnete das Bundesministerium der Justiz in Zusammenarbeit mit dem Institut für Urheber- und Medienrecht im Rahmen einer Auftaktveranstaltung am 16. September 2003[401] die Arbeiten für einen „Zweiten Korb"[402]. In diesem sollten alle noch nicht bearbeiteten Vorgaben geregelt werden. Dies gilt insbesondere für die Neuregelung des Pauschalvergütungssystems.

I. Fragebogen

Das Bundesjustizministerium hatte zum Erlass des „Zweiten Korbs" einen Fragenkatalog veröffentlicht[403]. Dieser sollte zur Vorbereitung auf das Gesetzgebungsverfahren in verschiedenen Arbeitsgruppen mit den interessierten Kreisen diskutiert werden. Hauptdiskussionspunkt war das Vergütungssystem, zu dem

397 BR-Drucks. 271/1/03, S. 2.
398 BR-Drucks. 271/1/03, S. 3.
399 BT.-Drucks. 15/1353.
400 In Kraft getreten am 01.01.2008.
401 Damit bereits vor Abschluss des Gesetzgebungsverfahrens zum „Ersten Korb".
402 BT-Drucks. 15/38, S. 15.
403 Abrufbar unter: http://www.urheberrecht.org/topic/Korb-2/bmj/Fragebogen-orig.pdf.

eine Vielzahl von Fragen erörtert wurden, wie z.B., ob das System fester Vergütungssätze noch tragbar, die Höhe der Vergütungssätze noch angemessen sei oder ob sich eine stärkere Förderung individueller Lizenzierungssysteme empfehlen würde.

II. Arbeitsgruppen

Zudem setzte das Ministerium bereits im Vorfeld Arbeitsgruppen[404] aus Vertretern der Verbände von Urhebern, Verbrauchern, Verwertern und der Geräteindustrie sowie Repräsentanten von Verwertungsgesellschaften, der Wissenschaft und der Länder ein, die die zentralen Punkte und Probleme diskutieren und zu einvernehmlichen Lösungsansätzen bringen sollten[405]. Die Beratungen und Ausarbeitungen über Vorschläge zur Neuregelung der bisher noch streitigen Punkte dauerte in den Arbeitsgruppe vom Herbst 2003 bis zum Juni 2004.

1. Arbeitsgruppe „Privatkopie“[406]

Aufgabe der Arbeitsgruppe „Privatkopie“ war es auszuarbeiten, ob die Privatkopie auch beim Einsatz von technischen Schutzmaßnahmen möglich bleiben sollte. Nach Ansicht der Arbeitsgruppe konnte diese Frage nur nach der Klärung des künftigen Umfangs der Schrankenregelung der Privatkopie beantwortet werden. Dafür wurde die Privatkopie in verschiedene Bereiche (Musik, Print und Film), die gesondert von einander betrachtet wurden, unterteilt[407].

Für den Musikbereich herrschte das komplexeste Meinungsbild vor. Vertreter der phonographischen Wirtschaft unterbreiteten den Vorschlag, nur analoge Privatkopien zuzulassen und digitale gänzlich zu verbieten[408]. Vertreter anderer Interessengruppierungen, wie die Urheber, Verwertungsgesellschaften und der öffentlich-rechtliche Rundfunk sprachen sich hingegen für die Beibehaltung der Gestattung der digitalen Privatkopie aus. Dies vermutlich deshalb, weil ein Exklusivrecht einen Verzicht auf die pauschale Vergütung zur Folge haben würde und es zudem schwer zu kontrollieren wäre. Wiederum andere sprachen sich dafür aus, eine zahlenmäßige Beschränkung einzelner Vervielfältigungen oder auch der Auflage, dass Vervielfältigungen nur noch von der eigenen Original-

---

404 Eine Zusammenfassung der Ergebnisse der Arbeitsgruppensitzung ist abrufbar unter: http://www.urheberrecht.org/topic/Korb-2/bmj/707.pdf.

405 Sehr gelobt wurde diese einmalige Beteiligung so vieler Interessengruppen von Becker, ZUM 2005, 97 (97).

406 Tagungen waren am 17. November 2003 sowie am 29. Januar und 3. März 2004.

407 Zusammenfassung der Ergebnisse der Arbeitsgruppensitzungen, S. 3, a.a.O. (Fn. 404).

408 Zusammenfassung der Ergebnisse der Arbeitsgruppensitzungen, S. 3, a.a.O. (Fn. 404).

vorlage herzustellen sind, durchaus sinnvollere Regelungen seien, als ein Exklusivrecht[409]. Vertreter der Wissenschaft schlugen hingegen vor, die Privatkopie angesichts der noch nicht abgeschlossenen technischen Entwicklung zwar weiterhin zuzulassen, aber von einer Durchsetzung beim Einsatz technischer Schutzmaßnahmen abzusehen[410].

Für den Printbereich wurde ein Verbotsrecht nicht gefordert[411]. Allerdings sollten Vervielfältigungen durch Dritte nicht mehr gestattet und eine Privatkopie nur noch vom eigenen Originalexemplar möglich sein. Im Filmbereich sollte die digitale Privatkopie erst ein Jahr nach Beginn der Kinoverwertung erlaubt sein, ansonsten schloss man sich dem für den Printbereich vorherrschenden Meinungsbild an.

Die Frage nach der Durchsetzbarkeit der Privatkopie gegen technische Schutzmaßnahmen wurde im Rahmen der Arbeitsgruppensitzungen nicht einheitlich beurteilt. Hin von der Meinung, die Privatkopie nicht durchsetzungsstark zu gestalten, bis zur vollständigen Durchsetzung wurden alle Ansichten vertreten. Vermittelnde Ansichten wollten die Privatkopie für bestimmte Bereiche innerhalb gewisser Zeiträume nicht durchsetzungsstark gestalten, nach Ablauf der Zeit hingegen die vollständige Durchsetzung erlauben. Zudem sollte die Privatkopie durchsetzungsstark sein, wenn sie vom eigenen Werkstück erfolgte. Unter der Prämisse einer unbeschränkten und durchsetzbaren Privatkopie im Online-Bereich wurde die Idee einer pauschal zu vergütenden Onlinelizenz („Internetmaut“, „Kultur-Flatrate“, „Monatsmarke“) diskutiert[412].

2. Arbeitsgruppe „54“[413]

Die Arbeitsgruppe „54“ befasste sich mit der Neuregelung des Pauschalvergütungssystems. Im Mittelpunkt der Diskussionen standen die Fragen, wofür künftig überhaupt bezahlt und von wem in welchem Verfahren die Vergütung festgelegt werden sollte[414]. Einigkeit bestand darüber, dass Anpassungen notwendig waren, weil sich die Kopiertechnik, aber auch die Kompensationsmöglichkeiten durch den Einzug digitaler Technologien fundamental verändert haben und dass

409 Zusammenfassung der Ergebnisse der Arbeitsgruppensitzungen, S. 4, a.a.O. (Fn. 404).
410 Zusammenfassung der Ergebnisse der Arbeitsgruppensitzungen, S. 4, a.a.O. (Fn. 404).
411 Zusammenfassung der Ergebnisse der Arbeitsgruppensitzungen, S. 4, a.a.O. (Fn. 404).
412 Zusammenfassung der Ergebnisse der Arbeitsgruppensitzungen, S. 5, a.a.O. (Fn. 404).
413 Tagungen waren am 18. November und am 18. Dezember 2003 sowie am 28. Januar und 4. März 2004.
414 Zusammenfassung der Ergebnisse der Arbeitsgruppensitzungen, S. 1, a.a.O. (Fn. 404).

es bis auf Weiteres ein Nebeneinander der individuellen Lizenzierung und pauschaler Vergütung nach §§ 54 ff. UrhG geben würde[415].

Die Bestimmung der vergütungspflichtigen Geräte sollte nach deren Eignung für Vervielfältigungen entschieden werden. Die Höhe der Vergütung sollte nach dem Maßstab der tatsächlichen Nutzung des jeweiligen Gerätetyps zur Vervielfältigung bemessen werden. Die Frage, ob neben dem tatsächlichen Maß der urheberrechtlichen Nutzung weitere gesetzliche Parameter zur Bestimmung der Vergütungshöhe für Vervielfältigungsgeräte und Leerträgermedien sinnvoll wären, blieb umstritten[416].

Des Weiteren war man sich nicht einig, ob auch Leerträger für Reprographien vergütungspflichtig werden sollten und wie mit der Anlage zu § 54d Abs. 1 UrhG umzugehen sei.

III. Erster Referentenentwurf

Der erste Referentenentwurf[417] fasste die bisherigen Ergebnisse, die im Rahmen des Fragebogens und der verschiedenen Arbeitsgruppen erzielt worden waren, zusammen und machte sich zur Aufgabe, die streitig gebliebenen Punkte unter Berücksichtigung der widerstreitenden Interessen zu einem gerechten Ausgleich zu bringen.

1. Änderung des § 53 UrhG

In § 53 Abs. 1 S. 1 UrhG wurden nach dem Wort „hergestellte“ die Wörter „oder öffentlich zugänglich gemachte“ eingefügt. Mit dieser Änderung verfolgte der Gesetzgeber die Lösung des Problems, dass bisher bei Online-Tauschbörsen auch Werke angeboten wurden, die zwar aufgrund einer entsprechenden Vorlage eine zulässige Privatkopie darstellten und somit rechtmäßig hergestellt wurden, die jedoch trotzdem gegen das Urheberecht verstießen[418]. In solchen Fällen war vielfach zwar die Herstellung einer Privatkopie rechtmäßig, nicht aber auch deren öffentliche Zugänglichmachung.

§ 53 Abs. 2 S. 1 Nr. 1 UrhG wurde nach den Worten „soweit die Vervielfältigung zu diesem Zweck geboten ist“ zur Klarstellung durch den Passus „und sie weder unmittelbar noch mittelbar gewerblichen Zwecken dient“ ergänzt.

415 Zusammenfassung der Ergebnisse der Arbeitsgruppensitzungen, S. 1, a.a.O. (Fn. 404).

416 Zusammenfassung der Ergebnisse der Arbeitsgruppensitzungen, S. 2, a.a.O. (Fn. 404).

417 Am 27.09.2004 vom Bundesjustizministerium beschlossen; abrufbar unter: http://www.urheberrecht.org/topic/Korb-2/bmj/760.pdf.

418 Erster Referentenentwurf, S. 52, a.a.O. (Fn. 417).

In § 53 Abs. 2 S. 2 Nr. 3 UrhG wurden nach dem Wort „Archiv“ die Worte „im öffentlichen Interesse tätig ist und“ angefügt. Digitale Vervielfältigungen sollten folglich nur für Archive zulässig sein, die im öffentlichen Interesse handeln und die keinen unmittelbaren oder mittelbaren Erwerbszweck verfolgen[419]. Diese Regelung wurde vor dem Hintergrund ausgearbeitet, dass die Archivschranke gegenüber technischen Maßnahmen durchsetzungsstark ausgestaltet worden war (§ 95b Abs. 1 Nr. 6c UrhG) und man verhindern wollte, dass durch diese Hintertür die Privatkopie ansonsten ebenfalls durchsetzungsstark werden könnte[420].

Bezüglich der Durchsetzung der digitalen Privatkopie gegenüber den technischen Schutzmaßnahmen blieb es weiterhin bei der bisherigen Regelung des „Ersten Korbs“. Die digitale Privatkopie wurde damit nicht, wie von vielen gefordert, durchsetzungsstark geregelt[421]. Im Rahmen des § 53 UrhG sollte sie aber dennoch erlaubt bleiben. Zum damaligen Zeitpunkt gab es noch eine Vielzahl von Werken, die nicht durch technische Schutzmaßnahmen geschützt wurden und es auch zum Teil bis heute nicht sind.

Ein Verbot der Nutzung wäre in der digitalen, wie auch in der analogen Welt sinnlos gewesen. Daher entschied man sich dazu, die Vervielfältigung urheberrechtlich geschützter Werke nach wie vor nicht gänzlich zu verbieten, um den Urhebern zumindest die ihnen aufgrund von digitalen Privatkopien zustehenden Vergütungen zu gewähren[422].

Mit der Entscheidung gegen eine durchsetzungsstarke Privatkopie im Online-Bereich schied zugleich die Möglichkeit einer sog. „Internetmaut“ oder auch „Kultur-Flatrate“ aus. Hierfür wäre eine unbeschränkte und durchsetzbare Privatkopieschranke erforderlich gewesen, damit die urheberrechtlich geschützten Werke, die im Internet zum Download angeboten werden, nicht zugleich durch Digital-Rights-Management-Systeme[423] geschützt oder unentgeltlich zugänglich wären[424]. Obwohl die „Kultur-Flatrate“ von immer mehr Kommentatoren aus Medienrecht und –praxis befürwortet wurde[425], lehnte der Referentenentwurf dieses Modell aus verschiedenen Gründen ab. Zum einen sei für die Einführung einer „Kultur-Flatrate“ die Schaffung einer allgemeinen Schranke für die Online-Nutzung erforderlich gewesen. Die Richtlinie 2001/29/EG lasse

419 Diese Regelung entsprach bereits dem geltenden Recht.

420 Erster Referentenentwurf, S. 53, a.a.O. (Fn. 417).

421 Erster Referentenentwurf, S. 20 und S. 34 f., a.a.O. (Fn. 417).

422 Hucko, ZUM 2005, 128 (129).

423 Im Folgenden DRMS.

424 Aschenbrenner, ZUM 2005, 145 (153).

425 Vgl. hierzu Grassmuck, ZUM 2005, 104 (108).

eine solche Regelung aber nicht zu[426]. Zum anderen, so betonte der Referentenentwurf, würde durch eine allgemeine Schrankenregelung eine erfolgreiche Vermarktung urheberrechtlich geschützter Werke im Internet unmöglich gemacht werden. Letztlich könne eine neue Schrankenregelung auch nur geschaffen werden, soweit sie den Drei-Stufen-Test bestehe. Danach dürften Schrankenregelungen nur in Sonderfällen geschaffen werden, die weder die normale Auswertung der Werke beeinträchtigen, noch die berechtigten Interessen des Urhebers unzumutbar verletzten. Der Referentenentwurf ging nicht davon aus, dass ein Sonderfall bestehe. Damit widerspreche eine allgemeine Schranke für die Online-Nutzung auch dem Drei-Stufen-Test[427].

2. Änderungen der §§ 54 ff. UrhG

Das bisherige Pauschalvergütungssystem sollte nach Maßgabe des ersten Referentenentwurfs eine gänzliche Änderung erfahren. Die bisherigen §§ 54 bis 54h UrhG wurden durch neue §§ 54 bis 54g UrhG ersetzt. Im Mittelpunkt der Reform stand die Übergabe der bisherigen staatlichen Regulierung der Vergütungssätze in die Hände der beteiligten Parteien. In Folge der rapiden technischen Entwicklungen hatte sich in der Praxis gezeigt, dass das bisherige System des gesetzlichen Regelungskonzepts keine flexible Anpassung gewährleisten konnte. Daher wurde der Systemwechsel hin zu einem praxisorientierten, flexiblen System, welches schnell und gerecht die Vergütungshöhe an die neuen Gegebenheiten anpassen könne, befürwortet. Nach Maßgabe des § 13a Abs. 2 RefE zum UrhWG[428] wurde festgelegt, dass die Anlage zu § 54d UrhG mit den darin festgelegten Vergütungssätzen für Geräte und Leerträger fortgelten sollte, solange keine Änderung durch die Verwertungsgesellschaften erfolge. Diese Regelung wurde wichtiger Bestandteil des Übergangs von staatlicher Regulierung hin zur Selbstregulierung.

§ 54 RefE fasste die bisherigen Regelungen der §§ 54 und 54a UrhG zusammen. Dabei bezog sich der § 54 RefE nun auf unterschiedslos alle Vervielfältigungsverfahren. Somit wollte man zum einen eine Angleichung an den § 53 UrhG erreichen, der auch nicht zwischen Vervielfältigungen im Wege der Bild- und Tonaufzeichnung sowie der Ablichtung unterschied. Zum anderen war dies der einzige Weg, um mit den modernen Vervielfältigungsgeräten Schritt halten zu können.

---

426 Erster Referentenentwurf, S. 33, a.a.O. (Fn. 417).

427 Erster Referentenentwurf, S. 34, a.a.O. (Fn. 417).

428 Gesetz über die Wahrnehmung von Urheberrechten und verwandten Schutzrechten (Urheberrechtswahrnehmungsgesetz).

Das maßgebliche Kriterium für die Vergütungshöhe war jetzt gem. § 54a Abs. 1 RefE das Maß der tatsächlichen Nutzung der Geräte und Speichermedien für Vervielfältigungen nach § 53 Abs. 1 bis 3 UrhG. Den Verwertungsgesellschaften wurde durch § 54a Abs. 3 RefE vorgegeben, den Tarif der Vergütung in einem angemessenen Verhältnis zum Preisniveau des Geräts und Speichermediums zu setzen. Die Fassung des § 53 Abs. 3 UrhG in dieser Form war insbesondere deshalb interessant, weil die Bunderegierung in dem Entwurf eines Gesetzes zur Änderung von Vorschriften auf dem Gebiet des Urheberrechts zu der Urheberrechtsreform von 1985 noch ausdrücklich davon Abstand genommen hatte, den Gerätepreis als Maßstab für das Ausmaß der urheberrechtlichen Nutzung zu Grunde zu legen. Die Anknüpfung an den Herstellerabgabepreis hatte sich nicht bewährt[429].

3. Weitere Änderungen

Die bisherigen Vergütungssätze, geregelt in der Anlage zu § 54d Abs. 1 UrhG, galten gem. § 13a Abs. 2 RefE zum UrhWG als Tarife fort. Sie sollten abänderbar sein, soweit die Verwertungsgesellschaften in Zukunft flexiblerer Vergütungssätze schaffen würden. Abschließend soll noch eine weitere Regelung, die im Referentenentwurf eine Änderung erfahren hat, betrachtet werden. § 106 UrhG sollte nach Maßgabe des RefE um einen Satz 2 erweitert werden, wonach Bagatellfälle mit nur geringem Unrechtsgehalt, auch wenn sie gegen geltendes Urheberrecht verstießen, wie z.B. gegen § 53 Abs. 1 UrhG, straffrei gestellt werden. In der Praxis haben sich die Staatsanwaltschaften bisher an diesen jetzt eingeführten Strafausschließungsgrund gehalten, denn es war weder wünschenswert noch praktisch möglich jede einzelne unzulässige Vervielfältigung zu verfolgen[430].

4. Fazit des ersten Referentenentwurfs

Die erläuterten Vorgaben des ersten Referentenentwurf fanden nicht in allen beteiligten Kreisen ungeteilte Zustimmung[431], was auch bei den im Vorfeld erörterten teils gegenteiligen Auffassungen nicht verwunderlich ist. Auf der einen Seite wurde bemängelt, dass die Privatkopie nicht durchsetzungsstark gegenüber den technischen Schutzmaßnahmen ausgestaltet worden sei. Auf der anderen

429 Vgl. BT-Drucks. 10/837, S. 10 f. und 19.

430 Erster Referentenentwurf, S. 70, a.a.O. (Fn. 417).

431 Becker, ZUM 2005, 97 (98); Grassmuck, ZUM 2005, 104 ff.; Kunz-Hallenstein/ Loschelder, GRUR 2005, 743 (744 f.); Kreile, ZUM 2005, 112 f.; Krüger, GRUR 2005, 206 ff.

Seite wurde gerade dieser Punkt als positiv herausgehoben. Die Kopplung des Vergütungsaufkommens an den Gerätepreis sahen sowohl die Urheber als auch die Vertreter der Industrie kritisch. Die Urheber befürchteten, bei der Berücksichtigung des Gerätepreises insgesamt eine zu geringe Vergütung zu erhalten, wohingegen die Vertreter der Industrie eher besorgt waren, den Urhebern bzw. den Verwertungsgesellschaften zu viel zahlen zu müssen.

Hinsichtlich dieser Kritikpunkte mussten die Vorgaben des ersten Referentenentwurfs im Regierungsentwurf überarbeitet und verändert werden[432]. In einer Information für die Presse „Kopien brauchen Originale"[433] wurde deutlich, welche Änderungen tatsächlich zu erwarten waren.

Die Nichtdurchsetzbarkeit der digitalen Privatkopie gegenüber technischen Schutzmaßnahmen sollte beibehalten werden. Auch die sonstigen Neuerungen des Referentenentwurfs hinsichtlich der Privatkopie sollten ohne weitere Veränderungen übernommen werden. Bezüglich des Vergütungssystems sollte im Grundsatz an den Neuerungen festgehalten werden: Abkehr von den Regelungen der Vergütung durch den Gesetzgeber, Regelung durch die Beteiligten anhand der gesetzlich verbindlichen Maßgaben; Vergütungspflicht dem Grunde nach, soweit Geräte und Speichermedien als Typ zur Vervielfältigung nennenswert genutzt werden.

IV. Zweiter Referentenentwurf

In Folge der Bundestagswahlen am 18.09.2005 kam es nicht mehr zum Regierungsentwurf, so dass der erste Referentenentwurf gegenstandslos wurde. Zu Beginn der Wahlperiode verabschiedete das Bundesjustizministerium daher am 26.01.2006 den zweiten Referentenentwurf eines Zweiten Gesetzes zur Regelung des Urheberrechtsgesetzes in der Informationsgesellschaft[434]. Wesentliche Neuerungen im Vergleich zum ersten Referentenentwurf brachte dieser aber nicht.

1. Änderung des § 53 UrhG

Bezüglich der Privatkopie ergaben sich keine Änderungen zum ersten Referentenentwurf. Mit der Änderung in § 53 Abs. 3 Nr. 1 RefE wurde der Sprachgebrauch den anderen Schranken für Urheberrechtszwecke (§ 52a und

432 Vgl. Informationen für die Presse – Kopien brauchen Originale -, Berlin, 12. Januar 2005; abgerufen unter: www. urheberrecht.org/topic/Korb-2/.

433 Abrufbar unter: http://www.urheberrecht.org/topic/Korb-2/bmj/132.pdf.

434 Abrufbar unter: http://www.urheberrecht.org/topic/Korb-2/bmj/2006-01-03-Gesetzentwurf.pdf.

§ 87c UrhG) lediglich angepasst. In den Absätzen 4 und 5 des § 53 RefE wurden wegen eines Redaktionsversehens die fehlenden Satzbezeichnungen eingefügt.

2. Änderungen der §§ 54 ff. UrhG

Auch hinsichtlich der grundsätzlichen Änderungen des Vergütungssystems ergaben sich aufgrund des zweiten Referentenentwurfs keine wesentlichen Neuerungen. Die Abkehr von der Regelung der Vergütung durch den Gesetzgeber, die Regelung durch die Beteiligten anhand gesetzlich verbindlicher Maßgaben sowie die Vergütungspflicht dem Grunde nach, wenn Geräte und Speichermedien als Typ zur Vervielfältigung nennenswert genutzt werden, blieben unverändert. Lediglich § 54a Abs. 2 und 3 RefE wurden redaktionell durch den zweiten Referentenentwurf neu gefasst. § 54a Abs. 2 des ersten Referentenentwurfs wurde zu Abs. 3. An die Stelle des alten Abs. 2[435] trat folgende Bestimmung: „Die Vergütung für Geräte ist so zu gestalten, dass sie auch mit Blick auf die Vergütungspflicht für in diesen Geräten enthaltene Speichermedien oder andere, mit diesen funktionell zusammenwirkenden Geräten oder Speichermedien insgesamt angemessen ist".

Der durch den ersten Referentenentwurf eingeführte Abs. 3 des § 54a RefE, der die Vergütung in einem angemessenen Verhältnis zum Preisniveau des jeweiligen Gerätes koppelte, war gänzlich weggefallen. Dies kam vor allem den vielen kritischen Stimmen zu dem ursprünglichen § 54a Abs. 3 RefE entgegen[436].

§ 54a Abs. 4 RefE wurde dahingehend ergänzt, dass die Summe der Vergütungsansprüche aller Berechtigten für einen Gerätetyp fünf vom Hundert des Verkaufspreises nicht übersteigen darf. Für Gerätetypen mit mehreren Funktionen ist diese Höchstgrenze entsprechend geringer, wenn die Gerätetypen weit überwiegend nicht für Vervielfältigungen nach § 53 Abs. 1 bis 3 genutzt werden.

Der zunächst durch den ersten Referentenentwurf entfallene § 54h UrhG wurde wieder mit kleineren Änderungen bezüglich der Anpassung der Paragraphen eingeführt.

435 § 54a Abs. 2 des erster Referentenentwurf: „Bei der Bestimmung der Vergütungshöhe sind die nutzungsrelevanten Eigenschaften der Geräte und Speichermedien, insbesondere die Leistungsfähigkeit von Geräten sowie der Speicherkapazität und Mehrfachbeschreibbarkeit von Speichermedien, zu berücksichtigen".

436 Vgl. hierzu Kreile, ZUM 2005, 112 f; Krüger, GRUR 2005, 206 f.

3. Weitere Änderungen

Die bisherigen Vergütungssätze galten, wie auch nach Maßgabe des ersten Referentenentwurfs, nach § 13a Abs. 2 RefE zum UrhWG als Tarife fort. Des Weiteren blieb es bei ihrer Abänderbarkeit, soweit die Verwertungsgesellschaften in der Zukunft flexiblerer Vergütungssätze schaffen würden. Die Anlage zu § 54d Abs. 1 UrhG wurde jedoch aufgehoben[437]. Die Aufhebung stellte eine redaktionelle Folgeänderung dar, die sich aus der Neugestaltung des Pauschalvergütungssystems ergab.

§ 106 UrhG sollte mit einem Abs. 3 versehen werden, in welchem die Bagatellklausel, die ursprünglich als Satz 2 zum Absatz 1 geplant war, enthalten sein sollte[438]. Danach sollte nicht bestraft werden, wer Werke oder Bearbeitungen oder Umgestaltungen von Werken nur in geringer Zahl und ausschließlich zum eigenen privaten Gebrauch oder zum privaten Gebrauch von mit dem Täter persönlich verbundenen Personen vervielfältigt oder an solchen Vervielfältigungen teilnimmt. Satz 1 sollte hingegen nicht für die Vervielfältigung von Computerprogrammen (§ 69a UrhG) gelten.

V. Regierungsentwurf

Der auf dem zweiten Referentenentwurf basierende Regierungsentwurf[439] sah keinerlei weitere Änderungen bezüglich der genannten Normen mehr vor. Lediglich die Bagatellklausel in § 106 Abs. 3 RefE wurde ersatzlos gestrichen[440].

VI. Stellungnahme des Bundesrates[441]

Die Stellungnahme des Bundesrates zum Regierungsentwurf erfolgte am 19. Mai 2006[442]. Der Bundesrat begrüßte zunächst die weiterführenden Anpassungen des deutschen Urheberrechts an die Vorgaben der Richtlinie 2001/29/EG. Aufgrund des wesentlichen Einflusses des Urheberrechts auf den Bildungs-, Wissenschafts- und Forschungsbereich, sei eine Weiterentwicklung des Urheberrechts für die Informationsgesellschaft unerlässlich gewesen.

---

437 Zweiter Referentenentwurf, S. 15, a.a.O. (Fn. 434).

438 Zweiter Referentenentwurf, S. 14, a.a.O. (Fn. 434).

439 Abrufbar unter: http://www.urheberrecht.org/topic/Korb-2/bmj/1174.pdf.

440 Anders als von den Grünen gefordert worden war, siehe auch DRiZ, 2007, 262.

441 In den Bundesrat eingebracht in der Form BR-Drucks. 257/06 vom 7. April 2006.

442 BR-Drucks. 257/06.

1. Kritik am § 53 UrhG des Regierungsentwurfs

Bezüglich der Privatkopieschranke hatte der Bundesrat zwei Kritikpunkte anzumerken. Hinsichtlich des § 53 Abs. 2 S. 1 Nr. 1 RegE sprach sich der Bundesrat für die Streichung der Worte „und sie keinen gewerblichen Zweck dient“ aus[443]. Eine derartige Beschränkung beim wissenschaftlichen Gebrauch aufzuerlegen, hätte eine erhebliche Beeinträchtigung des Technologie- und Wissenstransfers zur Folge. Denn auch Bibliotheken in Unternehmen gelten als Spezialbibliotheken. Diese dürften ihren Mitarbeitern dann jedoch keinerlei Kopien mehr zur Verfügung stellen. Auch in öffentlichen Bibliotheken müsste bei jeder anzufertigenden Kopie beim Besteller nach dem jeweiligen Zweck nachgefragt werden[444]. Dies wäre nicht bibliotheks- und wissenschaftsadäquat und würde in erheblichem Maße dem Wissenschaftsstandort Deutschland schaden[445].

Als weitere Änderung schlug der Bundesrat vor, in § 53 Abs. 5 S. 1 RegE den Wortlaut „Abs. 2 Nr. 2 bis 4“ durch „Abs. 2 S. 1 Nr. 3 und 4“ zu ersetzten. Es sei nicht hinzunehmen, dass das Recht zur Herstellung einer Archivkopie nach § 53 Abs. 2 S. 1 Nr. 2 UrhG durch das in Abs. 5 bestimmte Verbot, elektronische Datenbanken vervielfältigen zu dürfen, entfalle. Dies hätte zur Folge, dass keine Archivierung von Sammelwerken für künftige Generationen erfolgen könne, weil tatsächlich immer häufiger ganze Sammelwerke nur noch als elektronische Datenbanken erscheinen würden[446]. Nach Auffassung des Bundesrates sollte im weiteren Gesetzgebungsverfahren deutlicher herausgearbeitet werden, dass Kopien von im Internet öffentlich zugänglich gemachten Werke nicht über die pauschale Vergütungsverpflichtung vergütet, sondern vielmehr durch den Einsatz von DRM-Systemen abgerechnet werden würde[447].

2. Kritik an den §§ 54 ff. UrhG des Regierungsentwurfs

Des Weiteren befürwortete der Bundesrat die Streichung der Wörter „in nennenswertem Umfang“ in § 54 Abs. 1 RegE. Dieser enthielt die grundsätzliche Regelung der Vergütungspflicht der Hersteller von Geräten und Speichermedien. Die Vergütungspflicht sollte mangels „nennenswertem Umfang“ bereits entfallen können, wenn der Nutzungsumfang zumindest unter 10% liegt[448]. Kri-

443 BR-Drucks. 257/06, S. 11.
444 BR-Drucks. 257/06, S. 11.
445 BR-Drucks. 257/06, S. 11.
446 BR-Drucks. 257/06, S. 11 f.
447 BR-Drucks. 257/06, S. 13.
448 BR-Drucks. 257/06, S. 61.

tisiert wurde vor allem, dass nicht eindeutig bestimmbar sei, was unter einem „nennenswerten Umfang“ zu verstehen sein sollte[449].

Der Bundesrat bat im weiteren Gesetzgebungsverfahren den Satz 2 des § 54a Abs. 4 RegE zu überprüfen, nach welchem die Summe der Vergütungsansprüche aller Berechtigten für einen Gerätetyp fünf vom Hundert des Verkaufspreises nicht übersteigen dürfe. Aus Sicht des Bundesrates war eine solche Höchstgrenze[450] nicht unproblematisch[451]. Zum einen habe der Preis eines Gerätes nichts mit der Höhe des angemessenen Ausgleichs für den mit Hilfe dieses Gerätes erfolgten Eingriffs in das Urheberrecht zu tun. Zum anderen mache gerade eine starre Grenze, wie diese, es unmöglich, die Fälle zu erfassen, in denen sich der Hersteller einer Vergütungspflicht durch ein gerätespezifisches Preiskonzept entziehe. Auch würden die Interessen der Gerätehersteller bereits durch § 54a Abs. 4 S. 1 RegE, nach welchem die Vergütung den Hersteller nicht unzumutbar beeinträchtigen dürfe und in einem wirtschaftlich angemessenen Verhältnis zum Preisniveau des Gerätes stehen müsse, hinreichend gewahrt[452]. Der nachfolgende Satz 3[453] in § 54a Abs. 4 RegE war nach Ansicht des Bundesrates zu streichen[454]. Zum einen sei unklar, was überhaupt unter „weit überwiegend“ zu verstehen sei. Zum anderen sei offen, auf welchen Prozentsatz die Obergrenzen dann abzusenken seien.

Des Weiteren regte der Bundesrat an, darüber nachzudenken, ob nicht fünf Jahre nach in Kraft treten dieses Gesetzes ein Bericht durch unabhängige Experten zu den Auswirkungen des Gesetzes, insbesondere des § 54a UrhG vorgelegt werden solle, nach welchem dann gegebenenfalls Nachbesserungen vorgenommen werden könnten[455]. §§ 54b bis 54h UrhG blieben durch den Bundesrat unverändert. Allerdings befürwortete er eine weitgehende Klarstellung dahingehend, dass eine Betreibervergütung nach § 54c Abs. 1 RegE nur für herkömmliche Fotokopiergeräte zu zahlen sei[456].

---

449 Ein Streit über die Auslegung dieses Tatbestandsmerkmals wäre daher zu erwarten gewesen. BR-Drucks. 257/06, S. 14.

450 Siehe hierzu auch Langhoff/Oberndörfer/Jani, ZUM 2007, 593 (594 f.).

451 BR-Drucks. 257/06, S. 15.

452 BR-Drucks. 257/06, S. 15.

453 § 54a Abs. 4 S. 3: Für Gerätetypen mit mehreren Funktionen ist diese Höchstgrenze entsprechend geringer, wenn die Gerätetypen weit überwiegend nicht für Vervielfältigungen nach § 53 Abs. 1 bis 3 genutzt werden.

454 BR-Drucks. 257/06, S. 14-15.

455 BR-Drucks. 257/06, S. 16.

456 BR-Drucks. 257/06, S. 16.

3. Kritik an § 13a Abs. 2 UrhWG des Regierungsentwurfs

Die Formulierung des § 13a Abs. 2 RegE zum UrhWG sollte nach Ansicht des Bundesrates so gefasst werden, dass die Tarife als „vereinbarte Vergütungssätze" fortgelten würden, jedoch nur „soweit Tarife ... nicht bestehen oder nicht neu bestimmt werden". Durch diese Formulierung könne davon ausgegangen werden, dass auch für die Übergangszeit sicher eine Vergütung gezahlt werden würde[457].

VII. Beschlussempfehlung des Rechtsausschusses[458]

Die Beschlussempfehlung des Rechtsausschusses folgte hinsichtlich des § 53 Abs. 2 Nr. 1 RegE nicht der Stellungnahme des Bundesrates, wonach die Worte „und sie keinen gewerblichen Zwecken dient" gestrichen werden sollten. Bereits in der Gegenäußerung der Bundesregierung[459] zur Stellungnahme des Bundesrates zeigte sich, dass dieser mit der Streichung nicht einverstanden war. Des Weiteren wurde § 53 Abs. 3 RegE durch die Beschlussempfehlung des Rechtsauschusses mit einem weiteren Satz ergänzt. Danach sollen die Vervielfältigungen eines Werkes, die für den Unterrichtsgebrauch an Schulen bestimmt sind, stets nur mit Einwilligung des Berechtigten zulässig sein. Den durch den Bundesrat vorgeschlagenen Änderungen in § 53 Abs. 5 RegE folgte der Rechtsausschuss nicht, sondern schloss sich den Regelungen des Regierungsentwurfs an[460].

Hinsichtlich der Regelung des § 54 RegE ergaben sich durch die Beschlussempfehlung keine Änderungen zu der Stellungnahme des Bundesrates. Auch wenn die Bundesregierung zu diesem Punkt allerdings gegenteiliger Ansicht war[461]. Entgegen der Forderung der Bundesregierung wurde Satz 2[462] des § 54 Abs. 4 RegE, dessen Überprüfung auch der Bundesrat verlangt hatte, durch die Beschlussempfehlung des Rechtsausschusses gestrichen.

Bezüglich der §§ 54b bis 54h RegE ergaben sich auch durch den Rechtsausschuss keine weiteren Änderungen mehr.

---

457 BR-Drucks. 257/06, S. 21.

458 BT-Drucks. 16/5939.

459 Gegenäußerung der Bundesregierung, abrufbar unter: http://www.urheberrecht.org/topic/Korb-2/bmj/1250.pdf.

460 BT-Drucks. 16/5939, S. 7. Ebenso auch die Bundesregierung in ihrer Gegenäußerung, vgl. Gegenäußerung der Bundesregierung, S. 7, a.a.O. (Fn. 459).

461 Gegenäußerung der Bundesregierung, S. 7 f., a.a.O. (Fn. 459).

462 § 54a Abs. 4 S. 2 UrhG-E: „Die Summe der Vergütungsansprüche aller Berechtigten für eine Gerätetyp darf fünf von Hudert des Verkaufspreises nicht übersteigen".

Nach Maßgabe der Beschlussempfehlung des Rechtsausschusses ist das Zweite Gesetz zur Regelung des Urheberrechts in der Informationsgesellschaft vom 26. Oktober 2007 im Bundesgesetzblatt Teil I, Nr. 54 am 31. Oktober 2007 (S. 2513-2522) verkündet worden und zum 1. Januar 2008 in Kraft getreten.

Teil 3. Analysierung der Änderungen durch den „Ersten Korb“

Im Weiteren werden schwerpunktmäßig die Änderungen, die sich durch die Einführung des „Ersten Korbs“ für die Privatkopie im deutschen Urheberrecht ergeben haben, dargestellt, analysiert und bewertet. Für einen besseren Überblick soll zunächst kurz auf die Rechtslage vor Einführung des „Ersten Korbs“ eigegangen werden.

A. Rechtslage vor dem „Ersten Korb“ hinsichtlich der Privatkopie

I. Regelung der Privatkopie

Das in § 16 UrhG geregelte Vervielfältigungsrecht lag nach § 15 Abs. 1 Nr. 1 UrhG ausschließlich beim Urheber. Die Privatkopieschranke, geregelt in § 53 UrhG, fasste die Ausnahmen, unter welchen eine Einschränkung des Urheberrechts zuzulassen war, detailliert zusammen.

Nach § 53 Abs. 1 UrhG war es erlaubt, einzelne Vervielfältigungsstücke eines Werkes zum „privaten Gebrauch“ herzustellen. Unter privatem Gebrauch ist die Benutzung innerhalb der privaten Sphäre durch eine natürliche Person, die die Vervielfältigung herstellt bzw. durch eine andere herstellen lässt, welche mit ihr durch ein persönliches Band verbunden ist, zu verstehen[463]. Die Vervielfältigung zum privaten Gebrauch setzt jedoch nicht voraus, dass ein eigenes Werkstück vervielfältigt wird, so können auch fremde Werkstücke vervielfältigt werden[464]. Dies ließ sich bereits aus dem Umkehrschluss zu § 53 Abs. 2 Nr. 2 UrhG ableiten, welcher ausdrücklich ein eigenes Werkstück zur Vervielfältigung verlangte.

Als zweite Voraussetzung verlangte § 53 Abs. 1 UrhG, dass nur „einzelne Vervielfältigungsstücke“ hergestellt werden durften. Eine klare Definition dieses Merkmals ist bislang nicht erfolgt. Den Begriff „einzelne“ verwendet das Urheberrecht an verschiedenen Stellen, so z.B.: in §§ 46, 51 UrhG und in §§ 47, 53 UrhG („einzelne Vervielfältigungsstücke), ohne dass der Gesetzgeber diesen Begriff näher definiert hat. Wie der allgemeine Sprachgebrauch bereits vermuten lässt, versteht auch der Gesetzgeber den Begriff „einzelne“ aber als einige wenige. Darauf weist insbesondere der Wortlaut der Begründung zu

463 BGH GRUR 1997, 459 (462).

464 Schack, in: Festschrift f. Erdmann 2002, 165 (166).

§ 55 Abs. 1 Nr. 4 des Regierungsentwurf[465] (§ 54 Abs. 1 Nr. 4 UrhG) hin. Die Rechtsprechung hat den Begriff „einzelne" dahin konkretisiert, dass spätestens bei mehr als 7 Kopien nicht mehr von „einzelnen Vervielfältigungsstücken" auszugehen ist. Manchmal kann die Anzahl der zulässigen Kopien aber auch niedriger sein[466].

Gem. § 53 Abs. 1 Satz 2 Halbs.1 UrhG durfte der zur Vervielfältigung Befugte die Vervielfältigungen auch durch Dritte herstellen lassen.

§ 53 Abs. 1 S. 2 Halbs. 2 UrhG sah darüber hinaus noch eine Ausnahme für den Fall vor, dass es um die Übertragung von Werken auf Bild- oder Tonträger und um die Vervielfältigung von Werken der bildenden Kunst ging. Diese Handlungen sollten nämlich nur erlaubt sein, soweit sie unentgeltlich erfolgten.

§ 53 Abs. 2 UrhG ließ zudem über den privaten Gebrauch hinaus Vervielfältigungen zum sonstigen eigenen Gebrauch zu. Durch die Vorschrift wurden der wissenschaftliche Gebrauch, die Aufnahme in ein eigenes Archiv sowie die Unterrichtung über Tagesfragen privilegiert.

Nach den §§ 54 ff. UrhG hatte der Urheber gegen die Hersteller von Geräten und von Bild- und Tonträgern, die erkennbar, zur Vornahme von Vervielfältigungen bestimmt waren, einen Anspruch auf Zahlung einer angemessenen Vergütung. Mit dieser Regelung versuchte man einen Ausgleich für die Urheber herzustellen, die durch die Privatkopien sonst in ihrem Urheberrecht beeinträchtig worden wären[467].

II. Praktisch relevante Fragen

Aufgrund dieser Gesetzeslage wurden vor allem zwei Fragen diskutiert, die oftmals nicht deutlich genug von einander unterschieden worden sind[468].

Zum einen ging es um die Frage, ob nur solche Vervielfältigungen von der Privilegierung des § 53 Abs. 1 UrhG erfasst sein sollten, die von einer rechtmäßigen Kopiervorlage erstellt wurden. Zum anderen sollte geklärt werden, ob unter § 53 UrhG auch Kopien von Werkstücken fielen, deren Besitz sich der Kopierende rechtswidrig unter Verletzung der Vorschriften des Eigentums- und

465 BT-Drucks. IV/270.

466 BGH GRUR 1978, 474 (476).

467 Bei Schaffung des Urheberrechtsgesetzes von 1965 wurde ausgiebig darüber diskutiert, ob es nicht der geeignetere Weg sein würde, die Privatkopie zum Schutze der Urheber überhaupt nicht zu zulassen. Letztlich wurde dieses Vorhaben aber mit der Begründung abgelehnt, dass es nicht zu kontrollieren sei, inwieweit jeder Einzelne Privatkopien anfertigen würde. Damit bestand Einigkeit, dass eine angemessene Vergütung für die Urheber die bessere Alternative ist.

468 Loewenheim, in: Festschrift f. Dietz 2001, 415 (415).

Besitzschutzes verschafft hat[469]. Beide Fälle konnten, mussten aber nicht zwangsläufig zusammen treffen[470]. Betrachtet man die besitzrechtsrelevante Seite, konnten einerseits sowohl Werkstücke, deren Herstellung gegen Urheberrecht verstießen, als auch solche erlangt worden sein, bei denen dies nicht der Fall war. Andererseits konnte an einer rechtswidrig hergestellten Vorlage sowohl legal als auch illegal Besitz erlangt worden sein[471].

1. Vervielfältigungen von rechtswidrig erlangten Vorlagen

Das Kammergericht Berlin hatte 1991 über die Frage der Zulässigkeit von Vervielfältigungen von einer rechtswidrig erlangten Vorlage zu entscheiden[472]. In dem zugrunde liegenden Rechtsstreit hatte der Beklagte bei einer Dia-Vorführung unerlaubt Dias entwendet und von diesen Kopien hergestellt. Das Gericht entschied daraufhin, dass § 53 UrhG ein ungeschriebenes Tatbestandsmerkmal enthalte. Dieses verlange, dass das Werkstück, von dem die Vervielfältigung hergestellt wird, rechtmäßig in den Besitz des Vervielfältigers gelangt sein muss[473].

Zwar müsse der Urheber im Verlauf der normalen Verbreitung seines Werkes im Rahmen des § 53 UrhG Vervielfältigungsmöglichkeiten hinnehmen. Allerdings würde es dem Zweckgedanken der Vorschrift zuwider laufen, wenn einer Person, die das Werkstück widerrechtlich an sich gebracht habe, das Recht eingeräumt werde, „zur Erinnerung" an sein rechtswidriges Tun noch ein Vervielfältigungsstück herstellen zu dürfen[474].

Damit fielen Kopien von Werkstücken, deren Besitz sich der Kopierende rechtswidrig unter Verletzung der Vorschriften des Eigentums- und Besitzschutzes verschafft hat, nicht unter die Privilegierung des § 53 Abs. 1 UrhG[475].

2. Vervielfältigungen von rechtswidrig hergestellten Vorlagen

Die interessantere und umstrittenere Frage war diejenige, ob die Privilegierung des § 53 UrhG auf Vervielfältigungen von Vorlagen anwendbar sein sollte, die

469 Loewenheim, in: Festschrift f. Dietz 2001, 415 (415).

470 Loewenheim, in: Festschrift f. Dietz 2001, 415 (416).

471 Loewenheim, in: Festschrift f. Dietz 2001, 415 (416).

472 KG Berlin GRUR 1992, 168; (später durch den BGH GRUR 1993, 899 offengelassen, da schon im vorliegenden Fall der private Gebrauch abgelehnt wurde).

473 KG Berlin GRUR 1992, 168 (196).

474 KG Berlin GRUR 1992, 168 (169); so auch Loewenheim, in: Festschrift f. Dietz 2001, 415 (416); Spindler, JZ 2002, 60 (61).

475 Dieser Ansicht schlossen sich im Schrifttum viele an. Siehe etwa Schack, in: Festschrift f. Erdmann 2002, 165 (167); Spindler, JZ 2002, 60 (61).

rechtswidrig hergestellt wurden. Spätestens mit dem Fortschritt der Digitalisierung und der Entstehung und Nutzung von Online-Tauschbörsen nicht nur für Musik, wurde heftig darüber gestritten, ob die oftmals rechtswidrigen Vorlagen aus solchen Tauschbörsen überhaupt als Vorlagen i.S.v. § 53 Abs. 1 UrhG angesehen werden konnten und ob dementsprechend auf dieser Grundlage angefertigte Kopien unter die Privilegierung der Privatkopie fielen.

Im Online-Bereich geht es bei der Betrachtung der Vervielfältigung eines Werkstücks um den Vorgang des „Herunterladens". Diesem Vorgang sind denklogischer Weise bereits weitere ebenfalls urheberrechtlich relevante Vorgänge, wie das Einspeichern bestimmter Werke ins Netz und das Verfügbarmachen, vorgelagert[476]. Häufig werden die Vorlagen bereits in der Absicht erstellt, sie später ohne Einwilligung des Berechtigten den Nutzern einer Online-Tauschbörse anzubieten. Die Zugänglichmachung erfolgt daher oftmals ohne Einwilligung der Rechteinhaber. Die Rechtswidrigkeit solcher Vorlagen dürfte auch den Nutzern von Tauschbörsen nicht verschlossen bleiben. Zum einen waren alle diese Downloads u.a. bei Napster[477], Gnutella oder eMule kostenlos und zum anderen nur möglich, wenn man zeitgleich mit dem Download eigene Musikdateien zum Upload bereitstellte[478]. Alleine dieser Prozess konnte bei den Nutzern, die durch das eigene Bereitstellen von Musik selbst Teil des Systems waren, keine Zweifel über die Funktionsweise und die damit verbundene Rechtswidrigkeit der angebotenen Vorlagen bestehen lassen.

Die Stimmen, die allerdings keine rechtmäßige Vorlage für erforderlich hielten, sondern eine rechtswidrige genügen lassen wollten, sahen sich durch den Wortlaut des § 53 UrhG bestätigt, der keine legal entstandene Kopiervorlage voraussetzte[479].

Dem wurde jedoch entgegengehalten, dass § 53 UrhG als Ausnahmetatbestand eng auszulegen sei[480]. Der gefundene Ausgleich der widerstreitenden Interessen dürfe nicht durch eine extensive Auslegung gefährdet werden. Eine Auslegung, die rechtswidrige Vorlagen erfasse, würde zudem der Verpflichtung aus Art. 9 Abs. 2 RBÜ zuwiderlaufen, da die erlaubnisfreien Vervielfältigungen

476 Ausführlich hierzu: Berger, ZUM 2004, 257 (258 f.).

477 Mittlerweile ist Napster nicht mehr kostenlos. Es ist möglich nach einer vorherigen Registrierung einzelne Musikstücke für einen Preis ab 0,79 €/Song herunterzuladen oder aber sich eine Napster Music-Flatrate (9,95 €/Monat) oder eine Music-Flatrate Napster To Go (14,95 €/Monat) zu kaufen.

478 Ausführliche Besprechung der genauen Vorgänge bei Napster und Gnutella bei: Kreutzer, GRUR 2001, 193 (194 f.); eine Übersicht auch bei Braun, GRUR 2001, 1106 (1106).

479 Mönkemöller, GRUR 2000, 663 (667 f.); Spindler, JZ 2002, 60 (61 f.).

480 Braun, GRUR 2001, 1106 (1108); Loewenheim, in: Festschrift f. Dietz 2001, 415 (419).

weder die normale Auswertung des Werkes noch die berechtigten Interessen des Urhebers unzumutbar beeinträchtigen dürften[481]. Denn gerade bei einer rechtswidrigen Kopiervorlage könne nicht mehr von einer normalen Verwertung des Werkes gesprochen werden, so die Befürworter der Ansicht, die eine rechtmäßige Vorlage forderten[482]. Des Weiteren stützten sich die Vertreter dieser Ansicht auf § 96 UrhG. Dieser lasse klar erkennen, dass rechtswidrig hergestellte Werkstücke nicht Gegenstand weiterer Nutzungshandlungen sein sollten[483].

Gegen dieses Argument wurde jedoch vorgebracht, dass § 96 Abs. 1 UrhG[484] nur die Verbreitung und die öffentliche Widergabe ausdrücklich untersage und nicht von Vervielfältigungen spreche[485]. Auch in § 96 Abs. 2 UrhG[486] wurde kein Verbot für Kopiervorlagen formuliert[487]. Des Weiteren war man der Ansicht, dass zu einem freien Zugang zu Informationen auch die Möglichkeit gehöre, Vervielfältigungen von rechtswidrigen Vorlagen herzustellen. Zudem befürwortete man keineswegs eine Kriminalisierung gutgläubiger Nutzer, die zwangsläufig bereits aus Gründen der schlechten Erkennbarkeit der Rechtswidrigkeit solche Vorlagen verwenden würden[488].

Auch Sinn und Zweck der Schrankenregelungen sprächen dafür, dass rechtswidrige Vorlagen erfasst würden. Denn das Urheberrecht gewährleiste keinen umfassenden Schutz, sondern unterliege im Interesse der Allgemeinheit einer Sozialbindung. So argumentierten Vertreter dieser Ansicht, dass der Umstand zu einer ersatzlosen Aufhebung des sonst ausschließlichen Nutzungsrechtes des geistigen Eigentümers führen könnte[489]. Resultat hieraus wäre die erlaubnisfreie Nutzung des Werkes ohne eine Einwilligung der Rechteinhaber[490]. Diese erlaubnisfreie Benutzung hätte allerdings nicht zwangsläufig auch vergütungsfrei zu erfolgen. Denn gem. §§ 54 ff. UrhG sah für bestimmte Fälle ein Vergütungssystem vor. Wurde die gesetzlich eingeforderte Vergütung durch Kauf eines Kopiergerätes oder Kopiermediums gezahlt, würde nach dieser Mei-

---

481 Der Vorschlag der Übernahme dieser Vorschrift als Drei-Stufen-Test in die Richtlinie 2001/29/EG stand zu dieser Zeit bereits im Raum.

482 Braun, GRUR 2001, 1106 (1108); Leupold/Demisch, ZUM 2000, 379 (384 f.); Loewenheim, in: Festschrift f. Dietz 2001, 415 (419).

483 Braun, GRUR 2001, 1106 (1107).

484 § 96 Abs. 1 UrhG: Rechtswidrig hergestellte Vervielfältigungsstücke dürfen weder verbreitet noch zu öffentlichen Wiedergaben benutzt werden.

485 Schack, in: Festschrift f. Erdmann 2002, 165 (169).

486 § 96 Abs. 2 UrhG: Rechtswidrig veranstaltete Funksendungen dürfen nicht auf Bild- oder Tonträger aufgenommen oder öffentlich wiedergegeben werden.

487 Schack, in: Festschrift f. Erdmann 2002, 165 (169).

488 Kreutzer, GRUR 2001, 193 (200).

489 Mönkemöller, GRUR 2000, 663 (668).

490 Melichar, in: Schicker, UrhG, Vor §§ 44a ff. Rn. 6.

nung (zusätzlich) eine „gesetzliche Lizenz“ zwischen Benutzer und geistigem Eigentümer, also ein abgeleitetes Recht kraft Gesetz entstehen. Wurde die Vergütung nicht gezahlt, so bliebe es trotzdem bei der erlaubten, vergütungs- und damit lizenzfreien Nutzung des fremden geistigen Eigentums. Damit sollte der Anknüpfungspunkt für die erlaubnisfreie Benutzung nicht die Ableitung des Nutzungsrechtes vom geistigen Eigentum sein, sondern das erlaubnisfreie Nutzungsrecht würde vielmehr originär durch den vom Gesetzgeber privilegierten Zweck des „privaten Gebrauchs“ entstehen. An dieser Feststellung würde sich auch nichts ändern, wenn ein Dritter das Werkexemplar zur Verfügung gestellt hätte. Deshalb komme es nicht darauf an, ob eine legale Kopiervorlage verwendet werde[491].

Dieser Auffassung wurde entgegengehalten, dass allein entscheidend sei, unter welchen Voraussetzungen § 53 UrhG Vervielfältigungen gestatte und nicht, ob rein begrifflich eine Nutzungsberechtigung zwischen Urheberberechtigtem und Kopierendem konstruiert werden könne oder nicht[492]. § 53 UrhG sei zwar an den privaten Gebrauch geknüpft, allerdings würde dieser Gebrauch allein nicht ausreichen, um den Privilegierungstatbestand des § 53 UrhG anwenden zu können. Die Frage nach weiteren Voraussetzungen, wie dem einer rechtmäßigen Kopiervorlage, könne durch die obige Argumentation jedoch gerade nicht beantwortet werden[493].

Von der Meinung, die bereits eine rechtswidrige Kopiervorlage genügen lassen wollte, wurde darüber hinaus angeführt, dass für nicht kontrollierbare Vervielfältigungen oder Vervielfältigungen von rechtswidrigen Vorlagen eine pauschale Vergütung bei gleichzeitiger Kopierfreiheit durch das Pauschalvergütungssystem nach §§ 54 ff. UrhG vorgesehen sei und sich aufgrund dieser Tatsache keine Ungerechtigkeiten für die Urheber ergeben würden[494]. Die Urheber und Leistungsschutzberechtigten einschließlich der Tonträgerhersteller sollten vielmehr mit der Vergütung dieser Kopien zufrieden sein und nicht anfangen, die Vervielfältigungen ihrerseits für rechtswidrig zu erklären und sie so dem Anwendungsbereich der §§ 53, 54 UrhG zu entziehen[495]. Hiergegen sprach allerdings, dass durch die private Vervielfältigung so eine ursprünglich rechtswidrige Handlung perpetuiert und zudem noch gesteigert worden wäre[496]. Dies durch eine gesetzliche Lizenz zusätzlich zu fördern, könne nicht Sinn einer Schrankenregelung sein. Dieses Argument sollte auf sämtliche Angebote illega-

491 Mönkemöller, GRUR 2000, 663 (668).
492 Loewenheim, in: Festschrift f. Dietz 2001, 415 (421).
493 Loewenheim, in: Festschrift f. Dietz 2001, 415 (421).
494 Schack, in: Festschrift f. Erdmann 2002, 165 (172).
495 Schack, in: Festschrift f. Erdmann 2002, 165 (172).
496 Braun, GRUR 2001, 1006 (1108).

ler Leistungen übertragen werden: Wenn die Rechteinhaber schon einseitig im Interesse der Allgemeinheit Einschränkungen ihrer Ausschließlichkeitsrechte hinnehmen müssten, dann könne im Gegenzug – neben einer angemessenen Vergütung – verlangt werden, dass zumindest legale Quellen für die gesetzlich zugelassenen Nutzungshandlungen verwendet werden würden[497].

Die aufgezeigten Argumente lassen erkennen, wie verworren dieser Streit um die Frage nach dem Erfordernis einer rechtmäßigen oder rechtswidrigen Vorlage geführt worden ist. Die besseren Argumente sprachen allerdings, alleine schon aus Gründen des Sinns und Zwecks der Schrankenregelungen, wie auch das zuletzt aufgezeigte Argument verdeutlicht, für die Annahme einer rechtmäßigen Vorlage.

Einer Streitentscheidung bedarf es heute nicht mehr, da nach den Änderungen des Urheberrechtsgesetzes durch den „Ersten Korb" nun ausdrücklich nur noch Vervielfältigungen zulässig sind, soweit nicht zur Vervielfältigung eine offensichtlich rechtswidrige Vorlage verwendet wird.

B. Änderungen durch den „Ersten Korb"

Die wohl umstrittensten Regelungen, die im „Ersten Korb" aufgrund der Richtlinie 2001/29/EG umgesetzt wurden und damit nicht nur die Medienwirtschaft, sondern auch die privaten Nutzer berührten, waren diejenigen zur Privatkopie.

Aus zeitlichen Gründen wurden im „Ersten Korb" nur die zwingenden Vorschriften der Richtlinie in nationales Recht umgesetzt[498].

I. Überblick über Normen neben der Privatkopieschranke

1. Einführung des § 19a UrhG

Einen ersten Schritt hin zu einem effektiveren Schutz der Persönlichkeitsrechte der Urheber stellt die Einführung des Rechts der öffentlichen Zugänglichmachung, geregelt in § 19a UrhG, als eigenständiges Verwertungsrecht dar[499]. § 19a UrhG ist eine der Kernbestimmungen des „Internetrechts"[500]

Nach dem Wortlaut der Vorschrift schützt sie das Recht, „das Werk drahtgebunden oder drahtlos der Öffentlichkeit in der Weise zugänglich zu machen,

---

497 Braun, GRUR 2001, 1106 (1108).

498 Vgl. zur Entwicklung im Zuge des „Ersten Korbs" Teil 2 Punkt J, S. 62 ff.

499 Lauber/Schwipps, GRUR 2004, 293 (294).

500 Vigener, ZUM 2005, 702 (704).

dass es Mitgliedern der Öffentlichkeit von Orten und zu Zeiten ihrer Wahl zugänglich ist“[501]. Nach § 15 Abs. 2 Nr. 2 UrhG ist das Recht der öffentlichen Zugänglichmachung nun ein ausdrücklich benannter Fall der öffentlichen Wiedergabe. Damit wird das Ausschließlichkeitsrecht des Urhebers um die digitale Verwertungsform rechtstechnisch erweitert[502]. Die Zurverfügungstellung von Werken, insbesondere im Internet, unterfällt danach dem Ausschließlichkeitsrecht des Werkschöpfers. In Lehre und Praxis war dies auch im bisher geltenden Recht kein Streitpunkt, womit der Vorschrift ein rein deklaratorischer Charakter zukommt[503].

2. Das Vervielfältigungsrecht gem. § 16 UrhG

Mit der Änderung des § 16 Abs. 1 UrhG[504] wird die Definition des Vervielfältigungsbegriffs nach Maßgabe des Art. 2 der Richtlinie 2001/29/EG ausgeweitet[505]. Somit fallen nun auch vorübergehende Vervielfältigungen unter § 16 Abs. 1 UrhG, die aufgrund der technischen Gegebenheiten digitaler Werke notwendige Voraussetzung für die Benutzung eines Werkes sind, wie z.B. die beim Öffnen einer Textdatei in dem Arbeitsspeicher entstehende Vervielfältigung. Demnach wird klargestellt, dass ebenfalls vorübergehende Vervielfältigungen dem Vervielfältigungsrecht des Urhebers unterfallen. Für Computerprogramme galt diese Regelung aufgrund des speziellen § 69c Abs. 1 Nr. 1 UrhG bereits bisher.

II. Die Zulässigkeit der Privatkopie gem. § 53 Abs. 1 UrhG

Nach § 53 Abs. 1 S. 1 UrhG ist die Herstellung einzelner Vervielfältigungen eines Werkes durch eine natürliche Person zum privaten Gebrauch auf beliebige Tonträger, sofern sie weder unmittelbar noch mittelbar Erwerbszwecken dienen, soweit nicht zur Vervielfältigung eine offensichtlich rechtswidrig hergestellte Vorlage verwendet wird, zulässig. § 53 Abs. 1 S. 2 UrhG erlaubt, dass der zur Vervielfältigung Befugte die Vervielfältigungen auch durch einen anderen herstellen lassen darf, sofern dies unentgeltlich geschieht oder es sich um Verviel-

501 Schippan, ZUM 2003, 378 (379).

502 Lauber/Schwipps, GRUR 2004, 293 (294); Stickelbrock, GRUR 2004, 736 (736); v. Olenhusen, ZRP 2003, 232 (234).

503 Bullinger, in: Wandtke/Bullinger, UrhG, § 19a Rn. 2; Lauber/Schwipps, GRUR 2004, 293 (294).

504 Eingefügt wurde die Wörter „ob vorübergehend oder dauerhaft“.

505 BT-Drucks. 15/38, S. 17.

fältigungen auf Papier oder auf einem ähnlichen Träger mittels beliebiger photomechanischer Verfahren oder anderer Verfahren mit ähnlicher Wirkung handelt. Vielen Änderungen in § 53 Abs. 1 UrhG kommt keine inhaltliche, sondern eher eine klarstellende Bedeutung zu[506].

1. Privater Gebrauch

Weiterhin zulässig bleibt die Vervielfältigung nur zum privaten Gebrauch. Unter privatem Gebrauch ist nach der Rechtsprechung der Gebrauch in der Privatsphäre zur Befriedigung rein persönlicher eigener Bedürfnisse und solcher des Familien- und engsten Freundeskreises zu verstehen[507]. Neu ist, dass die Privilegierung nur für „natürliche Personen" gilt und dass mit der Vervielfältigung kein kommerzieller Zweck verfolgt werden darf. Diese Ergänzungen entsprechen allerdings bisherigem Recht, sie sind der Privatkopieschranke an sich schon immanent[508].

2. Beliebige Tonträger

Die Einführung des Wortlauts „auf beliebige Tonträger", zurückzuführen auf Art. 5 Abs. 2b) der Richtlinie 2001/29/EG, bringt keine inhaltlichen Änderungen mit sich. Da der Wortlaut nicht nach der Art der Vervielfältigung unterschied, waren ebenfalls nach altem Recht gem. § 53 Abs. 1 UrhG digitale wie auch analoge Vervielfältigungen gestattet. Durch die Richtlinie wurde dem nationalen Gesetzgeber keine zwingende Unterscheidung zwischen analoger und digitaler Vervielfältigung aufgetragen, lediglich Erwägungsgrund (38) der Richtlinie eröffnete die Möglichkeit zur differenzierten Betrachtung.

Somit ändert sich praktisch gesehen nichts, allerdings ist die Einführung der Worte „auf beliebige Tonträger" dennoch richtungsweisend und damit nicht uninteressant. Der Gesetzgeber hat sich mit dieser Aussage für die Gleichstellung der digitalen mit der analogen Kopie ausgesprochen, obwohl durch die technischen Möglichkeiten und Gegebenheiten die digitale Kopie auch völlig differenziert hätte geregelt werden können[509].

---

506 Mayer, CR 2003, 274 (276); Stickelbrock, GRUR 2004, 736 (737).

507 Loewenheim, in: Schricker, UrhG, § 53 Rn. 12; Nordemann, in: Fromm/Nordemann, UrhG, § 53 Rn. 9; Stickelbrock, GRUR 2004, 736 (737).

508 Loewenheim, in: Handbuch des Urheberrechts (2003), § 31 Rn 21; Schippan, ZUM 2003, 378 (383); Stickelbrock, GRUR 2004, 736 (737).

509 Stickelbrock, GRUR 2004, 736 (737).

3. Einzelne Vervielfältigungen

Des Weiteren lässt § 53 Abs. 1 UrhG wiederum nur „einzelne" Vervielfältigungen zu. Der BGH hat dieses Merkmal in einer Entscheidung aus dem Jahre 1978[510] dahingehend präzisiert, dass dann nicht mehr von „einzelnen" Vervielfältigungen gesprochen werden könne, wenn mehr als sieben Kopien gemacht würden[511]. Bis zu 7 Kopien mögen zwar bei einer analogen Vervielfältigung angemessen erscheinen, allerdings ist fraglich, ob diese Anzahl auch bei digitalen Kopien gerechtfertigt ist. Aufgrund der höheren Qualität und Haltbarkeit der digitalen Kopien sind diese nicht mehr mit analogen zu vergleichen. Sie sind vielmehr das perfekte Abbild des Originals. Deshalb wäre es durchaus gerechtfertigt, einen anderen Maßstab hinsichtlich der Anzahl für digitale Kopien heranzuziehen. Der Gesetzgeber hat dennoch auch im „Zweiten Korb" von einer entsprechenden Regelung abgesehen[512].

4. Herstellen durch einen anderen

Das Merkmal des Herstellens durch einen anderen war im Gesetzgebungsverfahren sehr umstritten, da der Bundesrat es gänzlich streichen lassen wollte[513]. Ursprünglich sollte diese Regelung diejenigen unterstützen, die sich kein teures Kopiergerät leisten konnten, sondern auf Copyshops oder Bibliotheken angewiesen waren. Der Bundesrat war angesichts der Tatsachen, dass heutzutage CD-Brenner für jedermann erschwinglich sind, der Meinung, man müsse diese Privilegierung aus § 53 Abs. 1 S. 2 UrhG streichen. Im Vermittlungsausschuss fand dieses Verlangen allerdings kein Gehör und wurde abgelehnt[514]. Das Herstellen durch Dritte ist daher weiterhin, sofern dieses unentgeltlich geschieht oder die Vervielfältigung auf Papier oder einem ähnlichen Träger mittels beliebiger photomechanischer Verfahren oder anderer Verfahren hergestellt wird, zulässig. Da es sich bei digitalen Vervielfältigungen nicht um Vervielfältigungen „auf einem ähnlichen Träger" handelt[515], ist die Herstellung digitaler Vervielfältigungen nur möglich, soweit sie unentgeltlich erfolgt[516].

---

510 BGH GRUR 1978, 474.

511 Vgl. hierzu die Ausführungen in Teil 2 unter Punkt F, S. 37 ff.

512 Vgl. hierzu Teil 4 Punkt A und B, S. 139 ff.

513 Vgl. hierzu die Ausführungen in Teil 2 unter Punkt J II, S. 65 ff.

514 BT.-Drucks. 15/1353.

515 OLG München MMR 2007, 525 (528); BGH GRUR 2008, 245 (246); a.A. Grassmann, ZUM 2007, 641.

516 Vgl. hierzu Dreyer, in: Dreyer/Kotthoff/Mechel, UrhR, § 53 Rn. 35; Loewenheim, in: Handbuch des Urheberrechts (2003), § 31 Rn. 23.

5. Offensichtlich rechtswidrig hergestellte Vorlage

Das im letzten Moment durch den Vermittlungsausschuss eingebrachte Erfordernis der „offensichtlich rechtswidrig hergestellten Vorlage“[517] ist neu in § 53 Abs. 1 UrhG. Der erzielte Kompromiss bestand darin, dass nicht mehr von jeder illegalen Vorlage eine Privatkopie erstellt werden konnte, sondern nur von einer nicht „offensichtlich“ illegalen Vorlage. Das Merkmal der „offensichtlich rechtswidrig hergestellten Vorlage“ war durch die Richtlinie 2001/29/EG nicht vorgesehen, dennoch war es dem deutschen Gesetzgeber möglich, eine Einschränkung der Schrankenbestimmung des § 53 Abs. 1 UrhG auf diese Weise vorzusehen, da die Richtlinie gerade nur die Mindestanforderungen einer Beschränkung der Urheberrechte vorschreibt[518].

Fraglich ist allerdings, ob unter den Begriff der Vorlage lediglich Verkörperungen eines Werkes oder auch unkörperliche Vorlagen fallen. Für letzteres spricht vor allem, dass damit auch die unkörperliche öffentliche Wiedergabe eines Werkes gem. § 15 Abs. 2 UrhG, z.B. durch Sendung (§ 20 UrhG) oder aber durch die öffentliche Zugänglichmachung (§ 19a UrhG) in Filesharing-Systemen, im Internet eine Vorlage im Sinne des § 53 Abs. 1 UrhG sein kann, soweit sie zur Herstellung von Privatkopien tatsächlich auch genutzt wird[519]. Gegen diese Urheberrechtsverletzungen beim Filesharing in Online-Tauschbörsen wollte der Gesetzgeber bei Umsetzung des „Ersten Korbs“ und mit Schaffung des Erfordernisses einer offensichtlich rechtswidrig hergestellten Vorlage gerade einschränken.

Einigkeit besteht darüber, dass eine Vorlage nicht zwangsläufig mit dem Original gleichgesetzt werden muss[520]. Der Begriff der „Herstellung“ bezeichnet dabei entweder die erstmalige körperliche Fixierung des Werkes oder eine körperliche Vervielfältigung desselben[521]. Vor der Reform sprach vieles dagegen[522], dass von rechtswidrig hergestellten Vorlagen rechtmäßige Kopien hergestellt werden konnten. Auch wenn es bislang nicht ausdrücklich in § 53 Abs. 1 UrhG geregelt war, ließ sich aus dem Rechtsgedanken zu § 96 UrhG entnehmen, dass rechtswidrig hergestellte Werkstücke nicht Gegenstand weiterer Nutzungshandlungen sein sollten[523]. Zur Begründung wurde auch der allgemeine Grundsatz

517 BT.-Drucks. 15/1353.

518 Lüft, in: Wandtke/Bullinger, § 53, Rn. 4 f.

519 Jani, ZUM 2003, 842 (846 f.).

520 Umkehrschluss aus BT.-Drucks. 16/1828 und BT.-Drucks. 16/5936.

521 Reinbacher, Die Strafbarkeit der Vervielfältigung urheberrechtlich geschützter Werke zum privaten Gebrauch nach dem Urheberrechtsgesetz, S. 214.

522 Vgl. hierzu die Ausführungen in Teil 3 Punkt A II 2, S. 85 ff.

523 Leupold/Demisch, ZUM 2000, 379 (383 f.); Braun, GRUR 2001, 1106 (1107); Loewenheim, in: Festschrift f. Dietz 2001, 415 (419 f.); Decker, in: Möhring/Nicolini,

der engen Auslegung der Schrankenbestimmungen angeführt und darauf verwiesen, dass anderenfalls ein rechtswidriger Zustand noch perpetuiert werde[524]. Die Vervielfältigung von rechtmäßig hergestellten Werkstücken war ebenfalls vor der Reform nach herrschender Meinung zulässig.

Weitgehend unklar blieb nach der Reform allerdings, wann nach der Vorstellung des Gesetzgebers die Rechtswidrigkeit einer hergestellten Vorlage offensichtlich ist. In der Gesetzesbegründung lassen sich hierüber keine Hinweise finden[525].

Unstrittig ist jedenfalls, dass eine Kopiervorlage rechtswidrig ist, soweit der Hersteller kein Nutzungsrecht für die Vervielfältigung eingeholt hat und sich auch nicht auf die Schrankenbestimmungen der §§ 44a ff. UrhG berufen kann[526]. Originalwerke sind ohne Zweifel rechtmäßig hergestellt. Daraus folgt, dass von Originalen Privatkopien hergestellt werden können. Aber auch rechtmäßig hergestellte Privatkopien können wiederum als Vorlage für weitere Vervielfältigungen dienen, denn diese Vorlagen fallen unter die Privilegierung des § 53 Abs. 1 S. 1 UrhG und sind demnach rechtmäßig hergestellt[527].

Die Beurteilung der Rechtswidrigkeit im Online-Bereich gestaltet sich jedoch schwieriger. Hier muss zwischen dem Vorgang des Herstellens einer angebotenen Datei, z.B. in einer Tauschbörse, und dem Vorgang des Zugänglichmachens, also des Anbietens selbst, unterschieden werden. Nach dem Gesetzeswortlaut des § 53 Abs. 1 S. 1 UrhG in der Fassung des „Ersten Korbs" dürfen keine rechtswidrig hergestellten Vorlagen für die Erstellung einer Vervielfältigung verwendet werden. Auch das Anbieten, der sog. Upload, selbst stellt einen Verstoß gegen das ausschließliche Recht des Urhebers, sein Werk öffentlich zugänglich zu machen, gem. §§ 15 Abs. 2, 19a UrhG dar und ist daher als strafbare öffentliche Wiedergabe nach § 106 UrhG zu qualifizieren. Allerdings hat ein Verstoß gegen die §§ 15 Abs. 2, 19a UrhG nicht zwangsläufig zur Folge, dass die entsprechende Datei auch rechtswidrig hergestellt wurde, denn hierfür ist alleine der Herstellungsvorgang entscheidend. Soweit dieser rechtmäßig war, bleibt er dies auch für den Fall, dass gegebenenfalls gegen das Ausschließlichkeitsrecht der öffentlichen Zugänglichmachung des Urhebers beim Upload verstoßen worden ist. Rechtmäßig ist der Herstellungsvorgang immer dann, wenn die Kopie keinem Erwerbszweck dient, sie ausschließlich zum privaten Ge-

---

UrhG, § 53 Rn. 9; Flechsig, ZUM 2003, 795 (796); a.A. Mönkemöller, GRUR 2000, 663 (667f.); Kreutzer, GRUR 2001, 193 (200); Schack, in: Festschrift f. Erdmann 2002, 165 (165 ff.)

524 Berger, ZUM 2004, 257 (259).

525 Klett, K&R 2004, 257 (258); Lauber/Schwipps, GRUR 2004, 293 (298).

526 Berger, ZUM 2004, 257 (259).

527 Reinbacher, GRUR 2008, 394 (396).

brauch verwendet wird und es sich um einzelne Vervielfältigungen handelt. Dies ist beispielsweise der Fall, wenn eine rechtmäßig erworbene CD auf einen PC kopiert wird, um sie anzuhören, oder wenn diese CD als Vorlage für eine zum privaten Gebrauch kopierte CD dient. Folglich handelt es sich um eine rechtswidrig hergestellte Kopie, wenn kein gesetzlich zugelassener Fall vorliegt[528]. Im Online-Bereich konnte daher das Herunterladen, der sog. Download, z.B. eines Musiktitels aus einer Tauschbörse, noch durch die Privilegierung der Privatkopieschranke gedeckt sein. Es ist nicht ohne weiteres erkennbar, ob die vom Anbieter bereitgestellte Vorlage rechtswidrig hergestellt wurde oder nicht[529].

Das Merkmal der Offensichtlichkeit erschließt sich aus diesen Überlegungen jedoch nicht. So ist zum einen zu klären, was unter dem Begriff der Offensichtlichkeit zu verstehen ist. Zum anderen ist fraglich, ob für die rechtliche Beurteilung der dem Nutzer bekannten Tatsachen ein objektiver allgemeingültiger, ein objektiver gruppenbezogener oder ein rein subjektiver Maßstab anzusetzen ist.

a) Begriffsklärung „Offensichtlichkeit"

Der Terminus „Offensichtlichkeit" findet sich auch in anderen Vorschriften, wie z.B. in den § 101a Abs. 3 UrhG[530], § 11 Nr. 1 TDG[531] oder § 6 Nr. 3 GjS[532] wieder. Eine offensichtliche Rechtsverletzung nach § 101a Abs. 3 UrhG liegt in Fällen vor, in denen die Rechtsverletzung so eindeutig ist, dass eine Fehlentscheidung oder eine andere Beurteilung im Rahmen des richterlichen Ermessens nicht möglich ist[533]. Der Begriff der Offensichtlichkeit in § 6 Nr. 3 GjS besagt, dass nicht Grenzfälle, sondern nur jedem unbefangenen Beobachter erkennbare Fälle erfasst werden sollen[534]. Welcher dieser Vorschriften der Vorzug bei der Klä-

528 Reinbacher, GRUR 2008, 394 (396).

529 Gercke, ZUM 2006, 593 (596).

530 § 101a Abs. 3 UrhG: „In Fällen offensichtlicher Rechtsverletzung kann die Verpflichtung zur Erteilung der Auskunft im Wege der einstweiligen Verfügung nach den Vorschriften der Zivilprozessordnung angeordnet werden".

531 § 11 Nr. 1 TDG (Teledienstegesetz): „Diensteanbieter sind für fremde Informationen, die sie für einen Nutzer speichern, nicht verantwortlich, sofern 1.sie keine Kenntnis von der rechtswidrigen Handlung oder Information haben und ihnen im Falle von Schadensersatzansprüchen auch keine Tatsachen oder Umstände bekannt sind, aus denen die rechtswidrige Handlung oder die Information offensichtlich wird".

532 § 6 Nr. 3 GjS (Gesetz über die Verbreitung jugendgefährdender Schriften und Medieninhalte): „Den Beschränkungen der §§ 3 und 5 unterliegen, (...) 3. sonstige Schriften, die offensichtlich geeignet sind, Kinder und Jugendliche sittlich schwer zu gefährden".

533 BT-Drucks. 11/4792; KG Berlin GRUR 1997, 129 (130); Dreier, in: Dreier/Schulze, UrhG, § 101a Rn. 14.

534 BVerfGE 11, 234 (238); BVerfGE 77, 346 (358).

rung der Begrifflichkeit einzuräumen sein sollte, kann offenbleiben, da der Gesetzgeber und die Rechtsprechung im Ergebnis immer die Vorschrift nach ihrem jeweiligen Wortsinn auslegen[535].

Bezogen auf den § 53 Abs. 1 UrhG hat dies zur Folge, dass eine Vorlage dann offensichtlich rechtswidrig ist, wenn kein vernünftiger Restzweifel an der Rechtswidrigkeit besteht, die Rechtswidrigkeit der Handlung oder Information also unabdingbar anhaftet. Der Mangel muss so leicht erkennbar sein, dass überhaupt keine Zweifel mehr bestehen.

b) Anzusetzender Maßstab

Bei einem objektiven Maßstab werden für alle Verletzer in gleicher Weise geltende Kriterien angewendet, wohingegen bei einem subjektiven Maßstab zudem Fähigkeiten und Kenntnisse jedes Einzelnen berücksichtig werden müssen. Bei einem gruppenbezogenen Maßstab müssen dagegen wiederum Kenntnisse und Fähigkeiten der gesamten Gruppe berücksichtig werden.

Ein subjektiver Maßstab würde demnach immer voraussetzen, dass bei jedem Verstoß der Einzelfall genauestens auf das Wissen des jeweiligen Verletzers hin betrachtet und erst dann entschieden werden kann. Dieses Vorgehen wäre viel zu zeitaufwendig und damit in der Praxis nicht praktikabel.

Die Anwendung eines gruppenbezogenen Merkmals würde zwar ermöglichen, den einzelnen Nutzerkreisen verschiedene Kenntnisstände zurechnen zu können, dennoch sprechen im Ergebnis die besseren Argumente für die Verwendung eines objektiv allgemeingültigen Kriteriums. Vorliegend geht es im Kern um die Feststellung des Umfangs eines absoluten Rechts, nämlich des durch Schrankenregelungen begrenzten Urheberrechts[536]. Ein absolutes Recht wirkt gegenüber jedermann, also absolut und nicht nur relativ[537]. Es würde schon dem Charakter eines absoluten Rechts widersprechen, wenn seine Reichweite vom Kenntnisstand der maßgeblichen Personengruppe, welcher der jeweilige potenzielle Verletzer angehört, abhinge[538]. Zudem müsste auch bei der Anwendung eines gruppenbezogenen Merkmals wieder der persönliche Hintergrund des potenziellen Verletzers betrachtet werden. Alleine die Ermittlung, ob es sich bei der fraglichen Handlung des Nutzers (zumeist Internetnutzers), um eine durch § 53 Abs. 1 UrhG gedeckte Handlung handelt, dürfte die Urheber bereits vor unüberwindbare Probleme stellen.

535 Lauber/Schwipps, GRUR 2004, 293 (299).

536 Lauber/Schwipps, GRUR 2004, 293 (298).

537 Schack, BGB-AT, S. 46 f. Rn 155; Wagner, in: MüKo-BGB, § 823 Rn 142.

538 Lauber/Schwipps, GRUR 2004, 293 (298).

Damit stellt das objektiv allgemeingültige Kriterium den geeignetsten Maßstab für die Beurteilung der Nutzer dar[539]. Hiernach ist die klare Erkennbarkeit bei der Herstellung von Kopien von rechtswidrigen Vorlagen für den Nutzer maßgebend. Unterstützt wird die Anwendung eines objektiv allgemeingültigen Kriteriums des Weiteren auch vom Gesetzgeber und der Rechtsprechung, die das Merkmal der Offensichtlichkeit in den § 101a Abs. 3 UrhG, § 11 Nr. 1 TDG oder § 6 Nr. 3 GjS, wie gesehen[540], in objektiver Weise verstehen. Somit muss nicht nur der Begriff der Offensichtlichkeit objektiv bestimmt werden, sondern auch der Maßstab nach ihrer Erkennbarkeit. Deshalb sind diejenigen Fälle unter die Privilegierung des § 53 Abs. 1 UrhG zu fassen, in denen ein verständiger Durchschnittsnutzer keinerlei Zweifel an der Rechtmäßigkeit der Vorlage hat.

c) *Zwischenergebnis*

Der Begriff der Offensichtlichkeit in § 53 Abs. 1 UrhG bedeutet, dass eine offensichtlich rechtswidrig hergestellte Vorlage gegeben ist, wenn die Rechtswidrigkeit so aufdrängend und klar ist, dass keine Zweifel an ihr bestehen können. Für diese Betrachtung ist, nach obiger Erörterung, ein rein objektiver allgemeingültiger Maßstab anzuwenden.

6. Ausnahmen für bestimmte Vervielfältigungen

Nach § 53 Abs. 4 UrhG ist es nicht erlaubt, eine Vervielfältigung graphischer Aufzeichnungen von Musiknoten herzustellen. Ferner dürfen auch Bücher oder Zeitschriften nicht vervielfältigt werden, wenn es sich um eine im Wesentlichen vollständige Vervielfältigung handelt. Dies gilt allerdings nicht, soweit die Vervielfältigung durch Abschreiben erfolgt oder aber das Werk bereits seit zwei Jahren vergriffen ist. Ansonsten ist die Einwilligung des Berechtigten unverzichtbar, § 53 Abs. 4 UrhG. Eine im Wesentlichen vollständige Vervielfältigung liegt bei einer Kopie vor, die zwischen 75% und 90% des Originals enthält[541]. Zudem soll es auf die Bedeutung des kopierten Teils zum Gesamtwerk ankom-

539 Vgl. Hohagen, Vervielfältigungsfreiheit, S. 368; Jani, ZUM 2003, 842 (850); Nordemann/Dustmann, CR 2004, 380 (381); Reinbacher, Die Strafbarkeit der Vervielfältigung urheberrechtlich geschützter Werke zum privaten Gebrauch nach dem Urheberrechtsgesetz, S. 220; für eine objektive Beurteilung auch Czychowski, NJW 2003, 2409 (2411); Lauber/Schwipps, GRUR 2004, 293 (298); Loewenheim, in: Schricker, UrhG, § 53 Rn. 14c; ähnl. Freiwald, Die Private Vervielfältigung im digitalen Kontext am Beispiel des Filesharing, S. 150: verständige objektive Würdigung der Umstände des Einzelfalls.

540 Vgl. hierzu Teil 3 Punkt B II 5a, S. 95.

541 So Loewenheim, in: Schricker, UrhG, § 53 Rn. 49.

men. Bei Betrachtung des Sinns dieser Vorschrift, die Vermeidung der Umgehung des Kaufs eines Buches, erscheint bereits eine Grenze von 75% als angemessen[542].

III. Beurteilung der Neuregelung der Privatkopie in § 53 Abs. 1 UrhG anhand praktischer Überlegungen

Größtenteils kommt der Regelung der Privatkopieschranke durch die Änderung in Folge des „Ersten Korbs" lediglich klarstellende Bedeutung zu, so bei den Begriffen des privaten Gebrauchs, der Vervielfältigung, der einzelnen Vervielfältigungen und das Vervielfältigen durch Dritte. Auch die neu eingeführte Begrifflichkeit „auf beliebige Tonträger" hatte keine Auswirkung auf den Regelungsgehalt der Privatkopie. Das einzig neue, relevante und zugleich umstrittene Tatbestandsmerkmal ist das der „offensichtlich rechtswidrig hergestellten Vorlage"[543].

Interessant ist die tatsächliche Auswirkung des gesamten § 53 Abs. 1 UrhG unter besonderer Berücksichtigung des Kriteriums der offensichtlich rechtswidrig hergestellten Vorlage in der Praxis. Grundlegend zu unterscheiden sind dabei in § 53 Abs. 1 UrhG zum einen die analogen und zum anderen die digitalen Vervielfältigungen.

1. Vervielfältigung im analogen Bereich

Bei der Vervielfältigung im analogen Bereich ist zwischen der Vervielfältigung von einer rechtmäßigen und einer rechtswidrigen Vorlage zu unterscheiden.

Während die Vervielfältigung von einer rechtmäßigen Vorlage im analogen Bereich, wie auch vor der Reform des § 53 Abs. 1 UrhG, durch dessen Anwendungsbereich privilegiert und damit zulässig ist, ist die Vervielfältigung einer rechtswidrigen Vorlage im analogen Bereich nicht durch § 53 Abs. 1 UrhG gedeckt. Allerdings muss diese Vorlage nach Maßgabe des neu eingeführten Merkmals offensichtlich rechtswidrig hergestellt sein. Bei einer ersten Überlegung scheint klar, dass die Offensichtlichkeit der Rechtswidrigkeit einer Vorlage im analogen Bereich einfach zu erkennen sein müsste. Denn soweit beispielsweise eine CD ohne Originalaufschrift und Booklet als Vorlage dient, drängt sich förmlich deren Rechtswidrigkeit auf. Allerdings könnte diese CD jedoch ebenfalls eine rechtmäßig hergestellte Kopie von einer rechtmäßigen Vorlage, also eine zulässige Privatkopie sein. In einem solchen Fall wäre auch die Kopie

542 Vgl. Dreyer, in: Dreyer/Kotthoff/Meckel, UrhR, Rn 33.

543 Vgl. Teil 3 B II 5, S. 93 ff.

von einer solcher Vorlage (CD ohne Originalaufschrift und Booklet) rechtmäßig und durch § 53 Abs. 1 UrhG, privilegiert.

An diesem Beispiel wird deutlich, dass die Hinzufügung des Merkmals der Offensichtlichkeit durchaus auch im analogen Bereich problematisch sein kann. Es können damit Fälle in die Privilegierung des § 53 Abs. 1 UrhG hineingedrängt werden, die zuvor nicht von der Privatkopieschranke gedeckt waren. Vor der Reform nahm die wohl herrschende Meinung zwar ein ungeschriebenes Tatbestandsmerkmal der rechtswidrigen Herstellung der Kopiervorlage an[544], bei diesem kam es allerdings nicht auf die Erkennbarkeit der Rechtswidrigkeit, sondern vielmehr auf die tatsächlichen Gegebenheiten an.

Ausgehend vom obigen Beispiel einer CD, die ihrerseits nicht rechtmäßig hergestellt worden ist, wäre die Vervielfältigung dieser CD nach alter Rechtslage durch das hineinlesen des ungeschriebenen Tatbestandsmerkmals rechtswidrig gewesen und nach § 53 Abs. 1 a.F. UrhG unzulässig. Nach der Rechtslage nach dem „Ersten Korb“ ist die Kopie allerdings aufgrund der Zweifel, die an der rechtswidrigen Vorlage bestehen (evtl. zulässige Privatkopie, was der Nutzer nicht sicher weiß) zulässig und damit durch § 53 Abs. 1 UrhG privilegiert[545]. Für etwaige Zweifel spricht auch, dass in Deutschland längst nicht alle CDs mit Kopierschutzmaßnahmen versehen sind, deren Umgehung ansonsten die Rechtmäßigkeit der erstellten Kopie entfallen lassen würde. Dies gilt nicht für DVDs, denn diese sind nahezu ausnahmslos durch den Einsatz technischer Schutzmaßnahmen gegen das Anfertigen von Vervielfältigungsstücken geschützt[546]. Wenn Zweifel an der Rechtmäßigkeit der Vorlage bestehen, die aber für den Nutzer nicht offensichtlich sind, kann das neue Merkmal der Offensichtlichkeit zu einer Aushöhlung des Anwendungsbereichs der Privatkopieschranke führen.

2. Vervielfältigung im digitalen Bereich

Auch bei der Vervielfältigung im digitalen Bereich ist zwischen der Vervielfältigung einer rechtmäßigen und einer rechtswidrigen Vorlage zu unterscheiden.

a) Exkurs: Anwendbares Recht bei grenzüberschreitenden Sachverhalten

Im Zeitalter des Internets gewinnt die Verbreitung von urheberrechtlich geschütztem Material über die nationalen Grenzen hinaus immer mehr an Bedeu-

544 Siehe die Ausführungen in Teil 3 unter Punkt A II 2, S. 85 ff.

545 Hinsichtlich der Änderungen durch den „Zweiten Korb“ ergeben sich keine Unterschiede, da das Merkmal der offensichtlich rechtswidrig hergestellten Vorlage in § 53 Abs. 1 UrhG weiterhin bestehen blieb.

546 Vgl. hierzu Meschede, K&R 2008, 585 (587).

tung. Die Frage nach der Rechtmäßigkeit einer Vorlage betrifft im Online-Bereich nicht nur nationales, sondern auch internationales Recht. Denn das Internet hält sich nicht an die nationalen Grenzen einen Landes. Zudem ist gerade für das Urheberrecht als Teil des Immaterialgüterrechts in Abgrenzung zum Sachenrecht[547] besonders, dass ein im Ursprungsland erworbenes Urheberrecht nicht gleichermaßen in allen anderen Ländern der Erde Geltung hat[548]. Ein einheitliches europäisches oder internationales Urheberrecht gibt es (noch) nicht, die Europäische Gemeinschaft hat sich bisher darauf beschränkt, die nationalen Urheberrechte der Mitgliedstaaten mit Hilfe des Erlasses von Richtlinien zu harmonisieren[549].

Die Prüfung der Rechtswidrigkeit einer Vorlage setzt daher voraus, dass zuvor die Frage nach dem anwendbaren Recht geklärt ist. Konkret geht es dabei um die Frage, nach welchem Recht sich die Rechtmäßigkeit einer Herstellung sowie öffentlichen Zugänglichmachung einer Vorlage richtet, die sodann über das Internet verbreitet und durch einen Nutzer in Deutschland heruntergeladen und vervielfältigt wird.

Kollisionsrechtlich ist anerkannt, dass auf die Verletzung von Urheberrechten das Recht des Schutzlandes anzuwenden ist[550]. Alle das Immaterialgüterrecht betreffenden Fragen, also Schutzobjekt, Schutzvoraussetzung, Schutzrechtsinhaberschaft, Schutzinhalt, Schranken und Verletzungsfolgen, bestimmen sich nach dem Recht des Staates, für dessen Gebiet Schutz reklamiert wird[551]. Das Schutzland richtet sich daher nach dem Land, für dessen Gebiet der Schutz in Anspruch genommen wird, also in dem die Eingriffshandlung vorgenommen wird[552]. Zurückzuführen ist das Schutzlandprinzip auf das Territorialitätsprinzip[553]. Das Territorialitätsprinzip besagt völkerrechtlich betrachtet nichts ande-

---

547 Im Sachenrecht wird der Grundsatz wohlerworbener Rechte anerkannt. So wird das im Ausland erworbene Eigentum an einer Sache auch im Inland anerkannt. Seine Verletzung richtet sich nach den Regeln des Innlandes.

548 Buchner, GRUR Int. 2005, 1004 (1006); Peifer, ZUM 2006, 1 (2); Ullrich, GRUR Int. 1995, 623 (624)

549 Peifer, ZUM 2006, 1 (4).

550 Reber, ZUM 2005, 194 (194); Ungern-Sternberg, GRUR 2010, 273 (280).

551 Peifer, ZUM 2006, 1 (2).

552 BGH ZUM 2003, 225 (226); Reber, ZUM 2005, 194 (194); Ungern-Sternberg, GRUR 2010, 273 (280).

553 Buchner, GRUR Int. 2005, 1004 (1005); Peifer, ZUM 2006, 1 (2). Das Schutzlandprinzip und damit auch das Territorialitätsprinzip wurden durch Art. 8 der Rom II – Verordnung (Verordnung (EG) Nr. 864/2007 abgedr. Amtsblatt der Europäische Union L 199/40) des Europäischen Parlaments und Rates vom 11. Juli 2007 bestätigt. Damit wurde zugleich den Vertretern des Universalitätsprinzips eine deutliche Absage hinsichtlich dessen Anwendbarkeit erteilt. (Vertreter des Universalitätsprinzips befürworten,

res, als dass die Wirkung nationaler Rechte auf das jeweilige Staatsgebiet des jeweiligen Territoriums beschränkt ist[554]. Für das Urheberrecht hat dieses zur Folge, dass es kein einheitliches übergeordnetes Urheberrecht gibt, sondern vielmehr ein Bündel nationaler Gesetze[555].

Zur Veranschaulichung soll als Beispiel die gängige Funktionsweise einer Online-Tauschbörse dienen. Als erster Schritt steht hierbei das Einspeichern einer Musikdatei (die Herstellung einer Vorlage), dann folgt als zweiter Schritt das Verfügbarmachen über das Internet (die öffentliche Zugänglichmachung) und als letzter Schritt das Herunterladen (die Vervielfältigung ggf. zulässig nach § 53 Abs. 1 UrhG).

Zunächst ist das Einspeichern einer Musikdatei in einen Computer, also die Herstellung einer Vorlage, die beispielweise in Frankreich vorgenommen wird, zu untersuchen. Nach Maßgabe des Schutzlandprinzips ist folglich die betreffende Eingriffshandlung zu lokalisieren. Dies ist bei einer Einspeicherung einer Musikdatei in einen Computer innerhalb Frankreichs unproblematisch das Land Frankreich. In diesem Fall würde sich das Einspeichern somit nach französischem Recht richten.

Bei Betrachtung der öffentlichen Zugänglichmachung wird deutlich, dass es problematisch sein kann, eine Eingriffshandlung klar lokalisieren zu können. Bleibt man bei dem oben genannten Beispiel, jemand speichert eine Musikdatei in Frankreich in einen Computer ein und hält sie online zum Abruf bereit, ist fraglich, wie der Ort der Eingriffs- oder Verletzungshandlung bestimmt werden kann. Als Eingriffs – oder Verletzungsort könnte bereits der Ort angenommen werden, an dem das urheberrechtlich geschützte Werk ins Internet eingespeichert und zum Abruf bereitgehalten wird. Dies wäre der jeweilige Serverstandort. Gegen diese Annahme spricht jedoch die Tatsache, dass die Standorte der Server nach dem für die potenziellen Verletzter „günstigsten" oder mildesten Urheberrecht ausgewählt werden würden, was nicht im Interesse der Urheber sein kann. Eine andere Möglichkeit wäre, den Ort des Abrufs des geschützten Werkes als Ort der Verletzungshandlung zu lokalisieren. Diese Annahme würde jedoch dazu führen, dass letztlich durch die Allgegenwärtigkeit des Internets überall Eingriffsorte zu bejahen wären. Dies würde wiederum zu einem wenig sachgerechten nebeneinander der Rechtsordnungen führen[556]. Eine mögliche Rechtswahl des Verletzten oder eine Vereinbarung über das anwendbare Recht

---

dass dem im Ursprungland eines Werkes begründeter Urheberrechtsschutz weltweit Geltung zukommen solle. Vgl. hierzu, Schack, GRUR Int. 1985, 523 f.).

554 Peifer, ZUM 2006, 1 (2); Ullrich, GRUR Int. 1995, 623 (624).

555 BGH GRUR 1999, 152 (153); Peifer, ZUM 2006, 1 (1).

556 Dreier, in: Dreier/Schulze, UrhG, Vor §§ 120 ff. Rn 42. Auch die Rom II – Verordnung gibt auf dieses Problem keine Antwort.

wären darüber hinaus ebenfalls nicht zulässig[557]. Die Rechtsordnung, welche die Schutzwirkung des Immaterialgüterrechts bestimmt, ist vielmehr der Disposition der Parteien entzogen[558].

In solchen Fällen versucht deshalb die Literatur mit sachgerechten und wertenden Kriterien einen Eingriffsort einzugrenzen und damit zu lokalisieren. Als Maßstab soll das Kriterium der Spürbarkeit dienen[559]. Danach ist die Eingriffshandlung an dem Ort zu lokalisieren, an welchem sie gezielt auf diesen Staat ausgerichtet ist und dadurch die urheberrechtlichen Interessen in diesem Staat spürbar beeinträchtigt werden[560]. Diese Betrachtung kann nur ein sachgerechtes Ergebnis ergeben, wenn alle für den jeweiligen Einzelfall maßgeblichen Gesichtspunkte berücksichtigt und ausgewertet worden sind. Bei einem verantwortungsvollen Umgang mit der Auslegung des Kriteriums der Spürbarkeit, ist es allerdings, im Gegensatz zu den anderen aufgezeigten Lösungsansätzen, tatsächlich möglich, ein sachgerechtes Ergebnis herbeizuführen. Somit würde sich eine öffentliche Zugänglichmachung eines urheberrechtlich geschützten Werkes dann nach deutschem Urheberrecht richten, soweit es gezielt dafür zugänglich gemacht worden ist, um gerade in Deutschland abgerufen zu werden und keine anderen Erwägungen im Einzelfall dagegen sprechen.

Auf dieser Basis kann die Rechtmäßigkeit/Rechtswidrigkeit einer Vorlage im digitalen Bereich bei grenzüberschreitenden Sachverhalten festgestellt werden. Eine solche Vorlage ist zwangsläufig einer Vervielfältigungshandlung in Deutschlang vorgelagert und die Beurteilung ihrer Rechtmäßigkeit/Rechtwidrigkeit damit für die Zulässigkeit der Vervielfältigung von entscheidender Bedeutung.

b) Rechtmäßige Vorlage

Bei der Vervielfältigung einer rechtmäßigen Vorlage ergeben sich, soweit der Nutzer ein urheberrechtlich geschütztes Werk aus dem Internetangebot eines berechtigten Rechteinhabers abruft und sich dabei innerhalb der Grenzen des § 53 Abs. 1 UrhG bewegt, keine Unterschiede zur Nutzung im analogen Bereich.

---

557 BGH GRUR 1999, 152 (153).

558 BGH GRUR 1992, 697 (698); BGH GRUR 1999, 152 (153).

559 Buchner, GRUR Int. 2005, 1004 (1007); Dreier, in: Dreier/Schulze, UrhG, Vorb. §§ 120 ff. Rn. 42.

560 So auch Reber, ZUM 2005, 194 (202 f.).

c) *Rechtswidrige Vorlage*[561]

Bereits mehrfach angesprochen, ist bei der Betrachtung der Vervielfältigung im Online-Bereich zum einen zwischen dem Vorgang des Herstellens, der in der Tauschbörse beispielsweise angebotenen Musiktitels, dem Vorgang der öffentlichen Zugänglichmachung, also des Anbietens selbst, und dem Vorgang des Herunterladens durch den Nutzer zu differenzieren[562]. Die aus Tauschbörsen jeglicher Art abrufbaren Inhalte sind zumeist rechtswidrig. Dies folgt bereits aus dem System der Tauschbörsen selbst. Zum einen sind die Downloads kostenlos und zum anderen oftmals nur möglich, wenn der Nutzer selbst eigene Dateien bereitstellt, damit wiederum andere Nutzer auf diese zurückgreifen können. Jeder Nutzer, der selbst Teil der Tauschbörsensysteme ist, weiß um die Funktionsweise und kann daher schwerlich Zweifel an ihrer Rechtswidrigkeit haben.

Allerdings kann es durchaus möglich sein, dass jemand eine an sich rechtmäßig hergestellte Vorlage verwendet hat, die dann jedoch ohne Einwilligung des Urhebers öffentlich zugänglich gemacht wird[563]. Abgesehen von der Tatsache, dass in fast allen Fällen eine solche Einwilligung für die öffentliche Zugänglichmachung urheberrechtlich geschützter Werke in Online-Tauschbörsen durch den Urheber fehlen wird, kam es hierauf nach dem Gesetzeswortlaut[564] aber auch nicht an. § 53 Abs. 1 UrhG nahm vielmehr von der Privilegierung nur diejenigen Vervielfältigungen aus, die von offensichtlich rechtswidrig hergestellten Vorlagen angefertigt werden. Dass das Bereitstellen von Musikdateien zum Download in einer Tauschbörse von § 19a UrhG erfasst wird, ist unbestritten und auch, dass eben diese öffentliche Zugänglichmachung (Upload) fast ausschließlich ohne die Zustimmung der Rechteinhaber erfolgt.

Diese Problematik des Uploads war jedoch nicht von der Rechtslage nach Einführung des „Ersten Korbs“ erfasst, denn eine Privatkopie war nur bei Bestehen einer offensichtlich rechtswidrig hergestellten Vorlage von § 53 Abs. 1 UrhG ausgenommen. Demnach konnten Vorlagen, die gegen das

561 Es sei angemerkt, dass Werkexemplare, die unter Verstoß gegen das Umgehungsverbot des § 95a Abs. 1 UrhG hergestellt werden, auch rechtswidrige Vorlagen darstellen (Berger, ZUM 2004, 257 (260); Jani, ZUM 2003, 842 (848)). Der eigentliche Kopiervorgang ist hier zwar nach § 53 Abs. 1 S. 1 UrhG zulässig, allerdings nicht die dazu erforderliche Umgehung. Auf die verschiedenen Problemfelder im Rahmen der §§ 95a ff. UrhG wird unter Punkt V dieses Kapitels weiter eingegangen, S. 103 ff.

562 Ausführlich hierzu siehe Berger, ZUM 2004, 257 (258 f.).

563 Aus § 15 Abs. 2 UrhG ergibt sich das ausschließliche Recht des Urhebers, sein Werk in unkörperlicher Form öffentlich wiederzugeben. Präzisiert wird dieses Recht gem. § 19a UrhG dahingehend, dass allein der Urheber darüber befinden soll, ob und in welcher Weise sein Werk der Öffentlichkeit zugänglich gemacht werden darf.

564 Nach Umsetzung des „Ersten Korbs“.

Recht des Urhebers auf öffentliche Zugänglichmachung verstießen, vom Nutzer ohne weiteres heruntergeladen und vervielfältigt werden, ohne gegen § 53 Abs. 1 UrhG zu verstoßen.

Der Download einer Datei aus einer Tauschbörse kann allerdings gegen § 53 Abs. 1 UrhG verstoßen, wenn es sich bei der Datei um eine offensichtlich rechtswidrig hergestellte Vorlage handelt. Diese Beurteilung ist nicht immer ganz einfach. Mangels klarer Kriterien des Merkmals der Offensichtlichkeit bleibt dessen Erkennbarkeit vielfach für die Nutzer von Online-Tauschbörsen sehr schwierig. Es kann tatsächlich der Fall sein, dass die Vorlagen zunächst rechtmäßig hergestellt wurden und die anschließende öffentliche Zugänglichmachung aber dann in nahezu allen Fällen rechtswidrig erfolgte. Unter Berücksichtigung dieser Überlegung wird es schwer, in Fällen des Downloads aus Tauschbörsen die Unzulässigkeit der Privatkopie zu begründen. Damit ist festzuhalten, dass die Änderung der Privatkopieschranke in Hinblick auf die Einführung des Merkmals der „offensichtlich rechtswidrig hergestellten Vorlage" im digitalen Bereich wie auch im analogen Bereich erhebliche Schwächen zeigte.

d) Zwischenergebnis

Die digitale Privatkopie war damit nur möglich, wenn sie von einer rechtmäßig hergestellten Vorlage erstellt wurde. In Online-Tauschbörsen sind diese allerdings schwerlich zu finden. Das unkontrollierte Herunterladen von Musikdateien aus Online-Tauschbörsen ist durch diese Reform nicht untersagt worden. Das neu aufgenommene Merkmal der offensichtlich rechtswidrig hergestellten Vorlage in § 53 Abs. 1 UrhG hat zur Folge, dass im analogen Bereich im Gegensatz zur alten Rechtslage mehr Fälle in die Privilegierung der Privatkopieschranke fallen können.

IV. Zusammenfassung und abschließende Betrachtung der neugefassten Privatkopieschranke

Der neu gefasste § 53 Abs. 1 UrhG erfährt durch das Merkmal der „offensichtlich rechtswidrig hergestellten Vorlage" die größten Änderungen. Den weiteren neu eingebrachten Merkmalen kommt lediglich klarstellende Bedeutung zu. Das Merkmal der „offensichtlich rechtswidrig hergestellten Vorlage" kann zwar den vor der Reform bestehenden Streit, ob eine Vorlage rechtmäßig sein muss oder nicht, obsolet werden lassen, bringt dafür aber einige weitere Probleme mit sich:

1. Schwierigkeiten bei der Begriffsklärung der „Offensichtlichkeit"
2. Schwierigkeiten beim anzusetzenden Maßstab im Rahmen der Begriffsklärung der „Offensichtlichkeit"

3. Die ungewollte Ausdehnung des Anwendungsbereichs der Privatkopieschranke durch nicht offensichtlich rechtswidrige Vorlagen bei Vervielfältigungen im analogen Bereich wie auch im digitalen Bereich
4. Keine Unterbindung von Kopien aus Online-Tauschbörsen durch das Merkmal der „offensichtlich rechtswidrig hergestellten Vorlage“

Diese Schwierigkeiten werden sich im besonderen Maße in der Praxis zeigen, denn der Durchschnittsnutzer ohne juristischen Sachverstand wird nicht immer genau wissen, welche Handlungen von der Schrankenbestimmung des § 53 Abs. 1 UrhG gestattet sind. In diesem ohnehin schon unübersichtlichen Dschungel von Internetangeboten, bei denen oft nicht klar wird, ob es sich um eine rechtmäßig hergestellte Vorlage handelt oder nicht und dem zusätzlich schwierigen analogen Bereich, wäre eine klarere Regelung der Privatkopie durchaus wünschenswert gewesen. Vielleicht sogar mit einer Festsetzung der Anzahl der möglichen Kopien, denn auch darüber herrscht bei den Nutzern absolute Verwirrung.

V. Technische Schutzmaßnahmen

Durch die Novellierung werden erstmals in den §§ 95a ff. UrhG wirksame technische Maßnahmen der Rechteinhaber vor Umgehung durch das Urheberrecht geschützt. Zudem wird die Verbreitung von Umgehungstechnologien unter Strafe gestellt. Für den Einsatz elektronischer Schutzsysteme zur Sicherung urheberrechtlicher Werke vor unkontrolliertem Zugang hat sich in der Praxis die Bezeichnung „Digital Rights Management“ eingebürgert[565].

1. Begriffsbestimmung und Funktionsweise technischer Schutzmechanismen/Digital Rights Management Systeme

In Zeiten von Digital Rights Management Systemen[566] haben sich die technischen Maßnahmen in großen Schritten weiterentwickelt. Noch vor ein paar Jahren waren technische Maßnahmen darauf beschränkt, die digitalen Daten als Kopierschutz im wörtlichen Sinne an einen materiellen Datenträger zu binden[567]. Hierzu wurden bei nahezu allen Kopierschutzverfahren fehlerhafte Datenträger erzeugt, um deren Abspielen in PC-Laufwerken unmöglich zu machen oder die gängigen Brennprogramme zu verhindern[568]. Heutzutage ist es möglich,

---

565 Vgl. hierzu Arlt, GRUR 2004, 548 f.; Schack, UrhR, S. 397 Rn. 830.

566 Im Folgenden DRMS oder DRM-Systeme.

567 Strömer/Gaspers, K&R 2004, 14 (15).

568 Strömer/Gaspers, K&R 2004, 14 (15).

auch in vielen anderen Fällen den Nutzern Restriktionen aufzuerlegen, indem die gängigen Kopierschutzsysteme, wie das Digital Rights Management System, auf eine größere Überwachung des Nutzerverhaltens der Verbraucher abzielen[569].

a) Begriffsbestimmung

Digital Rights Management ist kein fest umgrenzter Begriff, es gibt daher keine allgemein anerkannte Definition[570]. Man kann es beschreiben als ein elektronisches Vertriebssystem für digitale Inhalte, welches die sichere Verbreitung und Verwertung digitaler Inhalte über das Internet, über Datenträger (wie CD, DVD), mobile Abspielgeräte oder Mobiltelefone ermöglichen soll[571]. Ziel ist es hierbei, die digitale Rechteverwertung zu kontrollieren, um so die individuelle Nutzung zu erfassen und abzurechnen[572]. Der ungehinderte Zugang zu urheberrechtlich geschützten Werken, wie z.B. in Musik-Tauschbörsen oder anderen digitalen Werken, soll unterbunden werden, um einer unrechtmäßigen Nutzung vorzubeugen[573]. Bei einem weiten Verständnis der DRMS deckt sich der Begriff weitgehend mit dem der technischen Maßnahme[574]. Darunter sind gemäß der gesetzlichen Definition in § 95a Abs. 2 S. 1 UrhG in Übereinstimmung mit Art. 6 Abs. 3 S. 1 der Richtlinie 2001/29/EG sämtliche Technologien, Vorrichtungen und Bestandteile zu verstehen, die im normalen Betrieb dazu bestimmt sind, geschützte Werke oder andere nach dem Urheberrechtsgesetz geschützte Schutzgegenstände betreffende Handlungen, die vom Rechteinhaber nicht genehmigt sind, zu verhindern oder einzuschränken. Allerdings ist der Begriff der technischen Maßnahme insoweit weiter als der des DRMS, da er zudem bei analogen Werkträgern verwendete Schutzmaßnahmen erfasst, z.B. die bei Video-Kassetten im VHS-Standard eingesetzte Macrovision[575]. Im Folgenden soll aufgrund der Bedeutung für den digitalen Bereich das Augenmerk auf die Digital Rights Management Systeme gelegt werden.

---

569 Strömer/Gaspers, K&R 2004, 14 (18).

570 Arlt, GRUR 2004, 548 (548); Enders, ZUM 2004, 593 (593).

571 Stickelbrock, GRUR 2004, 736 (742).

572 Schulz, GRUR 2006, 470 (471).

573 Vgl. hierzu Böhme/Pfitzmann, DuD 2008, 342 (342).

574 So ausdrücklich Rehbinder, UrhR, S. 308 Rn. 908.

575 Dazu Knies, ZUM 2003, 286 (287).

b) *Funktionsweise der DRM-Systeme*

Bei den DRM-Systemen existiert kein einheitliches System, vielmehr setzen sich diese aus zahlreichen einzelnen technischen Komponenten zusammen[576], denen jeweils bestimmte Funktionen zukommen. Es können vor allem zwei Gruppen unterschieden werden: zum einen die vorgelagerte Kontrolle des Zugangs und zum anderen die nachstehende Nutzung (Zugangs- und Nutzungskontrollsysteme)[577].

Zugangskontrollen sind Technologien, die den Zugang zu Werken oder Leistungen in verständlicher Form von einer individuellen Erlaubnis des Rechteinhabers abhängig machen[578]. Verwirklicht wird die Idee der Zugangskontrolle zumeist durch ein bestimmtes Authentifizierungsverfahren (z.B. durch Passwörter bis hin zu biometrischen Verfahren). Aber auch der Regionalcode[579] von DVDs, der das Abspielen auf nicht dafür vorgesehenen Geräten bzw. in nicht dafür vorgesehenen Ländern verhindert, zählt hierzu. Durch diese Authentifizierungsverfahren werden vorrangig die Zugriffsrechte überprüft[580]. Dieser Vorgang dient hauptsächlich der individuellen Lizenzerteilung. Der digitale Inhalt soll danach nur solchen Nutzern zugänglich gemacht werden, die über einen entsprechenden „Schlüssel" verfügen[581]. Somit kann zwar eine Software oder ein Datenträger erworben werden, die Nutzung ist jedoch ohne die dazugehörige Lizenz nicht möglich. Damit wird vor allem klar, dass der Zugang zum Werk nicht zwangsläufig auch den Zugang zu einem Werkstück bedeuten muss[582]. Der Schutz kann nämlich auch darin bestehen, dass der Nutzer daran gehindert wird, den auf einem erworbenen Datenträger gespeicherten Inhalt sinnlich wahrzunehmen. Eine Zugangskontrolle liegt im Unterschied zu einer Nutzungskontrolle vor, wenn eine Maßnahme verhindern soll, dass der geistige Gehalt des ge-

576 Böhme/Pfitzmann, DuD 2008, 342 (342); Dusollier/Poullet/Buydens, Cpyright and Access to Information, abgerufen unter http://unesdoc.unesco.org/images/0012/001214/121406e.pdf am 17.08.2009, S. 24; Schulz, GRUR 2006, 470 (471).

577 Schulz, GRUR 2006, 470 (471).

578 Wandtke/Ohst, in: Wandtke/Bullinger, § 95a Rn. 14 f.; Arlt, DRMS, S. 25.

579 Der Regionalcode kommt z.B. DVDs, die in den USA gekauft worden sind, vor und verhindert ein Abspielen auf deutschen Playern.

580 Hänel, Die Umsetzung des Art. 6 Info-RL (technische Schutzmaßnahmen) ins deutsche Recht, S. 119 ff.

581 Enders, ZUM 2004, 593 (594); siehe auch Hänel, Die Umsetzung des Art. 6 Info-RL (technische Schutzmaßnahmen) ins deutsche Recht, S. 120 ff.

582 Stieper, Rechtfertigung, Rechtsnatur, Disponibilität der Schranken des Urheberrechts, S. 435.

schützten Werkes überhaupt sinnlich wahrgenommen, das Werk also gelesen, betrachtet oder angehört werden kann[583].

Bei der Nutzungskontrolle steht die Art der Nutzung („Wie") hingegen im Mittelpunkt[584]. Nutzungskontrollen sind dazu bestimmt, die möglichen Nutzungen geschützter Werke oder Leistungen einzuschränken[585]. Bei einer einmal erfolgten Zugriffsautorisierung muss dann auch weiterhin die entsprechende Lizenz gewährleistet werden. In diesem Bereich ist es beispielsweise möglich, bei nutzungsabhängigen Modellen für einzelne Nutzungen zu bezahlen (z.B. Pay-per-View, Pay-per-Click). Letztlich ist aber eine genaue Abgrenzung zwischen der Zugangs- und der Nutzungskontrolle nicht immer möglich, da sich die Zugangskontrolle schon denklogischer Weise mit einer später immer anschließenden Nutzungskontrolle überlappen wird[586]. Schutzobjekt der DRMS ist die qualifizierte Information[587].

Weitere Beispiele für verbreitete DRM-Systeme sind[588]:

- das in digitalen Audiokomponenten (z.B. Digital Audio Tape – DAT) eingesetzte Serial Copy Management System (SCMS), das digitale Kopien von digitalen Kopien verhindert, wobei analoge Kopien durchaus möglich bleiben;
- die „MagicGate" genannte Technologie, mit denen die von Sony entwickelten Memory Sticks (Wechselspeicher) ausgestattet sind;
- jeder technische Kopierschutz auf Musik-CDs.

Zu den Kernelementen von DRM-Systemen zählen damit Verschlüsselungskomponenten, digitale Wasserzeichen unterschiedlicher Komplexität sowie Komponenten zur Deklaration und Auswertung von Nutzungshandlungen und – beschränkungen. Dabei werden immer noch künstliche Fehler benutzt, um das Abspielen auf bestimmten Datenträgern zu verhindern. Allerdings sind solche DRM-Systeme gerade für Medieninhalte kein sicherer Schutz, denn nahezu alle dieser Mechanismen können umgangen werden[589]. Würden DRM-Systeme si-

583 Vgl. hierzu auch Stieper, Rechtfertigung, Rechtsnatur, Disponibilität der Schranken des Urheberrechts, S. 435.

584 Arlt, GRUR 2004, 548 (549).

585 Dreier, in: Dreier/Schulze, UrhG, § 95a Rn. 14; Wandtke/Ohst, in: Wandtke/Bullinger, UrhG, § 95a UrhG Rn. 16.

586 Hänel, Die Umsetzung des Art. 6 Info-RL (technische Schutzmaßnahmen) ins deutsche Recht, S. 118f.; Wand, Technische Schutzmaßnahmen, S. 108.

587 Ausführlich hierzu: Enders, ZUM 2004, 593 (594).

588 Siehe hierzu Böhme/Pfitzmann, DuD 2008, 342 (342 u. 344); v. Braunmühl, ZUM 2005, 109 (111); Dreyer, in: Dreyer/Kotthoff/Meckel, UrhR, § 95a, Rn. 2; Schmid/Wirth, in: Schmid/Wirth/Seifert, UrhG, § 95a Rn. 6; Schulz, GRUR 2006, 470 (473).

589 Böhme/Pfitzmann, DuD 2008, 342 (344).

cher funktionieren, wären sie in der Lage, eine lückenlose Kontrolle über die durch sie geschützten Inhalte zu bieten[590].

2. Überblick über die einzelnen Regelungen

Bei Betrachtung der Regelungen der §§ 95a – 95d UrhG wird erst das wirkliche Ausmaß des „Ersten Korbs“ bezüglich der digitalen Privatkopie deutlich. Mit den enthaltenen Regelungen soll in erster Linie der erleichterten Kopierbarkeit von digital verfügbaren Werken Rechnung getragen werden. Der Schutz von technischen Maßnahmen ist in der heutigen digitalen Welt unerlässlich. Anders wäre es den Rechteinhabern kaum mehr möglich, urheberrechtlich geschützte Werke gegen unbefugte Vervielfältigungen zu schützen und die Verwertung zu kontrollieren.

3. Entstehungsgeschichte der §§ 95a ff. UrhG

Die wesentlichen Vorgaben für §§ 95a ff. UrhG stammen bereits aus den WIPO-Verträgen (1996), die dann in die Richtlinie 2001/29/EG aufgenommen wurden. Die WIPO-Verträge waren die ersten internationalen Konventionen, die die Bestimmungen zum Schutze technischer Maßnahmen enthalten haben[591].

Durch die Richtlinie 2001/29/EG wurden die Vorschriften über die technischen Maßnahmen schließlich so hinreichend konkretisiert, dass dem nationalen Gesetzgeber bei ihrer Umsetzung wenig Spielraum blieb[592]. Bis zur Neuregelung in den §§ 95a ff. UrhG wurde das Verbot der Umgehung von technischen Schutzmaßnahmen nur unvollkommen nach § 263a StGB oder § 1UWG a.F.[593], §§ 823, 1004 BGB geschützt[594]. Nach Art. 9 und insbesondere nach Erwägungsgrund (49)[595] der Richtlinie 2001/29/EG bleiben diese Regelungen weiterhin relevant.

---

590 Böhme/Pfitzmann, DuD 2008, 342 (347).

591 Rigamoti, GRUR Int. 2005, 1 (1). Weder die Revidierte Berner Übereinkunft, noch das Welturheberrechtsabkommen, noch das TRIPS-Übereinkommen oder das Rom-Abkommen enthielten zuvor eine derartige Regelung zu technischen Schutzmaßnahmen.

592 Schippan, ZUM 2003, 378 (386).

593 Welche Norm Anwendung finden sollte, war nicht immer klar.

594 Czychowski, NJW 2003, 2409 (2410).

595 Der Rechtsschutz technischer Maßnahmen lässt einzelstaatliche Rechtsvorschriften unberührt, die den privaten Besitz von Vorrichtungen, Erzeugnissen oder Bestandteilen zur Umgehung technischer Maßnahmen untersagen.

Maßgebend für die Bestimmungen über technische Maßnahmen im deutschen Urheberrecht waren die Vorschriften des Art. 11 WCT[596] sowie des Art. 18 WPPT[597] der WIPO-Verträge[598]. Bei dieser rückblickenden Betrachtung ist das unterschiedliche Verständnis der Kopierschutzmaßnahmen von damals und heute von entscheidender Bedeutung. Die WIPO-Verträge und auch die Richtlinie 2001/29/EG basierten auf dem Verständnis, dass ein Kopierschutz die digitalen Daten an einen materiellen Datenträger bindet und somit sicherstellt, dass die Daten nicht auf einen anderen Datenträger überspielt werden können[599]. Heutzutage sind durch die Digital Rights Management Systeme durchaus auch andere Funktionen technisch möglich geworden[600]. Geht man vom jeweiligen Wortlaut des Art. 11 WCT und des Art. 18 WPPT aus, war die Intention der WIPO-Verträge, einen Kopierschutz nur dann rechtlich gegen Umgehung zu schützten, wenn er das, was materiell-rechtlich erlaubt ist, auch tatsächlich möglich lässt. Im Umkehrschluss bedeutete dies, dass der Kopierschutz rechtlich allerdings nicht gegen Umgehung geschützt wird, wenn er eine legale Kopie verhindert[601]. Die Auslegung von Art. 11 WCT und Art. 18 WPPT ergibt mithin, dass diese Bestimmungen von dem Prinzip ausgingen, dass die gesetzlichen Schranken des Urheberrechts dem Umgehungsverbot vorgehen[602]. Der Umge-

596 Die Vertragsparteien sehen einen hinreichenden Rechtsschutz und wirksame Rechtsbehelfe gegen die Umgehung wirksamer technischer Vorkehrungen vor, von denen Urheber im Zusammenhang mit der Ausübung ihrer Rechte nach diesem Vertrag oder der Berner Übereinkunft Gebrauch machen und die Handlungen in Bezug auf ihre Werke einschränken, die die betreffenden Urheber nicht erlaubt haben oder die gesetzlich nicht zulässig sind.

597 Die Vertragsparteien sehen einen hinreichenden Rechtsschutz und wirksame Rechtsbehelfe gegen die Umgehung wirksamer technischer Vorkehrungen vor, von denen ausübende Künstler oder Tonträgerhersteller im Zusammenhang mit der Ausübung ihrer Rechte nach diesem Vertrag Gebrauch machen und die Handlungen in Bezug auf ihre Darbietungen oder Tonträger einschränken, die der betreffende ausübende Künstler oder Tonträgerhersteller nicht erlaubt hat oder die gesetzlich nicht zulässig sind.

598 Grundlage für die Ausarbeitung der beiden Artikel war ein „Basic Proposal". Hierfür wurden die Vorschläge der USA betreffend die technischen Schutzmaßnahmen mit ähnlichen Vorschlägen der EU kombiniert und als Art. 13 in den Basic Proposal aufgenommen. Vgl. hierzu Rigamonti, GRUR Int. 2005, 1 (4).

599 Ulbricht, CR 2004, 674 (674).

600 Vgl. hierzu die Ausführungen zur Funktionsweise der DRM-Systeme in Teil 3 B V 1b, S. 105 ff.

601 Rigamonti, GRUR Int. 2005, 1 (5); Ulbricht, CR 2004, 674 (675); vgl. hierzu auch Trayer, Technische Schutzmaßnahmen und elektronische Rechtewahrnehmungssysteme, S. 132 ff.

602 Rigamonti, GRUR Int. 2005, 1 (5); vgl. hierzu auch Stieper, Rechtfertigung, Rechtsnatur, Disponibilität der Schranken des Urheberrechts, S. 446.

hungsschutz wurde demnach an das Urheberrecht gekoppelt, so dass die Schranken des Urheberrechts auch Schranken des Umgehungsschutzes sein müssen. In diesem Zusammenhang spricht man daher auch vom sog. „Koppelungsprinzip“[603].

Die Richtlinie 2001/29/EG steckte den Rahmen für die geschützten Kopierschutzmechanismen bereits weitaus größer als noch in den WIPO-Verträgen vorgesehen. Sie gewährt den Rechteinhabern durch Art. 6 Abs. 3 der Richtlinie die Möglichkeit, den Nutzern durch den Kopierschutz auch solche Werknutzung zu untersagen, die am Maßstab des materiellen Urheberrechts gemessen rechtmäßig sind. Der Unterschied besteht darin, dass es um Handlungen geht, die durch technische Maßnahmen verhindert werden. Diese sind allerdings nicht illegal, sondern nur vom Rechteinhaber nicht genehmigt worden. Damit besteht selbst dann das Umgehungsverbot des § 95a UrhG, wenn die maßgebliche Nutzung, wie die einer Privatkopie nach § 53 Abs. 1 UrhG, grundsätzlich zulässig ist.

Dem Problem, dass die Schranken des Urheberrechts durch diese weitreichende Regelung praktisch ausgehebelt werden können, begegnete die Richtlinie, wie bereits beschrieben[604], mit Art. 6 Abs. 4. Dieser räumt den Mitgliedstaaten die Möglichkeit ein, die Privatkopie in den Katalog der Schranken aufzunehmen, die trotz des Kopierschutzes durchsetzbar bleiben sollen. Allerdings verzichtete der deutsche Gesetzgeber im „Ersten Korb“ darauf, die digitale Privatkopie in den § 95b Abs. 2 UrhG aufzunehmen[605].

Die Regelungen treten grundsätzlich mit dem „Ersten Korb“ am 13.09.2003 in Kraft. Dies gilt jedoch für einige Ausnahmen nicht: Nach Art. 6 Abs. 2 der Richtlinie 2001/29/EG für § 95b Abs. 2 UrhG, die Kennzeichnungspflicht nach § 95d Abs. 2 UrhG sowie einige Tatbestände der Bußgeldvorschriften des § 111a UrhG, welche allesamt erst mit Ablauf einer zwölf monatigen Verzögerung in Kraft treten. Auch die Kennzeichnungspflicht nach § 95d Abs. 1 UrhG erlangt erst durch die Übergangsregelung des § 137j UrhG[606] drei Monate später ihre Gültigkeit.

4. Regelung des § 95a UrhG

§ 95a Abs. 1 UrhG verbietet in sehr enger, vielfach wortgleicher Anlehnung an Art. 6 der Richtlinie 2001/29/EG die Umgehung von wirksamen technischen

603 Rigamonti, GRUR Int. 2005, 1 (5).

604 Vgl. hierzu die Regelungen der Richtlinie 2001/29/EG in Teil 2 Punkt H V 1, S. 54 ff.

605 Vgl. hierzu Dreyer, in: Dreyer/Kotthoff/Meckel, UrhR, § 53 Rn. 13.

606 § 137j UrhG enthält darüber hinaus auch Übergangsregelungen in Bezug auf die Schutzdauer von Tonträgern.

Schutzmaßnahmen. Hierdurch sollen vor allem Digital Rights Management Systeme rechtlich geschützt werden, die als elektronische Vertriebssysteme die sichere Verbreitung urheberrechtlich geschützter Inhalte ermöglichen. Vorsätzliche Verstöße hiergegen werden nach § 108b UrhG und § 111a UrhG sanktioniert, soweit die Tat nicht ausschließlich zum eigenen privaten Gebrauch des Täters oder von einer mit dem Täter persönlich verbundener Personen erfolgt[607].

Obwohl § 69a Abs. 5 UrhG die Neuregelungen der §§ 95a bis 95d UrhG ausdrücklich ausnimmt, sind auch Computerprogramme vom Schutzbereich erfasst, soweit es allein um den technischen Schutz geht und nicht um die Inhalte gem. § 69a Abs. 1 UrhG[608].

Für den Begriff der technischen Maßnahme kommt es nach § 95a Abs. 2 S. 1 UrhG darauf an, ob die technische Maßnahme im normalen Betrieb dazu bestimmt ist, nicht genehmigte Handlungen zu verhindern oder einzuschränken[609]. Der Begriff der Bestimmtheit richtet sich nach der objektiven Zweckbestimmung der Maßnahme. Die geforderte Wirksamkeit der technischen Maßnahme wird in § 95a Abs. 2 S. 2 UrhG legal definiert. Hiernach sollen technische Maßnahmen wirksam sein, soweit durch sie die Nutzung eines geschützten Werkes oder eines anderen nach diesem Gesetz geschützten Schutzgegenstands von dem Rechteinhaber durch eine Zugangskontrolle, einen Schutzmechanismus wie Verschlüsselung, Verzerrung oder sonstige Umwandlung oder einen Mechanismus zur Kontrolle der Vervielfältigung, die die Erreichung des Schutzziels sicherstellen, unter Kontrolle gehalten wird. Ob diese Definition gelungen und präzise genug ist, um in der digitalen Welt bestehen zu können, ist fraglich und wird im Folgenden diskutiert.

Nach Abs. 3 sind auch Handlungen im Vorfeld einer Umgehungsmaßnahme untersagt. Hierunter fallen die Herstellung, die Einfuhr, der Verkauf, die Vermietung, der Besitz und die Werbung für entsprechende Vorrichtungen. Abs. 4 stellt schließlich klar, dass die Ausgaben und Befugnisse öffentlicher Stellen zum Zwecke des Schutzes der öffentlichen Sicherheit oder der Strafrechtspflege von den in den vorhergehenden 3 Absätzen aufgestellten Verboten unberührt bleiben.

---

607 Freiheitsstrafe bis zu einem Jahr oder Geldstrafe. Bei gewerbsmäßigem Handeln liegt die Strafe nach § 108b Abs. 3 UrhG bei Freiheitsstrafe bis zu drei Jahren oder Geldstrafe. Nach § 111a UrhG mit einer Geldbuße bis zu 50.000 Euro.

608 Dreyer, in: Dreyer/Kotthoff/Meckel, UrhR, § 95a Rn. 4; Enders, ZUM 2004, 593 (599).

609 Legaldefinition der technischen Maßnahme in § 95a Abs. 2 UrhG.

a) *Begriffsklärung: „Wirksamkeit" in § 95a UrhG*

Dem Begriff der Wirksamkeit, der im Rahmen des § 95a Abs. 2 S. 2 UrhG legal definiert ist, kommt eine besondere Bedeutung zu. Denn nur solche technischen Maßnahmen sollen nach § 95a Abs. 1 UrhG vor Umgehung geschützt werden, die wirksam sind. Der Begriff soll hier eine gewisse objektive Ernsthaftigkeit des technischen Schutzes zum Ausdruck bringen[610]. Der allgemeine Sprachgebrauch lässt bereits darauf schließen, dass unter diesen Voraussetzungen keine Schutzmaßnahmen unter § 95a Abs. 1 UrhG fallen, die in irgendeiner Art und Weise umgangen werden können. Fraglich ist dann jedoch, wie der gesetzliche Schutz zu bewerten ist, wenn eine handelsübliche CD mit einem Kopierschutz versehen ist. Die Vervielfältigung dieser CD ist dadurch eigentlich verhindert, allerdings kann der Kopierschutz mit einer entsprechenden Software umgangen werden. Dies könnte zur Folge haben, dass die technische Maßnahme in solchen Fällen nicht als wirksam angesehen werden könnte. Demnach wäre die technische Maßnahme nicht nach § 95a UrhG geschützt und es wäre (ohne Rechtsverletzung) möglich beliebig viele Kopien von solchen Werken herzustellen. Im Sinne der Vorschrift des § 95a UrhG ist dieses Ergebnis aber nicht. Ein gewisser Widerspruch ist nicht zu leugnen, wenn der rechtliche Schutz nur gewährt wird, soweit die technische Maßnahme wirksam ist. Systeme, die nicht umgangen werden können, brauchen keinen rechtlichen Schutz[611].

Es besteht Einigkeit darüber, dass eine Maßnahme nur dann als wirksam im Sinne von § 95a Abs. 2 S. 2 UrhG anzusehen ist, wenn sie ein effektives Hindernis zur Verhinderung der Umgehung des technischen Schutzes darstellt[612]. Für die Beurteilung, was im Einzelnen unter einem effektiven Hindernis zu verstehen ist, bedarf es einer subjektiven Betrachtungsweise. Dabei wird auf die Kenntnis des durchschnittlichen Benutzers abgestellt, der durch die technischen Schutzmechanismen von Verletzungen des Urheberrechts abgehalten wird[613]. Als durchschnittlicher Nutzer ist ein verständiger und sich informierender Anwender ohne spezifisches informationstechnisches Fachwissen anzusehen[614].

Ein Problem ergibt sich bei der Frage, wann genau die Wirksamkeit einer technischen Maßnahme gegeben sein muss. Aus dem Richtlinientext geht nicht eindeutig hervor, ob die Wirksamkeit ex post oder ex ante betrachtet werden

---

610 Mayer, CR 2003, 274 (278); Schippan, ZUM 2006, 853 (861); Wand, Technische Maßnahmen, S. 109.

611 Linnenborn, K&R 2001, 294 (297); Strömer/Gaspers, K&R 2004, 14 (17).

612 LG Frankfurt a.M. ZUM 2006, 881 (882); Schippan, ZUM 2006, 853 (861).

613 LG Frankfurt a.M. ZUM 2006, 881 (882); Stickelbrock, GRUR 2004, 736 (738); ebenso bejahend Schippan, ZUM 2006, 853 (861).

614 Köcher/Kaufmann MMR 2005, 751 (753).

muss[615]. Denn ex post kann ein Schutzsystem umgangen worden sein, obwohl es ex ante betrachtet doch wirksam war bzw. erschien.

Bei genauer Überlegung ist festzustellen, dass es kaum Schutzvorrichtungen gibt, die nicht von einem versierten Computerexperten entschlüsselt und umgangen werden können. Dies kann daher nicht der Zugrunde zu legende Maßstab sein. Deshalb sind unter dem Begriff der „Wirksamkeit" auch solche technischen Maßnahmen zu fassen, deren Umgehung im Einzelnen möglich ist, aber zumindest ein Durchschnittsnutzer von der Umgehung abgehalten wird und zwar nach ex anter Betrachtung[616]. Zudem muss insbesondere das Schutzziel des Rechteinhabers, also des Verwenders der jeweiligen technischen Maßnahme, berücksichtigt werden. Demnach ist bei der Frage nach der Wirksamkeit der einzelnen technischen Maßnahme immer zu klären, ob die in Rede stehende technische Maßnahme für den durchschnittlichen Benutzer des jeweiligen Mediums zum Zeitpunkt der zu beurteilenden Nutzung ein effektives Hindernis zur Vornahme einer Verwertungshandlung darstellt, die der Rechteinhaber durch die Maßnahme auch verhindern wollte[617].

b) Begriffsklärung: „Umgehung" in § 95a UrhG

Die Umgehung eines Kopierschutzsystems muss bei formaler Betrachtung immer dann angenommen werden, wenn die Funktionsfähigkeit des technischen Schutzmechanismus außer Kraft gesetzt ist[618]. Auf welche Art und Weise diese Funktionsfähigkeit im Einzelnen außer Kraft gesetzt wird, ob durch Zerstörung oder durch den Einsatz spezieller Software, ist irrelevant[619]. An einer Umgehung fehlt es jedenfalls dann, wenn der Nutzer mit einer regulären Funktion den Kopierschutz einfach deaktivieren kann, da es dem Nutzer freisteht, welche Funktionen seines Computers er nutzen möchte[620]. Als verbotene Umgehungsprogramme sind damit nur solche Programme zu qualifizieren, deren Hauptzweck

615 Hoeren, MMR 2000, 515 (520).

616 Hoeren, MMR 2000, 515 (520); Mayer, CR 2003, 274 (278); Schippan, ZUM 2003, 378 (386); ders., ZUM 2006, 853 (862); darauf hinweisend ebenfalls Linnenborn, K&R 2001, 394 (397); Spindler, GRUR 2002, 105 (116); Strömer/Gaspers, K&R 2004, 14 (16 f.); zur ex anten Betrachtung ebenfalls Schmid/Wirth, in: Schmid/Wirth/Seifert, UrhG, § 95a Rn. 7.

617 Vgl. hierzu Schippan, ZUM 2006, 853 (862).

618 Holznagel/Brüggemann, MMR 2003, 767 (768); Lorenz, Auswirkungen des Urheberrechts auf den Bildungsbereich, RdJB 2005 S. 53; Stickelbrock, GRUR 2004, 736 (739).

619 Holznagel/Brüggemann, MMR 2003, 767 (768).

620 Stickelbrock, GRUR 2004, 736 (739).

und Nutzen darin bestehen, einen wirksamen Kopierschutz zu umgehen oder auszuschalten[621].

Weiteres Erfordernis ist in subjektiver Hinsicht das Bewusstsein des Nutzers, die Umgehung vorzunehmen, um den Zugang zum Werk zu erhalten. Die Richtlinie 2001/29/EG spricht hier von „…einer Person, der bekannt ist oder den Umständen nach bekannt sein muss….". Diese Formulierung lässt zum einen auf positive Kenntnis und zum anderen auf ein Kennen müssen schließen. Nach der Legaldefinition vom Kennen müssen in § 122 Abs. 2 BGB, bedeutet dies, infolge von Fahrlässigkeit nicht kannte. Damit wäre bereits eine leichte Fahrlässigkeit ausreichend. Wenn man sich allerdings vergleichsweise die Richtlinie auf Englisch[622] oder auf Französisch[623] ansieht, gelangt man zu der Ansicht, dass sich in die deutsche Fassung ein Übersetzungsfehler eingeschlichen haben könnte. Bei korrekter Übersetzung hätte der Richtlinientext lauten müssen: „einer Person, der bekannt ist oder nach den Umständen vernünftigerweise bekannt sein muss". Somit muss bei richtlinienkonformer Auslegung zumindest grobe und nicht bloß leichte Fahrlässigkeit in subjektiver Hinsicht bei § 95a Abs. 1 UrhG angenommen werden[624].

c) Rechtsfolgen bei Umgehung des § 95a Abs. 1 UrhG

(1) Strafrechtliche Rechtsfolgen

Die Folgen der Umgehung des § 95a Abs. 1 UrhG sind in strafrechtlicher Hinsicht in § 108b Abs. 1 Nr. 1 UrhG normiert[625]. Ausgenommen ist davon der Fall, dass der Täter für sich oder eine andere Person unter den Voraussetzungen des § 53 Abs. 1 UrhG eine Privatkopie herstellt. Hierdurch soll eine unnötige Kriminalisierung weitgehender Bevölkerungsschichten vermieden werden. Es handelt sich hierbei nicht um einen Rechtfertigungsgrund, sondern um ein (negatives) Tatbestandsmerkmal[626].

Selbst bei Einräumung des Anspruchs des Nutzers gegen den Rechteinhaber auf zur Verfügungstellung der benötigten Mittel (§ 95b UrhG), um Werke im Rahme der Privatkopieschranke nutzen zu können, ist es dem Nutzer nicht ge-

621 Ausführlich zu dieser Thematik siehe auch, Stickelbrock, GRUR 2004, 736 (739).

622 „…in the knowledge, or with reasonable grounds to know".

623 „… en sachant, ou en ayant des raisons valables de penser".

624 So Dreyer, in: Dreyer/Kotthoff/Meckel, UrhR, § 95a Rn. 30; Spindler, GRUR 2002, 105 (116); Spieker, GRUR 2004, 475 (478 f.); Wandtke/Ohst, in: Wandtke/Bullinger, UrhG, § 95a Rn. 63; a.A. Flechsig, ZUM 2002, 1 (16); Wand, Technische Maßnahmen und Urheberrecht, 2001, S.116.

625 Mit Freiheitsstrafe bis zu einem Jahr oder mit Geldstrafe.

626 Arlt, DRMS, S. 226.

stattet, eigenhändig gegen technische Schutzmechanismen vorzugehen[627]. Aus Gründen der Sicherung der Schutzsysteme wurde dem Nutzer ein solches Selbsthilferecht nicht zu gebilligt[628]. Auch würde ein Selbsthilferecht schon dem Wortlaut der Richtlinie 2001/29/EG widersprechen, da bei einer Selbsthilfe eben kein „zur Verfügung stellen der Mittel durch die Rechteinhaber" begründet ist[629].

(2) Zivilrechtliche Rechtsfolgen

Zivilrechtliche Rechtsfolgen sind durch das Gesetz im Falle des Verstoßes gegen § 95a Abs. 1 UrhG nicht ausdrücklich normiert. Dies stellt keinen Verstoß gegen die Richtlinie 2001/29/EG dar, auf dessen Grundlage die §§ 95a ff. UrhG zurückzuführen sind. Diese verlangt lediglich einen „angemessenen Rechtsschutz" für technische Maßnahmen. Mit welchen Mitteln die Mitgliedstaaten diesen erreichen, ist ihnen bei der Umsetzung hingegen selbst überlassen. Damit kommen grundsätzlich Maßnahmen des Zivil-, Ordnungswidrigkeiten- oder Strafrechts in Betracht. Mit der strafrechtlichen Sanktionierung des § 95a Abs. 1 UrhG durch § 108b Abs. 1 Nr. 1 UrhG ist der deutsche Gesetzgeber somit seiner Verpflichtung aus der Richtlinie bereits nachgekommen.

Die Antwort auf die Frage, ob ein Verstoß gegen § 95a Abs. 1 UrhG zusätzlich durch zivilrechtliche Maßnahmen geahndet werden kann, ist daher nicht in der maßgeblichen Richtlinie, sondern vielmehr im deutschen Gesetz zu suchen[630].

(a) Anspruch aus § 97 UrhG

In Betracht käme die Verfolgung nach den §§ 97 ff. UrhG. Fraglich ist allerdings, ob Ansprüche wegen Umgehung technischer Maßnahmen auf § 97 UrhG gestützt werden können. Die Ansichten in der Literatur hierzu sind geteilt[631]. Die

---

627 BVerfG MMR 2005, 751 (752).

628 BT-Drucks. 15/38, S. 27; vgl. auch Dreyer, in: Dreyer/Kotthoff/Meckel, UrhR, § 95a Rn. 41.

629 Metzger/Kreutzer, MMR 2002, 139 (140).

630 Arnold/Timmann, MMR 2008, 286 (288); Spieker, GRUR 2004, 475 (476).

631 Anwendung der §§ 97 ff. UrhG bejahend: Arnold/Timmann, MMR 2008, 286 (289); Bechtold, in: Hoeren/Sieber (2008), Hdb. Multimedia-Recht, Kap. 7.7 Rn. 34; Dreier, in: Dreier/Schulze, UrhG, § 97 Rn. 3; Pleister/Ruttig, MMR 2003, 763 (766); Schmid/Wirth, in: Schmid/Wirth/Seifert, UrhG, § 95a Rn. 1; Schäfer, Das Recht auf private Vervielfältigung von Tonträgern, S. 98 f; Wandtke/Ohst, in: Wandtke/Bullinger, UrhG, § 95a Rn. 88; für eine analoge Anwendung Arlt, MMR 2005, 148 (149 f.); ders., DRMS, S. 209 f.; Verneinend dagegen Dreyer, in: Dreyer/Kotthoff/Meckel, UrhR,

Rechtsprechung hat die Frage bislang offen gelassen und die Ansprüche ausdrücklich nur auf §§ 823 Abs. 2, 1004 BGB gestützt[632].

Voraussetzung für einen Unterlassungs- oder Schadensersatzanspruch nach § 97 UrhG ist, dass ein Urheberrecht oder ein anderes nach diesem Gesetz geschütztes Recht widerrechtlich verletzt wurde. Zu diesen Rechten gehören neben den urheberrechtlichen Ausschließlichkeitsrechten die Einwilligungsrechte der ausübenden Künstler und die Verwertungsrechte anderer Leistungsschutzberechtigter wie Tonträgerhersteller und Sendeunternehmen[633].

Ob § 95a Abs. 1 und Abs. 3 UrhG ein solches Recht gewähren ist allerdings fraglich. Dem Wortlaut[634] nach handelt es sich bei § 95a UrhG um ein Verbotsrecht[635]. Damit setzt § 95a UrhG ein Zustimmungsrecht aus dem Urheberrecht und Leistungsschutzrecht bereits als existent voraus, um sodann seine Verletzung zu sanktionieren[636]. Deshalb wird auch durch § 95a UrhG kein absolutes Recht i.S.d. § 97 UrhG begründet[637].

Durch die Heranziehung der Gesetzessystematik wird dieses Ergebnis bestätigt. In Teil 1 des Urheberrechtsgesetzes sind die Urheberrechte normiert, Teil 2 regelt die verwandten Schutzrechte, Teil 3 ergänzt diese durch besondere Vorschriften für Filme, Teil 4, unter dessen Abschnitt 1 die §§ 95a ff. UrhG normiert sind, stehen unter der Überschrift „Gemeinsame Bestimmungen für Urheberrechte und verwandte Schutzrecht", wobei der Abschnitt 1 als „Ergänzende Bestimmungen" gesondert gekennzeichnet ist. Hieraus ergibt sich, dass § 95a UrhG kein Recht eines Urhebers normieren will. Daher sind Ansprüchen

---

§ 95a Rn. 43ff.; Schack, UrhR, S. 401 f. Rn. 839; Spieker, GRUR 2004, 475 (480 f); Stieper, Rechtfertigung, Rechtsnatur, Disponibilität der Schranken des Urheberrechts, S. 466 ff.

632 BGH NJW 2008, 3565 – Clone-CD; ebenso im Ergebnis die Urteile im Verfahren „AnyDVD": LG München I GRUR-RR 2005, 214 (215); OLG München GRUR-RR 2005, 372; LG München I MMR 2008, 192; OLG München GRUR-RR 2009, 85.

633 Dreier, in: Dreier/Schulze, UrhG, § 97 Rn. 8.

634 Die Befürworter einer Anwendung des § 97 UrhG begründen die Einordnung des Rechtsschutzes technischer Schutzmaßnahmen als „Recht" im Sinne der Vorschrift deshalb damit, dass dieser in seiner „Wirkungsrichtung" einem absoluten Recht gleichstehe, da er gegen jeden nichtberechtigten Dritten schütze. Vgl. hierzu Wandtke/Ohst, in: Wandtke/Bullinger, UrhG, § 95a Rn. 88.

635 „Dürfen… nicht"; „verboten sind…". Vgl. Spieker, GRUR 2004, 475 (478).

636 Dreyer, in: Dreyer/Kotthoff/Meckel, UrhR, § 95a, Rn. 43 f.

637 Dreyer, in: Dreyer/Kotthoff/Meckel, UrhR, § 95a, Rn. 43 f; Spieker, GRUR 2004, 475 (478); a.A. begründet hingegen einen Unterlassungsanspruch aus §§ 97 Abs. 1 S. 1, 85 Abs. 1 S. 1 i.V.m. § 95a Abs. 3 UrhG.

aus den §§ 97 ff. UrhG aufgrund der Gesetzsystematik in solchen Fällen nicht anwendbar[638].

Eine andere im Schrifttum vertretene Meinung[639] bestätigt zwar die Ansicht, dass § 95a UrhG kein eigenes neues Recht begründet, sondern vielmehr ein negatives Verbietungsrecht zur Ergänzung der urheberrechtlichen Primärbefugnisse etabliert. In Anlehnung an § 96 UrhG, der im selben Abschnitt wie § 95a UrhG normiert ist und der dennoch nach Rechtsprechung des BGH[640] ein geschütztes Recht begründet, sollen Ansprüche aus §§ 97 ff. UrhG auch für § 95a UrhG anwendbar sein.

Alleine die Parallelen, die sich aufgrund der Gesetzessystematik des § 96 und § 95a UrhG zwischen diesen ergeben, können allerdings nicht darauf schließen lassen, dass auch § 95a UrhG ein nach den §§ 97 ff. UrhG geschütztes Recht begründet. Bei Betrachtung beider Normen fällt auf, dass die Zweckrichtung des § 96 UrhG eine gänzlich andere als diejenige des § 95a UrhG ist. So soll der ausübende Künstler aufgrund der Bestimmung des § 96 UrhG[641] die Verwertung seines Tonträgers untersagen können, wenn dieser unter Verstoß gegen § 75 UrhG ohne seine Einwilligung hergestellt worden ist (siehe Amtliche Begründung[642] zu § 96 UrhG, auf die im Übrigen auch der BGH[643] verweist). Damit kann ein Verstoß gegen § 96 UrhG Ansprüche aus § 97 Abs. 1 UrhG nach sich ziehen.

Die Zweckbestimmung des § 95a UrhG liegt hingegen darin, die Rechte der Urheber und Leistungsschutzberechtigten mittelbar durch die Einräumung des Schutzes von technischen Maßnahmen gegen Umgehung zu schützen[644]. Somit folgen beide Paragraphen einer unterschiedlichen und damit nicht vergleichbaren Zweckrichtung. Eine Gleichsetzung alleine aufgrund der Gesetzessystematik wäre nicht sachgerecht. Die besseren Argumente sprechen daher für die erstgenannte Auffassung.

Der BGH hat in einem Verfahren, in dem es um die Umgehung des Kopierschutzes von Tonträgern mit einer sog. Clone-CD und dessen Verkauf und Werbung ging, entschieden, dass § 95a Abs. 3 UrhG ein Schutzgesetz i.S.d.

---

638 Spieker, GRUR 2004, 475 (478).

639 Peukert, in: Handbuch des Urheberrechts (2003), § 82, Rn. 6; Pleister/Ruttig, MMR 2003, 763 (766).

640 BGH GRUR 1986, 454f. - Bob Dylan; BGH ZUM 1986, 199 (202) - GEMA-Vermutung III; BGH GRUR 1993, 550f. - The Doors.

641 Im Entwurf § 106.

642 BT-Drucks. IV/270, S. 103.

643 BGH GRUR 1986, 454 (455).

644 Dreyer, in: Dreyer/Kotthoff/Meckel, UrhR, § 95a Rn. 2; Schmid/Wirth, in: Schmid/Wirth/Seifert, UrhG, § 95a Rn. 1.

§ 823 Abs. 2 S. 1 BGB ist. Bemerkenswert war dies, da er nicht zuerst im Urheberrecht selbst nach einer Anspruchsgrundlage für einen Unterlassungs- und Schadensersatzanspruch gesucht hat. Allerdings hat der BGH die Anwendung der § 97 ff. UrhG in dieser Entscheidung ausdrücklich offengelassen[645].

Folgt man der Ansicht, die die §§ 97 ff. UrhG in diesem Zusammenhang für unanwendbar hält, scheiden diese damit als Anspruchsgrundlagen für einen Unterlassungs- und einen Schadensersatzanspruch aus.

(b) Rechtsfolgen außerhalb des UrhG

In konsequenter Fortführung der oben vertretenen Auffassung, ist § 823 Abs. 1 BGB als Schadensersatzanspruch ausgeschlossen. Es käme lediglich eine Verletzung in einem sonstigen Recht in Betracht. Sonstige Rechte i.S. des § 823 Abs. 1 BGB sind absolute Rechte, die gegen jeden wirken[646]. Wie angenommen, handelt es sich allerdings bei § 95a UrhG lediglich um ein Verbotsgesetz und nicht um ein Urheberrecht oder ein anderes nach dem Urheberrecht geschütztes Recht. Daher ist ein Schadensersatzanspruch nach § 823 Abs. 1 BGB i.V.m. § 95a Abs. 1 UrhG ausgeschlossen. Aus demselben Grund ist des Weiteren auch ein Unterlassungsanspruch aus §§ 823 Abs. 1, 1004 BGB i.V.m. § 95a Abs. 1 UrhG ausgeschlossen.

Es könnte allerdings ein Schadensersatzanspruch aus § 823 Abs. 2 i.V.m. § 95a Abs. 1 UrhG bestehen. Dann müsste § 95a UrhG ein Schutzgesetz i.S. des § 823 Abs. 2 BGB darstellen. Ein Schutzgesetz ist ein Gesetz, das zumindest auch den Schutz der im konkreten Fall betroffenen Individualrechtgüter bezweckt[647]. Es muss dazu dienen, neben dem Schutz der Allgemeinheit, Einzelne oder einen bestimmten Personenkreis gegen eine Verletzung des Rechtsgutes zu schützen[648]. Der Schutzzweck des § 95a UrhG liegt darin, die Rechte der Urheber und Leistungsschutzberechtigten mittelbar durch die Einräumung eines Schutzes von technischen Maßnahmen gegen Umgehung zu schützen. Damit sollen gerade diejenigen Urheber vor der Verletzung ihrer Rechte gewahrt werden, die ihre urheberrechtlichen Werke durch den Einsatz technischer Schutzmechanismen gegen ungewollte Nutzungen schützen. Ein bestimmter Personen-

---

645 BGH NJW 2008, 3565 – Clone-CD.

646 Schack, BGB-AT, S. 46 f. Rn 155; Wagner, in: MüKo-BGB, § 823 Rn 142.

647 BGH NJW 2008, 3565 (3566).

648 BGH NJW 2008, 3565 (3566); Sprau, in: Palandt, § 823 Rn. 57.

kreis, in diesem Fall die Urheber, sind geschützt. Aus diesem Grunde ist § 95a UrhG auch als Schutzgesetz i.S. des § 823 Abs. 2 BGB zu qualifizieren[649].

Zusätzlich muss dem Schädiger ein Verstoß gegen das Schutzgesetz zur Last gelegt werden können. Dieses richtet sich nach den Regeln des Schutzgesetzes, also hier nach § 95a Abs. 1 UrhG. In objektiver, wie auch subjektiver Weise muss der Verletzer demnach gegen das Schutzgesetz verstoßen haben. Für die Annahmen eines Verstoßes gegen das Umgehungsverbot wird zumindest grobe Fahrlässigkeit gefordert[650]. Soweit diese dem Schädiger nachgewiesen werden kann, besteht ein Anspruch auf Schadensersatz aus § 823 Abs. 2 i.V.m. § 95a Abs. 1 UrhG. Die Rechtswidrigkeit des Verstoßes gegen ein Schutzgesetz wird durch dessen Verletzung indiziert[651].

Schwierigkeiten könnten sich in der Praxis in solchen Fällen alleine aus der Ermittlung des konkreten Schadens bzw. der Schadenshöhe ergeben[652]. Denn der Schaden, der eigentlich angestrebt wird ihn ersetzt zu bekommen, wäre derjenige, der mittelbar durch die Umgehung, also die konkrete Nutzung des Werkes entstanden ist. Zudem könnte dem Rechteinhaber noch ein verschuldensunabhängiger Unterlassungsanspruch aus §§ 823 Abs. 2, 1004 BGB i.V.m. § 95a Abs. 1 UrhG zustehen. Weil der Schutzbereich des § 1004 Abs. 1 BGB alle durch § 823 Abs. 2 BGB i.V.m. dem Schutzgesetz geschützten Rechtsgüter umfasst, steht bei Vorliegen einer Wiederholungsgefahr der Verletzung des Schutzgesetzes dem Rechteinhaber ein Anspruch auf Unterlassung gegen den Störer gem. §§ 823 Abs. 2, 1004 BGB i.V.m. § 95a Abs. 1 UrhG zu.

d) Rechtsfolgen für Vorbereitungshandlungen

Wer dem Verbot des § 95a Abs. 3 UrhG zuwiderhandelt, macht sich gem. § 108b Abs. 2 UrhG strafbar und handelt nach § 111a Abs. 1 Nr. 1, Abs. 2 UrhG ordnungswidrig. Unter Bezugnahme der oben ausgeführten Erwägungen zu den zivilrechtlichen Rechtsfolgen wird darauf verwiesen. Allerdings mit dem Unterschied, dass ein Verstoß gegen § 95a Abs. 3 UrhG kein Verschulden voraussetzt und der Verletzer daher auch für einen Unterlassungsanspruch nicht fahrlässig

---

649 BGH NJW 2008, 3565 (3565f.); ebenso Dreyer, in: Dreyer/Kotthoff/Meckel, UrhG, § 95a Rn. 45; Enders, ZUM 2004, 593 (600); Spieker, GRUR 2004, 475 (481); Wandtke/Ohst, in: Wandtke/Bullinger, UrhG, § 95a Rn. 88.

650 So erörtert in Teil 3 unter Punkt B V 4b), S. 112 ff.

651 BGH NJW 1993, 1580 (1581); Sprau, in: Palandt, § 823 Rn. 59.

652 Vgl. hierzu Dreyer, in: Dreyer/Kotthoff/Meckel, UrhR, § 95a Rn. 45.

gehandelt haben muss, obwohl die unklare Formulierung des § 95a Abs. 3 UrhG ein subjektives Element als Tatbestandsvoraussetzung nahelegt[653].

5. Regelung des § 95b UrhG

Nach der Reform durch den „Ersten Korb“ sind gewisse Handlungen der Nutzer im Rahmen der Schrankenregelungen durch den Einsatz technischer Schutzmaßnahmen nicht mehr möglich.

Damit durch die Verwendung technischer Schutzmaßnahmen die Schrankenbestimmungen für die Begünstigten nicht leer laufen, hat der Gesetzgeber § 95b UrhG, nach einigen Streitereien im Gesetzgebungsverfahren[654], im Urheberrecht verankert[655]. § 95b Abs. 1 UrhG dient der Umsetzung des Art. 6 Abs. 4 Unterabs. 1 der Richtlinie 2001/29/EG, welcher bestimmt, dass die Möglichkeit der Wahrnehmung bestimmter Schranken durch die Begünstigten sicherzustellen ist. Aus Gründen des sich ständig wandelnden technischen Umfeldes sollte die gesetzliche Regelung flexibel ausgestaltet werden. Hierzu orientiert sich der Gesetzgeber eng am Richtlinientext und beschreibt den Umfang der gewährenden Mittel nur abstrakt durch die Formulierung „für den Schrankengebrauch erforderlichen Mittel zur Verfügung gestellt“[656].

§ 95b Abs. 2 i.V.m. Abs. 1 Nr. 6 UrhG enthält einen Anspruch der Begünstigten einer Schrankenregelung auf Durchsetzung der Privatkopieschranke gegen die Rechteinhaber, die zur Verwirklichung der jeweiligen Schrankenbefugnis benötigten Mittel zur Verfügung gestellt zu bekommen. Dieses gilt jedoch nur „soweit es sich um Vervielfältigungen auf Papier oder einem beliebigen Tonträger mittels photomechanischer oder anderer Verfahren mit ähnlicher Wirkung handelt“ (§ 53 Abs. 1 UrhG), sowie in den Fällen der §§ 45-47, 52a, 53 Abs. 2 unter einschränkenden Voraussetzungen, 53 Abs. 3 und 55 UrhG.

Der Gesetzgeber verzichtete jedoch vorerst darauf, eine entsprechende Verpflichtung auch in Bezug auf digitale Vervielfältigungen zu privaten Zwecken in das Gesetz aufzunehmen. Damit hat er von seinem Umsetzungsspielraum in negativer Hinsicht Gebrauch gemacht und die fakultative Regelung über die digitale Privatkopie zum privaten Gebrauch gem. Art. 6 Abs. 4 Unterabs. 2 der Richt-

653 BGH NJW 2008, 3565 (3567), anders sah es hingegen das LG Köln MMR 2006, 412; vgl. hierzu auch Czychowski/Nordemann, NJW 2010, 735 (743).

654 Czychowski, NJW 2003, 2409 (2410).

655 Dreier, ZUM 2002, 28 (36); Mayer, CR 2003, 274 (279).

656 BT-Drucks. 15/38, S. 27. Hiermit sollte ausgeschlossen werden, dass die Nutzungsmöglichkeit auf ein Verfahren beschränkt wird, das nicht mehr oder noch nicht allgemein üblich ist, oder das die Nutzungsmöglichkeit von der Erfüllung zusätzlicher Voraussetzungen wie der Zahlung eines Entgeltes abhängig wird.

linie nicht umgesetzt. Der Gesetzgeber begründete seine Entscheidung damit, dass die Durchsetzung der digitalen Privatkopieschranke bei der Anwendung technischer Maßnahmen gesondert geprüft werden müsse und daher in den betroffenen Kreisen noch eingehend zu diskutieren sei[657]. Die Frage, ob darüber hinaus auch digitale Vervielfältigungen zu privaten Zwecken von Bild- oder Tonträgern gegenüber technischen Schutzmaßnahmen durchgesetzt werden sollen, wird also im „Zweiten Korb“ geklärt werden müssen[658].

Selbst bei Vorliegen eines Anspruchs nach § 95b Abs. 1 UrhG steht dem Schrankenbegünstigten kein Selbsthilferecht, in Form der eigenhändigen Umgehung der technischen Maßnahmen zu[659]. Zudem entfällt der Schutz des § 95b UrhG, wenn der betroffene Schutzgegenstand der Öffentlichkeit aufgrund einer freiwilligen Vereinbarung zu Orten und Zeiten ihrer Wahl zugänglich ist (§ 95b Abs. 3 UrhG).

Im deutschen Urheberrecht ist § 95b Abs. 2 UrhG erstmals eine Regelung, die den Nutzern einen Ansatz eines subjektiven Rechts in Bezug auf Schrankenbestimmungen gewährt[660]. Allein ein individueller Anspruch reicht jedoch schon wegen des mit seiner Verfolgung verbundenen Aufwands für einen effektiven Schutz nicht aus[661]. Daher wird mit Wirkung zum 01.09.2004 die Möglichkeit einer Verbandklage gegen die Rechteinhaber auf Unterlassung des, die privilegierte Werknutzung behindernden Verhaltens, eingeführt[662] (§§ 2a Abs. 1, 3a S. 1 UKlaG[663]), bei welcher die Belastung für die einzelnen Begünstigten entfällt[664]. Soweit der Unterlassungsanspruch allerdings unter Berücksichtigung der Gesamtumstände missbräuchlich ist, kann dieser nicht geltend gemacht werden. Dies ergibt sich aus der entsprechenden Geltung des § 2a Abs. 3 mit § 2 Abs. 3 UKlaG.

§ 95b Abs. 2 UrhG ist nicht mit den anderen Vorschriften zusammen im „Ersten Korb“ am 13.09.2003 in Kraft getreten, sondern erst am 01.09.2004. Grund hierfür war, dass den Rechteinhabern Zeit für die Schaffung von freiwilligen Maßnahmen, wie der Einrichtung einzelvertraglicher Abreden, eingeräumt

---

657 BT-Drucks, 15/38, S. 15.

658 Lauber/Schwipps, GRUR 2004, 293 (300).

659 BVerfG GRUR 2005, 1032 (1033).

660 Czychowski, NJW 2003, 2409 (2411); Klett, K&R 2004, 257 (259).

661 Metzger/Kreutzer, MMR 2002, 139 (140); Wandtke/Ohst, in: Wandtke/Bullinger, UrhG, § 95b Rn. 39.

662 Vgl. vertiefend zur Möglichkeit einer Verbandklage, Stieper, Rechtfertigung, Rechtsnatur, Disponibilität der Schranken des Urheberrechts, S. 498 ff.

663 Unterlassungsklagengesetz.

664 Schippan, ZUM 2003, 378 (386).

werden sollte[665]. Die freiwilligen Maßnahmen sollen Vorrang vor staatlichem Einschreiten haben. Ab dem 01.09.2004 stellt die nicht Zurverfügungstellung der entsprechend notwendigen Mittel durch die Rechteinhaber zur Nutzung eines Werkes im Rahmen der Schranke eine Ordnungswidrigkeit nach § 111a UrhG dar. Diese kann mit bis zu 50.000 Euro Bußgeld geahndet werden.

6. Verfassungsmäßigkeit der §§ 95a, 95b UrhG

Im Kern hat der Gesetzgeber mit der Novellierung des Urheberrechtsgesetzes im Jahre 2003 die Möglichkeit der Privatkopie, auch die der digitalen, in § 53 Abs. 1 UrhG unangetastet gelassen, jedoch die Umgehung technischer Schutzmaßnahmen in § 95a Abs. 1 UrhG verboten. Im Gegensatz zur analogen wurde die digitale Privatkopie in § 95b UrhG nicht geregelt und ist damit nicht durchsetzungsstark. Der Nutzer hat damit zwar weiterhin die Möglichkeit auch privat digital zu kopieren, kann dies jedoch nicht, wenn diesem Vorhaben Kopier- oder Zugangssperren entgegenstehen[666]. Technische Schutzmaßnahmen sind uneingeschränkt legitim, soweit sie rechtswidrige Vervielfältigungen unterbinden[667]. Allerdings können die Maßnahmen nicht zwischen rechtswidrigen und rechtmäßigen, durch die Schrankenbestimmungen eigentlich zulässige Vervielfältigungen, unterscheiden[668]. In diesem Umstand zusammen mit der Tatsache der Nichtdurchsetzbarkeit der digitalen Privatkopie könnte ein Verstoß gegen die grundrechtlich geschützten Nutzer- und Eigentümerinteressen, namentlich der Informationsfreiheit aus Art. 5 Abs. 1 S. 1 2. Halbs. GG sowie der Eigentumsgarantie aus Art. 14 Abs. 1 S. 1 GG liegen.

a) Verstoß gegen die Informationsfreiheit

Das Verbot der Umgehung technischer Schutzmaßnahmen zum Zwecke des Schrankengebrauchs und die damit einhergehende Beschränkung der Möglichkeit, kopiergeschützte Werke digital legal vervielfältigen zu können, könnte ein Verstoß gegen die Informationsfreiheit der Schrankenbegünstigten darstellen. Ob ein solcher Verstoß bejaht werden kann, wird kontrovers diskutiert. Es stellt sich zunächst die Frage nach der Eröffnung des Schutzbereiches der Informationsfreiheit nach Art. 5 Abs. 1 S. 1 2. Halbs. GG. Die Informationsfreiheit schützt das Recht, sich aus allgemein zugänglichen Quellen zu informieren[669].

665 Siehe auch Art. 6 Abs. 4 der Richtlinie 2001/29/EG.

666 Berger, ZUM 2004, 257 (258).

667 Vgl. hierzu Schack, ZUM 2002, 497 (505).

668 Schack, ZUM 2002, 497 (505).

669 BGH NJW 2008, 3565 (3568); BT-Drucks. 16/1828, S. 20 f.

Informationsquellen sind dabei alle Träger von Informationen, unabhängig davon, ob die Informationen Meinungen oder Tatsachen enthalten[670]. Urheberrechtlich geschützte Werke können Informationen enthalten, da eine Begrenzung auf bestimmte Arten von Informationen nicht stattfindet[671]. Eine Informationsquelle ist dann allgemein zugänglich, wenn sie von der Intention des Urhebers her bestimmt ist, einen individuell nicht abgegrenzten Personenkreis zu informieren[672]. Individuell ist der Personenkreis dann, wenn eben nur bestimmte einzelne Personen als Adressaten in Betracht kommen sollen.

Fraglich ist, ob die Informationen als allgemein zugänglich gelten können, soweit sie bereits durch technische Maßnahmen wie Digital Rights Management Systeme versehen wurden. Vorliegend wird bei dem Einsatz der DRM-Systeme nicht von vornherein eine Personengruppe abgegrenzt, die später Zugang haben soll, sondern alle diejenigen sollen Zugang zum geschützten Werk erhalten, die sich z.B. registriert haben und für eine Nutzung bezahlen[673]. Somit ist das geschützte urheberrechtliche Werk als allgemein zugängliche Informationsquelle zu qualifizieren. Durch DRM-Systeme wird der Zugang zu diesem nur vorläufig (bis zur Registrierung und Zahlung) unterbunden. Hierin könnte eine Störung des durch die Informationsfreiheit geschützten Verhaltens liegen. Denn geschützt ist die schlichte Entgegennahme, aber auch die aktive Beschaffung von Informationen, unabhängig von den dabei angewendeten Methoden. Auch geschützt werden die erforderlichen Vorbereitungshandlungen[674].

Die DRM-Systeme verhindern den Zugang zu einem konkreten Werk, aber nur den kostenlosen, denn es bleibt jedem potentiellen Nutzer möglich, sich das gewünschte Werk zu kaufen. Damit ist letztlich nur der unentgeltliche Werkzugang durch DRMS unterbunden. Die Informationsfreiheit gewährt aber gerade kein Recht auf unentgeltlichen Informationszugang[675]. Aus dem Grundrecht der Informationsfreiheit ließe sich kein Recht des Verbrauchers auf die Herstellung von Privatkopien ableiten, die sich gegen das geistige Eigentum richten, zu dessen Schutz die gesetzliche Regelung in § 53 Abs. 1 UrhG eingeführt worden ist. Insofern sei zwischen einem Recht auf Privatkopie und einem Recht auf Werkzugang zu unterscheiden[676]. Nach dieser Auffassung ist bereits der Schutzbe-

---

670 Jarass, in: Jarass/Pieroth, GG, Art. 5 Rn. 15.

671 BVerfGE 90, 27 (32) – „Parabolantenne".

672 BVerfGE 33, 52 (65).

673 Vgl. hierzu auch Arlt, DRMS, S. 196.

674 Herzog, in: Maunz/Dürig, GG, Art. 5 Abs. 1,2 Rn 87 f.

675 BVerwGE 29, 214 (218); Berger, ZUM 2004, 257 (264); Schack, ZUM 2002, 497 (499); Starck, in: v. Mangoldt/Klein/Starck, Art. 5, Rn. 58; v. Diemar, GRUR 2002, 587 (592).

676 BT-Drucks. 16/1828, S. 21.

reich des Art. 5 Abs. 1 S. 1 2. Halbs. GG nicht eröffnet[677]. Diese Ansicht stößt jedoch auf Kritik.

So wird von Teilen der Literatur[678] die Eröffnung des Schutzbereichs angenommen. Darüber hinaus wird ein Eingriff in den Schutzbereich der Informationsfreiheit der Nutzer mit dem Argument bejaht, dass es zumindest problematisch erscheint, dass die Umgehung einer technischen Schutzmaßnahme durch ein gesetzliches Verbot sanktioniert werden darf, wenn die Umgehung erfolgt, um eine urheberrechtlich an sich zulässige und vom Schutzbereich der Informationsfreiheit erfasste Nutzung zu ermöglichen, wie der digitalen Privatkopie[679]. Ein solcher Eingriff in die Informationsfreiheit ist verfassungswidrig, wenn er nicht durch den Gesetzesvorbehalt der allgemeinen Gesetze nach Art. 5 Abs. 2 GG oder durch kollidierendes Verfassungsrecht gerechtfertigt ist[680]. Die hierfür entscheidende Frage ist, inwieweit ein Nutzer, der rechtmäßigen Zugang zu einer Informationsquelle hat, durch rechtliche Sanktionen daran gehindert werden darf, sich aus dieser Quelle zu unterrichten. Denn dies wird durch den Umgehungsschutz in § 95a UrhG verhindert. § 95a UrhG dient dem Schutz des geistigen Eigentums an urheberrechtlich geschützten Werken und soll den Rechteinhabern die Möglichkeit geben, ihr geistiges Eigentum durch technische Maßnahmen selber vor unkontrolliertem Zugang, begünstigt durch die neuen technischen Möglichkeiten, zu schützen[681]. Mit diesem Grundgedanken verfolgte der Gesetzgeber unter verfassungsrechtlichen Gesichtspunkten auch einen legitimen Zweck[682]. Zudem kann die Regelung des § 95a UrhG als geeignet angesehen werden, um dieses Ziel zu erreichen[683].

Ob die Maßnahme als erforderlich und angemessen angesehen werden kann, wird wiederum nicht einheitlich beantwortet. Zum einen wird vertreten, dass die gesetzlichen Regelungen in den §§ 95a, 95b UrhG nicht den Anforderungen der Erforderlichkeit und der Angemessenheit genügen. Denn wie ein gesetzliches

677 A.A. Holznagel/Brüggemann, MMR 2003, 767; es wird eine verfassungskonforme Auslegung der Kopierschutzvorschriften vorgeschlagen, so dass die Privatkopie auch hinsichtlich digitaler Vervielfältigungen kopiergeschützter Werke durchgesetzt werden kann. Ebenso Ulbricht, CR 2004, 674 (679).

678 Holznagel/Brüggemann, MMR 2003, 767; Rigamoti, GRUR Int. 2005, 1 (9); Stieper, Rechtfertigung, Rechtsnatur, Disponibilität der Schranken des Urheberrechts, S. 508 ff; Ulbricht, CR 2004, 674.

679 Vgl. hierzu Stieper, Rechtfertigung, Rechtsnatur, Disponibilität der Schranken des Urheberrechts, S. 508 ff.

680 Jarass, in: Jarass/Pieroth, GG, Vorb. Art. 1 Rn. 38 und Art. 5 Rn. 22.

681 BT-Drucks. 15/38, S. 26; BT-Drucks. 16/1828, S. 20.

682 OLG München MMR 2005, 768 (769) zu Abs. 3; LG Köln MMR 2006, 412 (414).

683 Ulbricht, CR 2004, 678.

Verbot der Privatkopie selbst, von dem der Gesetzgeber Abstand genommen hat, sei ein Verbot von Umgehungshandlungen praktisch ebenso wenig durchsetzbar[684]. Die Umgehung eines Kopierschutzes von einem Rechteinhaber sei nicht kontrollier- und verfolgbar, soweit sie ausschließlich im privaten Bereich stattfinde[685]. Es könne nur zu dem Umstand führen, dass digitale Privatkopien von, mit technischen Schutzmaßnahmen versehenen, Vorlagen deutlich erschwert werden würden. Daher sei eine Umgehung einer Maßnahme auch mit der Informationsfreiheit dann unvereinbar, wenn sie gerade eine vom Schutzbereich der Informationsfreiheit zulässige digitale Privatkopie verhindere und sanktioniere. Die Rechteinhaber wären bereits vor Umgehung ihrer technischen Maßnahme ausreichend geschützt, da auch die Herstellung und der Vertrieb der Umgehungsmittel nach § 95a Abs. 3 UrhG untersagt sei.

Hiergegen lässt sich anführen, dass auch die Herstellung und der Vertrieb von Umgehungssoftware gerade schwerlich zu kontrollieren sein wird. Deshalb kann das Verbot der Umgehung technischer Schutzmaßnahmen dazu beitragen, unberechtigte und unkontrollierte Vervielfältigungen, die nicht mehr durch die Privilegierung des § 53 Abs. 1 UrhG gestattet werden, aber durch die neuen technischen Gegebenheiten ermöglicht werden, zu unterbinden. Analoge Privatkopien bleiben weiterhin gestattet. Zudem besteht weiterhin die Möglichkeit der Erstellung auch einer digitalen Privatkopie, denn nicht alle urheberrechtlich geschützten Werke sind mit technischen Schutzmaßnahmen versehen[686].

Außerdem muss berücksichtigt werden, dass eine Abwägung der sich entgegenstehenden verfassungsrechtlichen Interessen vorgenommen werden muss. Der Schutz der Informationsfreiheit ist, besonders in Hinblick für unsere demokratische Gemeinschaft, ein überragend wichtiges Gut. Aber auch das Urheberrecht genießt grundrechtlichen Schutz. Es wurde als geistiges Eigentum definiert und das Eigentum fällt in den Schutzbereich des Art. 14 Abs. 1 GG[687]. Der Gesetzgeber hat den Inhalt des Urheberrechts mit den Regelungen der §§ 11 ff. UrhG und der §§ 44a ff. UrhG ausgestaltet. Dabei hatte er im Rahmen der Schrankenregelungen auch die Sozialpflichtigkeit des geistigen Eigentums nach Art. 14 Abs. 1 S. 2 GG zu berücksichtigen und hatte darauf geachtet, dass

---

684 Stieper, Rechtfertigung, Rechtsnatur, Disponibilität der Schranken des Urheberrechts, S. 513.

685 Stieper, Rechtfertigung, Rechtsnatur, Disponibilität der Schranken des Urheberrechts, S. 513.

686 Vgl. hierzu auch die Annahmen, die in der Arbeitsgruppe „Privatkopie“ gemacht worden sind, Teil 2 Punkt K II 1, S. 69 f.

687 Hierunter wird aber nicht nur das Urheberrecht an sich gefasst, sondern auch die Leistungsschutzrechte, z.B. der ausübenden Künstler und Tonträgerhersteller. Vgl. hierzu BT-Drucks. 16/1828, S. 20.

er nicht Einzelnen ein Sonderopfer auferlege[688]. Als „grundgesetzlich geschützten Kern des Urheberrechts“ hat das Bundesverfassungsgericht „die grundsätzliche Zuordnung des vermögenswerten Ergebnisses der schöpferischen Leistung an den Urheber im Wege der privatrechtlichen Normierung und seine Freiheit, in eigener Verantwortung darüber verfügen zu können“ definiert[689]. Daraus folgt, dass das Urheberrechtsgesetz nur dann ausnahmsweise die Nutzung urheberrechtlicher Werke ohne die Zustimmung des Urhebers oder Rechteinhabers gestatten darf, wenn diese Nutzungsfreiheit durch überragende Allgemeininteressen gerechtfertigt ist[690].

Der Gesetzgeber von 1965 musste die Privatkopie zulassen, da ein Verbot mangels Durchsetzbarkeit für den Urheber ohne Nutzen gewesen wäre[691]. Durch die Zulassung konnte der Gesetzgeber dem Urheber über die Gerätevergütung zumindest einen finanziellen Ausgleich für die ansonsten unkontrollierbare Nutzung verschaffen. Allerdings ist den Verbrauchern aus der Befugnis zur Privatkopie, die 1965 aus der Not der geistigen Eigentümer heraus geboren wurde, kein Recht erwachsen, das sich heute gegen das geistige Eigentum ins Feld führen ließe[692].

Grundsätzlich ist die Einschränkung des Urheberrechts durch die Schrankenbestimmungen gestattet, aber es muss bezüglich der digitalen Privatkopie berücksichtigt werden, dass sich durch den Fortschritt der technischen Möglichkeiten der heutigen Zeit die Voraussetzungen grundlegend geändert haben. Es ist mittlerweile sehr leicht digitale Kopien ohne großen Zeitverlust und vor allem ohne Qualitätsverlust herzustellen, so dass „die grundsätzliche Zuordnung des vermögenswerten Ergebnisses der schöpferischen Leistung an den Urheber im Wege der privatrechtlichen Normierung und seine Freiheit, in eigener Verantwortung darüber verfügen zu können“[693] heute einer enormen Gefahr ausgesetzt sind. Die Möglichkeit der Errichtung von technischen Schutzmaßnahmen und das Verbot dessen Umgehung bzgl. der an sich zulässigen digitalen Privatkopie stellen damit durchaus einen erforderlichen und angemessenen Ausgleich zur Informationsfreiheit dar. Nach diesen Erwägungen ist der Eingriff in die Informationsfreiheit der Nutzer verfassungsrechtlich gerechtfertigt.

---

688 BT-Drucks. 16/1828, S. 20.

689 BVerfGE 31, 229 (240 f.).

690 BT-Drucks. 16/1828, S. 20.

691 Vgl. hierzu die Ausführungen in Teil 2 unter Punkt F, S. 37 ff.

692 BT-Drucks. 16/1828, S. 20; BGH NJW 2008, 3565 (3568); vgl. hierzu auch Hucko, ZUM 2005, 128 (130); Stickelbrock, GRUR 2004, 736 (740); Ulbricht, CR 2004, 674 (677 ff.).

693 Vgl. BVerfGE 31, 229 (240 f.).

b) *Verstoß gegen die Eigentumsgarantie*

Durch das Verbot der Umgehung technischer Maßnahmen und der damit verbundenen Beschränkung der digitalen Privatkopie, die nach § 53 Abs. 1 UrhG weiterhin privilegiert ist, könnte der Nutzer als rechtmäßiger Erwerber eines kopiergeschützten Mediums allerdings in seiner Eigentumsgarantie aus Art. 14 Abs. 1 S. 1 GG verletzt sein.

Eigentum ist dabei die Summe aller vermögenswerten Rechte, die dem Einzelnen durch die Gesetze zugewiesen sind und ihm eine private Nutzungs- und Verfügungsbefugnis einräumen[694]. Auf den ersten Blick scheint die Nutzung des Eigentums nach Inkrafttreten des „Ersten Korbs" beeinträchtigt, da die rechtmäßig erworbenen kopiergeschützten Medien nicht mehr für den privaten Gebrauch vervielfältigt und damit auch nicht mehr im gleichen Maße wie vor der Novellierung genutzt werden können[695]. Allerdings muss differenziert werden, was genau beim Kauf beispielsweise einer CD oder DVD erlangt wird. Man erlangt „nur" das Eigentum an dem Datenträger an sich, also das Sacheigentum und nicht, wie viele meinen, auch die Nutzungsrechte am Werk selbst[696]. § 44 UrhG verdeutlicht, dass im Urheberrecht zwischen Werkexemplar als Sache und dem Werk als Gestalt gewordener Schöpfungsgedanke, dem Immaterialgut, zu unterscheiden ist[697]. Wer ein Werkexemplar (die Sache) kauft, hat damit noch kein Recht an dem Immaterialgut erworben[698]. Er darf das Buch lesen oder sich die CD anhören, nicht aber aus dem Buch öffentlich vortragen oder die Musik öffentlich vorspielen[699]. Wer ein Werk erwirbt, braucht in der Regel keine Nutzungsrechte, um es anzuhören, zu lesen oder betrachten zu können[700]. Allerdings stehen auch dem Erwerber eines Werkexemplars wiederum dieselben Rechte, wie einem Dritte, an dem Werk zu. Hierunter sind insbesondere die durch die Schrankenregelungen gewährleisteten Nutzungen (gem. §§ 44a ff. UrhG) zu fassen[701]. Auch der Erwerber einer CD kann sich demnach auf die Möglichkeit der Herstellung einer Privatkopie im Rahmen des § 53 Abs. 1 UrhG berufen, denn die Schrankenbestimmungen gestatten einzelne Nutzungen ohne gesonderten Rechteerwerb[702].

---

694 Jarass, in: Jarass/Pieroth, GG, Art. 14, Rn. 7.

695 Holznagel/Brüggemann, MMR 2003, 767 (769).

696 Flechsig, in: Festschrift f. Nordemann 2004, 313 (317); Schimmel, ZUM 2005, 121 (122).

697 Schulze, in: Dreier/Schulze, UrhG, § 44 Rn. 1.

698 Schulze, in: Dreier/Schulze, UrhG, § 44 Rn. 1.

699 Schulze, in: Dreier/Schulze, UrhG, § 44 Rn. 1.

700 Schulze, in: Dreier/Schulze, UrhG, § 44 Rn. 2.

701 Schulze, in: Dreier/Schulze, UrhG, § 44 Rn. 2.

702 Schulze, in: Dreier/Schulze, UrhG, § 44 Rn. 2.

In dem Verbot der Umgehung technischer Schutzmaßnahmen zur Anfertigung einer nach § 53 Abs. 1 UrhG zulässigen digitalen Privatkopie kann demnach zunächst ein Eingriff in die verfassungsrechtlich gewährleistete Eigentumsgarantie nach Art. 14 Abs. 1 S. 1 GG bejaht werden. Angesichts der großen Gefahr, die durch die heutigen technischen Möglichkeiten für den grundgesetzlich geschützten Kern des Urheberrechts besteht, muss die Abwägung der Eigentümerinteressen aber ebenso ausfallen wie hinsichtlich des Eingriffs der Informationsfreiheit. Demnach ist dieser auch verfassungsrechtlich gerechtfertigt[703].

Interessant ist in diesem Zusammenhang, dass die 3. Kammer des Ersten Senats des BVerfG mit Beschluss vom 25.07.2005 eine Rechtssatzverfassungsbeschwerde eines Eigentümers von Audio-CDs und Video-DVDs nicht zur Entscheidung angenommen hat[704]. Der Beschwerdeführer wandte sich gegen das seiner Meinung nach mit den angegriffenen Vorschriften verbundene Verbot der Herstellung privater Sicherheitskopien von ordnungsgemäß erworbenen, aber kopiergeschützten CDs und DVDs. Das BVerfG kam vorliegend zu dem Ergebnis, dass der Beschwerdeführer durch die angegriffenen Regelungen nicht unmittelbar in seinen Grundrechten verletzt sei. Aus diesem Grund wurde die Verfassungsbeschwerde nicht zur Entscheidung angenommen. Die hier streitige Frage, ob es ein „Recht auf Privatkopie“ gibt, wurde nicht erörtert[705]. Das BVerfG führte lediglich aus, dass die streitige Frage, ob es ein Recht auf eine digitale Privatkopie gebe, keiner Erörterung bedürfe, sodass es dahinstehen könne, ob mit einem strafbewehrten gesetzlichen Verbot der digitalen Privatkopie eine Verletzung des Eigentumsrechts verbunden sein könnte, oder ob damit – wofür vieles spricht – lediglich eine wirksame Inhalts- und Schrankenbestimmung im Sinne des Art. 14 Abs. 1 S. 2 GG vorgenommen worden sei[706].

7. Regelung des § 95c UrhG

§ 95c UrhG regelt in Umsetzung des Art. 7 der Richtlinie 2001/29/EG den Schutz der zur Rechtewahrnehmung erforderlichen Informationen. Hiernach ist es untersagt, elektronische Informationen, die von den Rechteinhabern zur

---

703 A.A. Holznagel/Brüggemann, MMR 2003, 767 (768 ff.), diese möchten das Problem der Verfassungswidrigkeit über eine verfassungskonforme Auslegung des Umgehungsbegriffs lösen; Stieper, Rechtfertigung, Rechtsnatur, Disponibilität der Schranken des Urheberrechts, S. 508 ff.

704 BVerfG GRUR 2005, 1032.

705 BVerfG GRUR 2005, 1032 (1033).

706 BVerfG GRUR 2005, 1032 (1033); auch besprochen in Schippan, ZUM 2006, 853 (858).

Rechtewahrnehmung an Vervielfältigungsstücken angebracht sind, zu entfernen oder zu verändern.

8. Regelung des § 95d UrhG

Nach § 95d UrhG besteht eine Kennzeichnungspflicht nur für die durch das Urheberrecht geschützten Werke, die mit technischen Schutzmaßnahmen versehen sind. Damit sollen Rechteinhaber zur Abgabe von bestimmten Angaben bewegt werden, soweit sie ihre urheberrechtlich geschützten Werke mit technischen Maßnahmen versehen haben. § 95d Abs. 1 UrhG dient vornehmlich dem Verbraucherschutz und der Lauterkeit des Wettbewerbs[707]. Wohingegen § 95d Abs. 2 UrhG dem Schrankenbegünstigen bei der Durchsetzung seines Anspruchs gegen den Rechteinhaber aus § 95b UrhG helfen soll[708].

Ein Verstoß gegen § 95d Abs. 2 UrhG stellt nach § 111a Abs. 1 Nr. 3 UrhG eine Ordnungswidrigkeit dar. Diese Regelung trat allerdings erst zum 01.09.2004 in Kraft. Der Verstoß kann mit einer Geldbuße mit bis zu 10.000 Euro geahndet werden. Nach dem ausdrücklichen Wortlaut des § 111a Abs. 1 Nr. 3 UrhG ist eine Bußgeldandrohung jedoch nicht für sämtliche Kennzeichnungspflichten des § 95d UrhG vorgesehen, sondern nur für solche Fälle, in denen der Kennzeichnungspflichtige seinen Namen und seine zustellungsfähige Adresse nicht oder nicht vollständig mitteilt[709].

Hingegen wird ein Verstoß gegen § 95d Abs. 1 UrhG nicht mit einem Bußgeld geahndet, fällt also nicht unter den § 111a UrhG. Auch zieht er keinerlei zivilrechtliche oder strafrechtliche Konsequenzen nach sich. Er stellt allerdings ein Schutzgesetz i.S.d. § 823 Abs. 2 BGB dar[710]. Des Weiteren stehen den Nutzern Ansprüche aus dem Gewährleistungsrecht gegen die Kennzeichnungspflichtigen aufgrund ordnungswidriger bzw. gänzlich unterlassener Kennzeichnung der Datenträger zu[711].

---

707 Wandtke/Ohst, in: Wandtke/Bullinger, UrhG, § 97d Rn. 1.

708 BT-Drucks. 15/38, 28. Siehe auch Diesbach, K&R 2004, 8 (10).

709 Diesbach, K&R 2004, 8 (13).

710 Bechtold, in: Hoeren/Sieber (2008), Hdb. Multimedia-Recht, Kap. 7.7 Rn. 127.

711 Die Gewährleistungsrechte ergeben sich daraus, dass die unterlassene oder unzureichende Kennzeichnungspflicht (also ein Verstoß gegen § 95d UrhG) einen Mangel i.S. des § 434 BGB darstellt. Dieser liegt allerdings nur in der eingeschränkten Abspielbarkeit und nicht auch in der Nichtkopierbarkeit des Datenträgers. Die Folgen des Nacherfüllungsanspruchs gem. §§ 437 Nr. 1, 439 Abs. 1 BGB: Zum einen die Beseitigung des Mangels selbst und zum anderen die Nachlieferung eines mangelfreien Datenträgers werden dem Verkäufer zumeist unmöglich sein, so dass der Käufer ohne Setzung einer Nachfrist einen Rücktritt oder eine Minderung geltend machen kann. Bei einer ord-

9. Technischen Schutzmaßnahmen im Zusammenspiel mit der Privatkopie

Im Kern hat der Gesetzgeber mit der Novellierung des Urheberrechtsgesetzes im Jahre 2003 die Möglichkeit der Privatkopie in § 53 Abs. 1 UrhG unangetastet gelassen, jedoch die Umgehung digitaler Schutzmaßnahmen in § 95a Abs. 1 UrhG verboten. Der Nutzer hat damit zwar weiterhin die Möglichkeit privat zu kopieren, kann dies allerdings oftmals nicht, da der digitalen Privatkopie Kopier- oder Zugangssperren entgegenstehen[712]. Die analoge Privatkopie bleibt möglich. Sollten ihr Kopierschutzsysteme entgegenstehen, wird den Schrankenbegünstigten ein Anspruch auf Durchsetzung gegenüber diesen Maßnahmen gem. § 95b Abs. 2 i.V.m. Abs. 1 Nr. 6a UrhG gewährt. Die digitale Privatkopie ist hingegen nur möglich, wenn das jeweilige Werk nicht mit technischen Maßnahmen vor Umgehung geschützt ist.

Es wird in Zukunft problematisch sein, den Nutzern die digitale Privatkopie auf der einen Seite nach § 53 Abs. 1 UrhG zu gestatten und auf der anderen Seite wieder zu entziehen, soweit sie kopiergeschützt ist. Aus Sicht der Nutzer ist dies eine Verschlechterung zur bisherigen Rechtslage, so dass es schwierig werden wird, den Nutzern die Nichtdurchsetzbarkeit der digitalen Privatkopie zu vermitteln. Es ist zu befürchten, dass viele versuchen werden, aus Gewohnheit ihr „Recht auf (digitale) Privatkopie“[713] weiterhin, wenn nötig auch durch Umgehung von Kopierschutzmaßnahmen, durchzusetzen. Dies hätte zum einen zur Folge, dass für solche Kopien keine Vergütung gezahlt und dass zum anderen die urheberrechtlichen Werke weiterhin unkontrolliert genutzt werden würden. Zwar ist die Verwendung der zur Umgehung nötigen Software, wie auch schon deren Verkauf, Herstellung usw. gem. § 95a Abs. 3 UrhG verboten, allerdings wird auch dies für die meisten Nutzer kein Hindernis darstellen.

---

nungsgemäßen Kennzeichnung des Datenträgers sind die Pflichten des § 95d UrhG erfüllt, deshalb besteht kein Mangel, der die Gewährleistungsansprüche begründen könnte. Zudem können wettbewerbsrechtliche Ansprüche aus §§ 8 Abs. 1, 9, 10 Abs. 1 i.V.m. § 3 UWG drohen. Ausführlich haben sich mit dieser Thematik befasst: Diesbach; K&R 2004, 8-14; Schenk, Die digitale Privatkopie, S. 134 ff.; Wiegand, MMR 2002, 722 f.

712 Berger, ZUM 2004, 257 (258).

713 Es besteht kein durchsetzbares Recht auf Privatkopie der Nutzer. Vgl. hierzu auch die Erwägungen in Teil 1 Punkt IV der Arbeit zur rechtlichen Charakterisierung der Schrankenbestimmungen, S. 11 ff.

10. Die §§ 95a ff. UrhG im Verhältnis zu den Zugangskontrollvorschriften[714]

Sowohl §§ 95a ff. UrhG als auch das Zugangskontrolldiensteschutzgesetz (ZKDSG) haben zum Ziel, die Umgehung von zum Schutz eingerichteten Systemen zu verhindern, auf diesem Grund können sich Abgrenzungsprobleme ergeben.

Das Zugangskontrolldiensteschutzgesetz, das Gesetz über den Schutz von zugangskontrollierten Diensten und von Zugangskontrolldiensten, ist bereits am 23.03.2002 aufgrund der Zugangskontrolldienst-Richtlinie[715] in Kraft getreten. Ziel des ZKDSG[716] ist es, ausschließlich gegen Entgelt erbrachte Rundfunkdarbietungen (i.S.v. § 2 Rundfunkstaatsvertrag), Tele- (i.S.v. § 2 Teledienstegesetz) und Mediendienste (i.S.v. § 2 Mediendienste-Staatsvertrag) vor technischen Verfahren zu schützen, die eine unerlaubte Nutzung dieser Inhalte ermöglichen. Die Umgehung von zum Schutz eingerichteten Systemen (wie etwa Smartcards, speziellen Programmen oder Codes) soll verhindert werden, so dass ein gebührenfreies Hören oder Sehen unterbunden wird. Nach §§ 3,4 ZKDSG sind neben der gewerbsmäßigen Herstellung und Einfuhr auch der gewerbsmäßige Besitz und die Absatzförderung von Umgehungsvorrichtungen verboten.

§ 95a Abs. 1 UrhG verbietet die Umgehung von technischen Schutzmaßnahmen, die eine Kontrolle des Zugangs oder der Nutzung urheberrechtlich geschützter Werke ermöglichen. Auch § 95a Abs. 3 UrhG spricht von dem gewerblichen Besitz. Alleine daraus können sich bereits Abgrenzungsschwierigkeiten zwischen beiden Gesetzen ergeben.

Das ZKDSG erfasst zudem Dienste, die durchaus geistiges Eigentum enthalten können oder auf geistigem Eigentum beruhen, es aber nicht zwangsläufig müssen[717]. Damit besteht wiederum die Möglichkeit der Überschneidung der Anwendungsbereiche der §§ 95a ff. UrhG mit den Vorschriften des ZKDSG. Weil die beiden Normkomplexe in Voraussetzung und Regelung aber sehr unterschiedlich sind, bedarf es der Klärung ihres Verhältnisses zueinander. Die Regelungen des ZKDSG kennen z.B. keine Beschränkungen des rechtlichen

---

714 Zugangskontrolldiensteschutzgesetz = ZKDSG; veröffentlicht im BGBl. I 2002, S. 1090.

715 Richtlinie 98/84/EG.

716 ZKDSG landläufig auch „Lex Premiere“, also „Gesetz zum Schutze des Fernsehsenders Premiere“; vgl. hierzu Dreyer, in: Dreyer/Kotthoff/Meckel, UrhR, Vor §§ 95a ff. Rn. 12.

717 Arlt, GRUR 2004, 548 (553); Ernst, CR 2004, 39 (40); Linnenborn, K&R 2001, 394 (398); Wand, Technische Schutzmaßnahmen, S. 77; Wandtke/Ohst, in: Wandtke/Bullinger, UrhG, § 95a, Rn 7.

Umgehungsschutzes, während dies in den §§ 95a ff. UrhG hingegen für bestimmte Schrankenbegünstigte der Fall ist. Alleine diese Tatsache könnte bei einem Vorrang des ZKDSG dazu führen, dass die Begünstigung der Nutzer zur erlaubten Umgehung in bestimmten Fällen, die gerade auch durch die Richtlinie 2001/29/EG in Art. 6 Abs. 4 Unterabs. 1 vorgesehen sind, faktisch ins Leere laufen würden. Auch wäre von einem unbilligen Ergebnis zu sprechen, soweit sich die Rechteinhaber jeweils das Gesetz aussuchen könnten, nach welchem sie im konkreten Fall geschützt werden möchten[718]. Daher ist fraglich, welche Vorschriften unter welchen Voraussetzungen anwendbar sind.

Unproblematisch sind die Fälle, in denen keine urheberechtlich geschützten Werke betroffen sind. Hier ist zweifelsfrei das ZKDSG und nicht das Urheberrechtsgesetz anwendbar.

Da sich die Zugangskontrolle nicht bzw. nur sehr schwer von der Nutzungskontrolle trennen lässt, wie erörtert[719], und die §§ 95a ff. UrhG sich ebenfalls ausdrücklich auf die Zugangskontrolle beziehen[720], ist eine Unterscheidung an Hand dieses Kriteriums nicht möglich. Ergänzend sei angemerkt, dass DRM-Systeme sowohl in den Anwendungsbereich von ZKDSG als auch in den der §§ 95a ff. UrhG fallen, da in ihnen, wie bereits dargestellt[721], häufig sowohl die Funktionen der Zugangs- als auch der Nutzungskontrolle vereint sind.

Eventuell ergeben sich aber unter Heranziehung der Schutzzwecke, der Kreise der geschützten Personen, sowie der daraus folgenden Sanktionen Hinweise bezüglich des Verhältnisses zwischen dem ZKDSG und den §§ 95a ff. UrhG. Die §§ 95a ff. UrhG sollen durch den Schutz technischer Maßnahmen mittelbar den Schutz der Geisteswerke vor ungerechtfertigter Nutzung sicherstellen. Das ZKDSG ist entstanden, um Zugangskontrolldienste (z.B. Smartcards) gegen unerlaubte Eingriffe in dem abgegrenzten Bereich der Rundfunk-, Tele- und Mediendienste zu schützen[722]. Also gerade um entstandene

---

718 So allerdings Linnenborn, K&R 2001, 394 (399).

719 Vgl. hierzu auch Teil 3 Punkt B V 1b) zur Funktionsweise von DRM-Systemen, S. 107 ff.

720 So schon Art. 6 Abs. 3 S. 2 der Richtlinie 2001/29/EG: „Technische Maßnahmen sind als „wirksam“ anzusehen, soweit die Nutzung eines geschützten Werks oder eines sonstigen Schutzgegenstands von den Rechteinhabern durch eine Zugangskontrolle oder einen Schutzmechanismus wie Verschlüsselung, Verzerrung oder sonstige Umwandlung des Werks oder sonstigen Schutzgegenstands oder einen Mechanismus zur Kontrolle der Vervielfältigung, die die Erreichung des Schutzziels sicherstellen, unter Kontrolle gehalten wird“.

721 Vgl. hierzu auch Teil 3 Punkt B V 1b) zur Funktionsweise von DRM-Systemen, S. 107 ff.

722 Vgl. auch Bär/Hoffmann, MMR 2002, 654 (655).

Strafbarkeitslücken auf eben dem genannten Gebiet durch den Vertrieb von Vorrichtungen zur Umgehung wieder zu schließen. Zum geschützten Personenkreis[723] zählen Unternehmen, Rundfunkdarbietungen, Teledienste oder Mediendienste. Nach dem Urheberrecht zählen die Urheber, die Inhaber verwandter Schutzrechte bzw. Lizenznehmer zum geschützten Personenkreis. Die Sanktionen richten sich bei dem ZKDSG nur gegen gewerbsmäßige Eingriffe. Hingegen werden durch die §§ 95a ff. UrhG auch nicht gewerbsmäßige Eingriffe erfasst. Eine gezielte Abgrenzung kann die Heranziehung dieser Kriterien nicht bieten. Auch die für beide Gesetze maßgeblichen Richtlinien lassen keine Rückschlüsse auf das Verhältnis der Gesetze zueinander zu[724].

Damit verbleibt nur die Lösung, der Richtlinie 2001/29/EG den Vorrang vor der Zugangskontrollrichtlinie einzuräumen[725]. Hierfür spricht zum einen der Umstand, dass ansonsten der faktischen Nichtbeachtung der Richtlinie 2001/29/EG in Bezug auf die Beschränkungen des Umgehungsschutzes, eingeräumt für bestimmte Schrankenbegünstigten, Tür und Tor geöffnet wäre. Zum anderen würde eine gegenteilige Annahme des Verhältnisses der Vorschriften zueinander dem umfassenderen Schutz, den die Richtlinie 2001/29/EG gewährleistet, widersprechen. Somit ist in Bezug auf das Verhältnis zwischen dem ZKDSG und den §§ 95a ff. UrhG die Auffassung vorzugswürdig, dass bei Vorliegen urheberrechtlich geschützter Inhalte alleine die Vorgaben der §§ 95a ff. UrhG anzuwenden sind.

VI. Das Pauschalvergütungssystem

1. Rückblick

Die pauschale Geräteabgabe führte der Gesetzgeber bereits mit dem Urheberrechtsgesetz von 1965 in § 53 Abs. 5 UrhG a.F. ein[726]. Die finanziellen Nachteile der Urheber, die aufgrund der Nutzung im Rahmen der Privatkopieschranke entstehen, sollten durch das Pauschalvergütungssystem ausgeglichen werden. Eine direkte Erhebung einer Gebühr beim Nutzer befand man als nicht praktikabel. Aus diesem Grunde wurde auf jedes Gerät, das zur Vervielfältigung genutzt werden konnte, bereits beim Verkauf eine Gebührt erhoben. Die Vergütung sollte einem angemessenen Anteil am Veräußerungserlös der Vervielfältigungsgerä-

723 Dreyer, in: Dreyer/Kotthoff/Meckel, UrhR, Vor §§ 95a ff. UrhG, Rn. 14.

724 Dreier, ZUM 2002, 28 (36); ebenso Arlt, GRUR 2004, 548 (552).

725 BT-Drucks. 14/7229, S. 7.

726 Gesetz über Urheberrecht und verwandte Schutzrechte v. 9.9.1965, BGBl. I, 1273.

te entsprechen. Der Anteil am Veräußerungserlös wurde auf maximal fünf Prozent begrenzt[727].

1985 sah sich der Gesetzgeber aufgrund der zunehmenden Verbreitung von Kassettenrekordern und der damit erweiterten Möglichkeit, Aufnahmen von Schallplatten oder Rundfunksendungen herstellen zu können, verpflichtet, die Pauschalabgaben auch auf Leerkassetten und Kassettenrekorder auszudehnen, um weiterhin einen gerechten Ausgleich für die Urheber gewährleisten zu können[728]. Die Vergütungssätze in der Anlage zu § 54 Abs. 4 UrhG a.F., dann § 54d Abs. 1 UrhG wurden nicht mehr prozentual an den Gerätepreis gekoppelt, sondern nun in einer vom Veräußerungspreis unabhängigen, standardisierten Vergütung festgelegt. Bereits zu diesem Zeitpunkt wurde versucht, den neuen modernen Fotokopiertechniken mit einer Kopplung der Vergütungssätze an die jeweiligen Leistungsfähigkeiten der Geräte gerecht zu werden.

1994 fasste der Gesetzgeber die Vorschriften in §§ 54 bis 54h UrhG neu zusammen. Die Höhe der Abgaben wurde weiterhin durch die Anlage zu § 54d UrhG festgelegt, die allerdings seit 1985, abgesehen durch Anpassung an die Euroumstellung, bis zur Reform durch den „Zweiten Korb“ unverändert geblieben ist[729].

2. Das Pauschalvergütungssystem im „Ersten Korb“

Der Gesetzgeber hat das System der pauschalen Vergütung auch im Zuge des „Ersten Korbs“ nicht novelliert, sondern vielmehr unverändert an den Pauschalabgaben für Geräte und Leerträger festgehalten[730]. Damit hat er es zu diesem Zeitpunkt versäumt, die digitalen Gegebenheiten auch in Hinblick auf das Pauschalvergütungssystem zu berücksichtigen oder wenigstens einen ersten Anreiz für deren weitere Entwicklung zu einem möglichen System der individuellen Lizenzierung zu schaffen[731]. Wobei die Richtlinie 2001/29/EG, auf dessen Vorgaben der „Erste Korb“ basiert, auch zum Vergütungssystem durch Erwägungsgrund (38) ausdrücklich Stellung nimmt. Unterschiedliche Vergütungssysteme, die im analogen Bereich bestehen, dürfen danach nicht dazu führen, dass sich diese nennenswert nachteilig auf die Entwicklung der Informationsgesellschaft auswirken. Zudem muss nach Erwägungsgrund (38) den Unterschieden zwischen analoger und digitaler privater Vervielfältigung Rechnung getragen werden. In Bezug auf die digitale Privatkopie und das Vergütungssystem gibt Erwä-

727 Vgl. hierzu Dreyer, in: Dreyer/Kotthoff/Meckel, UrhR, Vor §§ 54 ff. Rn. 1.
728 BT-Drucks. 10/837, S. 17.
729 Geerlings, GRUR 2004, 207 (208).
730 Schippan, ZUM 2003, 378 (384).
731 Schippan, ZUM 2003, 378 (384).

gungsgrund (39) vor, dass die Mitgliedstaaten technologische und wirtschaftliche Entwicklungen gebührend zu berücksichtigen haben, soweit technische Maßnahmen verfügbar sind. Der deutsche Gesetzgeber wäre in Hinblick auf die Einführung des Umgehungsschutzes für technische Maßnahmen und der genannten Erwägungsgründe bereits bei der Umsetzung des „Ersten Korbs" dazu angehalten gewesen, den entstandenen Dissens zwischen dem Pauschalvergütungssystem und den technischen Maßnahmen zu einem gerechten Ausgleich zu bringen. Die Erwägungsgründe stellen zwar keine zwingenden Vorgaben dar, allerdings wäre eine Orientierung an diesen sinnvoll gewesen, um das derzeit hinkende Vergütungssystem zu verhindern.

Die Einführung der §§ 95a ff. UrhG zusammen mit den Digital Rights Management Systemen gibt einen ersten Anreiz zur gezielten Erfassung einzelner Nutzer und deren genaue Abrechnung. Sofern DRMS tatsächlich funktionierend eingesetzt werden, zahlen die Nutzer zum einen über die Geräteabgaben und zum anderen über eine im Rahmen der DRMS tatsächliche Nutzungsabrechnung für ihre Nutzungen. Dieser Effekt der Doppelvergütung führt zu einer Störung des gerechten Interessenausgleichs zwischen Urhebern und Nutzern. Begünstig wird dieser Effekt der Doppelvergütung von der bereits im Gesetzgebungsverfahren durch den Bundesrat bemängelten Ausweitung von Pauschalabgaben auf digitale Geräte[732]. Gefordert wurde deshalb in Anlehnung an das Scanner-Urteil vom BGH[733], dass nur diejenigen Geräte oder Geräteeinheiten[734] einer Vergütungspflicht unterfallen sollten, „die erkennbar und primär zur Vornahme von Vervielfältigungen bestimmt sind".

Zur Lösung des Problems verwies die Bundesregierung in ihrer Gegenäußerung zur Stellungnahme des Bundesrates[735] auf den § 13 UrhWG, der um einen Abs. 4 ergänzt werden sollte. Dieser bestimmt in Umsetzung des Art. 5 Abs. 2 der Richtlinie 2001/29/EG, dass bei der Gestaltung von Pauschalvergütungen auch zu berücksichtigen ist, inwieweit technische Schutzmaßnahmen nach § 95a UrhG auf die betreffenden Werke oder Schutzgegenstände angewendet werden[736]. Damit sollte verhindert werden, dass für die Nutzung ein und desselben Werkes zum einen Nutzungsentgelt, z.B. über ein Digital Rights Management System, erhoben und zum anderen Ausschüttungen im Rahmen der Pauschalvergütung über die §§ 54, 54a UrhG erfolgen[737]. Inwieweit sich der neu eingeführte § 13 Abs. 4 UrhWG wirklich dazu eignet, eine drohende Benachtei-

---

732 BT.-Drucks. 15/38, S. 37.

733 BGH GRUR 2002, 246 – Scanner.

734 Funktionseinheiten beispielsweise aus PC, Drucker und Scanner.

735 BT-Drucks. 15/38, S. 39.

736 Stickelbrock, GRUR 2004, 736 (741).

737 Schippan, ZUM 2003, 378 (388).

ligung der Nutzer durch eine Doppelvergütung in Zukunft abzuwenden, wird sich erst noch zeigen müssen.

3. Pauschalvergütungssystem – ein Ausblick

Nach der Reform des „Ersten Korbs“ wurde durch das System der §§ 54 ff. UrhG an einer gesetzlichen Lizenz gegen Zahlung einer Pauschalvergütung festgehalten, während die §§ 95a ff. UrhG bereits auf ein mögliches, zukünftiges System einer Einzelvergütung abzielen. Als Ausgleich für die Kopien, die zulässigerweise im Rahmen des § 53 UrhG angefertigt werden, muss weiterhin ein finanzieller Ausgleich an die Rechteinhaber nach den §§ 54 ff. UrhG gezahlt werden.

Die Bundesregierung hat bereits im Rahmen des Gesetzgebungsverfahrens zum „Ersten Korb“ in Aussicht gestellt, das Problem der Pauschalvergütung im „Zweiten Korb“ angehen zu wollen[738]. Ob an die Stelle des herkömmlichen Vergütungssystems ein Digital Rights Management System treten sollte, wonach eine effizientere Rechteverwertung mit einer nutzungsabhängigen Vergütung bis hin zur Erhebung einer Lizenz direkt beim Nutzer (z.B. durch Pay-per-View) versprochen wird, erhitzte schon zum damaligen Zeitpunkt die Gemüter[739]. In Anbetracht der Herausforderungen, die durch das digitale Zeitalter auf das Urheberrecht wirken, kann eine Anpassung des Pauschalvergütungssystems, welches ursprünglich für den analogen Bereich entwickelt worden ist, durchaus als notwendig angesehen werden[740]. Das bisherige Regelungskonzept hat sich als viel zu statisch herausgestellt, um flexibel und angemessen auf die rasanten technischen Entwicklungen reagieren zu können. Zudem sprachen für eine Umstellung des Vergütungssystems, dass nur noch diejenigen Nutzungen abgerechnet werden konnten, die auch tatsächlich von Nutzern vorgenommen worden sind. Gegen eine komplette Umgestaltung und damit für ein Nebeneinander beider Systeme ist anzuführen, dass das heutige System der Pauschalabgaben immer noch sehr gut den gesamten Offline-Bereich, für den es ursprünglich entwickelt worden ist, abdeckt. Hierzu wäre ein Digital Rights Management System schon aufgrund praktischer Gegebenheiten nicht in der Lage; denn wie sollte ein herkömmliches Buch mit Kopierschutzmechanismen wie einem Digital Rights Management System ausgestattet werden?

Das geistige Eigentum der Urheber, die sich keine DRMS einrichten würden, wäre damit gefährdet. Die urheberrechtlich geschützten Werke wären ohne

738 BT-Drucks. 15/38, S. 41; Geerlings, GRUR 2004, 207 (208); Schimmel, ZUM 2005, 121 (123).

739 Vgl. Teil 2 Punkt J S. 61 ff.

740 Vgl. Teil 2 Punkt J S. 61 ff.

jeglichen Schutz frei zugänglich und eine angemessene Vergütung wäre durch den Wegfall des Pauschalvergütungssystems nicht mehr zu zahlen. Bei einem Nebeneinander beider Systeme müsste jedoch das Problem der Doppelvergütung angemessen geregelt werden. Die Digital Rights Management Systeme müssten darüber hinaus so ausgestaltete werden, dass eine etwaige Gefährdung der Privatsphäre durch Erfassung der Daten der Nutzer nicht erfolgen kann.

Zudem wurde sehr kritisch angemerkt[741], dass die Umstellung auf DRMS hohe Kosten verursachen würde, welche sich kleine Fachverlage oder Plattenlabels nicht unbedingt leisten könnten. Dies hätte die Bedrohung ihrer Existenz und die Gefährdung der Vielfalt und Kreativität der Kulturlandschaft zur Folge.

Eindeutig war nach dem „Ersten Korb“, dass das Vergütungssystem in Anbetracht der genannten Tatsachen nicht unverändert bestehen bleiben konnte. Die Reformierung des Vergütungssystems versprach in Hinblick auf die aufgezeigten Überlegungsansätze sehr schwierig zu werden.

C. Abschließende Gesamtbetrachtung der Neuregelungen

Betrachtet man abschließend die Änderungen in § 53 UrhG, im Zusammenspiel mit denjenigen über die technischen Maßnahmen in den §§ 95a ff. UrhG und dem bisher unveränderten Pauschalvergütungssystem, so muss man leider feststellen, dass es dem Gesetzgeber durch die Einführung des „Ersten Korbs“ nicht gelungen ist, eine stringente und für alle Beteiligten gerechte Lösung herbeizuführen.

§ 53 UrhG wurde nicht klar genug formuliert, um die Benutzung von Online-Tauschbörsen tatsächlich verbieten zu können. Die Regelung des § 95a UrhG verbietet die Umgehung technischer Schutzmaßnahmen und soweit § 95b UrhG den Nutzern nicht einen Anspruch auf Bereitstellung der zur rechtmäßigen Nutzung erforderlichen Mittel einrichtet, sind die eigentlich zulässigen Nutzungen eines Werkes im Rahmen der Schrankenbestimmungen für die Begünstigten nicht mehr möglich – so die digitale Privatkopie. Darüber hinaus ist das Zusammenwirken des unveränderten Pauschalvergütungssystems mit den neu eingeführten Regelungen über technische Schutzmaßnahmen problematisch.

Erwähnt sei das Problem der Doppelvergütung, das Problem der hohen Kosten für die Einrichtung von technischen Schutzmaßnahmen für die einzelnen Urheber, die daraus resultierende Gefährdung der Vielfalt unserer Kulturlandschaft, die Gefahren für den Nutzer bei der Weitergabe ihrer Daten im Rahmen

741 Vgl. hierzu die Ausführungen in Teil 2 unter Punkt J, S. 62 ff.

der DRMS, der Offline-Bereich, der sich nicht mit dem System der DRM vereinen lässt und die gezahlten Vergütungssätze nach dem Pauschalvergütungssystem.

Diese nicht abschließende Aufzählung lässt wiederum deutlich werden, dass hier der Gesetzgeber mit den Regelungen des „Zweiten Korbs“ ansetzen musste. Versprochen wurde die Neuregelung des Pauschalvergütungssystems. Ob damit die hier genannten Probleme und Schwierigkeiten beseitigt werden konnten, wird im Folgenden aufgezeigt.

Teil 4. Analysierung der Änderungen durch den „Zweiten Korb“

Erhebliche Neuregelungen und Änderungen in Hinblick auf die fortschreitende technische Entwicklung waren durch den „Zweiten Korb“ nicht zu erwarten. Vielmehr hatte die Umsetzung der bisher nicht verwirklichten Bereiche, die durch die Richtlinie 2001/29/EG vorgegeben worden waren, zu erfolgen. Damit lag das Hauptaugenmerk der Änderungen in der Aufgabe des Verbots der Einräumung unbekannter Nutzungsarten und auf der Umgestaltung des alten Systems der gesetzlich festgesetzten Gerätevergütung zu Gunsten von Vereinbarungen der Konfliktparteien. Der Drei-Stufen-Test hat keinen direkten Eingang in das Urheberrechtsgesetz gefunden[742]. Allerdings hat dieser bereits nach Art. 9 Abs. 2 RBÜ sowie nach Art. 5 Abs. 5 der Richtlinie 2001/29/EG Geltung.

A. Die wichtigsten Änderungen im Überblick

Die wichtigsten Folgen des „Zweiten Korbs“ betreffend die Privatkopie und deren Vergütung im Überblick:

Die Privatkopie bleibt zulässig und zwar auch in digitaler Form. Ihre Grenzen findet sie, wie bisher auch, beim Einsatz von Kopierschutzmaßnahmen durch die Rechteinhaber. Das Umgehen von Kopierschutzmaßnahmen bleibt auch weiterhin verboten. Damit soll den Rechteinhabern ein wichtiges Mittel zum Selbstschutz ihrer Werke erhalten bleiben[743].

Die Privatkopieschranke wird durch das neue Merkmal der „offensichtlich rechtswidrig zugänglich gemachten Vorlage“ ergänzt. Hiermit soll vor allem der Download aus Online-Tauschbörsen klar verboten werden, dies war nach bisheriger Rechtslage nicht der Fall.

Das Pauschalvergütungssystem wurde neu gegliedert. Hauptpunkt in diesem Bereich war die Umstellung des Systems von festgesetzten, unflexiblen, durch den Gesetzgeber bestimmten Vergütungssätzen hin zu einem selbstregulierenden Modell, bei dem die Verwertungsgesellschaften und die Geräteindustrie die Vergütungshöhen unmittelbar miteinander aushandeln. Es bleibt bei einem Nebeneinander der Systeme der Pauschalvergütung und der individuellen Lizenzierung durch DRM-Systeme. Die im Gesetzgebungsverfahren umstrittene Bagatellklausel, die Straffreiheit bei illegalen Kopien geringen Umfangs für den privaten Gebrauch vorgesehen hatte, wurde ersatzlos gestrichen.

742 Begründung zum Regierungsentwurf BT-Durchs. 16/1828, S. 21.

743 Zypries, MMR 2007, 545 (545).

B. Die Zulässigkeit der Privatkopie

I. Änderungen des 1. Absatzes

Nach den Änderungen des „Zweiten Korbs“ sind nach § 53 Abs. 1 S. 1 UrhG einzelne Vervielfältigungen eines Werkes durch eine natürliche Person zum privaten Gebrauch auf beliebige Tonträger zulässig, sofern sie weder unmittelbar noch mittelbar Erwerbszwecken dienen, soweit nicht zur Vervielfältigung eine offensichtlich rechtswidrig hergestellte oder „öffentlich zugänglich gemachte Vorlage“ verwendet wird. Neu ist das Tatbestandsmerkmal der „rechtswidrig öffentlich zugänglich gemachten Vorlage“[744]. Die Beweislast hierfür tragen die Urheber bzw. die Verwerter[745].

Durch den „Ersten Korb“ wurde das Merkmal der „offensichtlich rechtswidrig hergestellten Vorlage“ eingeführt[746]. Dieses war jedoch nicht ausreichend, um die illegalen Nutzungen der Online-Tauschbörsen zu unterbinden[747]. Denn gerade bei den sog. Peer-to-Peer Tauschbörsen wurden vielfach Werke zum Download angeboten, deren Ursprung eine zulässige Privatkopie gewesen war bzw. deren Ursprung nicht als offensichtlich rechtswidrig qualifiziert werden konnte. Die öffentliche Zugänglichmachung i.S. des § 19a UrhG, die zumeist ohne die erforderliche Zustimmung des Rechteinhabers erfolgt, ist hingegen von der bisher geltenden Rechtslage in § 53 Abs. 1 S. 1 UrhG nicht berücksichtigt worden[748]. Durch die Konkretisierung des § 53 Abs. 1 S. 1 UrhG mit den Worte „oder öffentlich zugänglich gemachte Vorlage“ wollte der Gesetzgeber die bestehende Lücke in Bezug auf die Benutzung der Online-Tauschbörsen schließen und deutlich machen, dass sowohl Uploads als auch Downloads in und aus Peer-to-Peer Tauschbörsen nicht unter die Privilegierung der Privatkopieschranke fallen.

Gegen die Behauptung, dass stets von einer Offensichtlichkeit der Rechtswidrigkeit der öffentlichen Zugänglichmachung eines Werkes, z.B. eines Musiktitels in einer Online-Tauschbörse, ausgegangen werden kann, wird allerdings vereinzelt angeführt, dass es für die Nutzer nicht erkennbar sei, ob die Rechteinhaber das Angebot in der Tauschbörse vielleicht billigen würden[749]. Dies könnte

744 Eine ausführliche Erörterung dieses neuen Tatbestandsmerkmals des § 53 Abs. 1 UrhG soll erst im Rahmen der strafrechtlichen Konsequenzen bei der Prüfung des objektiven Tatbestands des § 106 Abs. 1 UrhG erfolgen, Teil 4 Punkt C I 1, S. 146 ff.

745 Schmid/Wirth, in: Schmid/Wirth/Seifert, UrhG, § 53 Rn. 12.

746 Vgl. hierzu Teil 3 Punkt B, S. 89 ff.

747 Czychowski/Nordemann, NJW 2008, 1571 (1573).

748 Czychowski, GRUR 2008, 586 (589).

749 Reinbacher, GRUR 2008, 394 (400).

zumindest dann der Fall sein, wenn Bands einige ihrer Musiktitel zur Bekanntheitssteigerung im Internet frei veröffentlichen und dann ebenfalls mit einer Weiterverbreitung durch die Nutzer einverstanden sind[750]. Dies ist jedoch nicht die Regel und bei schon bekannten Künstlern äußerst selten. Es müssten weitere Indizien gesammelt werden, die entweder für oder gegen die Rechtmäßigkeit sprechen. So z.B., ob die Musiktitel vielleicht als eine Art Dankeschön für die Fans auf der offiziellen Homepage der Band zum freien Download bereitgestellt worden sind. Auch der Vertreter dieses Ansatzes hat bereits selbst relativierend angemerkt, dass solche Konstellationen zwar denkbar sind, sie aber wohl auf wenige Einzelfälle zu beschränken wären. Es ist unwahrscheinlich, dass Filme oder ganze Musikalben mit „Einwilligung“ der Rechteinhaber zu Werbezwecken vollständig zur Verfügung gestellt werden. Zudem ist es für die meisten Künstler nicht erstrebenswert, mit Systemen wie Tauschbörsen in Verbindung gebracht zu werden[751].

II. Weitere Änderungen

Die weiteren Änderungen im § 53 UrhG dienen zumeist der Klarstellung und der weiteren Angleichung an die Vorgaben des Art. 5 Abs. 3a) der Richtlinie 2001/29/EG. Zwei kleine, aber nicht ganz unbedeutende Änderungen sollen hier kurz erwähnt werden[752]:

Zum einen wird § 53 Abs. 2 S. 2 Nr. 3 UrhG nach dem Wort „Archive“ durch die Einfügung der Wörter „im öffentlichen Interesse tätig ist“ ergänzt. Nach § 53 Abs. 2 S. 1 Nr. 2 UrhG ist unter den Voraussetzungen des § 53 Abs. 2 S. 2 UrhG die Erstellung der Privatkopie zur Einstellung in ein eigenes Archiv zulässig. Nach der jetzigen Änderung gilt für die Zukunft folglich, dass das Archiv im öffentlichen Interesse tätig sein muss. Nach der Gesetzesbegründung profitieren Redaktionsarchive aber weiterhin von der Privilegierung[753].

Zum anderen wurde der § 53 Abs. 3 UrhG noch durch Beratungen im Rechtsausschuss mit folgendem Satz ergänzt: „Die Vervielfältigung eines Werkes, das für den Unterrichtsgebrauch an Schulen bestimmt ist, ist stets nur mit Einwilligung des Berechtigten zulässig“. Dies entspricht einer im Rahmen von

---

750 Reinbacher, GRUR 2008, 394 (398 u. 400), wobei der Verfasser in solchen Fällen bereits die Rechtswidrigkeit entfallen lassen möchte.

751 Reinbacher, GRUR 2008, 394 (398).

752 Vgl. hierzu ausführlich die Bestrebungen im Gesetzgebungsverfahren zum „Zweiten Korb“ in Teil 2 Punkt K, S. 68 ff.

753 BT-Drucks. 16/1828, S. 26.

Anhörungen vorgetragenen Forderung der Verlage. Den Beschlussempfehlungen zu Folge soll diese Regelung Eingriffe in den Primärmarkt von Schulbuchverlagen vermeiden, da diese Verlage keine andere Absatzmöglichkeit hätten, als den ohnehin schon eng umgrenzten Bereich des Schulbuchmarktes [754].

III. Durch die Reform nicht geregelte Inhalte

Der vorrangige Widerspruch und der daraus resultierende Hauptstreitpunkt des „Ersten Korbs“ war die Nichtdurchsetzbarkeit der digitalen Privatkopie gegenüber technischen Schutzmaßnahmen. Zur Erinnerung: § 95b Abs. 2 i.V.m. Abs. 1 Nr. 6 UrhG enthält einen Anspruch der Begünstigten einer Schrankenregelung auf Durchsetzung der Privatkopieschranke gegen die Rechteinhaber, die zur Verwirklichung der jeweiligen Schrankenbefugnis benötigten Mittel zur Verfügung gestellt zu bekommen, jedoch nur „soweit es sich um Vervielfältigungen auf Papier oder einem beliebigen Tonträger mittels photomechanischer oder anderer Verfahren mit ähnlicher Wirkung handelt“ (§ 53 Abs. 1 UrhG). Des Weiteren besteht ein Anspruch der Nutzer auf zur Verfügungstellung der benötigten Mittel in den Fällen der §§ 45-47, 52a, 53 Abs. 2 unter einschränkenden Voraussetzungen, 53 Abs. 3 und 55 UrhG.

Im „Ersten Korbs“ hat der Gesetzgeber darauf verzichtet, eine entsprechende Verpflichtung in Bezug auf digitale Vervielfältigungen von Bild- und Tonträgern zu privaten Zwecken in das Gesetz aufzunehmen. Dieser Umsetzungsspielraum war durch die Richtlinie 2001/29/EG gestattet[755]. Der Gesetzgeber hatte angekündigt, nach gesonderter Prüfung der Durchsetzbarkeit der Privatkopieschranke bei der Anwendung technischer Maßnahmen und Diskussionen mit den beteiligten Kreisen, hierüber im „Zweiten Korb“ neu zu entscheiden[756].

Allerdings beließ es der Gesetzgeber bei der unveränderten Regelung des „Ersten Korbs“ und damit auch bei dem Widerspruch, der sich ergibt, soweit technische Maßnahmen verwendet werden. Die digitale Privatkopie ist grundsätzlich gestattet, jedoch nicht, wenn sie durch technische Schutzmaßnahmen verhindert wird. Deren Umgehung ist bekanntlich verboten.

---

754 BT-Drucks. 16/5939, S. 80; nach Erwägungsgrund (42) der Richtlinie 2001/29/EG, der einen Hinweis zur Auslegung des Art. 5 Abs. 3a) geben kann, soll die kommerzielle Art der betreffenden Tätigkeit durch diese Tätigkeit als solche bestimmt werden; die organisatorische Struktur und die Finanzierung der betreffenden Einrichtung seien danach in dieser Hinsicht keine maßgeblichen Faktoren.

755 Vgl. Art. 6 Abs. 4 Unterabs. 2 der Richtlinie 2001/29/EG.

756 BT-Drucks, 15/38, S. 15.

Ein Großteil der Verbraucher wird vermutlich über die Nichtdurchsetzbarkeit der digitalen Privatkopie verärgert sein. Allerdings sollten auch die vielen Forderungen der Unterhaltungsindustrie, die die Privatkopieschranke weiter eingeschränkt hätte und keinen Einzug in den „Zweiten Korb" erhalten haben, dabei berücksichtigt werden. Neben dem Verbot der Privatkopie im Online-Bereich wurde unter anderem gefordert, Privatkopien nur noch vom eigenen Werkexemplare herstellen zu dürfen[757], die Anzahl der zulässigen Kopien auf eins zu beschränken[758], das Herstellenlassen durch Dritte zu untersagen[759] oder private Kopien zum Schutze der Primärverwertung erst nach einem bestimmten Zeitfenster zuzulassen[760][761]. Bei Betrachtung der vorgenommenen und unterlassenen Regelungen wird schon an dieser Stelle deutlich, dass die Konflikte und Unzufriedenheit sowohl auf Seiten der Nutzer, der Verwerter als auch der Urheber nicht weniger geworden sein können.

C. Straf- und zivilrechtliche Konsequenzen bei Verstößen gegen § 53 UrhG

Beleuchtet werden sollen im Folgenden die straf- und zivilrechtlichen Konsequenzen für Nutzer, die sich bei der Anfertigung von Vervielfältigungen außerhalb des Rahmens der Privatkopieschranke bewegen. Zur Klarstellung: Bei dieser Betrachtung geht es um den Vorgang des Downloads. Unter „Download" ist das Herunterladen einer urheberrechtlich geschützten Datei zu verstehen. Mit dem Download wird die Datei auf dem Rechner (zwischen)speichert. Diese Speicherung (Zwischenspeicherung) stellt eine weitere Kopie dar. Dieses ist eine Vervielfältigung. Sie fällt nicht unter die Privatkopieschranke gem. § 53 UrhG soweit sie nicht als solche privilegiert ist. Dieser Vorgang ist zumeist schon technisch nicht von dem Vorgang des Uploads zu trennen. Das Anbieten von urheberrechtlich geschützten Dateien unterfällt dem ausschließlichen Recht

757 Zusammenfassung der Ergebnisse der Arbeitsgruppensitzungen, S. 3 f., a.a.O. (Fn. 404); vgl. hierzu auch die Ausarbeiten in Teil 2 unter Punkt K II 1, S. 69 f.

758 Zusammenfassung der Ergebnisse der Arbeitsgruppensitzungen, S. 3 f., a.a.O. (Fn. 404).

759 Zusammenfassung der Ergebnisse der Arbeitsgruppensitzungen, S. 3 f., a.a.O. (Fn. 404).

760 Zusammenfassung der Ergebnisse der Arbeitsgruppensitzungen, S. 3 f., a.a.O. (Fn. 404).

761 Begründung zum RegE, BT-Drucks. 16/1828, S. 18; siehe auch Nolte, CR 2006, 254 (255); Spindler, NJW 2008, 9 (11).

des Urhebers nach § 15 Abs. 2 Nr. 2 UrhG, sein Werk öffentlich Zugänglich zu machen nach § 19a UrhG.

Durch die Novellierung des Urheberrechtsgesetzes mit Inkrafttreten des „Zweiten Korbs" am 01.01.2008 änderte sich die Rechtslage im Hinblick auf die strafrechtliche Verantwortlichkeit beim sog. Filesharing. Die das Urheberstrafrecht betreffenden §§ 106 ff. UrhG blieben bei der Reform jedoch unverändert. Die maßgeblichen Auswirkungen auf die strafrechtliche Bewertung eines Downloads von urheberrechtlich geschützten Werken, wie Musik- oder Filmwerken aus Online-Tauschbörsen, ist hingegen in den Änderungen in der Schrankenregelung des § 53 UrhG zu sehen.

Zivilrechtlich ist zunächst der Auskunftsanspruch gem. § 101 UrhG n.F. (in Kraft getreten am 01.09.2008) von Bedeutung. Grund hierfür ist, dass der neue Auskunftsanspruch in § 101 Abs. 2 UrhG neben dem Weg über die Strafanzeige der erste Schritt eines Rechteinhabers ist, an den Namen und weitere persönliche Daten des Verletzers zu gelangen, um daraufhin überhaupt zivilrechtliche Schritte, wie Unterlassungsklagen oder Schadensersatzforderungen, einleiten zu können. Zudem werden in Hinblick auf die zivilrechtlichen Konsequenzen auch der Unterlassungsanspruch und der Schadensersatzanspruch gem. § 97 UrhG von Interesse sein.

I. Strafrechtliche Konsequenzen

Ein Nutzer bewegt sich außerhalb des Rahmens der Privatkopieschranke (§ 53 Abs. 1 S. 1 UrhG) und macht sich damit gem. § 106 UrhG strafbar, soweit er ohne Einwilligung des Berechtigten ein Werk vervielfältigt und dabei nicht zum privaten Gebrauch handelt oder für die private Vervielfältigung eine offensichtlich rechtswidrig hergestellte oder öffentlich zugänglich gemachte Vorlage verwendet. Nach § 106 Abs. 1 UrhG ist es demnach strafbar, in anderen als den gesetzlich zugelassenen Fällen ohne Einwilligung des Berechtigten ein Werk, eine Bearbeitung oder Umgestaltung eines Werkes zu vervielfältigen, zu verbreiten oder öffentlich wiederzugeben. Als Strafrahmen sieht § 106 Abs. 1 UrhG eine Freiheitsstrafe bis zu drei Jahren oder eine Geldstrafe vor. Nach Abs. 2 ist der Versuch strafbar.

1. Objektive Tatbestand des § 106 UrhG

Der objektive Tatbestand des § 106 UrhG umfasst folgende Merkmale: Das Tatobjekt muss zunächst ein Werk im Sinne des Urheberrechtsgesetzes sein, dieses muss der Täter vervielfältigen. Damit er überhaupt tauglicher Täter sein kann, ist es erforderlich, dass er Nichtberechtigter bezüglich des Werkes ist. Zudem muss er eine rechtswidrig hergestellte oder öffentlich zugänglich gemachte Vorlage verwenden und diese Rechtswidrigkeit soll offensichtlich sein. Bei konsequenter Prüfung des objektiven Tatbestandes ergeben, sich abgesehen von den Tatbestandsmerkmalen eines „Werkes", einer „Vervielfältigung" und der „Nichtberechtigung", die hier nicht näher erörtert werden sollen, zwei Problemkreise: Zum einen die Frage, ob die für die Privatkopie verwendete Vorlage rechtswidrig hergestellt oder öffentlich zugänglich gemacht wurde und zum anderen, ob diese Rechtswidrigkeit offensichtlich ist. Für die Klärung der Frage, ob eine rechtswidrig hergestellte Vorlage für die Vervielfältigung verwendet wurde, kann an dieser Stelle auf die hierzu gemachten Ausführungen im Rahmen der Analysierung des „Ersten Korbs" verwiesen werden, denn dieses Tatbestandsmerkmal hat inhaltlich keine Änderung durch die Reform des „Zweiten Korbs" erfahren[762]. Neu durch die Gesetzesnovellierung ist das Merkmal der „offensichtlich rechtswidrig öffentlich zugänglich gemachten Vorlage", das in § 53 Abs. 1 S. 1 UrhG eingeführt wurde. Wann genau eine rechtswidrig öffentlich zugänglich gemachte Vorlage gegeben sein soll, ist fraglich.

Nach Einführung des „Ersten Korbs" ist das Recht der öffentlichen Zugänglichmachung nunmehr den Urhebern gem. § 19a UrhG unumstritten zuzuordnen. Unter einer Zugänglichmachung ist zu verstehen, dass Dritten der Zugriff auf das Werk eröffnet wird[763]. Die im Internet angebotenen Musiktitel oder Filme müssen demnach öffentlich zugänglich gemacht werden. Öffentlich bedeutet in diesem Zusammenhang, dass jeder, nicht nur ein bestimmter begrenzter Kreis von Personen, Zugang zu dem Werk haben kann[764]. In der Regel kann sich jeder in den Online-Tauschbörsen aufhalten, es handelt sich hierbei um keinen mit Passwort geschützten Bereich, der nur einem ausgesuchten Publikum zur Verfügung steht. Die Online-Tauschbörsen sind im Gegenteil darauf ausgerichtet, dass eine Vielzahl von Nutzern den Tauschfluss fördert[765]. Somit steht zunächst fest, dass es sich bei Musiktitel oder Filmen, die in Tauschbörsen im Internet eingestellt werden, um eine öffentliche Zugänglichmachung handelt. Das Recht hierzu steht nach § 19a UrhG den Urhebern selbst zu, nicht aber unberechtigten Dritten.

Indem jedoch unberechtigte Dritte diese Werke ins Internet stellen, ist grundsätzlich davon auszugehen, dass die im Internet angebotenen Musiktitel, ganze Alben oder auch Filme als rechtswidrig öffentlich zugänglich gemachte

762 Vgl. hierzu die Ausführungen in Teil 3 Punkt B II 5, S. 93 ff.

763 Dreier, in: Dreier/Schulze, UrhG, § 19a Rn. 6.

764 Bullinger, in: Wandtke/Bullinger, UrhG, § 19a Rn. 6.

765 Selbst bei einem abgeschlossenen Bereich wie einem „Intranet" wäre wohl eine Öffentlichkeit zu bejahen, soweit man auf die persönliche Verbundenheit der Nutzer abstellt, da diese selbst hier zu verneinen wäre. Vgl. hierzu Reinbacher, GRUR 2008, 394 (397).

Vorlagen zu qualifizieren sind, von denen keine Privatkopie nach § 53Abs. 1 S. 1 UrhG gestattet ist. Eine Einschränkung ist lediglich bezüglich der Werke vorzunehmen, die die Künstler zum Zwecke der Bekanntheitsförderung selbst kostenlos zum Download ins Internet stellen. Von solchen Werken ist eine Vervielfältigung, soweit diese zu rein privaten Zwecken erfolgt, nach § 53 Abs. 1 S. 1 UrhG zulässig.

Soweit festgestellt wurde, ob es sich bei der im Internet eingestellten Vorlage um eine rechtswidrig hergestellte oder eine öffentlich zugänglich gemachte Vorlage handelt, ist im Anschluss die Prüfung erforderlich, ob diese Rechtswidrigkeit auch Offensichtlich ist bzw. war. Für die Auslegung des Merkmals der Offensichtlichkeit kann auf die oben im Rahmen der Analysierung des „Ersten Korbs" gemachten Ausführungen zu diesem Begriff verwiesen werden[766]. Zusammenfassend wurde festgestellt, dass eine offensichtlich rechtswidrig hergestellte Vorlage gegeben ist, wenn die Rechtswidrigkeit so aufdrängend und klar ist, dass keine Zweifel an ihr bestehen können[767]. Für diese Betrachtung ist ein rein objektiver allgemeingültiger Maßstab anzuwenden. Die Entscheidung für die Annahme eines objektiven Beurteilungsmaßstabs wird, neben den oben erörterten Argumenten, auch durch die Tatsache begründet, dass es sich bei der Offensichtlichkeit der Rechtswidrigkeit im Strafrecht um ein objektives Tatbestandsmerkmal handelt. Bei diesem kann nur das äußerliche Erscheinungsbild einer Tat maßgebliches Kriterium sein und nicht subjektive Elemente, wie Empfindungen und Einstellungen des Täters[768].

Allerdings wird hierzu angemerkt[769], dass der anzusetzende Maßstab bei der Bestimmung der Offensichtlichkeit nicht vollständig ohne subjektive Kriterien auskommen würde. Um den Ansatz dieser Auffassung besser nachvollziehen zu können, muss man sich folgende Situation vorstellen. Jemand benutzt eine Vorlage zur Herstellung von Vervielfältigungen in vollem Bewusstsein, dass es sich bei dieser um eine rechtswidrig hergestellte oder öffentlich zugänglich gemachte Vorlage handelt. In diesem Fall wäre der Täter aber deshalb nicht strafbar, weil die Offensichtlichkeit der Rechtswidrigkeit für Dritte nicht offensichtlich ist. Dies wäre zugegebener Maßen ein unbilliges Ergebnis. Daher wird vorgeschlagen, für die Frage der Offensichtlichkeit der Rechtswidrigkeit der Herstellung, wie bei der Beurteilung der objektiven Sorgfaltspflichtverletzung bei den Fahrlässigkeitsdelikten, darauf abzustellen, welche Anforderungen an einen beson-

766 Vgl. hierzu die Ausführungen unter Teil 3 Punkt B II 5a) und b), S. 95 ff.

767 Vgl. hierzu auch Gercke, ZUM 2009, 526 (528 f.).

768 Reinbacher, GRUR 2008, 394 (398).

769 Reinbacher, Die Strafbarkeit der Vervielfältigung urheberrechtlich geschützter Werke zum privaten Gebrauch nach dem Urheberrechtsgesetz, S. 222; ders., GRUR 2008, 394 (398).

nenen und gewissenhaften Menschen in konkreter Lage und der sozialen Rolle des Täters zu stellen sind.

Dieser Ansicht nach soll die Offensichtlichkeit der Rechtswidrigkeit in erster Linie ebenfalls an Hand eines objektiven Maßstabs betrachtet werden. Im Rahmen der abschließenden Betrachtung können gegebenenfalls zur Korrektur zusätzlich solche subjektiven Kriterien, wie ein individuelles Sonderwissen des Täters in Bezug auf z.B. Kopiertechniken, berücksichtigt werden.

Gegen die Einbeziehung subjektiver Kriterien könnten Bedenken geäußert werden[770], dass sich solche Fälle in der Praxis als schwierig hinsichtlich der Beweisführung gestalten können und damit eines besonderen Zeitaufwands bedürfen. Allerdings erscheint die Berücksichtigung subjektiver Elemente bei der Beurteilung der Offensichtlichkeit der Rechtswidrigkeit dennoch als sachgerecht, denn aufgrund eines sehr schnell wandelbaren Mediums wie dem Internet und den damit verbundenen Möglichkeiten für die Nutzung, ergeben sich enorme Wissensunterschiede zwischen den einzelnen Nutzern. Ein gerechtes Ergebnis ist daher kaum mit der Bildung eines rein objektiven Maßstabs zu erreichen.

2. Subjektive Tatbestand des § 106 UrhG

In subjektiver Hinsicht verlangt der Tatbestand des § 106 UrhG vom Täter das Vorliegen eines entsprechenden Vorsatzes, mit dem dieser bezüglich des objektiven Tatbestandes gehandelt hat. Für die Strafbarkeit nach § 106 UrhG wird wegen § 15 StGB Vorsatz verlangt, d.h. der Täter muss zumindest mit Eventualvorsatz gehandelt haben. Hierzu ist erforderlich, dass er den Eintritt des Taterfolges billigend in Kauf genommen hat[771]. Besteht hingegen keine Tatsachenkenntnis, entfällt auch der Vorsatz und damit die Strafbarkeit nach § 106 UrhG.

Mit Blick auf die Strafbarkeit wegen Vervielfältigung zum privaten Gebrauch muss der Täter damit zumindest billigend in Kauf nehmen, dass kein gesetzlich geregelter Fall einer Privilegierung seines Handelns zum privaten Gebrauch einschlägig ist. Im Einzelnen muss er hierzu Kenntnis der Tatsachen haben, also konkret wissen oder wenigstens billigend in Kauf nehmen, dass es sich um eine offensichtlich rechtswidrig hergestellte oder öffentlich zugänglich gemachte Vorlage handelt, die er zur Anfertigung von Vervielfältigungsstücken gebraucht. Bei einer unbewussten Vervielfältigung handelt der Vervielfältigende hingegen nicht vorsätzlich[772]. Ebenso entfällt der Vorsatz bei Tätern, die einen Umstand nicht kennen, der zum gesetzlichen Tatbestand gehört (§ 16 Abs. 1 StGB). Auch derjenige, der ohne konkrete Kenntnis einen An-

770 Vgl. hierzu Teil 3 Punkt B II 5b), S. 96 ff.

771 Fischer, Strafgesetzbuch, § 15 Rn 9a.

772 Hildebrandt, in: Wandtke/Bullinger, UrhG, § 106, Rn. 29.

schluss bereitstellt, den wiederum ein Dritter zur Erstellung von Vervielfältigungen nutzt, ist mangels Vorsatzes nicht gem. § 106 UrhG strafbar[773]. Des Weiteren muss der Täter auch rechtswidrig und schuldhaft gehandelt haben, um nach § 106 UrhG strafbar zu sein. Soweit ein rechtswidriges und schuldhaftes Handeln[774] zu bejahen ist, stellt sich die Frage nach den konkreten strafrechtlichen Konsequenzen für den Täter.

3. Tatsächliche Konsequenzen

Nach § 106 UrhG wird die unerlaubte Verwertung urheberrechtlich geschützter Werke mit Freiheitsstrafe bis zu drei Jahren oder mit Geldstrafe bestraft. Für gelegentliche Nutzer von Online-Tauschbörsen, die ohne gewerbliche Absicht handeln, werden solche Strafen allerdings kaum jemals in diesem Maße zu erwarten sein.

Vor Einführung des neuen Auskunftsanspruchs[775] gem. § 101 UrhG n.F. mit der Änderung des Urheberrechtsgesetzes zum 01.09.2008 waren die Rechteinhaber darauf angewiesen, zunächst Strafanzeigen gegen Unbekannt zustellen, um für die Feststellung der Personalien der Nutzer Einsichten in die Ermittlungsakten nach § 406e StPO[776] nehmen zu können[777]. Aufgrund dieser Tatsache gab es vor Einführung des neuen Auskunftsanspruchs eine Fülle von Strafanzeigen gegen Nutzer von Tauschbörsen. Strafanzeigen wurden auch gegen Nutzer

773 Hildebrandt, in: Wandtke/Bullinger, UrhG, § 106, Rn. 29.

774 Mit Ausnahme der Einwilligung und der mutmaßlichen Einwilligung spielen im Urheberstrafrecht andere Rechtfertigungsgründe, wie auch Entschuldigungsgründe, kaum eine Rolle. Dabei sind sämtliche urheberstrafrechtlichen Delikte einwilligungsfähig, wobei der Verfügungsberechtigte stets der im Rahmen des Tatbestandes Berechtigter ist. Vgl. hierzu auch Hildebrandt, in: Wandtke/Bullinger, UrhG, § 106, Rn. 31.

775 Auf die Rechtslage und Handhabung mit dem Auskunftsanspruch vor und nach der Änderung des Urheberrechtsgesetzes durch das Gesetz zur Verbesserung der Durchsetzung von Rechten des geistigen Eigentums basierend auf der Richtlinie 2004/48/EG wird in Teil 4 unter Punkt C II 1 näher einzugehen sein, S. 150 ff.

776 Gem. § 406e Abs. 1 StPO ist der Verletzte einer Straftat berechtigt über einen von ihm beauftragten Rechtsanwalt Einsicht in die Ermittlungsakten zu nehmen, sofern er hierfür ein berechtigtes Interesse darlegt. Allerdings räumt § 406e StPO das Akteneinsichtsrecht auch nicht uneingeschränkt ein, sondern nur, wenn nicht schutzwürdige Interessen des Beschuldigten oder anderer Personen entgegenstehen (§ 406e Abs. 2 S. 1 StPO); darüber hinaus kann die Akteneinsicht verweigert werden, soweit der Untersuchungszweck gefährdet erscheint oder durch sie das Verfahren erheblich verzögert werden würde (§ 406e Abs. 2 S. 2 StPO). Erforderlich ist somit eine Abwägung der widerstreitenden Interessen des Verletzten auf der einen und des Beschuldigten auf der anderen Seite.

777 Gietl/Mantz, CR 2008, 810 (813).

gestellt, die vielleicht nur ein einziges Lied eingestellt und/oder heruntergeladen hatten.

Bei §§ 106 bis 108 UrhG sowie § 108b Abs. 1 UrhG nach § 374 Abs. 1 Nr. 8 StPO handelt es sich um Privatklagedelikte[778]. Dies hat zur Folge, dass die Staatsanwaltschaft nur tätig wird, sofern ein öffentliches Interesse an der Strafverfolgung gem. § 376 StPO bejaht werden kann[779]. Soweit ein solches bejaht werden kann, werden aufgrund der Massenanzeigen gegen Tauschbörsennutzer zur Beschränkung der Belastung der Strafverfolgungsbehörden viele Strafverfahren gegen die Nutzer von Online-Tauschbörsen eingestellt. Staatsanwaltschaften stellen die Verfahren bei Erwachsenen in aller Regel nach §§ 153 und 153a StPO gegen Zahlung einer Geldauflage und/oder gegen andere Auflagen und bei Jugendlichen nach §§ 45 ff. JGG ein, da es sich in der überwiegenden Zahl der Täter um Ersttäter handelt. Daher kann dieses Vorgehen durchaus als sachgerecht angesehen werden[780]. Allerdings muss für eine Einstellung des Verfahrens eine gewisse Geringwertigkeit vorliegen. Nach verbreiteter Praxis erfolgt eine Einstellung jedenfalls, wenn weniger als 500 Titel vorgehalten werden[781].

Die im Gesetzgebungsverfahren viel diskutierte Einführung einer Bagatellgrenze in § 106 Abs. 3 UrhG, nach welcher diejenigen Täter nicht bestraft werden sollten, die im privaten Bereich unzulässige Vervielfältigungen nur in geringer Zahl vornehmen, wurde aufgrund vieler Gegenstimmen nicht umgesetzt[782]. Gegen die Bagatellklausel wurde zum einen angeführt, dass ein solcher Strafausschließungsgrund rechtspolitisch völlig verfehlt wäre, da er den Nutzern von urheberrechtlich geschütztem Material suggerieren würde, dass illegales Kopieren im privaten Bereich geduldet würde[783]. Zum anderen sprach gegen die Einführung einer solchen Vorschrift, dass auch bisher in der Praxis nicht in je-

---

778 Hildebrandt, in: Wandtke/Bullinger, UrhG, § 106 Rn. 49.

779 Gietl/Mantz, CR 2008, 810 (813); Hildebrandt, in: Wandtke/Bullinger, UrhG, § 106 Rn. 49; vgl. ausführlich auch zur Problematik der Bejahung des öffentlichen Interesses Beck/Kreißig, NStZ 2007, 304 (308).

780 Beck/Kreißig, NStZ 2007, 304 (310); Kindt, MMR 2009, 147 (147). Dafür spricht auch, dass die Rechteinhaber durch die Vielzahl von Strafanzeigen vor Änderung des Auskunftsanspruchs lediglich die Akteneinsicht nach § 406e StPO bezweckten, um auf diese Weise die persönlichen Daten der Täter herauszufinden, die wiederum unabdingbare Voraussetzung für weitere zivilrechtliche Schritte gegen die Nutzer sind. Vgl. hierzu auch Beck/Kreißig, NStZ 2007, 304 (310).

781 Dietrich, NJW 2006, 809 (810); Röhl/Bosch, NJW 2008, 1415 (1417); Solmecke, K&R 2007, 138 (142).

782 Vgl. hierzu die Ausführungen im Rahmen der Gesetzgebung des „Zweiten Korbs“ in Teil 2 Punkt K, S. 68 ff.

783 Vgl. hierzu Schimmel, ZUM 2008, 384 (384 f.)

dem Fall unrechtmäßiger Vervielfältigung im privaten Bereich, sofern es sich tatsächlich um geringfügige Fälle handelte, zu einer Verurteilung kommt, da die Staatsanwaltschaften sehr flexibel, wie soeben ausgeführt, nach Ermessen das Verfahren nach §§ 153 ff. StPO einstellen[784].

Abschließend kann festgehalten werden, dass nur solche Täter mit einer Strafverfolgung zu rechnen haben, die in großem Umfang in Online-Tauschbörsen Musik up- und/oder downgeloadet haben und an dessen Strafverfolgung zudem ein öffentliches Interesse besteht. Daneben muss für die strafrechtliche Bewertung der Täter zweifelsfrei individuell feststehen. Im Strafverfahren muss dem Angeklagten nachgewiesen werden, dass er selbst die verletzende Handlung vorgenommen hat und nicht etwa ein anderes Familienmitglied, das ebenfalls Zugang zum WLAN-Netzwerk hat[785]. Beim Vorliegen von WLAN-Netzwerken kann nicht immer sicher davon ausgegangen werden, dass der Anschlussinhaber auch derjenige ist, der als Täter in Betracht kommt.

II. Zivilrechtliche Konsequenzen

1. Auskunftsanspruch

In der Praxis entstehen im Online-Bereich für die Rechteinhaber und die Staatsanwaltschaften erhebliche Probleme, denn durch die Observation von Tauschbörsen können nur die, dem einzelnen Nutzer zugewiesenen, Internet-Protokoll-Adressen[786] festgestellt werden und nicht die persönlichen Daten des dahinterstehenden Verletzers. Jeder Computer gelangt über einen Provider ins Internet. Der jeweilige Provider weist dem einzelnen Nutzer eine bestimmte Kennung zu, so dass jeder Rechner unter einer eindeutigen IP-Adresse erreichbar ist[787]. Die IP-Adresse ist trotz ihrer Ähnlichkeit nicht mit einer normalen Telefonnummer gleichzusetzen[788]. Telefonnummern werden als auf Dauer vergebene Kennungen unter den Nutzern ausgetauscht, so dass eine Abfrage von deren Inhabern unabhängig von konkreten Telekommunikationsakten möglich ist[789]. Demgegenüber

---

784 Flechsig, ZRP 2004, 249 (253).

785 So scheiterte eine Filesharing-Klage vor dem Amtsgericht Mainz (angeblichen waren es 3780 Musiktitel) daran, dass letztlich nicht eindeutig festgestellt werden konnte, ob die Anschlussinhaberin oder möglicherweise ihre zwei Kinder oder ihr Ehemann zum Tatzeitpunkt den Anschluss nutzten (Az. 2050 Js 16878/07.408ECs).

786 Im folgenden IP-Adressen.

787 Vgl. hierzu Czychowski/Nordemann, NJW 2008, 3095 (3096).

788 So BVerfG, 1 BvR 256/08 vom 2.3.2010, Absatz-Nr. 259, abgedr. in NJW 2010, 833; anders hingegen Moos, CR 2003, 385 (385); Solmecke, K&R 2007, 138 (140).

789 BVerfG, 1 BvR 256/08 vom 2.3.2010, Absatz-Nr. 259, abgedr. in NJW 2010, 833.

liegt der Unterschied zu einer IP-Adresse darin, dass diese nicht statisch ist, sondern zumeist für die Dauer der jeweils bestehenden Internetverbindung (dynamische IP)[790] vergeben wird. Wer sich hinter der IP-Adresse verbirgt, ist damit nicht ohne weiteres für jedermann erkennbar[791]. Für die weitere rechtliche Verfolgung sind aber die Personalien des jeweiligen Nutzers unabdingbar. Aufgrund der festgestellten IP-Adresse und des Notierens des jeweiligen Zeitpunktes des Ereignisses, welches bei Verwendung einer dynamischen IP-Adresse erforderlich ist[792], kann die Zuordnung zu den Personalien ausschließlich der Provider leisten[793].

a) Auskunftsanspruch vor Umsetzung der Enforcement-Richtlinie[794] *(vor dem 01.09.2008)*

Die Rechteinhaber waren vor der Umsetzung der Enforcement-Richtlinie darauf angewiesen, mangels direkten Anspruchs[795] gegen die Internet-Provider auf Auskunft über die Identität des hinter einer IP-Adresse stehenden Anschlussinhabers bei den zuständigen Staatsanwaltschaften Strafanzeige gegen Unbekannt zu stellen[796]. Die Idee, einen direkten Anspruch auf Auskunft aus § 101a UrhG a.F.[797] abzuleiten, scheiterte aus mehreren Gründen[798]. Die Regelung des § 101a UrhG war weder direkt noch analog[799] mangels Regelungslücke auf den Online-Bereich anwendbar. Selbst bei einer analogen Anwendung wäre in den meisten relevanten Fallkonstellationen § 101a UrhG wegen Fehlens einer Rechtsverletzung des Internetproviders nicht anwendbar gewesen. Letztlich hät-

---

790 Vgl. hierzu Dietrich, NJW 2006, 809 (809).

791 Röhl/Bosch, NJW 2008, 1415 (1418).

792 Solmecke, K&R 2007, 138 (140).

793 Czychowski/Nordemann, NJW 2008, 3095 (3096).

794 Die Umsetzung der Enforcement-Richtlinie erfolgte mit der Änderung des Urheberrechtsgesetzes zum 01.09.2008.

795 Sieber/Höfinger, MMR 2004, 575.

796 Beck/Kreißig, NStZ 2007, 304 (304 f); Gercke, ZUM 2006, 593 (595); Röhl/Bosch, NJW 2008, 1415 (1419).

797 § 101a Abs. 1 UrhG a.F. gewährte dem Verletzten einen Anspruch auf Auskunft gegenüber dem Verletzer auf unverzügliche Auskunft über die Herkunft und den Vertriebsweg der Vervielfältigungsstücke.

798 Sieber/Höfinger, MMR 2004, 575; OLG Frankfurt a.M. MMR 2005, 241; OLG Hamburg MMR 2005, 453.

799 In einer Vielzahl von Verfahren verneinten OLG Frankfurt a.M., OLG München und OLG Hamburg Auskunftsansprüche auf Herausgabe identifizierender Daten gem. § 101a UrhG a.F. analog; vgl. hierzu ausführlich Czychowski/Nordemann, NJW 2006, 580 (584); Czychowski, MMR 2004, 514; anders aber OLG München GRUR 2007, 419 (424).

ten dann auch die bereichsspezifischen Datenschutzvorschriften des Telediensterechts und – beim Accessprovider – vor allem auch das grundrechtlich geschützte Fernmeldegeheimnis einer etwaigen Auskunftspflicht des Providers entgegengestanden[800]. Die Staatsanwaltschaften wurden durch die Stellung der Strafanzeigen zur Aufnahme von Ermittlungen veranlasst, infolge derer die Feststellung der Nutzerdaten zu erfolgen hatte. Auf dem Umweg der Einsichtnahme in die Ermittlungsakten gem. § 406e StPO, konnten die Rechteinhaber an die persönlichen Daten des jeweiligen Tauschbörsennutzers gelangen, um gegebenenfalls zivilrechtliche Schritte einleiten zu können[801]. Zur Identifizierung hatten die Staatsanwaltschaften neben der IP-Adresse ebenfalls den genauen Zeitpunkt anzugeben, da die IP-Adressen zumeist temporär vergeben werden. Diese Angaben dienten darüber hinaus auch Beweiszwecken. Hierfür wurden sog. Screenshots von Dateien angefertigt, die der Nutzer in den Tauschbörsen selbst angeboten hat. Damit konnte das Ausmaß der Aktivität eines Nutzers verdeutlicht werden[802].

b) Vorratsdatenspeicherung – Umsetzung der Richtlinie 2006/24/EG zum 01.01.2008

Die Richtlinie 2006/24/EG zur Vorratsdatenspeicherung knüpft daran an, dass Telekommunikationsverkehrsdaten ein wertvolles Instrument bei der Verfolgung von Straftaten, insbesondere in den Bereichen der organisierten Kriminalität und des Terrorismus, sind[803] und dass einige Mitgliedstaaten Regelungen über die Vorratsdatenspeicherung von solchen Daten getroffen haben, die stark von einander abweichen[804]. Durch einen solchen rechtlichen und technischen Unterschied zwischen den Mitgliedstaaten der Europäischen Gemeinschaft ist die erforderliche Balance des Binnenmarktes für die elektronische Telekommunikation aus dem Gleichgewicht gekommen, da die Anbieter von Telekommunikationsdiensten mit unterschiedlichen Anforderungen hinsichtlich der zu speichernden Daten und der Speicherungsdauer konfrontiert sind[805].

800 Vgl. ausführlich Sieber/Höfinger, MMR 2004, 575 ff.

801 In solchen Fällen stand für die Rechteinhaber allerdings nicht die strafrechtliche Verfolgung von konkreten Urheberrechtsverletzungen im Vordergrund, sondern vielmehr die Geltendmachung zivilrechtlicher Ansprüche gegen die Verletzer, vgl. hierzu LG München MMR 2008, 561 (561).

802 Beck/Kreißig, NStZ 2007, 304 (305).

803 Vgl. Erwägungsgrund (7) bis (10) der Richtlinie 2006/24/EG.

804 Vgl. Erwägungsgrund (5) der Richtlinie 2006/24/EG.

805 Vgl. Erwägungsgrund (6) der Richtlinie 2006/24/EG; zum Ganzen BVerfG, 1 BvR 256/08 vom 2.3.2010, Absatz-Nr. 81, abgedr. ab Absatz-Nr. 175 in NJW 2010, 833.

(1) Vor Umsetzung der Richtline zur Vorratsdatenspeicherung

Vor Umsetzung der Richtlinie zur Vorratsdatenspeicherung[806], die am 09.11.2007 beschlossen wurde und zum 01.01.2008 in Kraft getreten ist, war für die Feststellung der Identität des Nutzers zum einen problematisch, dass die Provider nicht zur Speicherung der IP-Adressen verpflichtet waren[807]. Lediglich zu Abrechnungszwecken wurden die Daten je nach Provider bis zu drei Monaten gespeichert und waren somit verfügbar[808]. Bei tatsächlichen Anhaltspunkten für einen rechtswidrigen Gebrauch durfte allerdings nach § 100 Abs. 1 TKG[809] gespeichert werden[810]. Der Umsetzungsspielraum der Richtlinie schlug den Mitgliedsstaaten eine Speicherungsverpflichtung für die Dauer von sechs Monaten bis zu zwei Jahren vor, wobei sich der deutsche Gesetzgeber mit der Festschreibung von sechs Monaten in § 113a Abs. 1 S. 1 TKG n.F. an der unteren Grenze dieses Spielraums bewegt[811]. Gem. § 150 Abs. 12b TKG wird den Anbietern von Internetzugangsdiensten allerdings eine Übergangsfrist zur Umsetzung bis zum 01.01.2009 gewährt. Mit dieser Gesetzesänderung sind die Chancen für die Rechteinhaber zeitlich gesehen seit dem 01.01.2008 bzw. unter Berücksichtigung der Übergangsfrist seit dem 01.01.2009 verbessert geworden, an die persönlichen Daten der hinter den IP-Adressen stehenden Nutzer zu gelangen.

Darüber hinaus war umstritten[812], ob die Strafverfolgungsbehörden für die Herausgabe der sich hinter einer ihnen bekannten IP-Adresse verbergenden Nutzerdaten eines richterlichen Beschlusses nach §§ 100g, 100h i.V.m. § 162 StPO a.F. (bzw. §§ 100g, 100b StPO n.F.) oder lediglich eines Auskunftsersuchen nach §§ 161, 163 StPO i.V.m. § 113 i.V.m. §§ 95, 111 TKG bedurften. Grund für diesen Streit war, dass die verlangten Daten weder ausschließlich den Verkehrs- noch den Bestandsdaten zugewiesen werden konnten. Bestandsdaten lassen sich dem Vertragsverhältnis zwischen Provider und Kunde entnehmen und wären deshalb ohne richterlichen Beschluss herauszugeben[813]. Sie weisen keinen Bezug zu einer konkreten Telekommunikation auf und sind deshalb nicht durch

---

806 Richtlinie 2006/24/EG, am 3.5.2006 in Kraft getreten.

807 Beck/Kreißig, NStZ 2007, 304 (306); Dietrich, NJW 2006, 809 (809); vgl. auch BVerfG, 1 BvR 256/08 vom 2.3.2010, Absatz-Nr. 166.

808 Beck/Kreißig, NStZ 2007, 304 (306).

809 TKG = Telekommunikationsgesetz.

810 Dietrich, NJW 2006, 809 (809).

811 Einen kurzen Überblick welche Daten genau gespeichert werden müssen, bietet Hoeren, JZ 2008, 668 (669 f.).

812 Vgl. hierzu Hoeren, JZ 2008, 668 (671); Solmecke, K&R 2007, 138 (140 f.); zudem aufgegriffen in BR-Drucks. 275/07 (B), S. 17.

813 Eine Legaldefinition zu Bestandsdaten findet sich in § 3 Nr. 3 TKG.

das Fernmeldegeheimnis geschützt[814]. Rechtsgrundlage ist § 113 TKG (für eine Staatsanwaltschaft i.V.m. §§ 161, 163 StPO).

Verkehrsdaten – früher Verbindungsdaten – sind dagegen die Daten, die bei jeder Verbindung anfallen, z.B. der Anschluss der Gegenseite, Verbindungsanfang und –ende[815]. Verkehrsdaten unterliegen dem Schutz des Fernmeldegeheimnisses[816]. Die Auskunft richtete sich nach §§ 100g, 100h StPO (für eine Staatsanwaltschaft i.V.m. § 162 StPO). Zu den Bestandsdaten werden die statischen IP-Adressen gezählt[817], wohingegen die dynamischen IP-Adressen den Verkehrsdaten zugerechnet werden[818]. Name und die Anschrift eines Rechtsverletzers, welcher sich hinter einer bestimmten IP-Adresse verbirgt, sind zwar grundsätzlich Bestandsdaten, allerdings sind diese Daten nur durch Verarbeitung der beim Provider gespeicherten Verkehrsdaten zu ermitteln[819].

Der Gesetzgeber, wie auch ein Großteil der Gerichte und ein Teil der Lehre haben allerdings wiederholt die Ansicht vertreten, dass ein richterlicher Beschluss entbehrlich sei[820] und dass es sich bei den persönlichen Daten, die sich hinter einer IP-Adresse (auch dynamischen) verbergen, um Bestandsdaten handelt[821]. Maßgeblich sei, dass ein entsprechendes Auskunftsersuchen alleine auf die Mitteilung der den Regelungen der §§ 111 ff. TKG unterfallenden Bestandsdaten gerichtet ist und nicht auf die Erhebung von – bei Stellung des Auskunftsersuchens notwendigerweise bereits bekannten – Verkehrsdaten[822]. Damit sind die Daten ohne richterlichen Beschluss von den Providern herauszugeben. Die nach den §§ 95 und 111 TKG erhobenen Bestandsdaten sind aber nur herauszugeben nach § 113 TKG, soweit dies für die Verfolgung von Straftaten oder Ord-

---

814 Bär, MMR 2007, 809 (811 ff); Kindt, MMR 2009, 147 (148).

815 Die Legaldefinition zu den Verkehrsdaten findet sich in § 3 Nr. 30 TKG.

816 Hoeren, JZ 2008, 668 (669); Kindt, MMR 2009, 147 (148).

817 Vgl. hierzu LG Stuttgart, NJW 2005, 614 ff.; Gnirck/Lichtenberg, DuD 2004, 598 (600); Spindler, ZUM 2008, 640 (645).

818 H.M. in der Lit. und Rspr., vgl. hierzu Bär, MMR 2008, 215, 219; Berger, jurisPR-ITR 7/2008 Anm. 5 unter C; Bär, MMR 2002, 358 (360); LG Darmstadt CR 2007, 574; LG Darmstadt GRUR-RR 2006, 173; LG Ulm MMR 2004, 187; LG Bonn DuD 2004, 628; AG Offenburg MMR 2007, 809; LG Frankenthal MMR 2008, 687.

819 Ein Großteil der Lehre vertrat aus diesem Grund die Auffassung, dass sich das Auskunftsverfahren nach §§ 100g, 100b StPO zu richteten hätte. Vgl. Hoeren, JZ 2008, 668 (671).

820 BT-Drucks. 16/5846, S. 26, sowie die dort genannten Urteile und Verweise auf Teile der Literatur; ausführlich auch Beck/Kreißig, NStZ 2007, 304 (306); LG Köln NStZ 2009, 352 (352); kürzlich bestätigt durch das BVerfG, vgl. hierzu Eckhardt/Schütze, CR 2010, 225 (228).

821 Vgl. hierzu Hoeren, JZ 2008, 667 (671).

822 BR-Drucks. 275/07 (B), S. 17.

nungswidrigkeiten, zur Abwehr von Gefahren für die öffentliche Sicherheit oder Ordnung oder für die Erfüllung der gesetzlichen Aufgaben der Verfassungsschutzbehörden des Bundes und der Länder, des Bundesnachrichtendienstes oder des Militärischen Abschirmdienstes erforderlich ist.

(2) Nach Umsetzung der Richtlinie zur Vorratsdatenspeicherung

Im Rahmen der Umsetzung des Gesetzes zur Neuregelung der Telekommunikationsüberwachung und anderer verdeckter Ermittlungsakte[823] sowie mit der Umsetzung der Richtlinie 2006/24/EG[824] zur Vorratsdatenspeicherung werden mit den neuen §§ 113a, 113b TKG entsprechende Verpflichtungen der Provider mit Art und Umfang der zu speichernden Daten geschaffen. Die Probleme, die sich bisher in der Praxis ergaben, weil die Provider keine Verkehrsdaten gespeichert haben, da sie diese nicht für Abrechnungszwecke benötigten und sich damit für die Speicherung keine Berechtigung aus §§ 96, 97 TKG ergab, wurde durch die Vorratsdatenspeicherungspflicht gelöst[825]. Diese Speicherungspflicht trifft nun hauptsächlich die Anbieter von Flatrate-Diensten, bei denen die Speicherung und zeitliche Aufbewahrung, insbesondere der dynamischen IP-Adresse, sehr umstritten war.

Des Weiteren hat der Gesetzgeber durch die klarstellende Regelung des § 113b S. 1 Halbs. 2 TKG herausgearbeitet, dass auch solche Bestandsdaten nach § 113 TKG erhebbar sind, die mit Hilfe von Verkehrsdaten zu ermitteln sind[826]. Der Regelungsgehalt des § 113b S. 1 Halbs. 2 TKG sei zwar nicht ganz eindeutig zu erschließen, aber angesichts der eindeutigen Gesetzesbegründung[827] und aufgrund des klaren systematischen Zusammenhangs mit § 113 TKG wird angenommen, dass Auskünfte über Namen und Anschrift eines mittels dynamischer IP-Adresse und Uhrzeit individualisierten Anschlussinhabers im manuellen Auskunftsverfahren nach § 113 TKG durchaus zu erteilen sind, eben auch,

---

823 Mit der Novellierung werden zum einen die Eingriffsbefugnisse für verdeckte Ermittlungsmaßnahmen – insbesondere zur Telekommunikations-Überwachung und zur Verkehrsdatenerhebung (§§ 100a, 100b und § 100g StPO) einschließlich der verfahrensrechtlichen Voraussetzungen – einer umfassenden Überarbeitung unterzogen. Ergänzt werden diese Bestimmungen zum einen durch die neuen Regelungen in §§ 160a, 161 Abs. 2 und 477 Abs. 2 StPO zum Schutz von Berufsgeheimnisträgern, über die Verwendung erlangter Daten sowie in § 162 StPO über die Zuständigkeit des Ermittlungsrichters.

824 BT-Drucks.16/5846.

825 Bär, MMR 2008, 215 (220).

826 BT-Drucks. 16/5846, S. 55; OVG München MMR 2009, 424 (424); vgl. hierzu auch Bär, MMR 2008, 215 (221).

827 BT-Drucks. 16/5846, S. 26; BT-Drucks. 16/6979, S. 46.

wenn der Auskunftspflichtige vor der Weitergabe der Informationen Verkehrsdaten berücksichtigen musste[828].

Darüber hinaus war bereits im Gesetzgebungsverfahren zur Umsetzung der Richtlinie 2006/24/EG zur Vorratsdatenspeicherung (zum 01.01.2008 in Kraft getreten) umstritten, ob ein Diensteanbieter Auskunft über den Inhalt einer dynamischen IP-Adresse auch für eine zivilrechtliche Durchsetzung der Rechte am geistigen Eigentum erteilen und dabei die gem. § 113a Abs. 4 Nr. 1 TKG (IP-Adresse) gespeicherten Daten intern verarbeiten darf[829]. Der Bundesrat drängte im Verlauf des Gesetzgebungsverfahrens, darauf eine solche Auskunft ebenfalls für zivilrechtliche Zwecke zu normieren. Er war der Ansicht, dass ein zivilrechtlicher Drittauskunftsanspruch gegenüber Internetprovidern ohne eine Möglichkeit des Rückgriffs auf die nach § 113a TKG gespeicherten Daten weitgehend leerlaufen würde[830]. Des Weiteren kritisierte der Bundesrat, dass ein solcher Gesetzesentwurf ein wesentliches Anliegen des Gesetzesentwurfs zur Verbesserung der Durchsetzung von Rechten des geistigen Eigentums[831] konterkarieren würde[832].

Der Vorschlag des Bundesrates, dass die nach §113a TKG gespeicherten Daten auch für entsprechende Bestandsauskünfte an die Inhaber von Rechten des geistigen Eigentums weitergegeben werden dürften, wurde allerdings abgelehnt[833]. Der Bundestag war der Ansicht, dass die Verwendung von nach § 113a TKG gespeicherten Daten durch den Diensteanbieter grundsätzlich nur auf die Erteilung von Auskünften zu hoheitlichen Zwecken beschränkt bleiben soll[834].

§ 113b S. 1 Halbs. 2 TKG schließt demnach die Verwendung der nach § 113a TKG gespeicherten Daten zu anderen als den in § 113b S. 1 Halbs. 1 TKG genannten Zwecken grundsätzlich aus[835]. Allerdings lässt er eine Ausnahme in der Weise zu, dass sie von den Diensteanbietern auch zur Erteilung von Auskünften nach § 113 TKG verwendet werden dürfen. Mit dem neuen zivilrechtlichen Auskunftsanspruch (zum 01.09.2008 in Kraft getre-

828 BT-Drucks. 16/6979, S. 46; OVG München MMR 2009, 424 (424); LG Offenburg MMR 2008, 480 (481); vgl. hierzu auch Bär, MMR 2008, 215 (221).

829 Die Erörterung dieses Problem ist sehr interessant in Hinblick auf einen späteren Drittauskunftsanspruch, vgl. hierzu die Ausführungen zum Auskunftsanspruch nach Umsetzung der Enforcement-Richtlinie in Teil 4 unter Punkt C II 1 c), S. 164 f.

830 BR-Drucks. 275/07 (B), S. 16.

831 Umsetzung der Enforcement-Richtlinie.

832 BR-Drucks. 275/07 (B), S. 16.

833 BT-Drucks. 16/6979, S. 46.

834 BT-Drucks. 16/6979, S. 46.

835 Hoffmann, NJW 2009, 2649 (2653).

ten) ist ein Rückgriff auf die nach § 113a TKG gespeicherten Daten, wie auch die Verwendung der dynamischen IP-Adresse (§ 113a Abs. 4 Nr. 1 TKG) jedoch ausgeschlossen[836]. Dieses Ergebnis ist insbesondere für den zivilrechtlichen Auskunftsanspruch nach § 101 UrhG von großer Bedeutung, der zum 01.09.2008 in Kraft getreten ist[837].

§ 113 Abs. 1 TKG erlaubt allerdings Behörden die Abfrage von sog. Kunden- und Bestandsdaten gem. §§ 95 und 111 TKG, insbesondere Rufnummern, Anschlusskennungen sowie Name und Anschriften von Anschlussinhabern. Dabei ermöglicht § 113b S. 1 Halbs. 2 TKG es den Diensteanbietern, Auskünfte über die Inhaber von nach §113a Abs. 4 Nr. 1 TKG gespeicherten IP-Adressen zu erteilen.

Für die Auskunft über reine Verkehrsdaten gilt grundsätzlich, dass nach wie vor auf ein strafrechtliches Ermittlungsverfahren zurückgegriffen werden muss. Diese Daten dürfen nicht für zivilrechtliche Zwecke verwendet werden, sondern ausschließlich für die in § 113b TKG genannten Fälle.

(3) Die Entscheidung des Bundesverfassungsgerichts zur Vorratsdatenspeicherung vom 02.03.2010

Überdies hat das Bundesverfassungsgericht in mehreren Verfahren[838] des einstweiligen Rechtsschutzes entschieden[839], dass die Übermittlung der Verkehrsdaten an die ersuchende Behörde nur bei Vorliegen von Katalogtaten der besonderen Schwere nach § 100a Abs. 2 StPO herausgegeben werden dürfen[840]. Der Verdacht einer schweren Straftat muss zudem durch Tatsachen begründet sein und die Erforschung des Sachverhalts auf andere Weise erschwert oder aussichtslos sein. Das Bundesverfassungsgericht stellte fest, dass in dem Verkehrs-

---

836 OLG Frankfurt a.M. MMR 2009, 542 (544); Hoeren, NJW 2008, 3099 (3101); Kitz, NJW 2008, 2374 (2376); zudem hat diese Ansicht auch das BVerfG in seiner erst kürzlich ergangenen Entscheidung zur Vorratsdatenspeicherung wiederholt (BVerfG, 1 BvR 256/08 vom 2.3.2010, Absatz-Nr. 46).

837 Mehr zur Ausgestaltung und zum Verfahren des Auskunftsanspruchs nach Umsetzung der Enforcement-Richtlinie in Teil 4 unter Punkt C II 1 c), S. 164 f.

838 Gietl, DuD 2008, 317 – Zusammenfassung der Argumentation der einzelnen Entscheidungen.

839 BVerfG MMR 2008, 303 (Beschluss vom 11.03.2008) – mit dem Eilantrag, welcher dem Bundesverfassungsgericht zur Entscheidung vorlag, wurde begehrt, die eingeführte Vorratsdatenspeicherung von Telekommunikations-Verkehrsdaten zu Zwecken der öffentlichen Sicherheit bis zur Entscheidung in der Hauptsache (Verfassungsbeschwerde gegen das Gesetz zur Vorratsdatenspeicherung) vorläufig auszusetzen. BVerfG NStZ 2008, 290; ZUM 2009, 279; NVwZ 2009, 96.

840 BVerfG MMR 2008, 303 (303).

datenabruf selbst ein schwerwiegender und nicht mehr rückgängig zu machender Eingriff in das Grundrecht des Art. 10 Abs. 1 GG liege. Ein solcher Datenabruf würde es ermöglichen, weitreichende Erkenntnisse über das Kommunikationsverhalten jedes Einzelnen ziehen zu können, über dessen Kontakte sowie in manchen Fällen sogar über Gesprächsinhalte[841]. In Anbetracht der Tatsache einer effektiven Strafverfolgung auch bei modernen Kommunikationsmitteln blieb zu hoffen, dass der Zugriff auf gespeicherte Verkehrsdaten auch bei strafprozessualen Ermittlungen in Datennetzen nach der Entscheidung in der Hauptsache zulässig bleiben würde[842]. Die gleichzeitig anhängige Nichtigkeitsklage gegen die Richtlinie 2006/24/EG vor dem EuGH entschied dieser am 10.02.2009 mit dem Ergebnis, dass die Richtlinie auf einer zulässigen Grundlage beruhe[843].

Am 02.03.2010 hat das Bundesverfassungsgericht in der Hauptsache über die Verfassungsbeschwerde gegen das umstrittene Gesetz zur Vorratsdatenspeicherung entschieden. Zu den Beschwerdeführern gegen das Gesetz gehörten viele Bundestagsabgeordnete, unter anderem auch Bundesjustizministerin Leutheusser-Schnarrenberger, zudem legten insgesamt 35.000 Menschen gegen das Gesetz Verfassungsbeschwerde ein. Damit handelt es sich um das größte Verfahren, mit welchem sich das Bundesverfassungsgericht jemals zu beschäftigen hatte.

In seinem Urteil vom 02.03.2010 über die Verfassungsmäßigkeit der Regelungen zur Vorratsdatenspeicherung hat das Bundesverfassungsgericht mit 6:2 Stimmen[844] §§ 113a und 113b TKG und § 100g Abs. 1 S. 1 StPO für nichtig erklärt und angeordnet, die nach diesen Vorschriften gespeicherten Daten unverzüglich zu löschen, soweit danach Verkehrsdaten gem. § 113a TKG erhoben werden dürfen. Dass die Vorschriften gem. § 95 Abs. 3 S. 1 BVerfGG für nichtig und nicht nur für unvereinbar mit dem Grundgesetz zu erklären sind, hat der Senat mit 4:4 Stimmen entschieden[845]. Demzufolge können die Vorschriften

841 BVerfG MMR 2008, 303 (305).

842 Bär, MMR 2009, 29 (36); vgl. hierzu auch Spindler, ZUM 2008, 640 (646).

843 EuGH MMR 2009, 244; zum Verhältnis zwischen Europarecht und nationalem Recht sowie die Prüfkomponenten der jeweiligen Gerichte, vgl. Kahler, DuD 2008, 449.

844 Hinsichtlich der Beurteilung der § 113a und § 113b TKG als verfassungswidrig ist die Entscheidung im Ergebnis mit 7:1 Stimmen und hinsichtlich weiterer materiellrechtlicher Fragen, soweit aus den Sondervoten ersichtlich mit 6:2 Stimmen ergangen. Zu den abweichenden Meinungen der Richter Schluckebier und Eichberger, vgl. BVerfG NJW 2010, 833 Rn. 310 ff. und 337 ff.

845 BVerfG, 1 BvR 256/08 vom 2.3.2010, Absatz-Nr. 309, abgedr. in NJW 2010, 833 (851).

nicht in eingeschränktem Umfang übergangsweise angewendet werden, sondern es verbleibt bei der gesetzlichen Regelfolge der Nichtigerklärung[846].

Diese Entscheidung bedeutet für das Auskunftsersuchen von Behörden über die sich hinter einer ihnen bekannten IP-Adresse verbergenden Nutzerdaten nach den § 113b S. 1 Halbs. 2 i.V.m. § 113 Abs. 1 TKG vorläufig das Aus. Gerade in Hinblick auf die Ausführungen des Bundesverfassungsgerichts bezüglich der Verhältnismäßigkeit eines solchen Auskunftsersuchens ist eine Nichtigerklärung der gesetzlichen Regelfolge nicht kritiklos hinzunehmen[847]. So wird angeführt, dass die Nichtigerklärung zwar gesetzliche Folge der Mehrheitsentscheidung ist, allerdings hätte auch auf der Grundlage der verfassungsrechtlichen Würdigung der Mehrheit unter Rückgriff auf die ständige Rechtsprechung des Bundesverfassungsgerichts nahe gelegen, dem Gesetzgeber eine Frist für eine Neuregelung zu setzen und die bestehenden Vorschriften in Anlehnung an die Maßgaben der vom Senat erlassenen einstweiligen Anordnung für vorübergehend weiter anwendbar zu erklären[848]. Durch diese Regelung der Nichtigerklärung werden hingegen bis zur Neuregelung erhebliche Defizite für die Gefahrenabwehr und bei der Aufklärung schwerer Straftaten in Kauf genommen[849].

Die Umsetzungsregelungen sind damit nichtig, die Richtline 2006/24/EG fordert aber weiterhin ihre Umsetzung. Der Gesetzgeber hat nun eine Umsetzung nach den Vorgaben des Bundesverfassungsgerichts zu gestalten. Für die neuerliche Umsetzung der Regelungen bleibt dem Gesetzgeber kein nennenswerter Spielraum mehr für eine Ausgestaltung in eigener politischer Verantwortung, da das Bundesverfassungsgericht die Regelungsbereiche der entsprechenden Paragraphen bereits im Rahmen der vorgenommenen Verhältnismäßigkeitsprüfung sehr weit eingeschränkt hat[850].

In Hinblick auf die Auskünfte über den Anschlussinhaber hat das Bundesverfassungsgericht folgendes entschieden:

Bei einer nur mittelbaren Verwendung der vorsorglich gespeicherten Daten in Form von behördlichen Auskunftsansprüchen gegenüber den Diensteanbietern hinsichtlich der Anschlussinhaber bestimmter IP-Adressen, die diese unter

---

846 BVerfG, 1 BvR 256/08 vom 2.3.2010, Absatz-Nr. 309, abgedr. in NJW 2010, 833 (851).

847 Schluckebier Anm. zu BVerfG, 1 BvR 256/08 vom 2.3.2010, Absatz-Nr. 336, abgedr. in NJW 2010, 833 (855).

848 Schluckebier Anm. zu BVerfG, 1 BvR 256/08 vom 2.3.2010, Absatz-Nr. 336, abgedr. in NJW 2010, 833 (855).

849 Schluckebier Anm. zu BVerfG, 1 BvR 256/08 vom 2.3.2010, Absatz-Nr. 336, abgedr. in NJW 2010, 833 (855).

850 Schluckebier Anm. zu BVerfG, 1 BvR 256/08 vom 2.3.2010, Absatz-Nr.327, abgedr. in NJW 2010, 833 (854).

Nutzung der vorgehaltenen Daten zu ermitteln haben, gelten weniger strenge verfassungsrechtliche Maßgaben. Dies ist damit zu Begründen, dass die Behörden selbst keine Kenntnis der vorsorglich zu speichernden Daten erlangen, da sie lediglich personenbezogene Auskünfte über den Inhaber einer ihnen bereits bekannten IP-Adresse erlangen[851].

Das Bundesverfassungsgericht sah grundsätzlich keine verfassungsrechtlichen Bedenken gegen die in § 113b S. 1 Halbs. 2 TKG geregelte Möglichkeit, dass die Behörden Auskünfte aufgrund ihnen bereits bekannter IP-Adressen Daten über die Anschlussinhaber anfordern können und diese Auskünfte nicht unter die besonders strengen Voraussetzungen gestellt sind, die für einen unmittelbaren Abruf der nach § 113a TKG gespeicherten Daten beachtet werden müssen[852].

Unter Verhältnismäßigkeitsgesichtspunkten hält das Bundesverfassungsgericht allerdings § 113b S. 1 Halbs. 2 i.V.m. § 113 Abs. 1 TKG als zu weitgehend, weil sie allgemein auch die Ahndung von Ordnungswidrigkeiten für solche Abfragen ausreichen lassen[853]. Zwar zieht das Bundesverfassungsgericht auch das Einsetzen von Auskünften in besonders wichtigen Fällen im Bereich des Ordnungswidrigkeitenrechts in Betracht, allerdings bedarf es hierfür normklarer spezieller Regelungen, an denen es vorliegend jedoch fehlt[854].

Darüber hinaus ist § 113b S. 1 Halbs. 2 i.V.m. § 113 Abs. 1 TKG insoweit verfassungswidrig, als es an Regelungen zu einer Benachrichtigung der Betroffenen fehlt. Gem. § 113 Abs. 1 S. 4 TKG haben die Auskunftsverpflichteten gegenüber den Betroffenen Stillschweigen zu wahren, und auch seitens der auskunftsersuchenden Behörde ist keinerlei Benachrichtigung gewährleistet. Dies genügt allerdings nach Auffassung des Bundesverfassungsgerichts nicht den verfassungsrechtlichen Anforderungen an eine transparente Verwendung der nach § 113a TKG gespeicherten Daten[855].

Für eine Umsetzung eines Auskunftsanspruchs einer Behörden über personenbezogenen Daten, die sich hinter ihnen bereits bekannten IP-Adressen verbergen, bedeutet dies im Ergebnis, dass eine Auskunft erfolgen können wird: zur

851 BVerfG, 1 BvR 256/08 vom 2.3.2010, Absatz-Nr. 255 f., abgedr. in NJW 2010, 833 (845).

852 BVerfG, 1 BvR 256/08 vom 2.3.2010, Absatz-Nr. 289, abgedr. in NJW 2010, 833 (849).

853 BVerfG, 1 BvR 256/08 vom 2.3.2010, Absatz-Nr. 291, abgedr. in NJW 2010, 833 (849 f.).

854 BVerfG, 1 BvR 256/08 vom 2.3.2010, Absatz-Nr. 291, abgedr. in NJW 2010, 833 (850).

855 BVerfG, 1 BvR 256/08 vom 2.3.2010, Absatz-Nr. 291, abgedr. in NJW 2010, 833 (850).

Verfolgung von Straftaten, zur Abwehr von Gefahren für die öffentliche Sicherheit oder Ordnung oder die Erfüllung der gesetzlichen Aufgaben der Verfassungsschutzbehörden des Bundes und der Länder, des Bundesnachrichtendienstes oder des Militärischen Abschirmdienstes, jedoch nicht mehr zur Verfolgung von Ordnungswidrigkeiten und nur noch unter der Voraussetzung der Benachrichtigung des Betroffenen selbst.

Mit einer schnellen Umsetzung ist aus zwei Gründen vorläufig nicht zu rechnen: Zum einen hat die Kommission Verständnis für die deutsche Situation gezeigt und es ist auch aus europäischer Sicht wichtiger, die Anforderungen für eine verfassungskonforme Regelung genau zu analysieren und sorgfältig umzusetzen. Ein nochmaliges Scheitern vor dem Bundesverfassungsgericht liegt weder im Interesse der Kommission noch der Bundesregierung[856]. Zum anderen erwartet die zuständige Justiz-Kommissarin *Reding* im September 2010 einen Bericht zur Anwendung der Richtlinie in den Mitgliedstaaten, der als Grundlage einer Diskussion dienen wird, ob die Richtlinie mit der EU-Grundrechtscharta vereinbar ist[857].

Damit bleibt festzuhalten, dass die Behörden[858] zur Zeit keinen Auskunftsanspruch unter Verwendung der nach § 113a TKG gespeicherten Verkehrsdaten, insbesondere der IP-Adresse (§ 113a Abs. 4 Nr. 1 TKG), haben. Die Behörden können daher nur auf das manuelle Auskunftsverfahren nach § 113 TKG zurückgreifen, so wie bereits vor der Umsetzung der Regelungen zur Richtlinie 2006/24/EG. Hiernach sind auf Verlangen unverzüglich Auskünfte über die nach den §§ 95 und 111 TKG erhobenen Daten zu erteilen. Die hierunter fallenden Daten sind aber zumeist nur zu Abrechnungszwecken zu speichern und danach unverzüglich zu löschen, somit wird ein Auskunftsersuchen der Behörden oftmals verspätet sein. Problematisch wird in diesem Zusammenhang vor allem die Speicherung der dynamischen IP-Adresse, denn diese wird z.B. bei Kunden einer Flatrate verwendet. Aus diesem Grund ist deren Speicherung nicht für Abrechnungszwecke erforderlich[859]. Nicht zu Abrechnungszwecken erforderliche

---

856 Roßnagel, NJW 2010, 1238 (1242).

857 Roßnagel, NJW 2010, 1238 (1242).

858 Genauso wenig haben Rechteinhaber einen Anspruch auf Auskunft über personenbezogene Daten einer ihnen bereits bekannten IP-Adresse. Im Gesetzgebungsverfahren zur Umsetzung der Richtlinie 2006/24/EG wurde bereits ein solcher zivilrechtlicher Auskunftsanspruch unter Rückgriff auf die nach § 113a TKG gespeicherten Daten, wie auch die Verwendung der dynamischen IP-Adresse (§ 113a Abs. 4 Nr. 1 TKG) ausgeschlossen.

859 AG Darmstadt MMR 2005, 634; bestätigt durch LG Darmstadt MMR 2006, 330; BGH MMR 2007, 37 – der BGH beschränkte sich allerdings lediglich darauf, die Beschwerde

Daten sind unverzüglich zu löschen[860]. Ausgeführt wird hierzu, dass der Anbieter einer DSL Flatrate dazu verpflichtet ist, nach Beendigung der jeweiligen Nutzung des Internetzugangs durch den Kunden alle Daten, die eine Verbindung zwischen der zugeteilten IP-Adresse und dem Kunden herstellen, umgehend zu löschen[861]. Die Speicherung einer IP-Adresse ist bei einem Kunden einer Flatrate nicht nach § 96 Abs. 1 Nr. 2 TKG gerechtfertigt, da diese nicht für eine Entgelt-Ermittlung notwendig ist[862].

Allerdings dürfen Verkehrsdaten und damit dynamische IP-Adressen nach § 100 Abs. 1 TKG kurzfristig gespeichert werden, da diese Daten zum Erkennen, Eingrenzen oder Beseitigen von Störungen oder Fehlern an den Telekommunikations-Anlagen notwendig sein können[863]. Unter Abwägung der sich gegenüberstehenden Interessen wurde eine Speicherung für einen Zeitraum von 7 Tagen für verhältnismäßig angesehen[864]. In diesem Zeitfenster können die Ermittlungsbehörden auch ohne Zugriff auf die Vorratsdaten nach den für verfassungswidrig erklärten §§ 113a, 113b TKG versuchen, die Zuordnung wem wann welche dynamische IP-Adresse zugewiesen war, durch ein Auskunftsersuchen nach § 113 TKG zu erfragen[865].

c) *Auskunftsanspruch nach Umsetzung der Enforcement-Richtlinie*

Der durch das Gesetz zur Verbesserung der Durchsetzung von Rechten des geistigen Eigentums am 01.09.2008 in Kraft getretene Auskunftsanspruch dient der Umsetzung der Enforcement-Richtlinie. § 101 UrhG geht in mehrfacher Hinsicht über die Regelungen des alten Auskunftsanspruchs (§ 101a UrhG a.F.) hinaus.

Der Auskunftsanspruch besteht nicht mehr nur gegen den Verletzer selbst, sondern kann nach § 101 Abs. 2 n.F. UrhG auch gegen Dritte geltend gemacht werden und damit gegen Internet-Provider. Der inhaltliche Umfang des Auskunftsanspruchs ergibt sich aus § 101 Abs. 3 UrhG und schließt insbesondere Angaben über Hersteller, Lieferanten und Vorbesitzer der verletzenden Erzeugnisse sowie die Nutzer der Dienstleistungen mit ein.

---

wegen Nichterreichens der erforderlichen Mindestbeschwer aus tatsächlichen Gründen zurückzuweisen und gab keine rechtliche Stellungnahme zur Sache ab.

860 AG Darmstadt MMR 2005, 634 (635).

861 LG Darmstadt MMR 2006, 330 (330).

862 AG Bonn MMR 2008, 203 (203).

863 AG Bonn MMR 2008, 203 (203); LG Darmstadt CR 2007, 574 (574 f.).

864 AG Bonn MMR 2008, 203 (204); LG Darmstadt CR 2007, 574 (574).

865 Vgl. hierzu auch Eckhardt/Schütze, CR 2010, 225 (229).

Mit dem neuen Auskunftsanspruch auch gegen Dritte könnte dem Problem der Strafanzeigenflut gegen Unbekannt entgegengewirkt werden. Dieses jedoch nur, soweit der Auskunftsanspruch eine einfachere Durchführung verspricht, als der Umweg über die Strafanzeige. Ein Rückgriff auf die nach § 113a TKG gespeicherten Verkehrsdaten, wozu auch die dynamischen IP-Adressen der Nutzer zählen, ist für zivilrechtliche Zwecke aber nicht gestattet[866]. Ohnehin wäre ein solcher Rückgriff nach dem zur Vorratsdatenspeicherung ergangenen Urteil des Bundesverfassungsgerichts nicht mehr möglich, da die betreffenden Paragraphen für verfassungswidrig erklärt worden sind[867]. Damit bleibt den Rechteinhabern, ebenso wie den Strafverfolgungsbehörden, nur der Rückgriff auf IP-Adressen, die kurzfristig nach § 100 Abs. 1 TKG oder zu Abrechnungszwecken gespeichert werden[868].

(1) Tatbestandsvoraussetzungen eines Auskunftsanspruchs

(a) Gewerbliches Ausmaß der Rechtsverletzung

Das Erfordernis des „gewerblichen Ausmaßes" gehört zu den zentralen Voraussetzungen des neuen Auskunftsanspruchs gem. § 101 UrhG zur Umsetzung der Enforcement-Richtlinie[869]. Bis zuletzt war dieses Tatbestandsmerkmal im Gesetzgebungsverfahren umstritten[870]. Die Rechtsprechung zur Auslegung des Merkmals zeigt, dass auch nach Umsetzung der Richtlinie in nationales Recht große Unstimmigkeiten über diese vorherrschen[871]. Für einen Auskunftsanspruch gem. §101 Abs. 1 sowie Abs. 2 UrhG muss ein Handeln im gewerblichen Ausmaß vorliegen[872]. Was genau unter einer Rechtsverletzung „in gewerblichem Ausmaß" zu verstehen ist, wird nicht einheitlich beantwortet[873]. Inhaltlich kann festgestellt werden, dass sich der Wortlaut der neuen Fassung des § 101 UrhG klar von der alten Fassung unterscheidet, da nun von einem „gewerblichen

866 Vgl. hierzu die Ausführungen in Teil 4 unter Punkt C II 1b) (2), S. 157 ff.

867 BVerfG, 1 BvR 256/08 vom 2.3.2010, abgedr. in NJW 2010, 833.

868 Vgl. hierzu auch die Ausführungen in Teil 4 unter Punkt C II 1b) (3), S. 159 ff.

869 Wilhelmi, ZUM 2008, 942 – bietet einen Überblick über das gewerbliche Ausmaß als Voraussetzung des Auskunftsanspruchs und über die bereits ergangenen Entscheidungen zu diesem Thema.

870 Gesetz zur Verbesserung der Durchsetzung von Rechten des geistigen Eigentums v. 7.7.2008, BGBl. I, 2008, S. 1191 ff.

871 Vgl. hierzu Wilhelmi, ZUM 2008, 942, auch Spindler, ZUM 2008, 640 (642) hatte Streitigkeiten über die Auslegung dieses Merkmals befürchtet.

872 BT-Drucks. 16/5048, S. 49; so auch Dreier, in: Dreier/Schulze, UrhG, § 101 Rn. 12; Schmid/Wirth, in: Schmid/Wirth/Seifert, UrhG, § 101 Rn 2 f.

873 LG Darmstadt MMR 2009, 52 (53); vgl. hierzu auch Hoffmann, MMR 2009, 655; Jüngel/Geißler, MMR 2008, 787; Musiol, GRUR-RR 2009, 1; Wilhelmi, ZUM 2008, 942.

Ausmaß" ausgegangen wird und nicht wie bisher „von einem Handeln in geschäftlichen Verkehr"[874]. Eine Rechtsverletzung im „gewerblichen Ausmaß" kann demnach bei einer Handlung vorliegen, die sich im privaten Bereich befindet[875].

Mit Blick auf die maßgebliche Richtlinie 2004/48/EG ist zu berücksichtigen, dass dem Rechteinhaber ein möglichst effektiver Rechtsschutz gegen die Verletzung seiner Rechte zu gewähren ist. Die Richtlinie sieht vor, dass ein „gewerbliches Ausmaß" dann vorliegen soll, wenn die Rechtsverletzung „zwecks Erlangung eines unmittelbaren wirtschaftlichen oder kommerziellen Vorteils vorgenommen wurde"[876]. Hierbei stellt Erwägungsgrund (14) der Richtlinie in einem Halbsatz klar, dass dies in der Regel Handlungen ausschließen würden, die in guten Glauben von Endverbrauchern vorgenommen werden. Demnach kann festgehalten werden, dass es weder erforderlich ist, dass die Rechtsverletzung auf einen Gewinn abzielt noch, dass diese von einer gewissen Regelmäßigkeit oder Dauer ist. Erst recht ist aus dieser Formulierung nicht der Schluss zu ziehen, dass die Rechtsverletzung auf die Erzielung dauerhafter Einnahmen gerichtet ist[877]. Jedoch bleibt unklar, was genau unter einem unmittelbaren oder mittelbaren kommerziellen Vorteil zu verstehen ist, denn letztlich wäre unter dieses Merkmal nahezu jede Urheberrechtsverletzung zu subsumieren. In Anlehnung an § 101 Abs. 1 S. 2 UrhG, wonach sich das „gewerbliche Ausmaß" sowohl aus der Anzahl als auch aus der Schwere der Rechtsverletzungen ergeben kann, wird zum Teil auf die Anzahl und die Aktualität der zum Download bereitgehaltenen Musikdateien abgestellt[878]. Mit Blick in die Entwurfsbegründung, wonach das Ausmaß der Handlungen über das hinausgehen müsse, was einer Nutzung zum privaten Gebrauch entspreche, lässt sich diese Anforderung an das „gewerbliche Ausmaß" durchaus stützen[879]. In der Praxis schwanken die jeweils vertretenen Größenordnung zwischen der Bereitstellung lediglich eines aktuellen Kinofilms oder Musikalbums[880] bis hin zum Zugänglichmachen von etwa 3000 Musikstücken oder 200 Filmen[881]. Diese Spannbreite wird vor allem bei der Betrachtung der bisherigen Rechtsprechung zu diesem Thema deutlich.

874 Vgl. hierzu noch § 101a Abs. 1 UrhG a.F.

875 Jüngel/Geißler, MMR 2008, 787 (787).

876 Erwägungsgrund 14 der Richtlinie 2004/48/EG.

877 Musiol, GRUR-RR 2009, 1 (3).

878 OLG Zweibrücken MMR 2009, 45 (46); LG Darmstadt MMR 2009, 52 (53); LG Köln MMR 2009, 489 (489); so auch Musiol, GRUR-RR 2009, 1 (1).

879 BT-Drucks. 16/5048, S. 49.

880 Weiden, GRUR 2008, 495 (497).

881 LG Darmstadt MMR 2009, 52 (53).

Nach bisheriger OLG-Rechtsprechung besteht zumindest Einigkeit darüber, dass sich die Verletzungshandlung, also das „gewerbliche Ausmaß“, nicht nur auf die Tätigkeit des Providers erstreckt (diese wird ohnehin stets gewerblich sein), sondern gerade auch auf den Verletzer selbst[882].

Die erforderliche Menge der öffentlich zugänglich gemachten Vorlagen, die vorliegen müssen, um ein „gewerbliches Ausmaß“ annehmen zu können, ist hingegen strittig. In den Urteilen lässt sich kein hinnehmbarer Spielraum hierzu erkennen.

Das LG und OLG Köln[883], das LG Oldenburg[884], das LG Bielefeld[885] sowie das LG[886] und OLG[887] Frankfurt am Main gingen davon aus, dass eine Verletzung im „gewerblichen Ausmaße“ bereits vorliege, wenn nur ein Musikalbum unmittelbar nach seiner Veröffentlichung in Deutschland öffentlich zugänglich gemacht wird oder das geschützte Werk zumindest zu den meistverkauften Musikalben in Deutschland zählt. Mit dieser Auffassung bewegen sich die Entscheidungen im Einklang sowohl mit der Richtlinie[888] als auch mit den Gesetzesmaterialien[889]. In den Gesetzesmaterialien wird ausdrücklich darauf hingewiesen, dass ein „schwerer Fall“ auch insbesondere dann gegeben sein könnte, wenn etwa ein vollständiges Musikalbum vor oder unmittelbar nach der Veröffentlichung in Deutschland im Netz zugänglich gemacht wurde[890].

Gegen eine solche Auffassung wird der Wortlaut des Gesetzes angeführt, der das Merkmal des „gewerblichen Ausmaßes“ kaum aufgenommen hätte, wenn es mit jedem Einzelfall eines Up- oder Downloads bereits erfüllt wäre[891]. Denn dem Begriff „gewerblich“ sei eine gewisse Nachhaltigkeit immanent[892]. Die Annahme eines „gewerblichen Ausmaßes“ müsste damit beim Endverbraucher in der Regel voraussetzen, dass der Umfang den üblichen Konsum über-

---

882 OLG Köln MMR 2009, 334; OLG Köln MMR 2009, 489; OLG Köln MMR 2008, 820; OLG Oldenburg MMR 2009, 188; OLG Zweibrücken MMR 2009, 43; vgl. hierzu auch Hoffmann, MMR 2009, 655 (658).

883 OLG Köln MMR 2008, 820; LG Köln MMR 2008, 761; LG Köln MMR 2009, 489; OLG Köln MMR 2009, 334.

884 OLG Oldenburg MMR 2008, 832; wobei dieses Gericht allerdings von einer Rechtsverletzung im geschäftlichen Verkehr ausgeht und nicht auf das gewerbliche Ausmaß abstellt.

885 LG Bielefeld, B. v. 22.9.2008 – 4 O 350/08 abrufbar unter BecksRS 2008 21933.

886 LG Frankfurt a.M. MMR 2008, 829.

887 OLG Frankfurt a.M. MMR 2009, 542.

888 Erwägungsgrund (14) der RL 2004/48/EG.

889 Beschlussempfehlung des Bundestages v. 9.4.2008, BT-Drucks. 16/8783.

890 Beschlussempfehlung des Bundestages v. 9.4.2008, BT-Drucks. 16/8783, S. 50.

891 Musiol, GRUR-RR 2009, 1 (3).

892 Solmecke, MMR 2008, 761 (762).

schreitet[893]. Damit würden nach dieser Auffassung die besseren Argumente dafür sprechen, den einmaligen Up- oder Download dann nicht zu erfassen, wenn nur eine einzelne Datei betroffen sei[894].

Das LG Frankenthal[895] orientiert sich hingegen bei der inhaltlichen Ausgestaltung des Merkmals des „gewerblichen Ausmaßes" weitestgehend an der bisherigen Praxis der Generalstaatsanwaltschaften, die als Kriterium für die Annahme eines Handelns im „gewerblichen Ausmaß" im wesentlichen die Anzahl der zum Herunterladen zur Verfügung gestellten Dateien unter Berücksichtigung der Art (z.B. einzelne Musiktitel, ganze Alben, vollständige Filme) und der Aktualität und damit des Marktwerts (z.B. Kinofilm vor Start in deutschen Lichtspielhäusern) der jeweiligen Werke herausbilden[896]. Hiernach läge ein „gewerbliches Ausmaß" etwa erst ab einer Zahl von 3000 Musikstücken oder 200 Filmen vor. Das LG Frankenthal ist bei dieser Annahme davon ausgegangen, dass die Gesetzesbegründung nahe lege, auch im Rahmen des § 101 UrhG den handelsrechtlichen Gewerbebegriff heranzuziehen, der jede rechtlich selbstständige, planmäßige und auf Dauer angelegte, mit der Absicht der Gewinnerzielung oder laufende Einnahmen ausgeübte und äußerlich erkennbare auf zumindest einem Markt hervortretende Tätigkeit erfasse[897].

Eine Grenze von 3000 Musiktiteln oder 200 Filmen erscheint allerdings sehr hoch und damit praxisfern[898]. Dieser Ansatz mag in erster Linie dazu gedacht gewesen sein, die enormen Belastungen der Staatsanwaltschaften durch die Strafanzeigen gegen Unbekannt einzudämmen. Er wird jedoch nicht mehr in der Lage sein, dem legitimen Interesse nach einem zivilrechtlichen Schutz vor Urheberrechtsverletzungen im Internet gerecht zu werden[899]. Zudem wird angeführt, dass nicht auf die im Regierungsentwurf verwandte Formulierung „im geschäftlichen Verkehr" abgestellt würde, da dieser Begriff eine völlig andere Bedeutung hat als der des „gewerblichen Ausmaßes"[900]. Der Unterschied ist inhaltlicher Art. Während eine Rechtsverletzung durch das Merkmal „im geschäftlichen Verkehr" hinsichtlich der Art und Weise ihrer Begehung eingegrenzt würde, stellt das „gewerbliche Ausmaß" auf „die Schwere der beim Rechteinhaber eingetretenen einzelnen Rechtsverletzung" ab[901].

893 Solmecke, MMR 2008, 761 (762).
894 OLG Oldenburg MMR 2009, 188 (189); ebenso Musiol, GRUR-RR 2009, 1 (3).
895 LG Frankenthal MMR 2008, 830.
896 LG Frankenthal MMR 2008, 830 (831).
897 LG Frankenthal MMR 2008, 830 (831).
898 Grote, MMR 2008, 830 (832).
899 Grote, MMR 2008, 830 (832).
900 OLG Köln MMR 2009, 334 (335).
901 Vgl. BT-Drucks. 16/8783, S. 50.

Das OLG Zweibrücken[902] hatte über die sofortige Beschwerde gegen den Beschluss des LG Frankenthal[903] zu entscheiden und bestätigte die Rechtsansicht des LG Frankenthals im Ergebnis in seinem Beschluss. Allerdings machte der Senat des OLG Zweibrücken dabei auch deutlich, dass er die genannten Zahlen (3000 Musikstücke oder 200 Filme) für wenig praktikabel halte[904]. Eine weitere Konkretisierung bezüglich der Frage, ab welcher Anzahl von Up- und Downloads von einem „gewerblichen Ausmaß" auszugehen sei, war nach Ansicht des OLG Zweibrücken nicht mehr erforderlich, da die Antragstellerin in keinster Weise das „gewerbliche Ausmaß" begründen konnte. Zudem stellte das Gericht klar, dass ein einmaliger Up- oder Download aber in keinem Fall ausreiche, um ein „gewerbliches Ausmaß" begründen zu können[905]. Auch die Schwere der Rechtsverletzung reiche nach Ansicht des Gerichts hierfür nicht aus[906]. Des Weiteren würde die Schwere der Rechtsverletzung in diesem Fall durch die Tatsache entfallen, dass die Antragstellerin ihr Produkt bewusst nicht mit einem Kopierschutz versehen hat und dies auch gezielt bewirbt. Hierdurch hätte die Antragstellerin das Anfertigen von Raubkopien erheblich erleichtert und in gewissem Maße in Kauf genommen. Diese Tatsachen stehen der Annahme einer das „gewerbliche Ausmaß" begründenden Schwere der Rechtsverletzung entgegen[907].

Die Ansicht des OLG Zweibrücken, dass der Verzicht des Rechteinhabers auf einen Kopierschutz der Annahme eines gewerblichen Ausmaßes entgegenstehe, erscheint bedenklich[908]. Zugegebenermaßen hatte die Rechteinhaberin in der zugrunde liegenden Entscheidung bewusst auf den Kopierschutz verzichtet und dies auch auf ihrer Homepage mitgeteilt, allerdings kann diese Entscheidung nicht bedeuten, dass die Berechtigte mit allen Nutzungsformen einverstanden war. Zwar mag sich durchaus vertreten lassen, dass eine Rechtsverletzung unter Umgehung eines Kopierschutzes noch schwerer wiegt als ohne, aber der Verzicht auf einen Kopierschutz kann damit nicht als Einwilligung in jegliche Vervielfältigungen gesehen werden[909].

Das LG Darmstadt[910] stellt bei der Auslegung des Merkmals des „gewerblichen Ausmaßes" vornehmlich auf die Bedeutung, die sich im Lichte des höher-

902 OLG Zweibrücken MMR 2009, 43.
903 LG Frankenthal MMR 2008, 830.
904 OLG Zweibrücken MMR 2009, 43 (45).
905 OLG Zweibrücken MMR 2009, 43 (45).
906 OLG Zweibrücken MMR 2009, 43 (45).
907 OLG Zweibrücken MMR 2009, 43 (45).
908 Musiol, GRUR-RR 2009, 1 (3).
909 Musiol, GRUR-RR 2009, 1 (4).
910 LG Darmstadt GRUR-RR 2009, 13.

rangigen sekundären Gemeinschaftsrechts ergibt, ab[911]. § 101 UrhG ist nach Maßgabe des Art. 8 der Enforcement-Richtlinie umgesetzt worden und daher erscheint es unabdingbar für eine sachgerechte Auslegung auf die Richtlinie mit ihren Erwägungsgründen abzustellen. Nach Erwägungsgrund (14), der zum integralen Bestandteil der Richtlinie gehört und daher zur Auslegung auch unmittelbar heranzuziehen ist, zeichnen sich in „gewerblichem Ausmaß" vorgenommene Rechtsverletzungen dadurch aus, dass sie „zwecks Erlangung eines wirtschaftlichen oder kommerziellen Vorteils vorgenommen werden"; dies schließe allerdings in der Regel Handlungen aus, die in gutem Glauben von Endverbrauchern vorgenommen werden[912]. Auf Grundlage dieser Überlegungen ging das LG Darmstadt davon aus, dass ein „gewerbliches Ausmaß" dann vorliegen würde, wenn eine nicht unerhebliche Anzahl von Dateien erreicht wird und die Download-Session eine nicht unerhebliche Dauer hat[913]. Eine genaue Ober- oder Untergrenze wurde allerdings nicht festgelegt.

Bei Betrachtung all dieser Entscheidungen lässt sich abschließend festhalten, dass bisher keine einheitliche Rechtsprechung bzgl. der Auslegung des Tatbestandsmerkmals des „gewerblichen Ausmaßes" besteht. Ferner ist es nicht möglich aufgrund der ergangenen Entscheidungen eine angemessene Ober- oder Untergrenze herauszuarbeiten. Demnach bleibt abzuwarten, wie sich die Rechtsprechung in nächster Zeit entwickelt und ob mit der Zeit eine klarere Linie als Auslegungshilfe zu erkennen ist. Bis dahin bleibt nur die Möglichkeit, jeden Fall für sich genommen zu betrachten und aufgrund der genannten Kriterien, unter Abwägung der sich entgegenstehen Interessen, zu einem angemessenen Ergebnis zu bringen.

(b) Guter Glaube

Ein guter Glaube des Endverbrauchers schließt sowohl nach dem Erwägungsgrund (14) der Enforcement-Richtlinie als auch nach der Beschlussempfehlung des Rechtsausschusses[914] ein „gewerbliches Ausmaß" in der Regel aus[915]. Ein guter Glaube soll gegeben sein, soweit der Verletzer der irrigen Annahme ist, er sei zur Verletzungshandlung berechtigt; denn in einem solchen Fall verfolge er keinen wirtschaftlichen Zweck[916].

---

911 LG Darmstadt GRUR-RR 2009, 13 (12).

912 LG Darmstadt GRUR-RR 2009, 13 (12).

913 Vorliegend handelte es sich um 620 Audio-Dateien und um eine mehrstündige Session, vgl. hierzu LG Darmstadt GRUR-RR 2009, 13 (15).

914 BT-Drucks. 16/8783, S. 46.

915 Vgl. hierzu Heymann, CR 2008, 568 (570).

916 Meckel, in: Dreyer/Kotthoff/Meckel, UrhR, § 101 Rn 3.

(c) Verhältnismäßigkeit

Nach § 101 Abs. 4 UrhG ist zudem die Verhältnismäßigkeit zu prüfen. Dieser kommt umso weniger Bedeutung zu, je mehr Anforderungen an das Merkmal des „gewerblichen Ausmaßes“ gestellt werden.

(d) Offensichtliche Rechtsverletzung

Die begangene Rechtsverletzung muss darüber hinaus nach § 101 Abs. 2 und Abs. 7 UrhG offensichtlich sein. Offensichtlich ist eine Rechtsverletzung dann, wenn eine ungerechtfertigte Belastung des Dritten ausgeschlossen erscheint, wobei Zweifel in tatsächlicher, aber auch in rechtlicher Hinsicht die Offensichtlichkeit der Rechtsverletzung ausschließen würden[917].

(2) Ablauf eines Verfahrens nach § 101 Abs. 9 UrhG

Zur besseren Beurteilung des Nutzens und der Durchsetzbarkeit des neuen Auskunftsanspruchs soll im Folgenden der Ablauf eines Auskunftsanspruchs gegen Dritte, insbesondere gegen den Provider, der seine Rechtsgrundlage in § 101 Abs. 2 UrhG n.F. findet, skizziert werden. Wenn die Auskunft ausschließlich unter Verwendung von Verkehrsdaten im Sinne von § 3 Nr. 30 TKG erteilt werden kann, richtet sich das Verfahren nach § 101 Abs. 9 UrhG. In der Praxis ist das Auskunftsverfahren ein mehrstufiges Verfahren[918].

Auf erster Stufe wird im FGG- bzw. FamFG-Verfahren[919] ein Antrag nach § 101 Abs. 9 UrhG gestellt. Dieser Antrag wird üblicherweise mit einem Antrag auf Erlass einer einstweiligen Zwischen-Anordnung verbunden. Damit sollen Rechtsnachteile vermieden werden, die ansonsten durch die Löschung der Daten entstehen würden. Wegen Eilbedürftigkeit wird die einstweilige Anordnung ohne vorheriges rechtliches Gehör des Providers erteilt[920]. Auch kann eine einstweilige Anordnung bei Ablehnung des Gestattungsantrags bis zur Rechtsmitteltelentscheidung weiterhin aufrecht erhalten bleiben[921].

917 BT-Drucks. 16/5048, S. 39; vgl. auch Meckel, in: Dreyer/Kotthoff/Meckel, UrhR, § 101 Rn. 6.

918 Ausführlich hierzu Hoffmann, MMR 2009, 655 (657).

919 Das maßgeblich anzuwendende Verfahrensrecht des FGG wurde zum 01.09.2009 in das FamFG (Gesetz über das Verfahren in Familiensachen und in den Angelegenheiten der freiwilligen Gerichtsbarkeit (FamFG) v. 17.12.2008, BGBl. I, S. 2586.) übergeleitet, soweit ersichtlich, allerdings ohne zu erwartende Änderungen des bisherigen Verfahrensablaufs. Hierzu Hoffmann, MMR 2009, 655 (657).

920 Hoffmann, MMR 2009, 655 (657).

921 LG Köln, B. v. 12.12. 2008 – 28 OH 21/08, zit. Nach OLG Köln MMR 2009, 334.

Gibt das Gericht dem Antrag in der Hauptsache statt, wird der Provider vom Rechteinhaber zur Auskunftserteilung aufgefordert[922]. Eine stattgegebene Entscheidung stellt allerdings noch keine Auskunftsverpflichtung dar, sondern beinhaltet lediglich eine Gestattung zur Auskunft. Die Gestattung zur Auskunftserteilung gem. § 101 Abs. 9 UrhG schafft die datenschutzrechtliche Grundlage dafür, dass der Provider berechtigt ist, die vom Antragsteller begehrten Daten nicht zu löschen[923][924].

Weigert sich der Provider die Auskunft zu erteilen, muss Klage im ZPO-Hauptsacheverfahren auf Auskunftserteilung nach § 101 Abs. 2 UrhG erhoben werden. Ein isolierter Antrag im einstweiligen Rechtsschutz ohne anhängiges Hauptsacheverfahren ist unzulässig[925]. Voraussetzung für das ZPO-Verfahren ist ein durchgeführtes Auskunftsersuchen nach § 101 Abs. 9 UrhG, da dieses im Klageverfahren nicht nachgeholt werden kann. Wenn das Gestattungsverfahren versäumt worden ist oder dieses mit einem negativen Ergebnis für den Antragsteller ausgegangen ist, wird die Auskunftsklage von vornherein als unbegründet abgewiesen wird. § 101 UrhG enthält keinen Anspruch auf Speicherung von Daten, allerdings kann der Provider auch per einstweiliger Verfügung im ZPO-Verfahrung dazu verpflichtet werden „auf Zuruf“ noch vorhandene Daten zu speichern[926].

(3) Verfahrenskosten

Ebenfalls an der Kostenfrage für ein Verfahren nach § 101 Abs. 9 UrhG wird sich entscheiden, ob das Auskunftsverfahren in Zukunft die Strafanzeigenflut gegen Unbekannt ablösen wird. Sofern die Kosten eine zu große Belastung darstellen, würde weiterhin auf die Alternative der Strafanzeige zurückgegriffen

922 Hoffmann, MMR 2009, 655 (657).

923 OLG Köln MMR 2008, 820 (821).

924 Die richterliche Anordnung nach § 101 Abs. 9 UrhG stellt dabei eine datenschutzrechtlich i.S.d. § 96 TKG hinreichende – aber auch erforderliche – Erlaubnis dar. OLG Köln MMR 2008, 820 (822); vgl. auch Hoffmann, MMR 2009, 655 (657). Dass § 101 Abs. 9 UrhG nach dem Willen des Gesetzgebers auch eine datenschutzrechtliche Erlaubnis enthält, ergibt sich aus der Gesetzesbegründung zur Parallelvorschrift § 140b PatG. BT-Drucks. 16/5048, S. 40. Die genannten Paragraphen sollen danach klarstellen, dass die einschlägigen Datenschutzregelungen nur außerhalb des Anwendungsbereichs dieser Vorschrift uneingeschränkt gelten.

925 OLG Frankfurt a.M. MMR 2009, 542 unter Hinweis auf BGH NJW 2001, 2181.

926 LG Hamburg MMR 2009, 570 m. Abl. Anm. Schulze zur Wiesche, der darauf hinweist, dass erst die Gestattung des Auskunftsanspruchs allenfalls eine datenschutzrechtliche Grundlage dafür schaffen würde, dass der Provider berechtigt ist, die begehrten Daten nicht zu löschen (S. 575); vgl. auch Hoffmann, MMR 2009, 655 (657).

werden[927]. Diese Möglichkeit ist auch in Zukunft gegeben, da der neu eingeführte zivilrechtliche Auskunftsanspruch der Akteneinsicht nach § 406e StPO nicht entgegensteht[928].

Nach § 128c KostO fällt für den Antrag eine Gebühr von 200,- Euro an. Nach dem Willen des Gesetzgebers sollen die Kosten für die richterliche Anordnung zunächst vom Verletzten getragen werden. Die Kosten können dann später als Schaden gegenüber dem Verletzer geltend gemacht werden[929].

Die Kostenregelung hat in der Rechtsprechung zu sehr unterschiedlichen Ergebnissen geführt. Das OLG Frankfurt a.M. hat für einen Antrag, der 55 Werke und 199 näher bezeichnete IP-Adressen betraf, die Gerichtsgebühr auf 11.000 Euro festgesetzt (55x 200,- Euro)[930]. In dieser Entscheidung ging das Gericht davon aus, dass es sich um mehrere Anträge handeln würde, wenn der Antragsteller in einem Antrag eine Vielzahl unterschiedlicher Werke betreffender Rechtsverletzungen geltend macht[931]. Dem Wortlaut der Vorschrift des § 128c KostO sei nicht eindeutig zu entnehmen, was als „Antrag" zu verstehen ist. Dieser würde sowohl eine Anknüpfung an formale als auch an inhaltliche Kriterien zulassen[932]. Nach den Gesetzesmaterialien soll die Höhe der Gebühr dem tatsächlichen Aufwand des Gerichts sowie der Bedeutung der abzuwägenden Gesichtspunkte Rechnung tragen[933].

Der Bundesrat führte in seiner Gegenäußerung zum Gesetzesentwurf aus, dass die Gebühr in Höhe von 200,- Euro eine Rechtsverfolgung unter wirtschaftlichen Gesichtspunkten sinnlos erscheinen lasse, wenn bei den Staatsanwaltschaften Anzeigen in einer fünfstelligen Anzahl vorliegen und pro IP-Adresse 200,- Euro fällig werden würden[934]. Die Bundesregierung wendete ein, dass die Gebühr von 200,- Euro sich am gerichtlichen Aufwand orientieren würde und dass man diese dann in einem späteren Verfahren gegenüber dem Rechtsverletzer als Schadensersatz geltend machen könne[935].

Aufgrund dieser widersprüchlichen Gesetzesmaterialien stützen sich einige Vertreter im Schrifttum darauf, für jede einzelne IP-Adresse eine Gebühr von 200,- Euro erheben zu können[936]. Ebenso geht das LG Köln ohne nähere Be-

927 Vgl. hierzu auch Solmecke, MMR 2008, 761 (763).
928 LG Darmstadt MMR 2009, 52.
929 BT.-Drucks. 16/5048, S. 40.
930 OLG Frankfurt a.M. MMR 2009, 551.
931 OLG Frankfurt a.M. MMR 2009, 551.
932 OLG Frankfurt a.M. MMR 2009, 551 (551).
933 BT-Drucks. 16/5048, S. 36.
934 BT-Drucks. 16/5048, S. 56.
935 BT-Drucks. 16/5048, S. 63.
936 Dreier, in: Dreier/Schulze, UrhG, § 101 Rn. 39.

gründung davon aus, dass, sofern Auskünfte über mehrere IP-Adressen begehrt werden, pro Adresse eine Gerichtsgebühr von 200,- Euro zu zahlen sei[937].

Im Gegensatz wird vertreten, dass jeder einzelne Sachverhalt, dass heißt jede einzelne zu beurteilende Rechtsverletzung für sich genommen, eine Gebühr von 200,- Euro nach sich ziehe[938], unabhängig davon, ob diese Sachverhalte formal zu einer Antragsschrift zusammen gefasst worden sind. Zur Begründung wird angeführt, dass der Aufwand der Bearbeitung mit jedem Sachverhalt steige und dass sich die Gebühr laut Gesetzesmaterialien gerade am Aufwand des Gerichts orientieren solle.

Demgegenüber setzt z.B. das OLG Köln einen Regelwert für das Verfahren nach § 101 Abs. 9 UrhG in Höhe von 3000,- Euro fest[939]. Dies sei nach Ansicht des Gerichts der nach freiem Ermessen zu bestimmende Gegenstandswert des Geschäfts und der Anwaltstätigkeit, die bei einem Auskunftsverfahren höher seien als die nach § 128c KostO anfallenden gerichtlichen Gebühren.

Vor dem Hintergrund der Äußerung des Bundesrates könnte man auch der Auffassung sein, dass pro Antrag, unabhängig davon, wie viele Rechtsverletzungen begangen wurden und wie viel IP-Adressen beteiligt waren, nur einmal 200,- an Gebühr anfalle[940].

Die widersprüchlichen Gesetzesmaterialien hatten eine gegensätzliche Rechtsprechung zur Folge. Es bleibt daher abzuwarten, welche Rechtsprechung sich für die Festsetzung der Kosten manifestieren wird.

2. Abmahnung

Vor Einleitung eines gerichtlichen Verfahrens auf Durchsetzung des Beseitigungs- und Unterlassungsanspruchs hat der Verletzte den Verletzer abzumahnen und ihm so die Gelegenheit zu bieten den Streit durch Abgabe einer, mit einer angemessenen Vertragsstrafe bewehrten Unterlassungsverpflichtung beizulegen[941]. Eine Verpflichtung des Rechteinhabers zur Abmahnung besteht aber

---

937 LG Köln MMR 2008, 761 (762).

938 OLG Frankfurt a.M. MMR 2009, 551 (552).

939 OLG Köln MMR 2009, 125.

940 In Nordrhein-Westfalen sind die Kostenbeamten durch einen bindenden Erlass des Justizministeriums vom 2.2.2009 angewiesen worden, unabhängig von der Zahl der im Antrag bezeichneten IP-Adressen nur einmal die Gebühr von 200,- Euro zu erheben. Dieser Auffassung hat sich das OLG Düsseldorf in MMR, 2009, 476 angeschlossen. (Vgl. hierzu auch Hoffmann, MMR 2009, 655).

941 Kefferpütz, in: Wandtke/Bullinger, UrhG, § 97a Rn. 2.

nicht, weshalb eine solche auch nicht Voraussetzung für das Bestehen eines Rechtsschutzbedürfnisses ist[942]

Eine Abmahnung ist eine grundsätzlich formlose Mitteilung des Verletzten an den Verletzer, dass dieser eine bestimmte Verletzung seiner Rechte verursacht hat, mit der Aufforderung verbunden dieses Verhalten in Zukunft nicht zu wiederholen und damit zu unterlassen[943].

Die Abmahnkosten als Rechtsverfolgungskosten werden von den Rechteinhabern oftmals vor Gericht geltend gemacht. Der Anspruch auf Ersatz der Kosten für die Abmahnung einer Urheberrechtsverletzung wurde den Rechteinhabern unter dem Gesichtspunkt der Geschäftsführung ohne Auftrag gem. §§ 677, 683 S. 1, § 670 BGB mangels direkten Anspruchs im Urheberrecht, eingeräumt[944]. Hat der Verletzer schuldhaft gehandelt, sind die Abmahnkosten nach § 97 Abs. 1 S. 1 2. Halbs. UrhG als ein durch die Rechtsverletzung adäquat kausal verursachter Schaden zu ersetzen[945]. Nach Umsetzung des Gesetzes zur Verbesserung der Durchsetzung von Rechten des geistigen Eigentums zum 01.09.2008 wurde die Abmahnung ausdrücklich im Urheberrechtsgesetz in § 97a UrhG geregelt[946]. Nach § 97a UrhG sind die Abmahnkosten bei einfach gelagerten Fällen mit nur einer unerheblichen Rechtsverletzung außerhalb des geschäftlichen Verkehrs auf 100,- Euro begrenzt[947]. Eine unerhebliche Rechtsverletzung kann nur aufgrund einer Einzelfallprüfung in qualitativer und quantitativer Hinsicht erfolgen[948]. Ob dieses Vorhaben in der Praxis nicht de facto zu einer Quasi-Bagatellklausel führen wird, bleibt abzuwarten[949].

---

942 Kefferpütz, in: Wandtke/Bullinger, UrhG, § 97a Rn. 2; Schmid/Wirth, in: Schmid/Wirth/Seifert, UrhG, § 97a Rn. 3.

943 Vgl. hierzu Nümann/Mayer, ZUM 2010, 321 (323).

944 Vgl. hierzu BGH NJW 2008, 3565 (3565); nach dem BGH sind die Kosten des abmahnenden Anwalts sogar erstattungsfähig, wenn das Unternehmen eine eigene Rechtsabteilung hat (BGH MMR 2008, 737).

945 Kefferpütz, in: Wandtke/Bullinger, UrhG, § 97a Rn. 29 ff. u. 40.

946 Vgl. BT-Drucks. 16/5048, S. 16 und 48 f.

947 Kritisch wurde diese Lösung mit einem absoluten Höchstbetrag von Czychowski und Nordemann (NJW 2010, 735 (742)) gesehen, da ein solcher fester Höchstbetrag inflationsbedingt ständig angepasst werden müsste. Im Gesetzgebungsverfahren war noch die Deckelung auf 50,- Euro geplant; vgl. hierzu Langhoff/Oberndörfer/Jani, ZUM 2007, 593 (600).

948 BT-Drucks. 16/5048, S. 49; vgl. auch Czychowski/Nordemann, NJW 2010, 735 (742).

949 Langhoff/Oberndörfer/Jani, ZUM 2007, 593 (600). Aufgrund der technischen Komplexität der heutigen Schutzmaßnahmen und der Umgehungstechnologien werden Fälle der Umgehung von technischen Schutzsystemen wohl kaum unter diese Regelung fallen. Vgl. hierzu Arnold, NJW 2008, 3545 (3546).

3. Unterlassungsanspruch[950]

Die effektive Durchsetzung eines Urheber- und Leistungsschutzrechts nach §§ 97 ff. UrhG setzt notwendiger Weise voraus, dass die Identität des Verletzers dem Rechteinhaber bekannt ist. Gerade bei Handlungen im Internet tritt der Verletzer ausschließlich durch eine dynamische IP-Adresse auf. Die dahinterstehenden persönlichen Daten können nur durch den jeweiligen Provider entschlüsselt und offengelegt werden. Ist die Identität des Verletzers über den Auskunftsanspruch oder über eine Strafanzeige ermittelt worden, kann der Verletzer nach § 97 Abs. 1 UrhG auf Unterlassung in Anspruch genommen werden, wenn er eine Rechtsverletzung begangen hat und eine Wiederholungsgefahr besteht[951]. Darüber hinaus kann der Rechteinhaber Unterlassung schon vor Eintritt der Rechtsverletzung verlangen, wenn eine konkret drohende Erstbegehungsgefahr besteht[952].

§ 97 Abs. 1 S. 2 UrhG stellt ausdrücklich klar, dass für einen Unterlassungsanspruch die Erstbegehungsgefahr – wie auch bisher schon – ausreicht[953]. Der vorbeugende Unterlassungsanspruch kann auch gegenüber dem bloßen Störer geltend gemacht werden. Der Verletzer hat in jedem Fall weitere bzw. erstmalige Verletzungshandlungen sofort zu unterlassen, und zwar unabhängig davon, ob er gutgläubig ist oder schuldhaft handelt[954].

a) Der Anschlussinhaber als Störer

Praktische Probleme bestehen bei der Suche nach dem Adressaten des Unterlassungsanspruchs mit Blick auf das Internet darin, dass in den meisten Fällen nicht klar nachgewiesen werden kann, wer genau die verletzende Handlung vorgenommen hat. Soweit tatsächlich im Auskunftsverfahren die Nutzerdaten erlangt werden, steht damit noch nicht fest, ob auch der Anschlussinhaber selbst die urheberrechtsverletzende Tätigkeit vorgenommen hat. In Mehrpersonenhaushalten, wie Wohngemeinschaften oder größeren Familien, ist es schwierig den Ver-

---

950 Im „Zweiten Korb" hatte § 97 UrhG keine Änderungen erfahren. Hier soll nur auf den Unterlassungsanspruch nach Umsetzung der Enforcement-Richtlinie in deutsches Urheberrechtsgesetz eingegangen werden. Die bereits früher bestehende Rechtslage wird durch § 97 Abs. 1 n.F. UrhG nicht geändert, vgl. hierzu BT-Drucks. 16/5048, S. 37 zum entsprechenden § 139 Abs. 1 PatG.

951 v. Wolff, in: Wandtke/Bullinger, UrhG, § 97 UrhG, Rn. 35.

952 Sog. vorbeugender Unterlassungsanspruch, bei diesem muss der Rechteinhaber nicht warten, bis der Verletzer tatsächlich gehandelt hat und es zu einer Verletzung gekommen ist.

953 Vgl. hierzu auch Kitz, NJW 2008, 2374 (2374).

954 v. Wolff, in: Wandtke/Bullinger, UrhG, § 97 UrhG, Rn 35.

letzer auszumachen. Aber auch bei ungesicherten WLAN-Netzwerken kann der Verletzer nicht immer eindeutig bestimmt werden. Dem Verletzten obliegt in solchen Fällen die Glaubhaftmachung dafür, dass der in Anspruch genommene auch die Tat begangen hat[955].

Bei einer Urheberrechtsverletzung kann nicht nur der Täter selbst, sondern auch der sog. Störer auf Unterlassung in Anspruch genommen werden[956]. Der Anschlussinhaber kann als Störer in Anspruch genommen werden, wenn er behauptet, die Verletzung nicht selbst begangen zu haben und andere Personen, wie Familienmitglieder oder Fremde, bei unverschlüsselten Netzwerken Zugang zum Netz des Anschlussinhabers hatten. Wie der sog. Störer im Einzelnen erfasst wird[957], ist im Folgenden dargestellt.

Im Rahmen des Unterlassungsanspruchs haftet in entsprechender Anwendung des § 1004 BGB jeder als Störer[958] für eine Schutzrechtsverletzung, wer – ohne Täter oder Teilnehmer zu sein – in irgendeiner Weise willentlich und adäquat kausal zur Verletzung eines geschützten Rechts beiträgt[959]. Die Störerhaftung darf allerdings nicht über Gebühr auf Dritte erstreckt werden, die selbst keine rechtswidrigen Beeinträchtigungen vorgenommen haben[960]. Daher setzt die Haftung des Störers die Verletzung von Prüfungspflichten voraus[961]. Dieser Umfang bestimmt sich danach, ob und inwieweit dem als Störer in Anspruch genommenen nach den Umständen eine Prüfungspflicht zuzumuten ist. Für eine Störerhaftung des Anschlussinhabers kommt es maßgeblich darauf an, inwieweit er zur Prüfung oder Verhinderung der Handlung durch Drittnutzer verpflichtet ist[962].

(1) Nutzung durch Familienangehörige

Bei gemeinsam durch die Familie genutzten Internetanschlüssen stellt sich oftmals die Frage, unter welchen Voraussetzungen der Anschlussinhaber auf Unterlassung in Anspruch genommen werden kann. Zur Beantwortung dieser Frage wird durch die Gerichte zunächst danach unterschieden, welche Prüf- und Überwachungspflichten dem Anschlussinhaber zukommen. Diese hängen davon

955 BGH MMR 2004, 166 zu § 5 TDG a.F.; OLG Frankfurt GRUR-RR 2008, 73 (74).

956 OLG Frankfurt GRUR-RR 2008, 73 (74).

957 Hierzu gibt es verschiedene Ansätze in Rechtsprechung und Literatur.

958 Grundsätzlich zu den Voraussetzungen der Störerhaftung BGH GRUR 1999, 418 - Möbelklassiker; BGH MMR 2001, 671; BGH GRUR 2004, 860 – Internetversteigerung I; BGH GRUR 2007, 708 – Internetversteigerung II.

959 Vgl. BGH MMR 2001, 671; BGH GRUR 2002, 618, 619; BGH GRUR 2004, 860.

960 LG Mannheim MMR 2007, 459 (460).

961 LG Mannheim MMR 2007, 459 (460).

962 BGH GRUR 2004, 860.

ab, ob es sich um minderjährige oder volljährige Kinder, die die konkrete Verletzungshandlung vorgenommen haben könnten, handelt. Überlässt der Inhaber eines Internetanschlusses diesen dritten Personen, kann ihn die Pflicht treffen, die Nutzer zu instruieren und zu überwachen, sofern damit zu rechnen ist, dass die Nutzer eine Urheberrechtsverletzung begehen könnten[963]. Hinsichtlich der Prüf- und Überwachungspflichten der Eltern stellt das Zumutbarkeitskriterium, zumindest in der Lösung des Einzelfalls, ein schwierig zu handhabendes Kriterium dar[964].

Das LG Hamburg geht davon aus, dass derjenige, der seinen Internetanschluss einem Dritten zur Verfügung stellt, alles erdenkliche tun müsse und dies auch zumutbar sei[965], um Urheberrechtsverletzungen zu verhindern. Hierunter seien die Einrichtung von Benutzerkonten oder die Sperrung von Tauschbörsensoftware zu fassen[966]. Der Anschlussinhaber sei auch tatsächlich und rechtlich dazu in der Lage, damit der Anschluss nicht für Rechtsverletzungen benutzt wird[967]. Keinesfalls dürfe man seine minderjährigen Kinder ohne Beaufsichtigung nach deren Gutdünken bei der Nutzung des Internets schalten und walten lassen, vielmehr müsse das Handeln der Nutzer überwacht werden, um gegebenenfalls ein widerrechtliches Tun unterbinden zu können[968]. Es habe eine einweisende Belehrung in die Materie des Internets zu erfolgen[969].

Nach Meinung des LG Münchens habe der Aufsichtspflichtige seine Pflicht erfüllt, wenn er das in Hinblick auf Alter, Eigenart und Charakter der zu beaufsichtigenden Person sowie das in Bezug auf die zur Rechtsverletzung konkrete Situation Erforderliche getan habe[970].

Das LG Mannheim[971] entschied dagegen, dass die Eltern nicht als Störer auf Unterlassung haften würden soweit ihre volljährigen Kinder die Urheberrechtsverletzung begangen haben. Die für die Bejahung der Störereigenschaft erforderliche Annahme der Verletzung von Prüfpflichten wurde durch das Gericht verneint. Bei volljährigen Kindern bedürfe es, nach Ansicht des LG Mannheims, keiner einweisenden Belehrung über die Nutzung des Internets, denn normalerweise sind diese den Eltern im Umgang mit dem PC bereits überlegen[972]. Zudem

963 OLG Frankfurt a.M. GRUR-RR 2008, 73 (74).
964 Peter, K&R 2007, 371 (372).
965 Krit. Peter, K&R 2007, 371 (372 f.).
966 LG Hamburg MMR 2006, 700 (700).
967 LG Hamburg MMR 2006, 700 (700).
968 LG Hamburg MMR 2006, 700 (700); LG Hamburg MMR 2008, 685 (687).
969 LG Hamburg MMR 2006, 700; LG München MMR 2008, 619 (621).
970 LG München MMR 2008, 619 (621).
971 LG Mannheim MMR 2007, 267.
972 LG Mannheim MMR 2007, 267 (267); LG Mannheim MMR 2007, 459.

müssen Eltern volljähriger Kinder davon ausgehen können, dass erwachsenen Personen bekannt ist, dass sie derartige Rechtsverletzungen nicht begehen dürfen[973]. Darüber hinaus bestehe ohne Anlass oder Anhaltspunkte dafür, dass der Nutzer den Anschluss für Rechtsverletzungen missbraucht, keine ständigen Überwachungspflichten durch den Anschlussinhaber[974].

(2) Ungesicherte WLAN-Netzwerke

Eine große praktische Bedeutung kommt der Frage zu, unter welchen Voraussetzungen Inhaber von WLAN-Anschlüssen dafür einzustehen haben, dass Dritte sich ungewollt in die Netzwerke einwählen und Urheberrechtsverletzungen begehen. Während bei Haus- und Wohngemeinschaften der potentielle Verletzerkreis recht klein ist, ist in ungesicherten Netzwerken der potentielle Verletzerkreis unüberschaubar. Daher ist ein hoher Grad an Anonymität für den Verletzer möglich.

Mit drei bedeutenden Entscheidungen[975] zu Unterlassungsansprüchen, die allerdings das Markenrecht betrafen, aber auf das Urheberrecht übertragbar sind, stellte der BGH klar, dass eine Haftungsprivilegierung des § 10 S. 1 TMG[976] (§ 11 S. 1 TDG a. F.) für den Diensteanbieter, welcher fremde Informationen für einen Nutzer als Host-Provider speichert und im Internet veröffentlicht, nicht für den Unterlassungsanspruch gilt. Auch in diesen Fällen sollen die allgemeinen Grundsätze der Haftung als Täter und Teilnehmer gem. § 830 BGB bzw. der Störerhaftung gelten. Damit ist geklärt, dass der Inhaber eines unverschlüsselten Internetanschlusses, selbst wenn dieser als Diensteanbieter nach §§ 7, 8 TMG zu qualifizieren wäre[977], sich nicht auf die Haftungsprivilegierung des § 10 TMG berufen kann. Es gelten die allgemeinen Regelungen der Störerhaftung. Folgt man dieser viel diskutierten[978] Ansicht der Rechtsprechung, besteht hinsichtlich des Unterlassungsanspruchs kein Unterschied zwischen Diensteanbietern und privaten Anschlussinhabern[979].

973 OLG Frankfurt a.M. GRUR-RR 2008, 73 (74).

974 LG Mannheim MMR 2007, 267 (267); LG Mannheim MMR 2007, 459; OLG Frankfurt a.M. GRUR-RR 2008, 73 (74); vgl. hierzu auch Ernst/Seichter, ZUM 2007, 513 (517).

975 BGH GRUR 2004, 860 – Internetversteigerung I; BGH GRUR 2007, 708 (710) - Internetversteigerung II; BGH GRUR 2008, 702 – Internetversteigerung III.

976 TMG = Telemediengesetz.

977 Vgl. hierzu Gietl, MMR 2007, 630 (631 ff.).

978 Hoeren, in: Festschrift f. Eisenhardt 2007, 243 (250f.); Gercke, MMR 2006, 491 (493 f.); Stadler, K&R 2006, 253 (254); zum Ganzen Volkmann, Der Störer im Internet, 2005, S. 100 ff.

979 Hornung, CR 2007, 88 (91).

Nach Auffassung der Rechtsprechung haftet jedenfalls derjenige als Störer, der einen unverschlüsselten WLAN-Zugang besitzt[980]. Zur Begründung der Störerhaftung genügt nach dieser Rechtsprechung, dass ein Internetzugang geschaffen wird, der auf diese Weise objektiv für Dritte nutzbar ist[981]. Der Betreiber eines ungesicherten WLAN-Netzes[982] wirkt adäquat kausal an der Rechtsverletzung mit, selbst wenn die eigentliche Rechtsverletzung durch einen Dritten erfolgt[983]. Generell und tatsächlich sei es den Anschlussinhabern nach Auffassung der Gerichte auch zumutbar, geeignete Schutzvorkehrungen zu treffen, wie beispielsweise eine Sicherung mit einer WEP-Verschlüsselung, die einen Missbrauch durch unbefugte Dritte verhindern könnte[984]. Es komme dabei nicht darauf an, dass es denkbar ist, dass auch ein solch gesichertes Netzwerk durch unbefugte Dritte benutzt werden könnte[985]. Ohne einen derartigen Schutz würde der Anschlussinhaber aber ansonsten dem Dritten objektiv gesehen die Möglichkeit verschaffen, sich hinter seiner Person zu verstecken und im Schutze der von ihm geschaffenen Anonymität ungestraft Urheberrechtsverletzungen begehen zu können[986].

Sehr kritisch betrachtet wird diese Linie der Rechtsprechung von Teilen der Literatur[987]. Auch das OLG Frankfurt[988] sah diese Linie nicht für alle Fälle gleichermaßen geeignet, da hierdurch die Gefahr bestünde, dass die Störerhaftung

---

980 LG Hamburg MMR 2006, 763; LG Frankfurt a.M. ZUM 2007, 406; LG Mannheim MMR 2007, 537; LG Düsseldorf MMR 2008, 684; OLG Düsseldorf MMR 2008, 256.

981 Vgl. hierzu OLG Frankfurt a.M. GRUR-RR 2008, 279 (280).

982 Hier sind die privaten Anschlussinhaber gemeint. Davon zu unterscheiden sind die kommerziellen Anbieter von Hotspots. Diese Anbieter erbringen Telekommunikationsdienste für die Öffentlichkeit, indem ihre Netzte bewusst immer für alle offen sind. Vgl. hierzu auch Hornung, CR 2007, 88 (93).

983 LG Hamburg MMR 2006, 763 (764); LG Düsseldorf MMR 2008, 684 (685); OLG Düsseldorf MMR 2008, 256 (256).

984 LG Hamburg MMR 2006, 763 (764); LG Frankfurt a.M. ZUM 2007, 406 (407); LG Mannheim MMR 2007, 537 (537); LG Düsseldorf MMR 2008, 684 (685).

985 LG Mannheim MMR 2007, 537 (537).

986 LG Düsseldorf MMR 2008, 684 (685); LG Düsseldorf ZUM 2008, 797 (798); OLG Düsseldorf MMR 2008, 256 (256).

987 Gietl, MMR 2007, 630; Hornung, CR 2007, 88 (91).

988 In dem durch das OLG Frankfurt zu entscheidenden Fall ging es um eine Urheberrechtsverletzung eines Musiktitels, das im Internet über Peer-to-Peer-Tauschbörsen zur Vervielfältigung bereitgestellt wurde. Der Anschlussinhaber, der durch die IP-Adresse ermittelt werden konnte, befand sich zur fraglichen Zeit nachweislich im Urlaub. Der PC war keinem Dritten zugänglich, daher konnte die Rechtsverletzung nur über die WLAN-Verbindung von außen erfolgt sein. Die Rechteinhaberin des Musiktitels wollte in diesem Rechtsstreit den Anschlussinhaber auf Zahlung eines Schadensersatzes und auf Erstattung der Abmahnkosten in Anspruch nehmen.

unzumutbar erweitert werden würde[989]. Bemängelt wurde vor allem, dass der Inhaber eines unverschlüsselten WLAN-Netzwerkes als Störer nur in Anspruch genommen werden soll, wenn er Überwachungs- und Prüfpflichten verletzt habe. Diese könne man allerdings nach Auffassung der Literatur und des OLG Frankfurts nur annehmen, wenn bereits im Einzelfall konkrete Anhaltspunkte dafür bestehen würden, dass Dritte den Internetanschluss für Rechtsverletzungen benutzen, denn bei der Annahme einer anlassunabhängigen Überwachungspflicht des Anschlussinhabers ginge die uneingeschränkte Haftung des WLAN-Anschlussinhabers deutlich weiter[990]. In diesem Fall müsste er auch für das vorsätzliche Verhalten beliebiger Dritter einstehen, die mit ihm in keinerlei Verbindung stehen[991]. Die Störerhaftung setze die Verletzung von Prüf- und Handlungspflichten voraus, allerdings würden diese wiederum voraussetzen, dass stets konkrete Hinweise und Erkenntnisse im Hinblick auf rechtswidrige Handlungen Dritter bestehen[992]. Eben diese Einschränkung müsse für die Störerhaftung eines WLAN-Anschlussinhabers im privaten Bereich gelten. Auch haftet nach Auffassung des OLG Frankfurts der Anschlussinhaber nicht generell wegen der abstrakten Gefahr eines Missbrauchs seines Anschlusses von außen, sondern erst, wenn konkrete Anhaltspunkte hierfür bestehen[993]. Störer könne zwar auch sein, wer die Möglichkeit einer Rechtsverletzung, zu der er einen adäquat kausalen Beitrag geleistet hat, nicht erkannt habe, sie aber hätte erkennen und mit zumutbaren Mitteln verhindern können[994]. Es sei jedoch fraglich, ob die Unterhaltung eines WLAN-Anschlusses als adäquater Beitrag zu einer Urheberrechtsverletzung angesehen werden könne, die ein vorsätzlich handelnder Dritter mit Hilfe dieses Anschlusses begehe[995].

Über die vom OLG Frankfurt zugelassene Revision hatte der BGH kürzlich zu entscheiden[996]. Der BGH verneinte, wie auch die Vorinstanzen, dass der Beklagte als Täter oder Teilnehmer aufgetreten sei[997]. Damit scheidet ein Schadensersatzanspruch der Klägerin bereits aus[998]. Entgegen der Ansicht des OLG Frankfurts hat der BGH angenommen, dass der Betrieb eines nicht ausreichend

989 OLG Frankfurt a.M. GRUR-RR 2008, 279 (280).
990 OLG Frankfurt a.M. GRUR-RR 2008, 279 (280).
991 OLG Frankfurt a.M. GRUR-RR 2008, 279 (280).
992 OLG Frankfurt a.M. GRUR-RR 2008, 279 (280).
993 OLG Frankfurt a.M. GRUR-RR 2008, 279 (280); ähnlich Ernst, MMR 2007, 538; Gercke, CR 2007, 55.
994 OLG Frankfurt a.M. GRUR-RR 2008, 279 (281).
995 OLG Frankfurt a.M. GRUR-RR 2008, 279 (281).
996 BGH – Urteil vom 12.Mai 2010 – I ZR 121/08.
997 BGH – I ZR 121/08, Rn. 17, S. 8.
998 BGH – I ZR 121/08, Rn. 17, S. 8.

gesicherten WLAN-Anschlusses adäquat kausal für die Urheberrechtsverletzung, die unbekannte Dritte unter Einsatz dieses Anschlusses begehen, sei[999]. Auch private Anschlussinhaber unterliegen insoweit also Prüfpflichten, deren Verletzung zu einer Störerhaftung führen kann[1000]. Diese Prüfpflichten würden nicht erst dann bestehen, wenn es durch die unbefugte Nutzung des Anschlusses bereits zu einer ersten Rechtsverletzung durch Dritte gekommen und diese dem Anschlussinhaber bekannt geworden ist[1001]. Sie seien bereits ab Inbetriebnahme des Anschlusses vorhanden[1002]. Die Gründe, die den Senat in den Fällen der Internetversteigerung dazu bewogen haben, eine Störerhaftung des Plattformbetreibers erst anzunehmen, nachdem er von einer ersten Rechtsverletzung Kenntnis erlangt hat, liegen bei privaten WLAN-Anschlussinhabern nicht vor[1003]. Denn es geht nicht um ein Geschäftsmodell, das durch die Auferlegung präventiver Prüfpflichten gefährdet wäre[1004].

Die Prüfpflichten eines Privaten in Hinblick auf die unbefugte Nutzung eines WLAN-Routers konkretisieren sich nach Auffassung des BGH vielmehr dahin, dass jedenfalls die im Kaufzeitpunkt des Routers für den privaten Bereich marktüblichen Sicherungen ihrem Zweck entsprechend wirksam einzusetzen seien[1005]. Damit kann ein Anschlussinhaber als Störer in Anspruch genommen werden, wenn der WLAN-Anschluss ohne die im privaten Gebrauch verkehrsüblichen und zumutbaren Zugangssicherungen betrieben wird und ein Dritter von außen über diesen Anschluss Urheberrechtsverletzungen begeht[1006].

b) Exkurs: Der Provider als Störer

Zur Vervollständigung soll an dieser Stelle ebenfalls kurz die Problematik der Inanspruchnahme des Providers als Störer dargestellt werden[1007]. Grundsätzlich haftet der Provider nach den allgemeinen Grundsätzen, allerdings unter der Be-

999 BGH – I ZR 121/08, Rn. 20, S. 9.

1000 BGH – I ZR 121/08, Rn. 20, S. 9.

1001 BGH – I ZR 121/08, Rn. 24, S. 10.

1002 BGH – I ZR 121/08, Rn. 24, S. 10.

1003 BGH – I ZR 121/08, Rn. 24, S. 10 f.

1004 Vgl. BGH GRUR 2004, 860 – Internetversteigerung I.

1005 BGH – I ZR 121/08, Rn. 23, S. 10.

1006 Ob unter diesen Umständen freie Funknetzwerke, z.B. in Cafés oder im Hotel angeboten werden können, ist zumindest fraglich. Um sich gegen Missbrauch abzusichern, müssten die jeweiligen Anschlussinhaber eine Anmeldeprozedur einführen, bei der sich der jeweilige Nutzer registrieren und ausweisen müsste.

1007 Der Provider stellt durch die reine Weiterleitung oder Speicherung von fremden Daten keine Vervielfältigungen her, deshalb stellt die Frage nach seiner Störerhaftung im Rahmen der Privatkopieschranken auch nur ein Exkurs-Thema dar.

rücksichtigung der Sondervorschriften der §§ 7-10 TMG. Eine Haftung des Providers nach allgemeinem Recht entfällt danach, wenn er sich auf die haftungsbeschränkenden Vorschriften der §§ 8,9 und 10 TMG berufen kann. Der Unterlassungsanspruch bleibt jedoch durch diese Haftungsprivilegierungen wiederum unberührt[1008]. Für die Bejahung einer Haftung auf Unterlassung eines Providers kommt es darauf an, um welche Art von Informationen – ob fremde oder eigene – es sich handelt und welche Art von Dienst der Provider tätigt – Durchleitung oder Speicherung der Daten.

Für eigene Informationen haftet der Content-Provider[1009] uneingeschränkt gem. § 7 TMG nach den allgemeinen Grundsätzen[1010], wobei eigene Informationen auch Informationen Dritter sind, die sich der Provider zu Eigen gemacht[1011] hat[1012].

Host-Provider, die fremde Informationen für einen Kunden speichern, sind nicht verantwortlich gem. § 10 S. 1 Nr. 1 TMG, sofern sie keine Kenntnis von der rechtswidrigen Handlung oder der Information haben. Der Unterlassungsanspruch bleibt allerdings durch die Haftungsprivilegierungen der §§ 8, 10 TMG unberührt[1013]. Dies komme bereits im Wortlaut der Vorschrift des § 10 S. 1 TMG zum Ausdruck, in dem von der Verantwortlichkeit des Diensteanbieters die Rede ist[1014]. Denn die Verantwortlichkeit erfordere stets ein Element des Verschuldens. Folglich seien in der angesprochenen Norm nur die strafrechtliche Verantwortlichkeit und die Schadensersatzhaftung gemeint[1015]. Andernfalls wäre es schwer verständlich, warum an den Unterlassungsanspruch höhere Anforderungen gestellt würden als an den Schadensersatzanspruch[1016]. Für einen Schadensersatzanspruch lässt das Haftungsprivileg nämlich bereits ausreichen, dass der Provider keine Tatsachen oder Umstände kennt, aus denen die rechtswidrige Handlung oder die Information offensichtlich werden, wohingegen der Provider für einen Unterlassungsanspruch Kenntnis von der rechts-

---

1008 Vgl. die Ausführungen in Teil 4 Punkt C II 3a) (2) zu den ungesicherten WLAN-Netzwerken, S. 179 ff.

1009 Vgl. auch zur Unterscheidung der einzelnen Provider, Hoeren, in: Festschrift f. Eisenhardt 2007, 243 (244); Meckel, in: Dreyer/Kotthoff/Meckel, UrhR, § 97 Rn. 32.

1010 Meckel, in: Dreyer/Kotthoff/Meckel, UrhR, § 97 Rn. 32; v. Wolff, in: Wandtke/Bullinger, UrhG, § 97 Rn. 24.

1011 Vgl. ausführlich zum Begriff der „Sich-zu-Eigen-gemachten" Inhalte und dessen Wandel, Spindler, MMR 2004, 440.

1012 BT.-Drucks. 14/6098, S. 23.

1013 Siehe Teil 4 Punkt C II 3a), S. 176 f.

1014 BGH GRUR 2004, 860 (862).

1015 BGH GRUR 2004, 860 (862); vgl. auch zur Abkopplung der Störerhaftung von den Haftungsprivilegierungen, Volkmann, Der Störer im Internet, S. 100 f.

1016 BGH GRUR 2004, 860 (863).

widrigen Handlung haben müsste, gem. § 10 S. 1 TMG[1017]. Der Access-Provider, der lediglich den Zugang zu fremden Informationen eröffnet, haftet nicht nach § 8 Abs. 1 TMG, wenn er die Übermittlung nicht veranlasst, den Adressaten nicht ausgewählt und die übermittelten Informationen weder ausgewählt noch verändert hat. Hyperlinks genauso wie Suchmaschinen unterfallen dieser Privilegierung allerdings nicht[1018]. Der Unterlassungsanspruch bleibt wiederum durch die Privilegierung unberührt[1019].

Für die Inanspruchnahme auf Unterlassung eines Providers als Störer wurde von der Rechtsprechung vor allem eine Grenze herausgearbeitet[1020]. Da der Störer nicht Täter ist und ihn damit kein Verschulden trifft, kann dieser nicht uneingeschränkt haften. Um die Ausdehnung der Störerhaftung auf Dritte zu verhindern, die selbst keine rechtswidrigen Handlungen vorgenommen haben, setzt die Störerhaftung die Verletzung von Prüfpflichten voraus, wie bereits dargestellt[1021]. Jedoch können sich weitergehende Prüfungspflichten ergeben, wenn der Störer bereits in der Vergangenheit von entsprechenden Rechtsverletzungen Kenntnis erlangt hat[1022]. Hinsichtlich der dem vermeintlichen Störer aufzuerlegenden Prüfpflichten dürfen keine Anforderungen gestellt werden, die das von der Rechtsordnung an sich gebilligte Geschäftsmodell des jeweiligen Providers gefährden würde oder die Tätigkeit unverhältnismäßig erschwert[1023]. Dies bedeutet, dass der Serverbetreiber nur Filter gegen die ihm zur Kenntnis gebrachten Rechtsverletzungen einrichten muss[1024]. In solchen Fällen muss der Provider nicht nur das konkrete Angebot unverzüglich sperren, sondern vielmehr auch Vorsorge treffen, dass es möglichst nicht zu weiteren Rechtsverletzungen kommt[1025]. Es wird hierbei unterstellt, dass der Einsatz von Filtersoftware möglich ist[1026]. Für unzumutbar hält der BGH hingegen Fälle, in denen keine Suchbegriffe vorhanden sind, die sich in die Filtersoftware eingeben ließen, da hierbei eine manuelle Durchsuchung der Angebote nötig wäre, welche nicht ohne

1017 krit. zu dieser Wortlautauslegung vgl. Hoeren, in: Festschrift f. Eisenhardt 2007, 243 (250 f.).

1018 v. Wolff, in: Wandtke/Bullinger, UrhG, § 97 Rn. 26.

1019 BGH GRUR 2004, 860 (862).

1020 Vgl. hierzu im Überblick Verweyen, MMR 2009, 590.

1021 Vgl. Teil 4 Punkt C II 3a), S. 176 f.

1022 LG Frankfurt a.M., ZUM 2008, 996 (998).

1023 BGH NJW 2007, 2636 (2639); OLG Düsseldorf MMR 2008, 675 ff; LG Düsseldorf MMR 2008, 759 (761).

1024 Verweyen, MMR 2009, 590 (594).

1025 BGH GRUR 2004, 860; hierzu auch Rücker, CR 2005, 347 (349).

1026 BGH NJW 2007, 2636 (2639 f.).

erhebliche Beeinträchtigung des Geschäftsmodells von statten gehen könnte[1027]. Die Entscheidungen, die zu der Störerhaftung ergangen sind, sind trotz der genannten Kriterien alles andere als einheitlich[1028]. Zudem ist vom BGH nicht eindeutig geklärt worden, wie die Prüfpflichten im Einzelnen auszugestalten sein sollen[1029]. Des Weiteren ist aus Sicht der Provider problematisch, dass es noch keine ausreichende Sicherheit bei der rechtlichen Einordnung der Haftung für funktional unterschiedliche Provider-Angebote gibt[1030].

4. Schadensersatzanspruch

Der Schadensersatzanspruch ist seit dem 01.09.2008 in § 97 Abs. 2 UrhG geregelt[1031]. Im Gegensatz zu Unterlassungs- oder Beseitigungsansprüchen ist bei Schadensersatzansprüchen ein Verschulden des Verletzers, also Vorsatz oder Fahrlässigkeit, erforderlich[1032]. Vorsatz umfasst das Wissen und Wollen des Erfolges und das Bewusstsein der Rechtswidrigkeit[1033]. Fahrlässig gem. § 276 Abs. 2 BGB handelt demgegenüber bereits derjenige, der die im Verkehr erforderliche Sorgfalt außer Acht lässt[1034]. Eine Störerhaftung scheidet bei Schadensersatzansprüchen mangels Verschulden aus. Denkbar sind drei vom Verletzten wählbare Kalkulationsarten zur Ermittlung des Schadens: Der Ersatz des entgangenen Gewinns, die Herausgabe des vom Schädiger erzielten Gewinns oder die Zahlung einer angemessenen Lizenzgebühr. Die Enforcement-Richtlinie fordert kein Abrücken dieser bewährten drei Berechnungsmöglichkeiten[1035]. Die drei Berechnungsmethoden unterliegen allerdings einem Verquickungsverbot, d.h. sie dürfen nicht miteinander kombiniert werden[1036].

1027 BGH NJW 2007, 2636 (2639 f.).

1028 Vgl. hierzu Wilmer, NJW 2008, 1845 (1848), dieser gibt einen kurzen Überblick über die divergierenden Entscheidungen.

1029 BGH NJW 2007, 2636 – Internetversteigerung II; BGH GRUR 2008, 702 – Internetversteigerung III.

1030 Wilmer, NJW 2008, 1845 (1850).

1031 Zur Entwicklung des Schadensersatzanspruchs seit der Enforcement-Richtlinie vgl. auch Kämper, GRUR Int. 2008, 539.

1032 Meckel, in: Dreyer/Kotthoff/Meckel, UrhR, § 97 Rn. 48; v. Wolff, in: Wandtke/Bullinger, UrhG, § 97 Rn. 51.

1033 Meckel, in: Dreyer/Kotthoff/Meckel, UrhR, § 97 Rn. 49; v. Wolff, in: Wandtke/Bullinger, UrhG, § 97 Rn. 51.

1034 Vgl. Meckel, in: Dreyer/Kotthoff/Meckel, UrhR, § 97 Rn. 50.

1035 BT-Drucks. 16/5048, S. 37; Kämper, GRUR Int. 2008, 539 (542); Peukert/Kur, GRUR Int. 2006, 292 (293); v. Wolff, in: Wandtke/Bullinger, UrhG, Rn. 60.

1036 v. Wolff, in: Wandtke/Bullinger, UrhG, Rn.59.

a) *Ersatz des entgangenen Gewinns*

Der entgangene Gewinn als konkreter Schaden bemisst sich nach den §§ 249 ff. BGB. Diese Berechnungsart ist keine immaterialgüterrechtliche Besonderheit[1037]. Der Verletzte ist danach so zu stellen, wie er ohne die Rechtsverletzung gestanden hätte[1038]. Der Verletzte soll nicht schlechter als ohne die Rechtsverletzung, aber auch nicht besser gestellt werden[1039]. Dies schließt auch den Ausgleich des entgangenen Gewinns mit ein[1040]. Der entgangene Gewinn ist in § 252 BGB normiert. Nach § 252 S. 2 BGB gilt der Gewinn als entgangen, der nach dem gewöhnlichen Lauf der Dinge oder nach den besonderen Umständen, insbesondere nach den getroffenen Anstalten und Vorkehrungen, mit Wahrscheinlichkeit erwartet werden konnte. Der Geschädigte kann folglich nach den §§ 249 ff. BGB seinen tatsächlichen Schaden einschließlich entgangenen Gewinns geltend machen, muss ihn aber nachweisen. Dieser Beweis wird jedoch oftmals in der Praxis sehr schwierig sein, weil der Inhaber eines Immaterialgüterrechts den ihm entgangenen Gewinn kaum darlegen und beweisen kann. Deshalb enthält das Gesetz weitere alternative Anknüpfungspunkte[1041].

b) *Herausgabe des vom Verletzer erzielten Gewinns*

Der erste alternative Anknüpfungspunkt, den das Gesetz regelt, ist in § 97 Abs. 2 S. 2 UrhG zu finden. Nach § 97 Abs. 2 S. 2 UrhG „kann auch" der Verletzergewinn „berücksichtigt werden". Dieser Anspruch auf Herausgabe des erzielten Gewinns stellt eine weitere Methode zur Schadensberechnung dar und keinen eigenen Gewinnabschöpfungsanspruch[1042]. Bei der Umsetzung der Enforcement-Richtlinie wurde dabei in § 97 Abs. 2 S. 2 UrhG deutlich gemacht,

---

1037 Bodewig/Wandtke, GRUR 2008, 220 (224); Kraßer, GRUR Int. 1980, 259 (260); v. Wolff, in: Wandtke/Bullinger, UrhG, § 97 Rn 58.

1038 v. Wolff, in: Wandtke/Bullinger, UrhG, § 97 Rn 58.

1039 v. Wolff, in: Wandtke/Bullinger, UrhG, § 97 Rn 58.

1040 v. Wolff, in: Wandtke/Bullinger, UrhG, § 97 Rn 58.

1041 Kitz, NJW 2008, 2374 (2374); v. Wolff, in: Wandtke/Bullinger, UrhG, § 97 Rn 58; vgl. hierzu auch Bodewig/Wandtke, GRUR 2008, 220 (224); Kämper, GRUR Int. 2008, 539 (540); Solmecke führt eine Harvard-Studie vom März 2004 heran, welche zu dem Ergebnis kommt, dass der Schaden, der durch Musiktauschbörsen entstanden ist, gegen Null tendiert. Dies sei laut der Studie vor allem damit zu erklären sein, dass die meisten jugendlichen Nutzer sich die Musikstücke zumeist nicht legal gekauft hätten (K&R 2007, 138 (143)).

1042 Der Anspruch auf Herausgabe des erlangten Gewinns ist seit langer Zeit gewohnheitsrechtlich anerkannt, vgl. hierzu auch BGH GRUR 1962, 509. Er hat keine Änderung durch die Enforcement-Richtlinie und deren Umsetzung erfahren, siehe hierzu BT-Drucks. 16/5048, S. 61.

dass es sich um eine Variante bei der Ermittlung des gleichen einheitlichen Schadens handelt. Vorteil dieser Berechnungsmethode ist, dass sie von einem wirklich erzielten Gewinn ausgehen kann und nicht nach einem hypothetischen Gewinn zu fragen braucht[1043]. Allerdings besteht bei dieser Berechnungsmethode der Nachteil, dass oftmals der Gewinn und die Kausalität zwischen Rechtsverletzung und dem daraus entstandenen Gewinn nicht nachgewiesen werden kann[1044].

c) *Schadensberechnung mit Hilfe der Lizenzanalogie*

Der Rechteinhaber wird demnach zumeist auf die Berechnung des Schadens mit Hilfe der Lizenzanalogie zurückgreifen. Dieser zweite alternative Anknüpfungspunkt ist in § 97 Abs. 2 S. 3 UrhG geregelt. Hiernach kann der Schadensersatzanspruch „auch auf der Grundlage" einer Lizenzanalogie berechnet werden. Die Lizenzgebühr beruht auf der Fiktion, dass der Rechteinhaber dem Verletzer eine Lizenz eingeräumt hätte und dieser auch zur Zahlung der üblichen Lizenz bereit gewesen wäre[1045]. Zur Bestimmung dieser Lizenzgebühr werden alle objektiven Umstände berücksichtigt, die im konkreten Fall für eine Lizenzgebühr von Bedeutung gewesen wären[1046]. Grundsätzlich erfolgt die Berechnung des Schadensersatzes nach der Lizenzanalogie, also nach der einfachen Lizenzgebühr eines fingierten Lizenzvertrages. Aufgrund der Verwendung objektiver Maßstäbe bei der Bestimmung der Lizenzgebühr kommt es nicht darauf an, ob der Verletzer durch die Rechtsverletzung wirklich einen Gewinn erzielt hat[1047]. Des Weiteren ist auch unerheblich, ob der Verletzte tatsächlich einen Schaden erlitten hat[1048].

1043 Schimmel, ZUM 2008, 384 (386); Kraßer, GRUR Int. 1980, 259 (264); BGH GRUR 1961, 354 (356) – Vitasulfal; BGH GRUR 1973, 473 (480) – Modeneuheit; BGH GRUR 1993, 55 – Tchibo/Rolex II; vgl. auch Bodewig/Wandtke, GRUR 2008, 220 (224).

1044 BGH GRUR 2007, 431 (433) – Steckverbindungsgehäuse; BGH GRUR 2002, 532 - Gemeinkostenanteil; krit. zur BGH-Entscheidung „Gemeinkostenanteil" Meier-Beck, GRUR 2005, 617; OLG Köln ZUM-RD 2005, 336 (337); vgl. auch Bodewig/Wandtke, GRUR 2008, 220 (224).

1045 BGH GRUR 1990, 1008 (1009) – Lizenzanalogie.

1046 Schmid/Wirth, in: Schmid/Wirth/Seifert, UrhG, § 97 Rn. 22 ff; v. Wolff, in: Wandtke/Bullinger, Urheberrecht, § 97 Rn. 70 ff.

1047 Diese Tatsache stellt einen klaren Vorteil gegenüber der Methode der Herausgabe des Gewinns dar, vgl. v. Wolff, in: Wandtke/Bullinger, UrhG, § 97 Rn. 72.

1048 Diese Tatsache ist eine klare Erleichterung gegenüber der konkreten Schadensberechnung, vgl. v. Wolff, in: Wandtke/Bullinger, UrhG, § 97 Rn. 73.

Die Kommission sah in ihrem Richtlinienvorschlag zur späteren Enforcement-Richtlinie vor, dass die Gerichte der geschädigten Partei auch eine doppelte Lizenzgebühr zusprechen können sollten[1049]. Diese doppelte Lizenzgebühr fand allerdings in der endgültigen Fassung der Enforcement-Richtline keinen Eingang.

Der Schadensersatz wird in Art. 13 der Enforcement-Richtlinie geregelt, wobei in diesem Zusammenhang die Erwägungsgründe (17), (25), und (26) von besonderer Bedeutung sind. Nach Art. 13 Abs. 1b) der Enforcement-Richtlinie können die Gerichte in geeigneten Fällen den Schadensersatz als Pauschalbetrag festsetzen, und zwar auf der Grundlage von Faktoren wie „mindestens“ dem Betrag der Vergütung, die der Verletzer hätte entrichten müssen, wenn er die Erlaubnis zur Nutzung des betroffenen Rechts eingeholt hätte. Des Weiteren stellen für die Auslegung und Anwendung des Schadensersatzrechts die in Art. 3 der Enforcement-Richtlinie geregelten Grundgedanken eine wichtige Leitlinie dar[1050]. Nach Art. 3 Abs. 2 müssen die Maßnahmen zur Durchsetzung der Rechte des geistigen Eigentums „fair und gerecht“, darüber hinaus „wirksam, verhältnismäßig“ und „abschreckend“ sein. Erwägungsgrund (26) der Richtlinie stellt klar, dass bei der Gewährung eines Schadensersatzes nicht die Einführung einer Verpflichtung zu einem als Strafe angelegten Schadensersatz bezweckt wird, sondern eine Ausgleichsentschädigung für den Rechteinhaber auf objektiver Grundlage unter Berücksichtigung der ihm entstandenen Kosten, z.B. im Zusammenhang mit der Feststellung der Rechtsverletzung und ihrer Verursacher.

Dieser Wortlaut der Richtlinie und der ursprüngliche Kommissionsvorschlag mit der Forderung nach einer doppelten Lizenzgebühr führten bei dessen Umsetzung in nationales Recht und darüber hinaus zu heftigen Diskussionen[1051]. Die Verdopplung der Lizenzgebühr als Regelform des Schadensersatzes wurde vom deutschen Gesetzgeber abgelehnt und fand keine Berücksichtigung im neuen § 97 UrhG[1052].

1049 Vgl. zur Vorgeschichte der Enforcement-Richtlinie: Kämper, GRUR Int. 2008, 539 (540 f.).

1050 v. Ungern-Sternberg, GRUR 2009, 460 (460).

1051 Vgl. hierzu Bodewig/Wandtke, GRUR 2008, 220; Dreier, GRUR Int. 2004, 706; Kämper, GRUR Int. 2008, 539; Kochendörfer, ZUM 2009, 389; Loschelder, NJW 2007, 1503; Tetzner, GRUR 2009, 6; BT-Drucks. 16/5048, S. 37.

1052 Bereits der Referentenentwurf vom 03.01.2006 zur Umsetzung der Enforcement-Richtlinie sah keine doppelte Lizenzgebühr vor, vgl. RefE, S. 65 ff. abrufbar unter: http://beck-aktuell.beck.de/sites/default/files/rsw/upload/Beck_Aktuell/Referentenentwurf_1.pdf.

Dabei ließen sich durchaus gute Argumente anführen, die eine solche Verdopplung der Lizenzgebühr begründen könnten. Zunächst ist an die von der Enforcement-Richtlinie in Art. 3 ausdrücklich geforderte Abschreckungsfunktion von Maßnahmen, die zur Sicherung des geistigen Eigentums ergriffen werden, zu denken. Denn es ist äußerst fraglich, ob eine einfache Lizenzgebühr überhaupt eine Abschreckungsfunktion haben kann. Für den Verletzer stellt die Zahlung einer einfachen Lizenzgebühr kein Risiko dar, mit einer Rechtsverletzung tatsächlich auch entdeckt zu werden[1053]. In solchen Fällen würde sich sogar die Rechtsverletzung für den Verletzer zunächst lohnen, denn es werden nicht alle Rechtsverletzungen aufgedeckt oder verfolgt. Da der Verletzer bei Abschluss eines Lizenzvertrages ebenfalls eine Lizenzgebühr zu entrichten hätte, beläuft sich sein Risiko praktisch allein auf die Zahlung der Prozesskosten[1054]. Zudem spricht der Wortlaut der Enforcement-Richtlinie in Art. 13 mit dem Begriff „mindestens“ dafür, dass die einfache Lizenzgebühr auf jeden Fall verlangt werden kann, darüber hinaus kann allerdings auch ein höherer Betrag gefordert werden[1055].

Gegen eine generelle Erhöhung der Lizenzgebühr auf das Doppelte wird hauptsächlich angeführt, dass es nicht Aufgabe des Zivilrechts sei, eine Abschreckungsfunktion zu erfüllen, da dies durch das Strafrecht verwirklicht wird[1056]. Der Schadensersatz diene dem Ersatz des tatsächlichen Schadens und nicht der Abschreckung und Bestrafung von Piraterie[1057].

Einen interessanten Ansatzpunkt bietet auch *Kochendörfer*[1058], der sich im Ergebnis gegen eine generelle Verdopplung der Lizenzgebühr ausspricht. Er hält es zwar ebenso für ein unbefriedigendes Ergebnis, dass letztlich der unredliche mit dem redlichen Nutzer durch die Zahlung einer nur einfachen Lizenzgebühr gleichgestellt wird. Allerdings weist er in diesem Zusammenhang darauf hin, dass die speziell für die Schutzrechtsverletzungen entwickelten Berechnungsmethoden dem Geschädigten, der seinen konkreten Schaden nicht nachweisen kann, die Schadenskompensation überhaupt erst ermöglichen. Die Schadensberechnungen auf Grundlage einer angemessenen Lizenzgebühr oder auf Grundlage des Verletzergewinns bilden Ausnahmen in der Systematik der

1053 Vgl. hierzu Schimmel, ZUM 2008, 384 (387); Schmid/Wirth, in: Schmid/Wirth/Seifert, UrhG, § 97 Rn. 23; Tetzner, GRUR 2009, 6 (8).

1054 Kochendörfer, ZUM 2009, 389 (390).

1055 Haft/Donle/Ehlers/Nack, GRUR Int. 2005, 403 (406); Schimmel, ZUM 2008, 384 (387).

1056 Vgl. hierzu Kämper, GRUR Int. 2008, 539 (543).

1057 Vgl. hierzu Kämper, GRUR Int. 2008, 539 (543).

1058 Kochendörfer, ZUM 2009, 389 (392).

§§ 249 ff. BGB, wonach der Geschädigte seine Vermögenseinbuße grundsätzlich konkret nachweisen muss.

Des Weiteren wird vertreten, dass die Lizenzgebühr verschuldensabhängig erhöht werden solle[1059]. Demnach würde bei einer nur fahrlässigen Rechtsverletzung die einfache Lizenzgebühr und bei einer vorsätzlichen eine dem Maß des Verschuldens angemessen erhöhte Lizenzgebühr erhoben.

Durch den europäischen, wie auch den nationalen Gesetzgeber wurde einer generellen Verdopplung der Lizenzgebühr eine Absage erteilt. Vielmehr muss der Schadensersatz mindestens eine nach der Lizenzanalogie zu berechnende Lizenzgebühr betragen, auch wenn der Wortlaut mit dem Begriff „mindestens“ so nicht durch den deutschen Gesetzgeber umgesetzt worden ist. In der Gesetzesbegründung wurde ausdrücklich darauf hingewiesen, dass für einen sachgerechten Schadensausgleich im Einzelfall der Schadensersatz höher sein kann als die einfache Lizenzgebühr[1060]. In diesem Zusammenhang sei angemerkt, dass man auf den umstrittenen Präventionsgedanken verzichten kann, wenn man die Übersteigung der einfachen Lizenzgebühr als tatsächlichen Schaden qualifizieren kann[1061]. Im Einzelnen wird die Rechtsprechung die in Betracht kommenden Faktoren zur Erhöhung der Lizenz je nach Einzelfall festsetzen müssen[1062].

Eine Überschreitung der einfachen Lizenzgebühr wird vom BGH bereits bei der Berechnung der Schadensersatzansprüche der GEMA für Recht erkannt[1063]. Ungenehmigte Musikveranstaltungen können an so vielen unterschiedlichen Orten gleichzeitig und in hoher Zahl stattfinden, dass der Urheberrechtsschutz ohne die Einrichtung eines besonderen Überwachungsapparats weitgehend leerlaufen würde[1064]. Da die GEMA als Verwertungsgesellschaft von Musikrechten für die Verhinderung solcher Rechtsverletzungen einen solchen besonders aufwendigen Kontroll- und Überwachungsapparat unterhalten muss, wird ihr ein 100%iger Tarifaufschlag bei rechtswidrigen öffentlichen Musikaufführungen zugestanden[1065].

1059 So vertreten von Dreier, GRUR Int. 2004, 706 (708); Kämper, GRUR Int. 2008, 539 (545f.); Nordemann, in: Fromm/Nordemann, UrhG, § 97 Rn. 99; Wild, in: Schricker, UrhG, § 97 Rn. 74d; v. Wolff, in: Wandtke/Bullinger, UrhG, § 97 Rn. 83.; vgl. hierzu auch v. Ungern-Sternberg, GRUR 2009, 460 (464).

1060 BT-Drucks. 16/5048, S. 37.

1061 Vgl. hierzu näher Bodewig/Wandtke, GRUR 2008, 220 (225).

1062 Kochendörfer, ZUM 2009, 389, (393).

1063 BT-Drucks. 16/5048, S. 37.

1064 Vgl. hierzu v. Ungern-Sternberg, GRUR 2009, 460 (465).

1065 BGH ZUM 1986, 280 – Doppelte Tarifgebühr.

D. Neuregelung des Pauschalvergütungssystems

Das Pauschalvergütungssystem wurde bereits 1965 in das Urheberrechtsgesetz aufgenommen und 1985 fortgeschrieben. Trotz der enormen Veränderungen vom analogen Zeitalter, für welches das Vergütungssystem ausgearbeitet worden war und seine Berechtigung hatte, bis hin zum digitalen Zeitalter, geprägt durch viele neue technische Möglichkeiten, unter anderem dem Digital Rights Management System, ist das Pauschalvergütungssystem bis zu den Änderungen durch den „Zweiten Korb“ unverändert geblieben. Dass diese Tatsache unweigerlich zu vielen Konflikten und letztlich zu einer untragbaren Situation geführt hat, wurde bereits im Jahre 2000 im zweiten Vergütungsbericht der Bundesregierung[1066] erörtert[1067]. Ziel und Aufgabe der Reform war es folglich, das veraltete Pauschalvergütungssystem an die neuen technischen Gegebenheiten unter besonderer Berücksichtigung der durch DRM-Systeme möglich gewordenen individuellen Vergütung anzupassen. Zudem lag ein weiteres Hauptaugenmerk in der Übertragung der Bemessung der Vergütungssätze auf die betroffenen Verwertungsgesellschaften und die Hersteller von Vervielfältigungsgeräten innerhalb gesetzlich definierter Rahmenbedingungen[1068].

Die Abgabepflicht ist weiterhin an die Auslegung des § 53 UrhG gekoppelt, da die §§ 54 ff. UrhG nur Anwendung auf Vervielfältigungen, die durch § 53 Abs. 1 bis 3 UrhG gedeckt sind, haben. Im Vordergrund der Betrachtungen steht die Privatkopie nach § 53 Abs. 1 UrhG. Eine in diesen Grenzen hergestellte Kopie löst folglich die Abgabepflicht aus, die hier näher beleuchtet werden soll. Nicht darunter fallen illegal hergestellte Kopien.

I. Exkurs: Rolle der Verwertungsgesellschaften

Eine Verwertungsgesellschaft ist ein Zusammenschluss von Autoren und Verlagen zur Wahrnehmung von Urheberrechten gegenüber Dritten[1069]. Der einzelne Rechteinhaber hat bei den heutigen technischen Möglichkeiten der Vervielfältigung, Verbreitung und öffentlichen Wiedergabe seiner Werke kaum mehr die Möglichkeit, die Nutzungen aus seinem geistigen Eigentum selbst zu ziehen. Diese Aufgaben übernehmen Verwertungsgesellschaften für die Rechteinhaber. Sie erheben die gesetzlich vorgeschriebenen oder mit den Beteiligten vereinbar-

1066 BT-Drucks. 14/3972.

1067 Vgl. hierzu auch die Ausarbeitungen zum „Ersten Korb“ in Teil 3 unter Punkt B VI, S. 134 ff.

1068 Lüft, in: Wandtke/Bullinger, UrhG, § 54 Rn. 3.

1069 Rehbinder, Urheberrecht, S. 335 Rn. 878.

ten Gebühren und schütten diese über einen bestimmten Verteilungsschlüssel an die wahrnehmungsberechtigten Rechteinhaber aus[1070].

1. Entstehung und Entwicklung der Verwertungsgesellschaften

Die Entstehung der ersten Verwertungsgesellschaft reicht lange vor Einführung der Pauschalvergütung zurück. Der Ursprung ist bereits Ende des 18. Jahrhunderts zu verzeichnen. Als Anstoß wird die Kodifizierung des „geistigen Eigentums" in den verschiedenen Rechtordnungen, wie in der Verfassung der Vereinigten Staaten von Amerika aus dem Jahre 1788, sowie in den französischen Revolutionsgesetze aus den Jahren 1791 und 1793 und in dem darauf folgenden Preußischen Gesetz zum Schutz des Eigentums an Werken der Wissenschaft und Kunst gegen Nachdruck und Nachbildung aus dem Jahre 1837, gesehen[1071]. Das zu jener Zeit bereits veränderte Bewusstsein der Urheber in Bezug auf ihr geistiges Eigentum war der Auslöser für das Bedürfnis einer kollektiven und damit besseren Wahrnehmung ihrer *neuen* Rechte an ihren Werken. Die erste Verwertungsgesellschaft[1072] im heutigen Sinne wurde daraufhin im Jahre 1851 in Paris für Urheber und Verleger gegründet[1073]. In Deutschland ist die erste Verwertungsgesellschaft unter maßgeblicher Mitwirkung von *Richard Strauß* und Kollegen von der Genossenschaft Deutscher Komponisten zu Beginn des letzten Jahrhunderts für musikalische Urheberrechte gegründet worden[1074]. Aus dieser Verwertungsgesellschaft haben sich später weitere Verwertungsgesellschaften entwickelt, so z.B. die heutige GEMA[1075].

2. Die wichtigsten Verwertungsgesellschaften und ihre Aufgaben

Das Aufgabengebiet der Verwertungsgesellschaften ist betroffen, wenn Kopien von einem urheberrechtlich geschützten Werk erstellt werden oder generell geistiges Eigentum genutzt wird, ohne dass der Rechteinhaber hierfür explizit seine

---

1070 Rehbinder, Urheberrecht, S. 335 Rn. 878; zum Verteilungsplan der GEMA, deren Entstehungsgeschichte und Entwicklung Müller, Der Verteilungsplan der GEMA.

1071 Schmidt, in: Kreile/Becker/Risenhuber, Recht und Praxis der GEMA, Handbuch und Kommentar, S. 7 f.

1072 Société des Auteurs, Compositeurs et Editeur de Misique (SACEM).

1073 Melichar, UFITA Bd. 117 (1991), S. 5 (5).

1074 Anstalt für musikalische Aufführungsrechte (AFMA) 1903. Menzel, Die Aufsicht über die GEMA durch das Deutsche Patentamt, S. 4; Schmidt, in: Kreile/Becker/Risenhuber, Recht und Praxis der GEMA, Handbuch und Kommentar, S. 8.

1075 Vgl. zur Entwicklung auch: Menzel, Die Aufsicht über die GEMA durch das Deutsche Patentamt, S. 4.

Genehmigung erteilt hat und er darüber hinaus Gefahr läuft, leer auszugehen soweit keine gesetzliche Schrankenregelung die Nutzung gestattet[1076].

Eine Verwertungsgesellschaft ist eine Einrichtung, die Urheberrechte und verwandte Schutzrechte einer großen Anzahl von Urhebern und Inhabern von verwandten Schutzrechten kollektiv wahrnimmt[1077]. Das Urheberwahrnehmungsgesetz regelt im Einzelnen ihre Verpflichtung, Vergütungen kollektiv auszuhandeln, zu realisieren und angemessen zu verteilen[1078]. Es liegt in der Natur der Verwertungsgesellschaften, dass sie danach streben, für den Bereich des Urheberrechts, für welchen sie tätig sind, möglichst viele bzw. alle Rechte zu erwerben[1079]. Nur auf diesem Wege können sie die von ihnen verwalteten Rechte auch effektiv wahrnehmen[1080]. Aus diesem Grund haben die Verwertungsgesellschaften in vielen Ländern eine Monopolstellung inne, die diesen auch aufgrund der Tatsache, dass sie als private Einrichtung öffentliche Aufgaben wahrnehmen, gesetzlich zugewiesen werden[1081]. Die Verwertungsgesellschaften unterstehen infolge ihrer faktischen Monopolstellung der Aufsicht durch das Deutschen Patent- und Markenamt (DPMA)[1082]. Auch Abschlusszwang gegenüber Werknutzern ist durch die Monopolstellung begründet, d.h., dass jedem auf Verlangen zu angemessenen Bedingungen Nutzungsrechte an den wahrgenommenen Rechten einzuräumen sind. Dabei nimmt die Verwertungsgesellschaft stets vorrangig die Rechte der Urheber wahr, z.B. die effektive Erhebung der Pauschalvergütung. Aufgrund der Globalisierung schließen die deutschen Verwertungsgesellschaften, wie die GEMA, zusätzlich mit ausländischen Verwertungsgesellschaften Gegenseitigkeitsverträge, um damit praktisch über die Musikaufführungsrechte an allen geschützten Werken verfügen zu können[1083].

Die wichtigsten Verwertungsgesellschaften in Deutschland sind 1. die Gesellschaft für musikalische Aufführungs- und mechanische Vervielfältigungsrechte (GEMA), 2. die Gesellschaft zur Verwertung von Leistungsschutzrechten mbH (GVL), 3. Verwertungsgesellschaft Wort (VG Wort) und 4. die Verwer-

1076 Strauß, UFITA Bd. 22 (1956 II), S. 129 (143 f.).

1077 Rehbinder, Urheberrecht, S. 335 Rn. 878.

1078 Rehbinder, Urheberrecht, S. 335 Rn. 878.

1079 Strauß, UFITA Bd. 22 (1956 II), S. 129 (144 f.).

1080 Dietz, Das Urheberrecht in der Europäischen Gemeinschaft, S. 272 Rn. 563; Strauß, UFITA Bd. 22 (1956 II), S. 129 (144 f.).

1081 Vgl. hierzu auch Dietz, Das Urheberrecht in der Europäischen Gemeinschaft, S. 271 ff. Rn. 563 ff.

1082 Dietz, Das Urheberrecht in der Europäischen Gemeinschaft, S. 282 Rn. 586.

1083 Rehbinder, Urheberrecht, S. 335 f. Rn. 879; Strauß, UFITA Bd. 22 (1956 II), S. 129 (144 f.).

tungsgesellschaft Bild-Kunst (VG Bild-Kunst)[1084]. Die deutschen Verwertungsgesellschaften arbeiten in der Zentralstelle für private Überspielungsrechte (ZPÜ) zusammen[1085].

Die GEMA[1086] vertritt die Rechte von 60.000 Mitgliedern, unter anderem von Komponisten, Textdichtern und Musikverlegern in Deutschland und über 1 Million internationaler Rechteinhaber. Der Beitritt ist freiwillig, es bleibt jedem Rechteinhaber unbenommen, seine Rechte selbst wahrzunehmen oder diese auf die GEMA zu übertragen. Selbstverständlich hängt der urheberrechtliche Schutz eines Werkes nicht von der Übertragung der Wahrnehmung der Rechte auf die GEMA ab, denn dieser ist bereits durch das geltende Urheberrechtsgesetz gewährleistet. Allerdings können bestimmte Ansprüche des Urheberrechtsgesetzes nur durch die Verwertungsgesellschaften geltend gemacht werden, so z.B. die §§ 54 bis 54c, 54e Abs. 2, §§ 54f und 54g UrhG gem. § 54h Abs. 1 UrhG. In solchen Fällen ist eine Mitgliedschaft in einer Verwertungsgesellschaft für den Erhalt einer, durch das Gesetz festgeschriebenen, angemessenen Vergütung für die Rechteinhaber unabdingbar.

Die GVL[1087] nimmt (bis auf wenige Ausnahmen) lediglich die Vergütungsrechte für sogenannte Zweitverwertungen (z.B. Sendungen von Handelstonträgern, öffentliche Wiedergabe von Handelstonträgern oder Fernsehsendungen) wahr. Vergütungsansprüche entstehen damit nur, wenn eine zweitverwertungsrelevante Mediennutzung der leistungsschutzrechtlich geschützten Tätigkeit stattfindet. Dies ist beispielsweise der Fall bei der Aufnahme von Handelstonträgern, bei der Produktion von Rundfunksendungen oder Mitschnitten von Live-Auftritten zur Sendung im Rundfunk. Reine Live-Auftritte lassen dagegen keine Vergütungsansprüche entstehen, da keine Zweitverwertung gegeben ist. Wahrnehmungsberechtig sind ausübende Künstler, die im Rahmen ihrer künstlerischen Tätigkeit Leistungsschutzrechte im Sinne des § 73 UrhG erwerben. Dies sind z.B. Musiker, Schauspieler, Tänzer oder künstlerische Produzenten. Sobald die Personen zwar im künstlerischen Umfeld arbeiten, allerdings keinen unmittelbaren Einfluss auf die künstlerische Interpretation eines urheberrechtlich

1084 Sowie die VFF (Verwertungsgesellschaft der Film- und Fernsehproduzenten mbH), die GWFF (Gesellschaft zur Wahrnehmung von Film- und Fernsehrechten mbH), die VGF (Verwertungsgesellschaft für Nutzungsrechte an Filmwerken mbH) und die GÜFA (Gesellschaft zur Übernahme und Wahrung von Filmaufführungsrechten mbH).

1085 Die ZPÜ wurde 1963 gegründet und ist die aus wirtschaftlicher Sicht bedeutendste Form der Zusammenarbeit der Verwertungsgesellschaften. Vgl. hierzu: http://www.gema.de/musiknutzer/leermedien-geraete/.

1086 Gesellschaft für musikalische Aufführungs- und mechanische Vervielfältigungsrechte.

1087 Gegründet wurde die GVL im Jahre 1959; Vgl. des Weiteren zum Aufbau und den Aufgaben der GVL: https://www.gvl.de/.

schutzfähigen Werkes haben, wie etwa Toningenieure/-meister oder sog. Executive Producer oder auch Sprecher von Sachtexten, sind sie nicht wahrnehmungsberechtigt.

Die VG Wort[1088] nimmt die Rechte von Autoren, Übersetzern und Verlegern von schöngeistigen und dramatischen, journalistischen und wissenschaftlichen Texten wahr und kassiert für die Zweitverwertung ihrer Sprachwerke auch in Funk und Fernsehen eine Vergütung. Für die Verteilung der durch das Fotokopieren von Wort, Musik und Bild erzielten Einnahmen der Pauschalabgaben, legen die Verwertungsgesellschaften einen bestimmten Verteilungsschlüssel zu Grunde. 2006 betreute die VG WORT insgesamt 144.942 Ausschüttungsberechtigte, davon 138.902 Autoren und 6.040 Verlage.

Die VG Bild-Kunst[1089] nimmt für ihre Mitglieder, unter anderem Künstler, Fotografen und Filmurheber und die Mitglieder ausländischer Schwesterorganisationen, alle diejenigen Urheberrechte im visuellen Bereich wahr, die die Urheber aus praktischen oder gesetzlichen Gründen nicht selbst wahrnehmen können. Die VG Bild-Kunst ist in folgende drei Berufsgruppen gegliedert: 1. Bildende Künstler und Verleger, 2. Fotografen, Bildjournalisten, Designer, Karikaturisten, Pressezeichner, Bildagenturen und Verleger, 3. Regisseure, Kameraleute, Cutter, Szenen- und Kostümbildner und Filmproduzenten.

Die im Rahmen von § 53 Abs. 1 bis 3 UrhG wichtigen Vergütungsansprüche für stehende Texte und stehendes Bild werden unmittelbar von der VG WORT und der VG Bild-Kunst eingezogen („Reprographie"). Die Vergütungsansprüche für die Vervielfältigung von audio- und audiovisuellen Werken werden dagegen von der ZPÜ geltend gemacht[1090].

1088 Die VG WORT wurde 1958 gegründet; Vgl. des Weiteren zum Aufbau und den Aufgaben der VG WORT: http://www.vgwort.de/.

1089 Die VG Bild-Kunst wurde 1968 gegründet; Vgl. des Weiteren zum Aufbau und den Aufgaben der VG Bild-Kunst: http://www.bildkunst.de/.

1090 Vgl. hierzu: http://www.vgwort.de/einnahmen-tarife/vervielfaeltigen/hersteller-importeure-von-geraete-und-speichermedien.html.

II. Vergütungspflicht nach § 54 UrhG

Der neue § 54 UrhG lautet[1091]:

(1) Ist nach der Art eines Werkes zu erwarten, dass es nach § 53 Abs. 1 bis 3 vervielfältigt wird, so hat der Urheber des Werkes gegen den Hersteller von Geräten und von Speichermedien, deren Typ allein oder in Verbindung mit anderen Geräten, Speichermedien oder Zubehör zur Vornahme solcher Vervielfältigungen benutzt wird, Anspruch auf Zahlung einer angemessenen Vergütung.

(2) Der Anspruch nach Absatz 1 entfällt, soweit nach den Umständen erwartet werden kann, dass die Geräte oder Speichermedien im Geltungsbereich dieses Gesetzes nicht zu Vervielfältigungen benutzt werden.

1. Keine Begrenzung auf bestimmte Vervielfältigungsmöglichkeiten

§ 54 UrhG fasst die bisherigen § 54 und § 54a UrhG zusammen und verzichtet dabei auf eine Unterscheidung bzw. Beschränkung auf bestimmte Vervielfältigungsmöglichkeiten[1092]. Die Vervielfältigungsquellen werden nicht mehr eingeschränkt. Durch die „Neutralisierung" des Gesetzes erfolgt eine Anpassung an die neuen Techniken und an das veränderte Nutzerverhalten[1093]. § 54 Abs. 1 UrhG stellt eine gemeinsame Anspruchsgrundlage dar, die auch nur gemeinsam durch die Verwertungsgesellschaften geltend gemacht werden kann[1094]. Diese Regelung hat aber nicht zur Konsequenz, dass alle Vervielfältigungsgeräte vergütungspflichtig sind. Es soll keine Ausweitung der Vergütungsansprüche der Verwertungsgesellschaften erfolgen. Der Gesetzgeber hatte bei der neutraleren Formulierung vielmehr den Gedanken vor Augen, dass es angesichts der technischen Entwicklung immer schwieriger werden wird, den Einsatz von Geräten und Speichermedien bestimmten Vervielfältigungsmethoden zurechnen zu können[1095].

1091 § 54 UrhG in der Fassung vom 1.1.2008 fasst die alten § 54 und § 54a UrhG zusammen. § 54 und § 54a UrhG a.F. unterschieden bisher nach Vergütungspflichten für die Vervielfältigung im Wege der Bild- und Tonaufzeichnung einerseits und im Wege der Ablichtung andererseits zusammen.

1092 Dreyer, in: Dreyer/Kotthoff/Meckel, UrhR, § 54 Rn. 1; Lüft, in: Wandtke/Bullinger, UrhG, § 54 Rn. 4.

1093 Czychowski, GRUR 2008, 586 (590); Müller, ZUM 2007, 777 (780).

1094 Bremer/Lammers, K&R 2008, 145 (147).

1095 BT-Drucks. 16/1828, S. 28; vgl. auch Bremer/Lammers, K&R 2008, 145 (147); Czychowski, GRUR 2008, 586 (590); Dreyer, in: Dreyer/Kotthoff/Meckel, UrhR, § 54 Rn. 1.

2. Typische Benutzungsweise

Des Weiteren sieht § 54 UrhG die Vergütungspflicht für Geräte und Speichermedien vor, die typischerweise zur Vornahme von Vervielfältigungen gem. § 53 Abs. 1 bis 3 benutzt werden. Die bisherige Gesetzeslage sah eine Vergütung für solche Geräte oder Speichermedien, die erkennbar zur Vornahme von privaten Vervielfältigungen bestimmt waren, vor[1096].

Der im Gesetz verwendete Begriff „genutzt" ist im Sinne einer urheberabgabenrechtlich relevanten Nutzung zu verstehen[1097]. Aber was genau unter dem neuen Wortlaut „typischerweise benutzt" zu verstehen ist, ist fraglich. Eingeführt wurde dieser Wortlaut, um die bisher bestehenden Streitigkeiten hinsichtlich der Frage über die Bestimmtheit der Geräte und Speichermedien klären und lösen zu können[1098]. Im Regierungsentwurf war allerdings noch vorgesehen, dass die Geräte und Speichermedien „in nennenswertem Umfang" zur privaten Vervielfältigung benutzt werden. Die Vergütungspflicht sollte damit mangels „nennenswertem Umfang" bereits entfallen können, wenn der Nutzungsumfang zumindest unter 10% liegt[1099]. Der Bundesrat hielt diese sog. De-minimis-Klausel jedoch für wenig nützlich. Er bemängelte vor allem, dass nicht eindeutig zu bestimmen sei, was unter einem „nennenswerten Umfang" zu verstehen sei. Ein Streit über die Auslegung dieses Tatbestandsmerkmals wäre daher aus Sicht des Bundesrates zu erwarten gewesen. Zudem wurde angeführt, dass auch Nutzungsvorgänge von unter 10% durchaus ein erhebliches Ausmaß darstellen könnten. Somit dürfe letztlich die Ausgewogenheit der Bestimmungen insgesamt nicht durch die Einführung einer Schmälerung der Position der Urheber gefährdet werden[1100]. Der Rechtsausschuss schloss sich der Auffassung zur Streichung der sog. De-minimis-Klausel dem Bundesrat an.

Die Streichung dieses Kriteriums ist durchaus kritisch zu betrachten, denn zumindest hätte es ein Anhaltspunkt dafür sein können, welche Nutzungsvorgänge in Zukunft abgabepflichtig sein sollen. So ist jedoch zu befürchten, dass jedes Gerät oder Speichermedium, welches in irgendeiner Form Speicherungen vornehmen kann, auch nach § 54 Abs. 1 UrhG abgabepflichtig ist[1101]. Zudem wäre das Bestehen einer derartigen Einschränkung unabdingbare Voraussetzung,

1096 Vgl. Lüft, in: Wandtke/Bullinger, UrhG, § 54 Rn. 4.
1097 Niemann, CR 2008, 205 (206).
1098 BT-Drucks. 16/1828, S. 15; BT-Drucks. 16/5939.
1099 BR-Drucks. 257/06, S. 61.
1100 BR-Drucks. 257/06; S. 14.
1101 Bremer/Lammers, K&R 2008, 145 (146).

um das verfassungsrechtliche Gleichgewicht zwischen den Rechten der Hersteller[1102] sowie denen der Urheber zu bewahren[1103].

Zum besseren Verständnis und Akzeptanz der Entscheidung kann die Beschlussempfehlung des Rechtsausschusses[1104] dienen. In dieser heißt es: „Durch die typisierte Betrachtung wird auf den üblichen Gebrauch des Geräts oder Speichermediums abgestellt. Geräte, die nur theoretisch zur Vervielfältigung genutzt werden können, weil sie z.B. einen digitalen Speicherchip enthalten, der aber völlig anderen Funktionen dient, werden nicht in die Vergütungspflicht einbezogen. Unabhängig davon bleibt es dabei, dass sich die Höhe der Vergütung gemäß § 54a Abs. 1 UrhG nach dem Ausmaß der tatsächlichen Nutzung bemisst.“

Für die Vergütungspflicht nach § 54 UrhG muss nach dem neu geltenden Gesetz also erstmal für jedes Gerät oder Speichermedium im Einzelfall geprüft werden, welche Funktion es inne hat und welches seine typische Verwendung ist. Als Anhaltspunkt für die Vergütungspflicht eines Gerätes oder Speichermediums kann zum einen der Gedanke des damaligen Gesetzgebers dienen, der die Inanspruchnahme unabhängiger Dritter, wie der Hersteller und Importeure, nur vor dem Hintergrund gebilligt hat, dass diese Inanspruchnahme restriktiv zu erfolgen hat. Zum anderen könnte man die Überlegungen, die noch im Gesetzgebungsverfahren zum Begriff des „nennenswertem Umfangs“ gemacht worden sind, dass eine Vergütungspflicht gänzlich entfallen würde, wenn der Nutzungsumfangs eines Gerätes oder Speichermediums zumindest unter 10 % liegt, gedanklich bei der Prüfung im Einzelfall mit einbeziehen, um zu einem gerechten Ergebnis zu gelangen. Sicher ist zumindest, dass die Geräte, die nach alter Rechtslage vergütungspflichtig waren, dies auch weiterhin nach neuer sein sollen[1105].

a) Geräte i.S. des § 54 Abs. 1 UrhG

Unter einem Gerät ist der körperliche Gegenstand zu verstehen, mit dem eine Vervielfältigung nach § 53 Abs. 1 bis 3 UrhG hergestellt werden kann[1106].

Geräte i.S. des § 54 Abs. 1 UrhG waren und sind damit Video[1107]- und Kassettenrecorder, digitale Aufnahmegeräte (Minidisc-Player mit Aufnahmefunktion),

1102 Mit der Geräteabgabe, die durch die Hersteller der Geräte zu leisten ist, besteht ein einhergehender Grundrechtseingriff.

1103 Bremer/Lammers, K&R 2008, 145 (146 f.).

1104 BT-Drucks. 16/5939, S. 45.

1105 Lüft, in: Wandtke/Bullinger, UrhG, § 54 Rn. 11.

1106 Hierzu Dreyer, in: Dreyer/Kotthoff/Meckel, UrhR, § 54 Rn. 10.

1107 BGH GRUR 1981, 355 – Video-Recorder.

CD-Brenner[1108], Fotokopiergeräte, Readerprinter[1109], Telefaxgeräte[1110] und Scanner[1111].

(1) Gerätekombination zwischen PC, Drucker und Scanner nach alter Rechtslage – Vergütungspflicht für den Scanner

In einer Gerätekombination zwischen PC, Drucker und Scanner war nach der Rechtslage bis zum 31.12.2007 alleine der Scanner als vergütungspflichtiges Vervielfältigungsgerät vom BGH angesehen worden[1112]. Denn nach Auffassung des Gerichtes sei es der Scanner, der das zu vervielfältigende Werk aufnimmt und in Datensätze umwandelt, die dann von den angeschlossenen Geräten weiterverarbeitet werden[1113]. Demnach war auch die für den entsprechenden Vervielfältigungsvorgang geschuldete urheberrechtliche Vergütung von den Herstellern und Importeuren der Scanner zu entrichten[1114].

(2) Gerätekombination aus PC und Drucker nach alter Rechtslage – keine Vergütungspflicht

Bei einer Gerätekombination aus PC und Drucker war hingegen keines der beiden Geräte ein vergütungspflichtiges. In der Entscheidung „Drucker und Plotter"[1115] stellte der BGH klar, dass Drucker und Plotter[1116] weder für sich genommen geeignet sind Vervielfältigungen herzustellen noch im Zusammenspiel mit anderen Geräten wie einem PC. Nach alter Rechtsprechung unterfielen nicht alle Geräte in einer Funktionseinheit der Vergütungspflicht nach § 54a Abs. 1 UrhG a.F.

1108 Einigungsvorschlag der Schiedsstelle, ZUM 2000, 599; ebenso LG Stuttgart ZUM 2001,614.

1109 BGH GRUR 1993, 553.

1110 BGH GRUR 1999, 928.

1111 BGH GRUR 2002, 246.

1112 BGH GRUR 2002, 246.

1113 BGH GRUR 2002, 246 (246).

1114 BGH GRUR 2002, 246 (246).

1115 BGH GRUR 2008, 245 (Urteil vom 6.12.2007-also noch vor in Kraft treten des „Zweiten Korbs"); besprochen durch Klett, K&R 2008, 667 (668); ebenso entschied auch vor der Entscheidung des BGH das OLG Düsseldorf MMR 2008, 100, dass Drucker keine vergütungspflichtigen Geräte darstellen. Die Revision wurde vom BGH mit Beschluss vom 14. August 2008 (I ZR 208/07) nicht zugelassen, da zwischenzeitlich die Entscheidung des BGH zu „Druckern und Plottern" ergangen war.

1116 Bei einem Plotter handelt es sich um ein Ausgabegerät, mit welchem insbesondere graphische Darstellungen wiedergegeben werden können.

Eine derartige Aufteilung der Vergütungspflicht wäre nach Ansicht des BGH der gesetzlichen Regelung zuwidergelaufen. Drucker seien auch deswegen in einer Funktionseinheit mit einem PC nicht vergütungspflichtig, da weder der Wortlaut der Vorschrift des § 54a Abs. 1 UrhG a.F. noch die Systematik und die Entstehungsgeschichte des Gesetzes unmittelbar anzuwenden gewesen wären. Die mit PC und Drucker möglichen Vervielfältigungen würden weder durch „Vornahme von Vervielfältigungen durch Ablichtung eines Werkstückes" noch durch „ein Verfahren vergleichbarer Wirkung" hergestellt, denn darunter würden nur Verfahren zur Vervielfältigung von analogen Druckwerken zu verstehen sein[1117]. Mit einem PC und einem Drucker könnten jedoch nur digitale Vorlagen vervielfältigt werden[1118]. Die Funktionalität einer solchen Gerätekombination entspreche jedenfalls deshalb nicht derjenigen eines herkömmlichen Kopiergerätes, weil eine eben beschriebene Funktionseinheit nur digitale, nicht aber auch analoge Vorlagen vervielfältigen kann[1119]. Bei einer digitalen Vorlage komme häufig hinzu, dass bei einer Vervielfältigung zum privaten Gebrauch eine ausdrückliche oder konkludente Einwilligung vorliege, die eine Vergütungspflicht entfallen lässt[1120].

(3) Keine Vergütungspflicht für PCs nach alter Rechtslage

Mit Urteil vom 02.10.2008 entschied der BGH noch für die bis Ende 2007 geltende Rechtslage, dass PCs keine Vergütungspflicht gem. § 54a Abs. 1 UrhG a.F. begründen würden[1121], da diese Geräte nicht im Sinne dieser Bestimmung zur Vornahme von Vervielfältigungen durch Ablichtung eines Werkstücks oder in einem Verfahren vergleichbarer Wirkung bestimmt seien[1122]. Des Weiteren wurde angeführt, wie auch schon in der Entscheidung zu „Druckern und Plottern", dass mit einem PC weder alleine noch mit einem anderen Gerät zusammen fotomechanische Vervielfältigungen wie mit einem herkömmlichen Fotokopierer hergestellt werden könnten[1123]. Soweit mit einem PC aber Vervielfältigungen hergestellt würden, liege auch kein Verfahren gleicher Wirkung vor. Ein solches betreffe nur, wie bereits im BGH-Urteil „Drucker und Plotter" entschie-

1117 BGH GRUR 2008, 245 (246).

1118 v. Ungern-Sternberg, GRUR 2008, 245 (248).

1119 BGH GRUR 2008, 245 (246).

1120 BGH GRUR 2008, 245 (247); BGH MMR 2009, 182 (184).

1121 Entgegen der wohl überwiegenden Meinung in der Literatur sowie der Rechtsauffassung der Berufungsinstanz, die eine Vergütungspflicht für PCs bejahten.

1122 BGH MMR 2009, 182 (183).

1123 BGH MMR 2009, 182 (183).

den, Verfahren zur Vervielfältigungen von Druckwerken[1124]. Einer entsprechenden Anwendung der Regelung auf digitale Werke stünde nach Ansicht des BGH entgegen, dass der Gesetzgeber seinerzeit (1985 mit Schaffung der Regelungen) die Vervielfältigung gedruckter Vorlagen regeln wollte. Zudem müsse berücksichtigt werden, dass der Urheber digitaler Werke zumeist in die Vervielfältigung konkludent eingewilligt habe, im Gegensatz zum Autor von Druckwerken. Somit bestehe, wie auch schon im Falle einer Geräteeinheit aus PC und Drucker, keine Veranlassung, dem Urheber einen Vergütungsanspruch zu gewähren, der nur dazu gedacht ist, einen Ausgleich für Vervielfältigungen zu schaffen, die ohne Einwilligung des Urhebers erfolgen.

(4) Keine Vergütungspflicht für Kopierstationen nach altem Recht

Mit Urteil vom 17.07.2008 hat der BGH festgestellt, dass Kopierstationen nicht zu den nach § 54a Abs. 1 UrhG a.F. vergütungspflichtigen Vervielfältigungsgeräten gehören[1125]. Kopierstationen sind Geräte, mit denen ohne Verwendung eines PCs Daten von CDs, CD-ROMs und DVDs kopiert werden können[1126]. Diese Geräte haben ein Laufwerk zur Aufnahme der Kopiervorlage und bis zu vierzehn Brennlaufwerke zur Aufnahme der Rohlinge für die Herstellung der Kopien[1127]. Bei mehreren Brennlaufwerken in einem Gerät kann eine entsprechende Anzahl von Kopien gleichzeitig hergestellt werden[1128]. Die Regelung des § 54a Abs. 1 UrhG a.F. gilt unmittelbar nur für Vervielfältigungen, die durch Ablichtung eines Werkstücks oder in einem Verfahren vergleichbarer Wirkung vorgenommen werden[1129]. Für den Vergütungsanspruch komme es deshalb nur darauf an, ob nach der Art eines Werkes zu erwarten sei, dass nach § 53 Abs. 1 bis 3 UrhG durch Ablichtung eines Werkstücks oder in einem Verfahren vergleichbarer Wirkung vervielfältigt werde. Zur Ablichtung eines Werkes sei die Kopierstation jedoch nicht in der Lage, weil mit dieser keine fotomechanischen Vervielfältigungen, wie mit einem herkömmlichen Fotokopiergerät, hergestellt werden können[1130]. Auch seien die durch eine Kopierstation hergestellten Vervielfältigungen keine, die in einem Verfahren vergleichbarer Wirkung hergestellt wurden. Des Weiteren ging der BGH davon aus, dass die Wahrscheinlichkeit, dass die Vervielfältigung von CDs, CD-ROMs und DVDs mittels Kopier-

1124 Siehe hierzu BGH GRUR 2008, 245.
1125 BGH NJW-RR 2008, 1574; besprochen durch Klett, K&R 2008, 667 (669).
1126 BGH NJW-RR 2008, 1574 (1574).
1127 BGH NJW-RR 2008, 1574 (1574).
1128 BGH NJW-RR 2008, 1574 (1574).
1129 BGH NJW-RR 2008, 1574 (1575).
1130 BGH NJW-RR 2008, 1574 (1575).

stationen von der gesetzlichen Gestattung des § 53 Abs. 1 bis 3 UrhG erfasst würden, deutlich geringer sei, als die Wahrscheinlichkeit, dass die Vervielfältigung von Druckwerken mittels Fotokopiergeräten oder Scannern von der gesetzlichen Lizenz gedeckt ist. Da ein beachtlicher Teil der CDs, CD-ROMs und DVDs mit der Hilfe von technischen Maßnahmen gegen eine Vervielfältigung geschützt sei[1131].

(5) Vergütungspflicht für das Betreiben von Fotokopiergeräten nach altem Recht

Mit Urteil vom 20.11.2008 hatte der BGH über die Vergütungspflicht für das Betreiben eines Fotokopiergeschäfts nach alter Rechtslage zu entscheiden[1132]. Der Inhaber dieses Kopierladens hatte die Selbstbedienung durch die Kunden ausgeschlossen und seine Angestellten angewiesen, ausschließlich urheberrechtlich nicht geschützte Werke zu vervielfältigen. Aus diesem Grund war er der Meinung, keine urheberrechtliche Vergütung zuschulden oder zumindest nicht in voller Höhe.

Der BGH entschied im zugrunde liegenden Fall, dass die Vergütungspflicht des Betreibers eines Kopierladens nach § 54a Abs. 2 UrhG a.F. auch dann bestehe, wenn das Kopiergerät für den Kunden nicht frei zugänglich ist. Die Vergütungspflicht hänge nicht davon ab, ob der Kunde oder der Betreiber die Kopie anfertige und gilt daher gleichermaßen für Kopierläden mit Selbstbedienung wie mit Personal[1133]. Die Betreibervergütung nach § 54a Abs. 2 UrhG a.F. sei zudem geschuldet, wenn nur eine geringe Wahrscheinlichkeit dafür bestehe, dass mit dem Fotokopiergerät urheberrechtlich geschützte Vorlagen nach § 53 Abs. 1 bis 3 UrhG vervielfältigt werden. Der Grund hierfür sei, dass die Vergütungspflicht nach § 54a UrhG a.F. nicht an die tatsächliche Nutzung angeknüpft habe, sondern nur an die mögliche Nutzung des Gerätes für zulässige Vervielfältigungen urheberrechtlich geschützter Vorlagen nach § 53 Abs. 1 bis 3 UrhG[1134]. Auch die Höhe der vom Betreiber nach § 54a Abs. 2 UrhG a.F. insgesamt geschuldeten Vergütung bemesse sich nach der Art und dem Umfang der Nutzung des Gerätes, die nach den Umständen, insbesondere nach dem Standort und der üblichen Verwendung, wahrscheinlich ist[1135].

1131 BGH NJW-RR 2008, 1574 (1576).

1132 BGH NJW 2009, 1353.

1133 BGH NJW 2009, 1353 (1355); mit Verweis auf OLG München GRUR 2004, 324 (325); vgl. auch Dreier, in: Dreier/Schulze, UrhG, § 54c Rn. 5; Loewenheim, in: Schricker, § 54a Rn. 16; Lüft, in: Wandtke/Bullinger, UrhG, § 54c Rn. 5.

1134 BGH NJW 2009, 1353 (1355).

1135 BGH NJW 2009, 1353 (1355).

b) Speichermedien i.S. des § 54 Abs. 1 UrhG

Der Begriff der Speichermedien umfasst alle physikalischen Informations- und Datenträger mit Ausnahme von Papier oder ähnlichen Trägern[1136]. Darunter sind alle elektronischen (z.B. Smartcard, Memory Stick), magnetischen (z.B. Musikkassette, Magnetband, Festplatte, Diskette) und optischen (z.B. Film, DVD, CR-ROM, CD-R, CD-RW, Laserdisk) Speicher zu verstehen[1137]. Eine Vergütungspflicht besteht damit auch, soweit Ton- oder Bildträger bereits bespielt erworben werden, jedoch technische Vorrichtungen gegen die ungewollte Löschung fehlen oder auf die Möglichkeit zur Löschung und Neubespielung hingewiesen wird[1138].

Erst nach Klärung, ob überhaupt eine Vergütungspflicht besteht, kann in einem zweiten Schritt die Frage nach der Vergütungshöhe gemäß § 54a UrhG gelöst werden.

c) Rechtslage nach Einführung des „Zweiten Korbs"

Nach der seit dem 01.01.2008 geltenden Gesetzeslage haben die erörterten Grundsätze der Entscheidungen „Drucker und Plotter" und „PC" überwiegend nur noch für Altfälle Bedeutung. Nach dem neuen § 54 UrhG sind alle Geräte vergütungspflichtig, deren Typ „allein oder in Verbindung mit anderen Geräten, Speichermedien oder Zubehör" zur Vornahme von Vervielfältigungen nach § 53 Abs. 1 bis 3 UrhG benutzt wird[1139]. Somit kommt es nach neuem Recht weder darauf an, welches Gerät in einer Gerätekombination am deutlichsten zur Vervielfältigung bestimmt ist, noch darauf, ob eine analoge oder digitale Vorlage benutzt wird oder das Ergebnis eine digitale oder analoge Kopie ist[1140]. Für PCs bedeutet dies in der Zukunft, dass auch Pauschalabgaben für diese in Betracht kommen, die von den Verwertungsgesellschaften nach § 54h Abs. 1 UrhG geltend gemacht werden. Das Gesetz stellt auf die tatsächliche, typische Nutzung der Geräte ab. PCs sind zur Vervielfältigung von urheberrechtlich geschützten Werken wie CDs, Festplatten oder anderen digitalen Speichermedien auch tatsächlich in der Lage.

Die ZPÜ hat aufgrund der Gesetzesänderung weitere Produkte in den vergütungspflichtigen Kreis einbezogen. Insbesondere werden ab dem 01.01.2008

1136 BT-Drucks. 16/1828, 29.

1137 BT-Drucks. 16/1828, 29.

1138 Lüft, in: Wandtke/Bullinger, UrhG, § 54 Rn. 13.

1139 v. Ungern-Sternberg, GRUR 2008, 245 (248).

1140 Vgl. die Begründung des RegE, BT-Drucks. 16/1828, S. 28 f.

auch externe und eingebaute Festplatten, Blu-ray- und HD-DVD-Rohlinge, Speicherkarten und USB-Sticks vergütungspflichtig sein[1141].

Für Multifunktionsgeräte[1142] galt nach alter Rechtslage bereits eine Vergütungspflicht nach § 54a UrhG a.F., da sie über ein Vorlageglas verfügen, sind sie ohne weiteres mit herkömmlichen Fotokopiergeräten vergleichbar[1143]. Die auf Fotokopiergeräte zugeschnittenen gesetzlichen Vergütungssätze sind daher auf Multifunktionsgeräte anwendbar. Unerheblich ist, dass sie nicht nur fotokopieren, sondern vielfach ebenfalls drucken und scannen sowie Telefaxe versenden können[1144]. Diese Geräte sind daher nach neuer Rechtslage weiterhin vergütungspflichtig.

Diktiergeräte und Bänder waren hingegen nach der bisher geltenden Gesetzeslage von einer Vergütungspflicht ausgenommen[1145]. Mit der neuen Gesetzeslage ist auf die tatsächliche Nutzung eines Gerätes abzustellen und nicht mehr auf die Bestimmung eines Gerätes. Allerdings wird wohl auch weiterhin keine Vergütungspflicht für Diktiergeräte und Bänder anzunehmen sein, denn ihre tatsächliche Nutzung – zumindest derzeit – liegt nicht in der Vervielfältigung, sondern vielmehr in der Aufzeichnung.

Die ZPÜ erstellte für die vergütungspflichtigen Produkte (audio und audiovisuelle Werke), mit deren Wahrnehmung sie beauftragt ist, auf Grundlage des seit 01.01.2008 geltenden Rechts eine Liste. Aufgezählt wurden Audikassetten; Audio-CD, R und RW; Blu-ray-DVD; CD-Brenner für CD-Leermedien aller Art; DAT; Data-CD, R und RW; DVD-Brenner für DVD-Leermedien aller Art; DVD- und/oder Festplatten-Rekorder; DVD + und -, R und RW; DVD Double-Layer; Festplatten (eingebaut, extern, zum Einbau, SSD); HD-DVD; Kassettenrekorder; MiniDisc; MP3-Player, mit und ohne Videofunktion, mit und ohne eingebautem Speicher; MP3-fähige Handys, mit und ohne Videofunktion, mit und ohne eigebautem Speicher; Multimedia-Festplatten; PC; Sat-Receiver mit Festplatte und/oder DVD-Rekorder; Speicherkarten aller Art, insb. Compact-Flash-Card, Memory Stick, Multimedia Card, Secure Digital Memory Card, Smart Media Card, xD-Picture Card; Stereoanlagen mit USB-Schnittstelle zur

---

1141 http://www.gema.de/fileadmin/inhaltsdateien/musiknutzer/leermedien_geraete/ZPUE_Neues_Recht_2008.pdf, S. 2. Die Höhe der entsprechenden Vergütung stand erst nach Abschluss der Gesamtvertragsverhandlungen mit den Verbänden bzw. im Falle eines Scheiterns der Verhandlungen nach Rechtskraft einer entsprechenden gerichtlichen Entscheidung fest.

1142 Multifunktionsgeräte sind Geräte, die mehrere Funktionen in einem Gerät vereinigen, wie z.B. ein Drucker, der auch scannen und kopieren kann.

1143 BGH MMR 2008, 739 (741) – Multifunktionsgeräte.

1144 BGH MMR 2008, 739 (741) – Multifunktionsgeräte.

1145 Lüft, in: Wandtke/Bullinger, UrhG, § 54 Rn 12.

Speicherung von MP3s auf USB-Sticks; USB-Sticks; Videokassetten und Videorekorder[1146].

Im Reprographie-Bereich werden von der VG-Wort und VG Bild-Kunst die Vergütungsansprüche für folgende „reine Reprographiegeräte“ eingezogen: Scanner; Telefaxgeräte; Thermo- oder Tintelstrahlfaxgeräte; Laserfaxgeräte; Drucker; Tintenstrahldrucker; Laserdrucker; Multifunktionsgeräte/Fotokopierer; Tintenstrahlmultifunktionsgeräte/-kopierer; Lasermultifunktionsgeräte/Laserkopierer.

III. Angemessene Vergütungshöhe nach § 54a UrhG

Durch die Gesetzesreform mit Umsetzung des „Zweiten Korbs“ sollten flexible Vergütungssätze geschaffen werden. Die alten, starren und für die schnelllebige Zeit des technischen Fortschritts unpassenden, gesetzlich festgeschriebenen Vergütungssätze von 1965 bzw. 1985 für bestimmte Geräte und Speichermedien wurden abgeschafft. Die Bemessung der Höhe der Vergütung ist jetzt alleine den Verwertungsgesellschaften in Zusammenarbeit mit den Geräteherstellern überlassen worden. Für die anstehenden Verhandlungen über die Vergütungssätze gibt der Gesetzgeber allerdings zum einen den Rahmen vor und sieht zum anderen die Entscheidung durch eine Schiedsstelle und den vorherigen möglichen Schlichtungsversuch vor. Für die Berechnung bzw. Verhandlung hat der Gesetzgeber demnach gewisse Leitlinien im Gesetz festgeschrieben. Des Weiteren sollen diese dargestellt und auf ihre Tauglichkeit in der Praxis überprüft werden. Nach der Neuregelung durch den „Zweiten Korb“ enthält § 54a UrhG nunmehr die Regelungen zur Vergütungshöhe.

§ 54a UrhG lautet:

(1) Maßgebend für die Vergütungshöhe ist, in welchem Maß die Geräte und Speichermedien als Typen tatsächlich für Vervielfältigungen nach § 53 Abs. 1 bis 3 genutzt werden. Dabei ist zu berücksichtigen, inwieweit technische Schutzmaßnahmen nach § 95a auf die betreffenden Werke angewendet werden.

(2) Die Vergütung für Geräte ist so zu gestalten, dass sie auch mit Blick auf die Vergütungspflicht für in diesen Geräten enthaltene Speichermedien oder andere, mit diesen funktionell zusammenwirkende Geräte oder Speichermedien insgesamt angemessen ist.

1146 Vgl. hierzu: http://www.gema.de/fileadmin/inhaltsdateien/musiknutzer/leermedien_geraete/ZPUE_Neues_Recht_2008.pdf, S. 3.

(3) Bei der Bestimmung der Vergütungshöhe sind die nutzungsrelevanten Eigenschaften der Geräte und Speichermedien, insbesondere die Leistungsfähigkeit von Geräten sowie die Speicherkapazität und Mehrfachbeschreibbarkeit von Speichermedien, zu berücksichtigen.

(4) Die Vergütung darf Hersteller von Geräten und Speichermedien nicht unzumutbar beeinträchtigen; sie muss in einem wirtschaftlich angemessenen Verhältnis zum Preisniveau des Geräts oder des Speichermediums stehen.

Für die Vergütungshöhe[1147] gemäß § 54a Abs. 1 S. 1 UrhG kommt es demnach als richtungsweisendes Kriterium auf das Maß der tatsächlichen Nutzung des jeweiligen Gerätes oder Speichermediums zur Vervielfältigung im Rahmen des § 53 Abs. 1 bis 3 UrhG an. Einerseits soll damit gewährleistet werden, dass der Urheber an der tatsächlichen wirtschaftlichen Nutzung seines Werkes beteiligt wird. Andererseits soll sichergestellt werden, dass die Hersteller nur insoweit vergütungspflichtig sind, als ihre Geräte oder Speichermedien auch tatsächlich für Privatkopien genutzt werden.

Das Maß der tatsächlichen Nutzung soll durch empirische Untersuchungen ermittelt werden[1148]. Damit ist die Vergütungshöhe zum einen an die tatsächlich relevanten Nutzungen durch ein Gerät oder Speichermedium und zum anderen an das Preisniveau eines Gerätes und Speichermedium geknüpft, wie aus § 54a Abs. 4 Halbs. 2 UrhG hervorgeht. Des Weiteren ist der Einsatz von DRM-Systemen zu berücksichtigen (§ 54a Abs. 1 S. 2 UrhG). Eine Berücksichtigung der Anwendung technischer Schutzmaßnahmen kommt allerdings nur in Betracht, wenn durch diese Maßnahmen sichergestellt ist, dass von einem Werk keine Vervielfältigungsstücke mehr angefertigt werden können[1149]. Beim Einsatz nicht voll funktionsfähiger technischer Schutzmaßnahmen besteht ansonsten die Gefahr, dass weiterhin Vervielfältigungen hergestellt werden könnten, die dann nicht über die §§ 54 ff. UrhG vergütet werden würden.

Gemäß § 54a Abs. 3 UrhG sind zudem die nutzungsrelevanten Eigenschaften der Geräte und Speichermedien, wie insbesondere die Leistungsfähigkeit von Geräten sowie die Speicherkapazität und Mehrfachbeschreibbarkeit von Speichermedien, bei der Bestimmung der Vergütungshöhe zu beachten. Letztlich darf die Vergütungspflicht die Hersteller von solchen Geräten oder Speichermedien nicht unangemessen benachteiligen. Sie muss zumindest in einem

1147 Vgl. auch zur Abgabenhöhe Niemann, CR 2008, 273, dieser zeigt eine konkrete Berechnungsmethode auf.

1148 Gesetzesbegründung zum RegE, S. 55.

1149 Vgl. hierzu Müller, ZUM 2007, 777 (782); zum Verhältnis von technischen Schutzmaßnahmen und Vergütungen Kreile/Becker, in: Festschrift f. Schricker 2005, 387 (394).

angemessenen wirtschaftlichen Verhältnis zum Preisniveau der Geräte und Speichermedien stehen. Der Preis des Gerätes bzw. Speichermediums bildet damit den Basiswert für das Korrektiv der wirtschaftlichen Angemessenheit[1150].

Im Gesetzgebungsverfahren war noch eine Oberbegrenzung für die Bemessung der Vergütung, die 5% des Gerätepreises nicht übersteigen durfte, vorgesehen (§ 54a Abs. 4 UrhG-E). Diese Grenze sollte als Korrektiv für die Angemessenheit der wirtschaftlichen Belastung der Gerätehersteller dienen. Hintergrund war, dass die inländischen Gerätehersteller gegenüber ihren ausländischen Konkurrenten nicht benachteiligt werden dürfen[1151]. Bereits im geltenden Recht von 1965 bis 1985 hatte eine solche Höchstgrenze Bestand[1152]. Im Gesetzgebungsverfahren zum „Zweiten Korb" sind jedoch gegen die Höchstgrenze von 5% erhebliche Bedenken vorgebracht worden[1153]. Unter anderem wandte der Bundesrat ein[1154], dass der Preis eines Gerätes nicht über die Höhe eines angemessenen Ausgleichs für den, mit Hilfe dieses Gerätes, erfolgten Eingriff in das Urheberrecht direkt in Verbindung stehe. Eine starre Grenze hätte daher zur Folge, dass sich die Gerätehersteller durch gerätespezifische Preiskonzepte einer Vergütungspflicht gänzlich entziehen könnten. Schlussendlich ist die Höchstgrenze durch den Rechtsausschuss gestrichen worden und durch eine allgemeine Formulierung „sie (die Vergütung) muss in einem angemessenen Verhältnis zum Preisniveau des Gerätes oder Speichermediums stehen" ersetzt worden.

Maßgebliches Kriterium für die Höhe bleibt die tatsächliche Nutzung eines Gerätes oder Speichermediums, wobei eine Orientierung an dem Kaufpreis zu erfolgen hat[1155]. Der Grund hierfür ist, dass im Kaufpreis eines Gerätes oder Speichermediums immer schon die Leistungsfähigkeit des Gerätes oder die Speicherkapazität eines Speichermediums wiedergespiegelt wurde[1156].

In der Praxis sind empirische Erhebungen zum Maß der tatsächlichen Nutzung erforderlich, aufgrund deren die beteiligten Kreise die entsprechenden Vergütungssätze festlegen werden. Bis zu neuen Einigungen blieben die alten Vergütungssätze wirksam[1157]. Dies galt sowohl für die Vergütungen, die sich aus der Anlage zu § 54d UrhG a.F. ergaben als auch für Vergütungen, die auf Gesamtverträge (§ 12 UrhWG) oder Tarifen der Verwertungsgesellschaften

1150 Bremer/Lammers, K&R 2008, 145 (148).

1151 Müller, ZUM 2007, 777 (784).

1152 BT-Drucks. 16/1828, S. 30.

1153 Vgl. auch Flechsig, ZRP 2006, 145 (146).

1154 BR-Drucks. 257/06, S. 15.

1155 Vgl. hierzu Niemann, CR 2008, 273 (276).

1156 Bremer/Lammers, K&R 2008, 145 (148).

1157 Scheja/Mantz, CR 2007, 715 (718); Schmid/Wirth, in: Schmid/Wirth/Seifert, UrhG, § 54a Rn. 7.

(§ 13 UrhWG) beruhten[1158]. Diese Übergangsregelung endete gem. § 27 UrhWG spätestens zwei Jahre nach Inkrafttreten des „Zweiten Korbs".

IV. Weitere Regelungen in den §§ 54 ff. UrhG

Die Regelungen der Pauschalvergütung werden ergänzt durch Vergütungspflichten der Hersteller oder Importeure gem. § 54b UrhG, an welchen im Wesentlichen unverändert festgehalten wurde. Gleiches gilt für die Betreiberabgabe nach § 54c UrhG sowie für entsprechende Hinweis-, Melde- und Auskunftspflichten nach §§ 54d-f UrhG. Werke, die bereits durch technische Schutzmaßnahmen gem. § 95a UrhG vor Vervielfältigungen geschützt sind, sollen bei der Verteilung der Einnahmen durch die Verwertungsgesellschaften nicht mehr berücksichtig werden (§ 54h Abs. 2 S. 2 UrhG). Wie diese bereits durch technische Maßnahmen geschützten Werke allerdings in der Praxis aus der Berechnung tatsächlich herausgenommen werden sollen, ist nicht geregelt.

V. Festlegung der Vergütungssätze, §§ 13, 13a UrhWG

Die Festlegung der Vergütungssätze erfolgt im Einzelnen nach den Regelungen des Urheberwahrnehmungsgesetzes. Die staatlicherseits festgeschriebenen Vergütungssätze in der Anlage zu § 54d UrhG a.F. wurden als überholt angesehen. Der Gesetzgeber entschied sich im Rahmen der Änderungen zum „Zweiten Korb" für ein flexibleres System von Vergütungssätzen, die direkt von den beteiligten Kreisen ausgehandelt werden sollten. Die seit 1985 unveränderten Festbeträge der Anlage zu § 54d UrhG waren in keinster Weise noch zeitgemäß[1159].

§ 13a UrhWG legt die Vergütung für Geräte und Leermedien, welche sich nach § 54a UrhG richtet, in die Hände bzw. das Verwandlungsgeschick der Verwertungsgesellschaften und Vergütungsschuldner, wie den Herstellern und Importeuren von Geräten und Speichermedien[1160].

§ 13a UrhWG in der Fassung vom 01.01.2008 lautet:

(1) Die Höhe der Vergütung für Geräte und Speichermedien bestimmt sich nach § 54a des Urheberrechtsgesetzes. Vor Aufstellung der Tarife für Ge-

1158 Schmid/Wirth, in: Schmid/Wirth/Seifert, UrhG, § 54a Rn. 7.

1159 Im zweiten Vergütungsbericht der Bundesregierung aus dem Jahre 2000 wurde zwar eine angemessene Erhöhung der Vergütungssätze gefordert (BT-Drucks. 14/3972), allerdings wurde diese nie durchgesetzt.

1160 Gerlach, in: Wandtke/Bullinger, UrhG, § 13a UrhWG, Rn. 1.

räte und Speichermedien hat die Verwertungsgesellschaft mit den Verbänden der betroffenen Hersteller über die angemessene Vergütungshöhe und den Abschluss eines Gesamtvertrages zu verhandeln. Scheitern die Gesamtvertragsverhandlungen, so können Verwertungsgesellschaften in Abweichung von § 13 Tarife über die Vergütung nach § 54a des Urheberrechtsgesetzes erst nach Vorliegen der empirischen Untersuchungen gemäß § 14 Abs. 5a aufstellen.

(2) Die Verwertungsgesellschaft unterrichtet ihre Partner aus Gesamtverträgen über ihre Einnahmen aus der Pauschalvergütung und deren Verwendung nach Empfängergruppen.

1. Verpflichtungen nach § 13a Abs. 1 UrhWG

Die Festsetzung der Vergütungssätze wird zukünftig wohl grundsätzlich durch Gesamtverträge erfolgen[1161]. Die in den Gesamtverträgen vereinbarten Vergütungen gelten nach § 13 Abs. 1 S. 2 UrhWG als Tarife, so dass mit Abschluss eines Gesamtvertrages gleichzeitig auch die Vergütung für die nicht gesamtvertraglich gebundenen Vergütungsschuldner festgelegt wird[1162]. Die Gesamtverträge haben durch Verhandlungen mit den jeweils betroffenen Vereinigungen, deren Mitglieder nach dem Urhebergesetz geschützte Werke und Leistungen nutzen oder zur Zahlung von Vergütungen nach dem Urhebergesetz verpflichtet sind, zu erfolgen.

Die Pflicht, überhaupt Gesamtverhandlungen unter den beteiligten Kreisen durchzuführen, soll dazu beitragen, einen möglichst frühzeitigen Austausch der Positionen der Parteien zu gewährleisten, um eine von allen Seiten akzeptierte und einvernehmlich getroffene Lösung zu finden[1163][1164]. Bei Scheitern der Ge-

1161 Anders gelagert könnten Fälle sein, in denen keine gesamtvertragsfähigen Vereinigungen i.S. des § 12 UrhWG bestehen oder eine solche Vereinigung zum Abschluss eines Gesamtvertrages nicht bereit ist. Die Aufstellung von Tarifen kann ohne vorherige Anrufung der Schiedsstelle durch die Verwertungsgesellschaften erfolgen, denn für die Untersuchungen der Schiedsstelle gem. § 14 Abs. 5a UrhWG sind gerade nur Gesamtvertragsstreitigkeiten nach Abs. 1 Nr. 1c obligatorisch. Die Regelung solcher Fälle hat der Rechtsausschuss insoweit übersehen. Vgl. Müller, ZUM 2007, 777 (785f.); ders., in: Kreile/Becker/Riesenhuber, Recht und Praxis der GEMA, Handbuch und Kommentar, S. 109 Rn. 51.

1162 Müller, ZUM 2007, 777 (785).

1163 Bremer/Lammers, K&R 2008, 145 (149); Langhoff/Oberndörfer/Jani, ZUM 2007, 593 (595).

1164 Die Situation im bisherigen Recht war erheblich unpraktischer. Nach § 13 UrhWG stellten die Verwertungsgesellschaften Tarife für abgabepflichtige Geräte auf, die die Gerätehersteller nach Grund und Höhe bestritten und die Schiedsstelle anriefen. Gegen die Einigungsvorschläge dieser wurde in der Regel Widerspruch eingelegt (§ 14a

samtverhandlungen können die Verwertungsgesellschaften nach § 13a Abs. 1 S. 3 UrhWG in Abweichung von § 13 UrhWG Tarife über die Vergütung nach § 54a UrhG erst nach Vorliegen der empirischen Untersuchungen gemäß § 14 Abs. 5a UrhWG, die durch die Schiedsstelle durchzuführen sind, entscheiden.

Die durch die Schiedsstelle aufgestellten empirischen Untersuchungen zu den angemessenen Tarifen haben für die Hersteller der Geräte oder Speichermedien allerdings keine Bindungswirkung[1165]. Soweit den Herstellern die von den Verwertungsgesellschaften veröffentlichten Tarife, die auf Basis der von der Schiedsstelle erhobenen empirischen Untersuchung festgelegt wurden, unangemessen erscheinen, können sie diese direkt vom für den Sitz der Schiedsstelle zuständigen Oberlandesgericht (OLG München) überprüfen lassen (§ 16 Abs. 4 S. 1 UrhWG)[1166]. Sinn und Zweck, die Zuständigkeit sofort dem OLG zuzuweisen, liegt darin, den Instanzenzug zu straffen, um so eine Verfahrensbeschleunigung herbeizuführen[1167]. Möglich ist dies unter anderem, da die Schiedsstelle ohnehin als erste mit dem Sachverhalt betraut wird, diesen dementsprechend aufbereitet und daher materiell wie eine Gerichtsinstanz wirkt[1168]. Mit Beschluss vom 03.02.2009 hat das OLG München klargestellt[1169], dass die erstinstanzliche Zuständigkeit des OLG für Vergütungsansprüche nach § 54 UrhG auch für Verfahren gelte, die am 01.01.2008 noch nicht beim OLG anhängig waren und in denen der Vergütungsanspruch auf § 54 UrhG in der von 01.01.2008 geltenden Fassung gestützt ist. Interessant aber zugleich auch bedenklich ist, dass das OLG München ausschließlich zuständig ist. Es sind keinerlei Gründe ersichtlich, warum eine solche Einengung des Gerichtsstands hier sinnvoll sein sollte[1170], zumal die Konzentration sämtlicher Rechtsstreitigkeiten am Sitz der GEMA bewusst abgeschafft wurde[1171].

Abs. 3 UrhWG), so dass die Gerichte angerufen wurden (§ 16 UrhWG). Zumeist wurden alle Instanzen beschritten bis zum BGH, damit konnte es Jahre bis zu einer Einigung über bestimmte Vergütungssätze dauern. Vgl. hierzu ausführlich Hucko, „Zweiter Korb" Das neue Urheberrecht in der Informationsgesellschaft, S. 17.

1165 Vgl. Bremer/Lammers, K&R 2008, 145 (150).

1166 Vgl. hierzu Müller, in: Kreile/Becker/Riesenhuber, Recht und Praxis der GEMA, Handbuch und Kommentar, S. 109 f. Rn. 53.

1167 Hucko, „Zweiter Korb" Das neue Urheberrecht in der Informationsgesellschaft, S. 20.

1168 Hucko, „Zweiter Korb" Das neue Urheberrecht in der Informationsgesellschaft, S. 20.

1169 OLG München GRUR-RR 2009, 165.

1170 Bremer/Lammers, K&R 2008, 145 (150).

1171 Vgl. Reinbothe, in: Schricker, UrhG, § 17 UrhWG Rn. 1.

2. Verpflichtungen nach § 13a Abs. 2 UrhWG

Nach § 13 Abs. 2 UrhWG hat die Verwertungsgesellschaft ihre Partner aus Gesamtverträgen über ihre Einnahmen aus Pauschalvergütung und deren Verwendung nach Empfängergruppen zu unterrichten. Grund für diese neue Regelung war eine Forderung der Hersteller nach mehr Transparenz bei der Weiterleitung der Zahlung[1172]. Die Verwertungsgesellschaften waren gegen diese neue Regelung. Ihrer Ansicht nach reiche ihre Pflicht zur Rechnungslegung nach § 8 UrhWG und die Pflicht zur Aufstellung eines Verteilungsplans nach § 7 UrhWG aus. Neu ist somit also, dass die Verwertungsgesellschaften ihre Verteilung nicht nur im Bundesanzeiger veröffentlichen, sondern auch ihre Vertragspartner schriftlich darüber informieren müssen[1173].

VI. Übergangsregelungen nach § 27 UrhWG

Um den Übergang von den starren gesetzlich festgeschriebenen Vergütungssätzen in der Anlage zu § 54d UrhG a.F. zu einem flexiblen System der durch die Beteiligten ausgehandelten Vergütungssätze besser verwirklichen zu können, sind gewisse Regelungen sinnvoll. § 27 Abs. 1 UrhWG[1174] sieht deshalb vor, dass die in Gesamtverträgen vereinbarten Vergütungssätze, die von den Verwertungsgesellschaften vor dem 31.12.2007 aufgestellten Tarife und die Vergütungssätze aus der Anlage zu § 54d UrhG a.F. als Tarife vorerst weiter galten, bis sie durch neue Vergütungssätze ersetzt werden, allerdings längstens nur bis Ende 2009.

Vor Inkrafttreten des „Zweiten Korbs" beruhten die geltenden Vergütungen für private Vervielfältigungen nicht ausschließlich auf der Anlage zu § 54d UrhG, sondern durchaus auch auf Regelungen in Gesamtverträgen[1175]. Diese Gesamtverträge waren zumeist mit kurzen Fristen ordentlich kündbar. Die Verwertungsgesellschaften befürchteten deshalb und auch weil die vereinbarten Vergütungssätze von den Vergütungsschuldnern als zu hoch bemängelt wurden,

---

1172 Gerlach, in: Wandtke/Bullinger, UrhG, § 13a UrhWG Rn. 6.

1173 Hucko, „Zweiter Korb" Das neue Urheberrecht in der Informationsgesellschaft, S. 19.

1174 § 27 Abs. 1 UrhWG lautet: „Die Vergütungssätze, die in Gesamtverträgen vor dem 31. Dezember 2007 vereinbart worden sind, gelten als Tarife weiter, bis sie durch neue Vergütungssätze ersetz werden, längstens aber bis zum 1. Januar 2010. Satz 1 gilt entsprechend für Tarife, die eine Verwertungsgesellschaft vor dem 31. Dezember 2007 aufgestellt hat. Satz 1 gilt entsprechend auch für die in der Anlage zu § 54d Abs. 1 des Urheberrechtsgesetzes in der bis zum 31. Dezember 2007 geltenden Fassung bestimmten Sätze, soweit sie an diesem Tag angewendet wurden."

1175 Müller, ZUM 2007, 777 (786).

dass in Folge der Gesetzesänderung eine Vielzahl von Kündigungen erfolgen würden. Dies hätte das Ausbleiben der Zahlungen von Vergütungen bis zum Abschluss neuer Gesamtverträge mit sich gebracht[1176].

Sinn und Zweck der Übergangsregelung, mit der zweijährigen Fristsetzung, war daher auf der einen Seite Einnahmeeinbrüche für die Verwertungsgesellschaften zu verhindern und auf der anderen Seite zugleich Druck auf die beteiligten Kreise auszuüben, sich im Rahmen von Gesamtvertragsverhandlungen über neue Vergütungssätze zu einigen bevor die Übergangsregelung ausläuft[1177]. Die Übergangsregelung kann deshalb die drohende Benachteiligung der Rechteinhaber auffangen. Sie gilt allerdings nur insofern für die Gesamtverträge zwischen den Beteiligten, soweit diese gekündigt werden, d.h., dass Gesamtverträge an denen die Partei auch über die Übergangsfrist hinaus festhalten möchten, natürlich nicht mit Fristablauf ihre Gültigkeit verlieren[1178]. Sollten sich die Parteien über neue Vergütungssätze in Gesamtverträgen geeinigt haben, konnten sie selbst bestimmen, ab welchem Zeitpunkt diese für sie gelten sollen.

Wenn sich die Parteien zwar über neue Vergütungssätze geeinigt haben, hingegen nicht über den Zeitpunkt deren Inkrafttreten, konnte die Schiedsstelle den neuen Gesamtvertrag ab Inkrafttreten der Gesetzesänderung festsetzen (ex tunc) oder aber erst mit Wirkung für die Zukunft (ex nunc)[1179]. Für die Annahme einer ex nunc Festsetzung sprach vor allem, dass keine komplizierte Rückrechnung von zu viel gezahlten Vergütungen stattfinden würde. Der Gesetzgeber hatte beim Erlass dieser Übergangsregelung die Schaffung von Rechtssicherheit für die Beteiligten, insbesondere die Rechteinhaber, im Blick. Dies war ein weiteres Argument für die Annahme einer ex nunc Festsetzung. Eine ex tunc Festsetzung neuer Vergütungssätze hätte aber das Gegenteil bewirken. Aus den genannten Gründen war daher eine ex nunc Festsetzung der Vergütungssätze durch die Schiedsstelle vorzuziehen.

VII. Zusammenfassung und wertende Betrachtung der Neuregelungen zum Pauschalvergütungssystem

Der Gesetzgeber hat die Aufgabe, Rahmenbedingungen zu schaffen, die den Schutz des geistigen Eigentums der Urheber auch im privaten Bereich sicherstellen. Der Eingriff in die Rechte der Urheber durch Vervielfältigungen im privaten Bereich kann nur durch eine angemessene Vergütung gerechtfertigt sein,

1176 Müller, ZUM 2007, 777 (786).
1177 Bremer/Lammers, K&R 2008, 145 (150).
1178 Müller, ZUM 2007, 777 (787).
1179 Müller, ZUM 2007, 777 (787).

die für die Nutzung der urheberrechtlich geschützten Werke tatsächlich an die Urheber zu zahlen ist. Mit der Änderung des „Zweiten Korbs“ übertrug der Gesetzgeber die Festsetzung der Vergütungssätze auf die beteiligten Kreise, damit hat er zugleich auch seine Aufgabe übertragen[1180]. Vorerst hoffte der Gesetzgeber auf die Vernunft der Beteiligten, angemessene Vergütungen zu vereinbaren. Für den Fall des Scheiterns solcher Vereinbarungen hat der Bundestag in seiner Beschlussempfehlung zum „Zweiten Korb“ das Bundesjustizministerium dazu angewiesen zu prüfen, ob es durch das neue System zu Wettbewerbsverzerrungen kommt und ob eine Rückkehr zur gesetzlichen Festlegung der Vergütung erforderlich sein wird[1181].

Des Weiteren soll das Bundesministerium der Justiz Fragen, die durch die jetzige Urheberrechtsreform nicht beantwortet worden sind, daraufhin überprüfen, ob gesetzlicher Handlungsbedarf besteht und gegebenenfalls Lösungsvorschläge unterbreiten. Es hat sich unter anderem mit der Frage zu befassen, ob eine Begrenzung der Privatkopie auf Kopien nur vom Original erforderlich sein könnte und ein Verbot der Herstellung einer Kopie durch Dritte sinnvoll erscheinen würde[1182]. Zudem sind die neuen Regelungen zum Pauschalvergütungssystem, insbesondere ihre Auswirkungen in der Praxis, zu überprüfen. Darüber hinaus ist zu untersuchen, ob ein gesetzliches Verbot intelligenter Aufnahmesoftware erforderlich werden könnte. Die Prüfung eines Zweitverwertungsrechts für Urheber von wissenschaftlichen Beiträgen, die überwiegend im Rahmen einer mit öffentlichen Mitteln finanzierten Lehr- und Forschungstätigkeit entstanden sind (§ 38 UrhG), unter Einbeziehung eines internationalen Vergleichs, steht ebenfalls auf der Liste für das Justizministerium, sowie die Überprüfung der bestehenden Regelungen der Kabelweitersendung (§ 20b UrhG), Prüfung einer Regelung des Handels mit gebrauchter Software im Urheberrechtsgesetz, die Untersuchung der bestehenden Regelung hinsichtlich der öffentlichen Zugänglichmachung für Unterricht und Forschung (§ 52a i.V.m. § 137k UrhG) und die Prüfung hinsichtlich der Widerrufsmöglichkeit von Filmurhebern bei den unbekannten Nutzungsarten[1183].

1. Änderungen in den §§ 54 ff. UrhG

Zu begrüßen ist die Zusammenfassung der §§ 54 und 54a UrhG a.F. zum heutigen § 54 UrhG. Die §§ 54 und 54a UrhG a.F. unterschieden für die Vergütungspflichten zwischen Vervielfältigungen im Wege der Bild- und Tonaufzeichnung

1180 Müller, ZUM 2007, 777 (789).
1181 BT-Drucks. 16/5939, S. 3.
1182 BT-Drucks. 16/5939, S. 3.
1183 BT-Drucks. 16/5939, S. 3 f.

einerseits und im Wege der Ablichtung andererseits. Hingegen erfasst der heutigen § 54 UrhG unterschiedslos alle Vervielfältigungsverfahren. Dies erscheint mit Blick auf § 53 UrhG interessengerecht, denn dieser unterscheidet ebenfalls nicht nach Vervielfältigungen im Wege der Bild- und Tonaufzeichnung und der Ablichtung. Mit dieser „Neutralisierung" schafft es der Gesetzgeber, die Einschränkungen hinsichtlich bestimmter Vervielfältigungsquellen aufzuheben. Neue Techniken und das Nutzerverhalten können damit besser berücksichtigt werden, denn mit den heute verfügbaren Geräten ist es ohne weiteres möglich, sowohl Sprachwerke, als auch Bilder, Musik oder Filme zu vervielfältigen.

Des Weiteren ist nach der Gesetzesänderung auf die tatsächliche Nutzung eines Gerätes oder Speichermediums für die Vergütungspflicht abzustellen und nicht mehr wie bisher auf die „erkennbare Bestimmtheit". Dieser Ansatz ist für sich betrachtet zunächst sinnvoll, nachvollziehbar und verspricht gerechtere Lösungen. Allerdings soll nicht jedes Gerät oder Speichermedium eine Vergütungspflicht nach sich ziehen, sondern nur diejenigen, die nicht nur theoretisch zur Vervielfältigung genutzt werden, wie es in der Beschlussempfehlung des Rechtsausschusses heißt[1184]. Die noch im Gesetzgebungsverfahren zur Konkretisierung eingeführte so genannte De-minimis-Klausel „in nennenswertem Umfang" wurde auf Bestreben des Bundesrates gestrichen. Diese hätte jedoch zumindest einen Anhaltspunkt dafür geben können, ab welcher Intensität einer Nutzung tatsächlich eine Vergütungspflicht für die entsprechenden Geräte und Speichermedien entstehen soll. So muss für jedes Gerät oder Speichermedium im Einzelfall erst geprüft werden, welche Funktion es inne hat und welches seine typische Verwendung ist. Für den jeweiligen Fall verspricht dieser Lösungsansatz zwar ein guter Ausgangspunkt für eine Vergütungspflicht zu sein, allerdings ist es zugleich eine zeitintensive Regelung, jeden Einzelfall dementsprechend zu überprüfen.

§ 54a UrhG regelt die Vergütungshöhe, indem er die gesetzlichen Leitlinien vorgibt, anhand derer sich die beteiligten Kreise bei der Aushandlung der zukünftigen Vergütungshöhe zu orientieren haben. Maßgebliches Kriterium für die Vergütungshöhe ist die tatsächliche Nutzung eines Werkes. Die gleichzeitige Kopplung an den Gerätepreis im Rahmen einer 5% Hürde wurde im Gesetzgebungsverfahren aufgrund vieler Bedenken zu Recht gestrichen. Die Vergütungshöhe soll sich aber auch am Preis eines Gerätes oder Speichermediums messen lassen. Denn nach § 54a Abs. 4 Halbs. 2 UrhG muss die Vergütung in einem wirtschaftlich angemessenen Verhältnis zum Preisniveau des Gerätes oder Speichermediums stehen.

1184 BT-Drucks. 16/5939, S. 45.

Einer Auffassung[1185] nach sei die Orientierung am Preisniveau des jeweiligen Gerätes oder Speichermediums zur Festsetzung der Vergütungshöhe als geeignet zu betrachten. Grund hierfür sei, dass der Preis ebenfalls etwas über die Leistungsfähigkeit eines Gerätes oder Speichermediums aussagen würde[1186]. Die dabei vorgebrachten Argumente sind wirtschaftlicher Natur. So wollen die Befürworter der Orientierung am Preisniveau eine Benachteiligung inländischer gegenüber ausländischen Hersteller, die einen Preis für ihre Geräte veranschlagen können, ohne einen Anteil oder zumindest einen geringeren Anteil für eine angemessene Vergütung zum Preis hinzurechnen zu müssen, in erster Linie vermeiden. Die Verbraucher würden bei höheren Gerätepreisen vom Kauf neuer Geräte abgeschreckt und daher ihre alten Geräte länger benutzen oder aber sich über das Internet die gewünschten Geräte aus dem Ausland billiger bestellen. Die fehlenden Pauschalabgaben für private Kopien beim Kauf ausländischer Geräte könnten dann in Deutschland zu Wettbewerbsverzerrungen zulasten der deutschen Industrie und zu vermehrten Einnahmeausfällen für die Rechteinhaber führen.

Gegen diese Argumentation wird jedoch vorgebracht[1187], dass ein solches System urheberrechtlich schon völlig verfehlt sei, weil das Preisniveau eines Produktes nichts darüber aussagen könne, in welchem Maße und Umfang dieses zur privaten Vervielfältigung verwendet werde. Zudem birge die Orientierung am Preisniveau, wie schon die Festsetzung einer noch im Gesetzgebungsverfahren geforderten 5% Hürde, die Gefahr, dass keine angemessene Vergütung durch den Preisverfall der Geräte und Speichermedien zu erreichen sein würde. Zum vorgebrachten Argument der Wettbewerbsverzerrung durch Kauf der vermeintlich billigeren Geräte wird entgegengehalten, dass für eventuelle Preisunterschiede zwischen deutschen und ausländischen Produkten viele weitere Gründe neben der Geräte- und Leermedienabgabe verantwortlich sein können. Zudem seien die Geräte vielleicht dem ersten Anschein nach billiger, allerdings seien sie unter Berücksichtigung der Kosten für den grenzüberschreitenden Versand wieder mit den deutschen vergleichbar. Hinzuzufügen sei darüber hinaus, dass zudem in vielen anderen europäischen Ländern die Geräte mit einer Geräte- und Leermedienabgabe belastet sind, so dass sich kleinere Unterschiede ausgleichen können. Sollten Geräte aus dem Ausland eingeführt werden, würde dies allenfalls Auswirkungen auf diejenigen haben, die diese Produkte nach Deutschland importieren oder in Deutschland damit handeln[1188]. Bei größeren Unter-

1185 Bremer/Lammers, K&R 2008, 145 (148).
1186 Bremer/Lammers, K&R 2008, 145 (148).
1187 Müller, ZUM 2007, 777 (789).
1188 Müller, ZUM 2007, 777 (789).

schieden in der Höhe der Pauschalvergütung, die in den verschiedenen Mitgliedstaaten der EU gezahlt werden, seien diese aufgrund des Fehlens einer vollständigen europarechtlichen Harmonisierung als solche hinzunehmen[1189].

Es könne damit nicht pauschal angenommen werden, dass ein unterschiedlicher Preis der Produkte in den Nachbarländern immer im Zusammenhang mit der in Deutschland geltenden Vergütung für private Vervielfältigungen stehe. Eine Rechtfertigung des § 54a Abs. 4 Halbs. 2 UrhG in einer allgemeinen Beeinträchtigung des Wettbewerbs durch die urheberrechtliche Vergütung zu sehen, sei weder belegt noch sinnvoll. Daher sollte eine angemessene Vergütung nicht mehr am Preisniveau gemessen werden, sondern nur noch am tatsächlichen Maß der Nutzung, denn diese allein gebe den Grund für die Gewährleistung einer angemessenen Vergütung für die Nutzung urheberrechtlich geschützter Werke.

2. Zusammenspiel des neuen Vergütungssystems mit den technischen Schutzmaßnahmen

Die Beibehaltung der gesetzlichen Lizenz gegen eine pauschale Vergütung im deutschen Urheberrechtsgesetz ist aus Sicht der Rechteinhaber grundsätzlich zu begrüßen[1190]. Der Einsatz von technischen Maßnahmen ist bei der Ermittlung der Vergütungshöhe nach § 54a Abs. 1 S. 2 UrhG zu berücksichtigen. Mit dieser Regelung wird versucht, das Nebeneinander des Pauschalvergütungssystems mit dem Einsatz von technischen Schutzmaßnahmen im Online-Bereich in Einklang zu bringen. Eine Berücksichtigung der Anwendung technischer Schutzmaßnahmen kommt nur dann in Betracht, wenn durch die Maßnahme sichergestellt ist, dass von einem Werk keine Vervielfältigungsstücke mehr angefertigt werden können[1191]. Beim Einsatz nicht voll funktionsfähiger technischer Schutzmaßnahmen würde ansonsten die Gefahr bestehen, dass weiterhin Vervielfältigungen hergestellt werden, die dann nicht über die §§ 54 ff. UrhG vergütet werden würden. Soweit technische Schutzmaßnahmen nicht absolut einwandfrei funktionieren, d.h. die Umgehung nicht nahezu gänzlich ausgeschlossen werden kann, kann eine mindernde Berücksichtigung der Vergütung für private Vervielfältigungen nur in einem sehr eingeschränkten Rahmen erfolgen, damit es nicht zu unkontrollierten Vergütungsausfällen kommt[1192].

1189 OLG München MMR 2006, 162 (167).

1190 Müller, ZUM 2007, 777 (787f.).

1191 Müller, ZUM 2007, 777 (782); zum Verhältnis von technischen Schutzmaßnahmen und Vergütungen Kreile/Becker, in: Festschrift f. Schricker 2005, 387 (394).

1192 Vgl. auch Müller, ZUM 2007, 77 (782), der allerdings die mindernde Berücksichtigung der Vergütung für private Vervielfältigungen gänzlich ausschließen will.

VIII. Tatsächlich stattgefundene Einigungen zwischen den beteiligten Kreisen über Vergütungshöhen

1. Tarife für Multifunktionsgeräte, Drucker, Scanner und Faxgeräte

Ein Beispiel für eine tatsächlich stattgefundene Einigung zwischen den beteiligten Kreisen bietet die Einigung über die Höhe der Geräteabgaben für Multifunktionsgeräte, Drucker, Scanner und Faxgeräte.

Am 10.12.2008 berichtete die VG WORT auf ihrer Homepage[1193] über die Einigung mit der VG Bild-Kunst, dem Bundesverband Informationswirtschaft, Telekommunikation und neue Medien (BITKOM) über die Höhe der Geräteabgaben im Reprographiebereich. Für Multifunktionsgeräte, Drucker, Scanner und Faxgeräte wurde nach einer zähen Verhandlungszeit von über einem Jahr der Gesamtvertrag am 10.12.2008 in Berlin unterzeichnet, der die Urhebervergütung für diese Geräte rückwirkend ab 01.01.2008 (seit in Kraft treten des „Zweiten Korbs") festschreibt. Hiernach gelten ab dem 01.01.2008 bis zum 31.12.2010 folgende Tarife für die aufgeführten Geräte, wobei die Mitglieder der BITKOM den üblichen Rabatt erhalten:

Multifunktionsgeräte: 25,00 EUR bis 87,50 EUR (je nach Leistungsfähigkeit)
Drucker: 5,00 EUR bis 12,50 EUR (je nach Typ)
Scanner: 12,50 EUR
Faxgeräte: 5,00 EUR bis 10 EUR (je nach Typ)

Ermittelt wurden die Tarife einerseits auf Basis einer von der Industrie vorgelegten, empirischen Studie zur Nutzung der verschiedenen Gerätetypen für urheberrechtsrelevante Vervielfältigungen. Andererseits waren auch die Einschränkungen, die durch den „Zweiten Korb" im Urheberrechtsgesetz festgeschrieben worden sind, wie die Orientierung am Gerätepreis (§ 54a Abs. 4 Halbs. 2 UrhG), maßgeblich.

1193 http://www.vgwort.de.

2. Tarife für unbespielte Bildtonträger und DVD-Rohlinge

Ein weiteres Beispiel für einen gemeinsamen Tarif der ZPÜ, der VG WORT und der VG Bild-Kunst stellt die Vergütung für unbespielte Bildtonträger und DVD-Rohlinge (analog/digital) nach den §§ 54, 54a UrhG dar[1194].

	Zeit ab dem 01.01.2008 bis 31.12.2008		Zeit ab dem 01.01.2010 auf der Grundlage von §§ 54, 54a UrhG
Produkt	Vergütung	Grundlage	Vergütung je Stück
CD-R	0,072 € je Spielstunde, für 30% der Rohlinge	Übergangsregelung § 27 Abs. 1 UrhWG i.V.m. dem Tarif „Data-CD“ von Januar 2003	0,062 €
CD-RW	0,072 € je Spielstunde, für 30% der Rohlinge	Übergangsregelung § 27 Abs. 1 UrhWG i.V.m. dem Tarif „Data-CD“ von Januar 2003	0,197 €
DVD+/-R 4, 7 GB	0,0870 € je Spielstunde	Übergangsregelung § 27 Abs. 1 UrhWG i.V.m. der Anlage Ziffer I. 6. zu § 54d UrhG a.F.	0,139 €
DVD+/-RW 4, 7 GB	0,0870 € je Spielstunde	Übergangsregelung § 27 Abs. 1 UrhWG i.V.m. der Anlage Ziffer I. 6. zu § 54d UrhG a.F.	0,271 €
DVD-RAM 4,7 GB	0,0870 € je Spielstunde	Übergangsregelung § 27 Abs. 1 UrhWG i.V.m. der Anlage Ziffer I. 6. zu § 54d UrhG a.F.	0,550 €
DVD-RAM 9,4 GB	-	Vergütung nach §§ 54, 54a n.F.	1,264 €

1194 Vgl. hierzu: http://www.gema.de/fileadmin/inhaltsdateien/musiknutzer/tarife/tarife_sonstige/Tarif_Rohlinge.pdf.

DVD-Double Si-ded 9,4 GB	-	Vergütung nach §§ 54, 54a n.F.	0,0117 €
DVD Double Layer / Dual Layer 8,5 GB	-	Vergütung nach §§ 54, 54a n.F.	0,386
Blu-ray 25 GB	-	Vergütung nach §§ 54, 54a n.F.	3,473 €

3. Tarif für Mobiltelefone

Ein gemeinsamer Vertrag der ZPÜ, VG WORT und der VG Bild-Kunst über die Vergütung nach §§ 54, 54a UrhG wurde auch für Mobiltelefone gefunden.
Ab dem 01.01.2008 wurde eine Vergütung für

- Mobiltelefone mit Touchscreen von 11,00 EUR je Stück
- Mobiltelefone ohne Touchscreen von 4,00 EUR je Stück

zuzüglich der gesetzlichen Umsatzsteuer festgesetzt.

4. Tarif für USB-Sticks und Speicherkarten

Die ZPÜ, die VG WORT und die VG Bild-Kunst haben darüber hinaus einen gemeinsamen Tarif für die Vergütung nach §§ 54, 54a UrhG für USB-Sticks und Speicherkarten erstellt.

Je Stück werden für die Zeit ab dem 01.01.2008 somit 0,10 EUR zuzüglich der gesetzlichen Umsatzsteuer fällig.

Teil 5. Verfassungsrechtliche Beurteilung der Privatkopie – Verfassungsbeschwerde gegen § 53 Abs. 1 UrhG

Das Bundesverfassungsgericht hat sich bisher nicht zu der verfassungsrechtlichen Beurteilung der Privatkopieschranke gem. § 53 Abs. 1 UrhG geäußert. Zwar hatte ein Unternehmen der Musikindustrie und Tonträgerhersteller am 16.10.2008 Verfassungsbeschwerde beim Bundesverfassungsgericht eingereicht, mit welcher geltend gemacht wurde, dass § 53 Abs. 1 UrhG in der seit dem 01.01.2008 geltenden Fassung mit Art. 14 Abs. 1 GG unvereinbar sei, soweit er digitale Privatkopien ohne hinreichende Beschränkung für zulässig erklärt. Aufgrund der immer stärker werdenden Verbreitung digitaler Privatkopien gehen die Beschwerdeführer von einer enteignenden Wirkung des § 53 Abs. 1 UrhG aus.

Mit Beschluss vom 07.10.2009 hat die 3. Kammer des Ersten Senats des Bundesverfassungsgerichts die Verfassungsbeschwerde gegen die Privatkopieschranke nicht zur Entscheidung angenommen[1195]. Nach Ansicht des BVerfG wurde die Ausschlussfrist des § 93 Abs. 3 BVerfGG (Jahresfrist) für die Erhebung einer Verfassungsbeschwerde gegen Gesetze nicht eingehalten. Diese beginnt bei einer unverändert gebliebenen Norm nicht deshalb neu, weil der Gesetzgeber die Bestimmung anlässlich der Änderung anderer Bestimmungen desselben Gesetzes erneut in seinen Willen aufgenommen hat[1196]. Die Frist wird nur neu in Gang gesetzt, wenn die Gesetzesänderung die Verfassungswidrigkeit der angegriffenen Norm begründet oder verstärkt[1197].

Die Verfassungsbeschwerde richtete sich gegen den § 53 Abs. 1 UrhG in der seit 2008 geltenden Fassung. Danach sind einzelne Vervielfältigungen eines Werkes durch eine natürliche Person zum privaten Gebrauch auf beliebige Tonträger, sofern sie weder unmittelbar noch mittelbar Erwerbszwecken dienen, zulässig, soweit nicht zur Vervielfältigung eine offensichtlich rechtswidrig hergestellte oder öffentlich zugänglich gemachte Vorlage verwendet wird. Zum 01.01.2008 wurde im Rahmen des „Zweiten Korbs" in § 53 Abs. 1 UrhG lediglich der Zusatz „öffentlich zugänglich gemacht" durch den Gesetzgeber eingefügt. Der „Zweite Korb" hatte (immer noch) die Vorgaben der Richtlinie 2001/29/EG umzusetzen, da diese nicht alle durch den deutschen Gesetzgeber im „Ersten Korb" geregelt werden konnten. Bereits mit diesem ersten Gesetz zur

---

1195 BVerfG NVwZ 2010, 181; besprochen von Lenz/Würtenberger, NVwZ 2010, 168.

1196 BVerfG NVwZ 2010, 181 (181).

1197 BVerfG NVwZ 2010, 181 (181).

Regelung des Urheberrechts in der Informationsgesellschaft hat der Gesetzgeber klargestellt, dass die digitale Privatkopie zulässig bleiben soll. Durch die Änderungen im Rahmen des „Zweiten Korbs“ in § 53 Abs. 1 UrhG erfolgte nach Ansicht des BVerfG hingegen damit keine erneute Beeinträchtigung der Beschwerdeführer. Die 3. Kammer des Ersten Senats des BVerfG hat deshalb die Verfassungsbeschwerde nicht zur Entscheidung angenommen. Eine Entscheidung in der Sache ist nicht getroffen worden und diese ließ das BVerfG auch ausdrücklich offen[1198].

Interessant wäre hinsichtlich künftiger Gesetzgebungsvorhaben eine Entscheidung des BVerfG gewesen, ob die von den Beschwerdeführern beklagte enteignende Wirkung von § 53 Abs. 1 UrhG angesichts der immer stärkeren Verbreitungen digitaler Privatkopien den Gesetzgeber dazu zwingt, die digitale Privatkopie einzuschränken oder auch gänzlich zu verbieten, um das Eigentumsrecht der Tonträgerhersteller[1199] zu bewahren. Ansatzpunkt könnte eine aus Art. 14 GG abzuleitende Schutzpflicht des Staates sein, die den Gesetzgeber aufgrund der veränderten tatsächlichen Gegebenheiten zum Handeln zwingt, um das Eigentumsrecht der Tonträgerhersteller weiterhin zu wahren. Im Ergebnis ist eine solche Pflicht zum Handel des Staates, die die digitale Privatkopie verbieten würde, allerdings abzulehnen[1200].

Das dem Urheber vom Gesetz eingeräumte Ausschließlichkeitsrecht mit dem ihm angegliederten Schrankenbestimmungen ist das Ergebnis einer vom Gesetzgeber vorgenommenen Abwägung zwischen den Interessen der Urheber an einer möglichst umfassenden und uneingeschränkten Ausschließlichkeitsbefugnis und den Interessen der Allgemeinheit an einem möglichst ungehinderten Zugang und Nutzung der urheberrechtlich geschützten Werke.

Dem aktuellen § 53 Abs. 1 UrhG liegt die Erwägung zu Grunde, dass digitale wie auch analoge Privatkopien praktisch kaum zu kontrollieren sind und daher ein gesetzlicher Vergütungsanspruch ein wirksameres Mittel zur Befriedigung der Verwertungsinteressen der Rechteinhaber darstellt, als ein nicht durchsetzbares Verbot digitaler Privatkopien[1201]. Ein Verbot digitaler Privatkopien gehe zu Lasten der Urheber[1202].

1198 BVerfG NVwZ 2010, 181 (181).

1199 Das in § 85 Abs. 1 S. 1 UrhG den Herstellern von Tonträgern zugeordnete ausschließliche Recht, den Tonträger zu vervielfältigen und zu verbreiten, ist Eigentum i.S. von Art. 14 Abs. GG. Für das Urheberrecht ist dies vom BVerfG entschieden, die dort angestellten Erwägungen gelten auch für das dem Urheberrecht verwandte Schutzrecht des § 85 Abs. 1 S. 1 UrhG. Vgl. hierzu BVerfG NJW 1990, 896 (896).

1200 So Stieper, ZUM 2010, 46 (47).

1201 Schack, ZUM 2002, 497 (500); Stieper, ZUM 2010, 46 (47).

1202 Vgl. hierzu BT-Drucks. 16/1828, S. 19.

Auch stellt die Beschränkung des Vervielfältigungsrechts durch § 53 Abs. 1 UrhG keinen Verfassungsverstoß dar, wenn das Gesetz die Interessen der Rechteinhaber dadurch berücksichtigt, dass die Erlaubnisfreiheit im Rahmen des § 53 Abs. 1 UrhG durch einen ausreichend hohen Vergütungsanspruch ausgeglichen wird[1203]. Darüber hinaus spricht aber vor allem gegen ein Verbot der digitalen Privatkopie, dass § 53 Abs. 1 UrhG das Vervielfältigungsrecht nicht nur im Interesse der Rechteinhaber begrenzt, sondern der Gesetzgeber damit auch seiner Sozialpflichtigkeit nachkommt. Der Gesetzgeber steht nach den Vorgaben des BVerfG bei der Erfüllung des ihm in Art. 14 Abs. 1 S. 2 GG erteilten Auftrags, Inhalt und Schranken des geistigen Eigentums zu bestimmen, vor der Aufgabe, nicht nur die Individualbelange des Urhebers zu sichern, sondern auch die im Interesse des Gemeinwohls erforderlichen Grenzen zu ziehen[1204]. Damit trägt § 53 Abs. 1 UrhG gleichzeitig auch der Informationsfreiheit der Nutzer aus Art. 5 Abs. 1 S. 1 GG Rechnung. Demgemäß stellt die Regelung des § 53 Abs. 1 UrhG in der jetzigen Form keinen verfassungsrechtlich nicht gerechtfertigten Eingriff in den Schutzbereich der Eigentumsgarantie der Tonträgerhersteller dar. § 53 Abs. 1 UrhG kann demnach als verfassungsgemäß angesehen werden.

1203 Schack, ZUM 2002, 497 (500); Stieper, ZUM 2010, 46 (47).

1204 BVerfG GRUR 1972, 481 (483) – Kirchenmusik.

Teil 6. Gesamtbetrachtung und Ausblick

A. Gesamtbetrachtung in Thesenform

1. Von der traditionell vertretenen engen Auslegung von Schrankenbestimmungen hat sich die Rechtsprechung im Laufe der Zeit gelöst. Insgesamt ist heute eine Öffnung der Schrankenbestimmungen auch für ihre Anwendung auf neue technische Sachverhalte zu beobachten[1205]. Im Rahmen der neuen Grundsätze sind keine starren Grenzen gesetzt. Tritt an die Stelle einer privilegierten Nutzung eine neue Form, so ist im Einzelfall zu prüfen, ob die widerstreitenden Interessenlager im Rahmen des mit der Schrankenregelung verfolgten Zwecks eine weitergehendere Auslegung ermöglichen[1206].

2. Dem Schrankenbegünstigten kommt weder ein abgeleitetes Nutzungsrecht in Form der rechtsgeschäftlichen Einräumung noch ein gesetzlich eingeräumtes Nutzungsrecht zu. Darüber hinaus kann kein unabhängiges neben dem Urheberrecht bestehendes Recht des Nutzers konstruiert werden. Ein „Recht auf Privatkopie", auf welches sich die Nutzer der Privatkopieschranke gerne berufen, besteht daher nicht[1207].

3. Aufgrund der technischen Entwicklung bis zum Jahre 1965 hatte sich der BGH in einigen Gerichtsverfahren mit der Frage nach der Auslegung des damaligen § 15 Abs. 2 LUG, dem Vorläufer der heutigen Privatkopieschranke, zu befassen. Im Zusammenspiel mit diesen Entscheidungen und der Gesetzgebung wurde im Urheberrechtsgesetz von 1965 eine überarbeitete Privatkopieschranke zusammen mit einem Vergütungssystem eingeführt. Im Laufe der Jahre, bis zur Umsetzung des „Ersten Korbs" erfolgte in Bezug auf diese Regelungen allerdings keine wirkliche Anpassung an den bis dato enormen technischen Fortschritt[1208].

4. Erst durch den „Ersten Korb", basierend auf der Richtlinie 2001/29/EG, die wiederum die Vorgaben der WIPO-Verträge zur Anpassung des Urheberrechts an die digitale Welt auf europäischer Ebene umzusetzen hatte, erfolgte eine Angleichung an die technischen Neuerungen. Im „Ersten Korb" wurden auf-

1205 Dreier, in: Dreier/Schulze, UrhG, Vorb. §§ 44a ff. Rn. 7; vgl. hierzu auch die Ausführungen in Teil 1 Punkt B III Auslegung der Schrankenbestimmungen, S. 7 ff.

1206 BGH GRUR 2002, 963 (966).

1207 Vgl. hierzu im Einzelnen die Ausführungen in Teil 1 Punkt B IV, S. 11 ff.

1208 Vgl. hierzu Teil 2 Punkt E bis einschließlich Punkt G, S. 23 ff.

grund der knappen Umsetzungsfrist der Richtlinie 2001/29/EG zunächst nur die zwingenden Vorgaben in nationales Recht umgesetzt[1209].

5. Hauptsächliche Neuregelungen im „Ersten Korb“ waren: (1) Die Einführung eines neuen Verwertungsrechts des Urhebers in § 19a UrhG („Recht der öffentlichen Zugänglichmachung“); (2) Die Einführung des Merkmals der „offensichtlich rechtswidrig hergestellten Vorlage“ in § 53 Abs. 1 UrhG; (3) Kleinere Änderungen in § 53 UrhG, die lediglich klarstellende Bedeutung bezüglich der Geltung des § 53 UrhG auch für digitale Vervielfältigungen hatte; (4) Die Einführung des Schutzes wirksamer technischer Schutzmaßnahmen in den §§ 95a ff. UrhG; (5) Keine Neuregelungen im Rahmen des veralteten Pauschalvergütungssystems[1210].

6. Probleme ergaben sich: (1) Zum einem bei der Anwendung des Merkmals der „offensichtlich rechtswidrigen Vorlage“; (2) Zum anderen durch den Widerspruch, dass die digitale Privatkopie zwar weiterhin durch § 53 Abs. 1 UrhG erlaubt ist, allerdings durch den Einsatz technischer Schutzmaßnahmen und dem Verbot, diese zu umgehen, praktisch oftmals nicht mehr möglich ist. Daraus folgten Fragen nach der Verfassungsmäßigkeit der §§ 95a ff. UrhG; (3) Darüber hinaus durch das Nebeneinander des veralteten Vergütungssystems und der Möglichkeit der individuellen Lizenzierung über die Digital Rights Management Systeme.

7. Die wichtigsten Änderungen des „Zweiten Korbs“ im Überblick: (1) Die Privatkopie bleibt weiterhin zulässig und zwar auch in ihrer digitalen Form, allerdings findet sie ihre Grenzen, wie bisher auch schon, beim Einsatz von Kopierschutzmechanismen durch die Rechteinhaber; (2) Die Privatkopieschranke wird durch das Merkmal der „offensichtlich rechtwidrig zugänglich gemachten Vorlage“ ergänzt, womit der Download aus Online-Tauschbörsen nun klar verboten wird; (3) Das Pauschalvergütungssystem wurde neu gegliedert, wobei die Umstellung des Systems von festgesetzten, unflexiblen, durch den Gesetzgeber bestimmten Vergütungssätzen hin zu einem selbstregulierenden Modell, bei welchem die Verwertungsgesellschaften und die Geräteindustrie die Vergütungshöhen unmittelbar auszuhandeln haben, das Hauptanliegen des Gesetzgebers war[1211].

8. Nicht geregelt blieben hingegen folgende Streitpunkte: (1) Die Nichtdurchsetzbarkeit der digitalen Privatkopie gegenüber technischen Schutzmaßnahmen;

1209 Vgl. hierzu „Richtlinie 2001/29/EG“ in Teil 2 Punkt H V, S. 52 ff.

1210 Vgl. hierzu „Die Entwicklung im Zuge des „Ersten Korbs““ in Teil 2 Punkt J, S 62 ff. und die „Analysierung des „Ersten Korbs““ in Teil 3, S. 83 ff.

1211 Vgl. hierzu Teil 4 Die Analysierung der Änderungen des „Zweiten Korbs“, S. 141 ff.

(2) Das generelle Verbot der Privatkopie im Online-Bereich[1212]; (3) Privatkopien nur noch vom eigenen Werkexemplar zuzulassen; (4) Die Anzahl der zulässigen Kopien auf Eins zu beschränken; (5) Das Herstellenlassen durch Dritte gänzlich zu untersagen; (6) Private Kopien zum Schutze der Primärverwertung erst nach einem bestimmten Zeitfenster zuzulassen[1213].

9. Verstöße gegen § 53 UrhG haben strafrechtliche sowie auch zivilrechtliche Konsequenzen. Die strafrechtlichen Konsequenzen richten sich nach § 106 Abs. 1 UrhG. Hiernach ist es strafbar, in anderen als den gesetzlich zugelassenen Fällen ohne Einwilligung des Berechtigten ein Werk, eine Bearbeitung oder Umgestaltung eines Werkes zu vervielfältigen, zu verbreiten oder öffentlich wiederzugeben. Tatsächlich haben aber nur diejenigen Täter mit einer Verurteilung nach § 106 UrhG zu rechnen, die in erheblichem Umfang urheberrechtlich geschützte Werke vervielfältigt, verbreitet oder öffentlich wiedergegeben haben, ansonsten werden die Verfahren zumeist durch die Staatsanwaltschaften eingestellt[1214].

In zivilrechtlicher Hinsicht haben die Urheber die Möglichkeit, Unterlassungs- und/oder Schadensersatzansprüche gegen die Verletzer anzustreben. Gerade im Online-Bereich ergibt sich allerdings zunächst das Problem, dass die Verletzer nicht bekannt sind, sondern nur ihre IP-Adressen festgestellt werden können. Vor Umsetzung der Enforcement-Richtlinie[1215] war ein direkter Auskunftsanspruch aus dem Urheberrechtsgesetz nicht abzuleiten, daher musste eine Strafanzeige gegen Unbekannt bei der zuständigen Staatsanwaltschaft gestellt werden, um über den Umweg der Einsichtnahme in die Ermittlungsakte nach § 406e StPO an die persönlichen Daten des Verletzers zu gelangen. Nach Umsetzung der Enforcement-Richtlinie wurde ein Drittauskunftsanspruch in § 101 Abs. 2 UrhG eingeführt. Der Rückgriff auf die nach § 113a TKG gespeicherten Verkehrsdaten (zu diesen zählt unter anderem die dynamische IP-Adresse) ist jedoch für zivilrechtliche Zwecke ausgeschlossen. Ein Auskunftsanspruch kann nur aufgrund von gespeicherten Daten durchgesetzt werden, so dass für diesen unabdingbare Voraussetzung auch die Betrachtung der Änderungen im Rahmen der Umsetzung der Vorratsdatenspeicherung und der hierzu kürzlich ergangenen Bundesverfassungsgerichtsentscheidung ist[1216].

1212 Gefordert wurde dieses Verbot durch die Unterhaltungsindustrie.

1213 Vgl. hierzu Teil 4 Punkt B III, S. 144 f.

1214 Vgl. hierzu Teil 4 Punkt C I „Strafrechtliche Konsequenzen“, S. 146 f.

1215 Vgl. zur Enforcement-Richtlinie (Richtlinie 2004/48/EG) auch Teil 2 Punkt I, S. 60 ff.

1216 Vgl. hierzu im Einzelnen die Ausführungen in Teil 4 Punkt C II 1 zum Auskunftsanspruch, S. 152 f.

10. Praktische Probleme bestehen bei der Suche nach dem Adressaten des Unterlassungsanspruchs mit Blick auf das Internet, denn durch die IP-Adresse kann nur festgestellt werden, wem der Anschluss gehört, nicht aber auch, wer die verletzende Handlung begangen hat. Für solche Fälle bedient man sich der Figur der Störerhaftung. Störer ist, wer – ohne Täter oder Teilnehmer zu sein – in irgendeiner Weise willentlich adäquat kausal zur Verletzung eines geschützten Rechts beiträgt. Die Störerhaftung setzt zur Vermeidung der Ausdehnung auf Dritte die Verletzung von Prüfpflichten voraus. Diese können variieren, je nachdem, ob es sich um Familienmitglieder, wie die Ehefrau, die minderjährigen oder volljährigen Kindern oder um unbekannte Dritte bei ungeschützten WLAN-Netzwerken handelt[1217].

11. Das Pauschalvergütungssystem wurde im Rahmen des „Zweiten Korbs" neu gegliedert. Ziel und Aufgabe der Reform war es, das veraltete Pauschalvergütungssystem an die neuen technischen Gegebenheiten unter besonderer Berücksichtigung der durch die DRM-Systeme möglich gewordenen individuellen Vergütung anzupassen. Die Aufgabe des Gesetzgebers, die Bemessung der Vergütungssätze, wurde im Rahmen der Reform auf die betroffenen Verwertungsgesellschaften und die Hersteller von Vervielfältigungsgeräten innerhalb gesetzlich definierter Rahmenbedingungen übertragen.

Wichtige Neuregelungen in den §§ 54 ff. UrhG: (1) Der heutige § 54 UrhG erfasst unterschiedslos alle Vervielfältigungsverfahren. Mit der „Neutralisierung" wird die Einschränkung hinsichtlich bestimmter Vervielfältigungsquellen aufgehoben, damit sollen die neuen Techniken und das Nutzerverhalten besser berücksichtigt werden; (2) Für die Vergütungspflicht für ein Gerät oder Speichermedium kommt es nach der Gesetzesänderung auf die tatsächliche Nutzung an; (3) Für die Ermittlung der Vergütungspflicht wurde die noch im Gesetzgebungsverfahren vorgesehene De-minimis-Klausel in „nennenswertem Umfang" gestrichen, daher muss für jedes Gerät oder Speichermedium im Einzelfall geprüft werden, welche Funktion es inne hat und welches seine typische Verwendung ist; (4) § 54a UrhG gibt die gesetzlichen Leitlinien vor, anhand derer die beteiligten Kreise die jeweiligen Vergütungshöhen aushandeln müssen; (5) Die Kopplung an den Gerätepreis im Rahmen einer 5% Hürde wurde im Gesetzgebungsverfahren gestrichen, hingegen soll sich die Vergütung in einem wirtschaftlich angemessenen Verhältnis zum Preisniveau des Gerätes oder Speichermediums bewegen[1218].

1217 Vgl. hierzu im Einzelnen die Ausführungen in Teil 4 Punkt C II 3a), S. 176 f.

1218 Vgl. hierzu Teil 4 D „Neuregelung des Pauschalvergütungssystems", S. 191 ff.

Die Festlegung der Vergütungssätze erfolgt im Einzelnen nach den Regelungen des Urheberwahrnehmungsgesetzes. Die Festsetzung der Vergütungssätze wird in Zukunft wohl grundsätzlich durch Gesamtverträge erfolgen.

12. Das BVerfG hat die Verfassungsbeschwerde eines Unternehmens der Musikindustrie und Tonträgerhersteller gegen die Zulässigkeit der digitalen Privatkopie nicht zur Entscheidung angenommen[1219]. Damit hat es versäumt, festzustellen, ob § 53 Abs. 1 UrhG tatsächlich eine enteignende Wirkung zukommt und dieser einen verfassungsrechtlich nicht gerechtfertigten Eingriff in den Schutzbereich der Eigentumsgarantie der Beschwerdeführer darstellt.

B. Ausblick

Spannend bleibt das Thema der Privatkopie auch in Zukunft, denn der technische Fortschritt wird weiterhin neue Möglichkeiten schaffen, urheberrechtlich geschützte Werke zu vervielfältigen, auf die durch Rechtsprechung und Gesetzgebung dann reagiert werden muss.

Derzeit laufen die Vorbereitungen für einen „Dritten Korb“. Das Bundesjustizministerium hat bereits in den beteiligten Kreisen eine Umfrage mit Fragebogen vom 13.02.2009 zur Prüfung des Bedarfs eines weiteren gesetzgeberischen Handlungsbedarfs im Bereich des Urheberrechts durchgeführt[1220]. Hintergrund sind gewisse Prüfbitten des Bundestags und Bundesrats, die diese im Zuge des Gesetzgebungsverfahrens zum „Zweiten Korb“ gestellt hatten, sowie auch Anregungen aus der Enquête-Kommission „Kultur in Deutschland“. Die Umfrage soll den Auftakt für die Umsetzung eines „Dritten Korbs“ auf verlässliche Rahmenbedingungen und Anhaltspunkte für den Gesetzgeber stützen. Das Bundesministerium der Justiz hat nach Sichtung der Stellungnahmen angekündigt, darüber zu entscheiden, ob und gegebenenfalls mit welchem Inhalt ein neuer Referentenentwurf vorgelegt wird.

Unter anderem geht es in dem Fragebogen – wie soll es auch anders sein – auch um die künftige Ausgestaltung der Privatkopieschranke. Konkret sind von den Beteiligten betreffend die Privatkopieschranke die Fragen zu beantworten: (1) Kopien nur vom Original: Sollte die zulässige private Vervielfältigung auf Kopien von einem Original beschränkt werden? Ist für den Verbraucher beim gegenwärtigen Stand der Technik nachprüfbar, ob die Kopiervorlage ein Original ist? Wäre eine solche Beschränkung in der Praxis durchsetzbar? (2) Vervielfältigung durch Dritte: Sollte die Vervielfältigung durch Dritte verboten wer-

1219 BVerfG NVwZ 2010, 181; besprochen von Lenz/Würtenberger, NVwZ 2010, 168.
1220 Vgl. hierzu auch Czychowski/Nordemann, NJW 2010, 735 (736).

den? Sollte das Verbot auch für die mit dem Nutzer persönlich verbundenen Personen gelten? Wäre eine solche Beschränkung in der Praxis durchsetzbar? (3) Mit weiten Beschränkungen der Privatkopie dürfte sich die Anzahl der gesetzlich zulässigen Vervielfältigungen reduzieren. Müsste damit nicht auch die Höhe der Pauschalvergütung für die gesetzlich zulässigen Vervielfältigungshandlungen sinken? Empfiehlt sich vor diesem Hintergrund eine Beschränkung der zulässigen Privatkopie?

Soweit ersichtlich, nahmen zu dem Fragebogen bisher der Börsenverein des Deutschen Buchhandels[1221], das Max-Planck-Institut für Geistiges Eigentum, Wettbewerbs- und Steuerrecht[1222], der Deutsche Bibliotheksverband e.V.[1223], der Verband Deutscher Drehbuchautoren[1224], die Verbraucherzentrale[1225], der Deutsche Richterbund[1226], das Deutsche Studentenwerk[1227], der Bundesverband Digitale Wirtschaft (BVDW) e.V.[1228], der Verband Privater Rundfunk und Telemedien e.V.[1229], das Aktionsbündnis Urheberrecht für Bildung und Wissenschaft[1230], der Arbeitskreis Intellectual Property der BITKOM, der Deutsche Kulturrat[1231], die Bundesrechtsanwaltskammer[1232], der Verband der deutschen Internetwirtschaft e.V.[1233], der Deutsche Journalisten-Verband e.V.[1234] und der Verband Deutscher Kabelnetzbetreiber e.V.[1235] Stellung.

Bei näherer Betrachtung der aufgezählten beteiligten Gruppen verwundert es nicht, dass völlig unterschiedliche Einschätzungen bezüglich der gestellten Fra-

---

1221 http://www.boersenverein.de/sixcms/media.php/976/Stellungnahme_Dritter_Korb_Juni09.pdf.

1222 http://www.ip.mpg.de/shared/data/pdf/stellungnahme_vom_19.02.2009.pdf.

1223 http://www.bibliothekenverband.de/fileadmin/user_upload/DBV/position/090515-Stellungnahme_Fragenkatalog_BMJ_2009.pdf.

1224 http://www.drehbuchautoren.de/files/3.Korb_Stellungnahme_VDD_15062009.pdf.

1225 http://www.vzbv.de/mediapics/stn_fragebogen_bmj_handlungsbedarf_urheberrecht_06_2009.pdf.

1226 http://www.drb.de/cms/index.php?id=583.

1227 http://www.studentenwerke.de/pdf/DSW_Stellungnahme-Urheberrecht_2009.pdf.

1228 http://www.bvdw.org.

1229 http://www.vprt.de/index.html/de/positions/article/id/93/?or=0&year={0}&page=2.

1230 http://www.urheberrechtsbuendnis.de/docs/antwort-AB-aufBMJ-Fragebogen-PDF.pdf.

1231 http://www.kulturrat.de/pdf/1599.pdf.

1232 http://www.brak.de/seiten/pdf/Stellungnahmen/2009/Stn19.pdf.

1233 http://www.eco.de/dokumente/20090615-Stellungnahme_eco_Fragenkatalog_UrhR.pdf.

1234 http://www.djv.de/fileadmin/DJV/Tipps_und_Infos_fuer_Freie_NEU/UrhR-Korb-3-Fragebogen.pdf.

1235 http://www.anga.de/uploads/media/Stellungnahme_UrhR_ANGA_10Juni09.pdf.

gen geäußert wurden. Zudem ist es nicht das erste Mal, dass die Privatkopie im Fokus der Diskussion steht[1236].

Um nur zwei gegensätzliche Positionen hinsichtlich einer Frage zu nennen, begrüßte der Börsenverein des Deutschen Buchhandels die Vorstellung, in Zukunft nur noch jene Privatkopien gesetzlich zu privilegieren, bei denen eine rechtmäßig erworbene (Original-)Vorlage vervielfältigt wird[1237]. Demgegenüber hält der Deutsche Richterbund eine solche Regelung für wenig praktikabel, da der Nutzer zum einen oft nicht feststellen kann, ob es sich bei seiner Vorlage tatsächlich um das Original handelt und da zum anderen die Einhaltung der Regelung praktisch nicht kontrollierbar ist[1238].

In Bezug auf die anderen Fragen liegen ähnlich divergierende Stellungnahmen vor. Welche Interessen letztlich bei der Umsetzung des „Dritten Korbs" berücksichtigt werden, bleibt abzuwarten. Zu hoffen ist indes nur, dass ein gerechter und vor allem in Hinblick auf die technischen Gegebenheiten der heutigen Zeit angemessener Ausgleich zwischen den sich gegenüberstehenden Interessen gefunden wird.

Hinsichtlich des Internets ist zukünftig noch einiges auf internationaler Ebene zu erwarten. Momentan wird seit über 2 Jahren im Geheimen von 39 Staaten unter anderem den USA, der Europäische Union und Japan über ein Anti-Piraterie-Abkommen „ACTA" verhandelt. Ziel dieses Abkommens soll eine strengere Regulierung des Internets, ganz im Sinne der Unterhaltungsindustrie sein. Trotz aller Geheimhaltung sickerte ein Entwurf des ACTA-Abkommens durch, welchem zu entnehmen ist, dass Provider über die Kunden Buch führen und im Fall von illegalen Up- oder Downloads erst warnen, dann ermahnen und schließlich sperren sollen[1239]. Von solchen, an Strafgesetzregelungen in den USA angelehnten, so genannten „Three-Strickes"-Regeln, distanzierte sich erstmals die deutsche Bundesjustizministerin Leutheusser-Schnarrenberger im März 2010 deutlich. Die Bundesregierung werde kein völkerrechtliches Abkommen akzeptieren, das Netzsperren enthält, sagte sie Spiegel Online[1240].

Auch in der Berliner Rede zum Urheberrecht vom 14. Juni 2010 machte die Bundesjustizministerin deutlich, dass sie in der Sperrung des Internet-Zugangs

---

1236 Vgl. hierzu die Ausführungen zur Entwicklung im Zuge des „Ersten Korbs" und im Zuge des „Zweiten Korbs) in Teil 2 Punkt J, S. 62 ff. und Punkt K, S. 68 ff.

1237 http://www.boersenverein.de/sixcms/media.php/976/Stellungnahme_Dritter_Korb_Juni09.pdf, S. 2.

1238 http://www.drb.de/cms/index.php?id=583, S. 1.

1239 Vgl. Lischka, in: Spiegel-Online (03.03.2010): http://www.spiegel.de/netzwelt/netzpolitik/0,1518,681142,00.html.

1240 Vgl. Lischka, in: Spiegel-Online (03.03.2010): http://www.spiegel.de/netzwelt/netzpolitik/0,1518,681142,00.html.

eines Users nach der dritten Urheberrechtsverletzung für einen bestimmten Zeitraum keine Alternative sehe, um künftig Urheberrechtsverletzungen im Internet zu unterbinden. Diese Methode würde vielmehr einen tiefen Eingriff in die Kommunikationsfreiheit darstellen und könnte angesichts der großen Bedeutung des Internets eine harte Strafe sein. Zudem sei das Kappen des Internets in Hinblick auf Familienanschlüsse keine zielgenaue Sanktion. Die Bundesjustizministerin unterstrich daher wiederum, dass die Bundesregierung keine Initiativen für Netzsperren ergreifen werde und es auch keine Bandbreitbeschränkungen geben werde. Sie wolle dies weder in Deutschland, noch verpflichtend in der EU oder in internationalen Abkommen.

Das ACTA-Abkommen soll noch 2010 durch die 39 Staaten besiegelt werden. Somit bleibt abzuwarten, welche tatsächlichen Änderungen sich für die Nutzer des Internets aus diesem Abkommen ergeben werden.

Literaturverzeichnis

Abdallah, Tarek / Gercke, Björn / Reinert, Peter: Die Reform des Urheberrechts – hat der Gesetzgeber das Strafrecht übersehen?, ZUM 2004, S. 31-39.

Arlt, Christian: Ansprüche des Rechteinhabers bei Umgehung seiner technischen Schutzmaßnahmen, MMR 2005, S. 148-155.

Arlt, Christian: Digital Rights Management Systeme, Der Einsatz der technischen Maßnahmen zum Schutz digitaler Inhalte, Diss. iur. (Göttingen 2005), München 2006.

Arlt, Christian: Digital Rights Management Systeme, Begriff, Funktion und rechtliche Rahmenbedingungen nach den jüngsten Änderungen des UrhG – insbesondere zum Verhältnis der §§ 95a ff. UrhG zum Zugangskontrolldiensteschutzgesetz (ZKDSG), GRUR 2004, S. 548-554.

Arnold, Bernhard: Das Verbot von Umgehungsmittel - § 95a UrhG erstmals auf dem Prüfstand beim BGH, NJW 2008, S. 3545-3546.

Arnold, Bernhard / Timmann, Tobias: Ist die Verletzung des § 95a Abs. 3 UrhG durch den Vertrieb von Umgehungsmitteln keine Urheberrechtsverletzung?, MMR 2008, S. 286-291.

Aschenbrenner, Jo Beatrix: Leitlinien aus Europa für die Umsetzung der Privatkopieschranke im Zweiten Korb der Urheberrechtsnovelle, ZUM 2005, S. 145-154.

Badura, Peter: Zur Lehre von verfassungsrechtlicher Institutsgarantie des Eigentums, betrachtet am Beispiel des „geistigen Eigentums", in: Festschrift für Theodor Maunz zum 80. Geburtstag am 1. September 1981, Hrsg. Lerche, Peter / Zacher, Hans / Badura, Peter, München 1981, S. 1-16.

Bappert, Walter: Das Urteil vom Bundesgerichtshof vom 18. Mai 1955 über die private Magnetonaufnahme [sic!], GRUR 1956, S. 255-258.

Bappert, Walter: Wege zum Urheberrecht: die geschichtliche Entwicklung des Urheberrechtsgedankens, Frankfurt am Main, 1962.

Bär, Wolfgang: Anmerkung zu BVerfG, Beschluss vom 28.10.2008, 1 BvR 256/08, (MMR 2009, S. 29 ff.), MMR 2009, S. 35-36.

Bär, Wolfgang: Anmerkungen zu AG Offenburg: Auskunftserteilung durch Provider bei Urheberrechtsverletzung, (MMR 2007, S. 809 ff.), MMR 2007, S. 811-813.

Bär, Wolfgang: Auskunftsanspruch über Telekommunikationsdaten nach den neuen §§ 100g, 100h StPO, MMR 2002, S. 358-364.

Bär, Wolfgang: Telekommunikationsüberwachung und andere verdeckte Ermittlungsmaßnahmen, Gesetzliche Neuregelungen zum 1.1.2008, MMR 2008, S. 215-222.

Bär, Wolfgang / Hoffmann, Helmut: Das Zugangskontrolldiensteschutz-Gesetz – Ein erster Schritt auf dem richtigen Weg, MMR 2002, S. 654-658.

Bayreuther, Frank: Beschränkungen des Urheberrechts nach der neuen EU-Urheberrechtsrichtlinie, ZUM 2001, S. 828-839.

Beck Simon Markus / Kreißig, Wolfgang: Tauschbörsen-Nutzer im Fadenkreuz der Strafverfolgungsbehörden, NStZ 2007, S. 304-310.

Becker, Jürgen: Begrüßung zum Symposium »Urheberrecht in der Informationsgesellschaft – der Referentenentwurf zum Zweiten Korb«, ZUM 2005, S. 97-98.

Berger, Christian: Die Neuregelung der Privatkopie in § 53 Abs. 1 UrhG im Spannungsverhältnis von geistigen Eigentum, technischen Schutzmaßnahmen und Informationsfreiheit, ZUM 2004, S. 257-265.

Berger, Kathrin: Zulässigkeit der Speicherung von Verkehrsdaten zur Störererkennung, in jurisPR-ITR 7/2008 Anm. 5.

Bodewig, Theo / Wandtke, Artur: Die doppelte Lizenzgebühr als Berechnungsmethode im Lichte der Durchsetzungsrichtlinie, GRUR 2008, S. 220-229.

Böhme, Rainer / Pfitzmann, Andreas: Digital Rights Management zum Schutz personenbezogener Daten?, DuD 2008, S. 342-347.

Bornkamm, Joachim: Die Reprographievergütung im digitalen Zeitalter, in: Festschrift für Wilhelm Nordemann zum 70. Geburtstag am 8. Januar 2004, Hrsg. Loewenheim, Ulrich, München 2004, S. 299-311.

Braun, Thorsten: „Filesharing"-Netzwerke und deutsches Urheberrecht – Zugleich eine Entgegnung auf Kreutzer, GRUR 2001, 193ff. und 307ff., GRUR 2001, S. 1106-1111.

Braunmühl, Patrick von: Entwurf für den Zweiten Korb des neuen Urheberrechts bringt weitere Nachteile für Verbraucher, ZUM 2005, S. 109-112.

Bremer, Kathrin / Lammers, Judith: Pauschalabgaben – Quo vadis?, Die Reform des pauschalen Abgabensystems im Rahmen des Zweiten Korbes, K&R 2008, S. 145-151.

Buchner, Benedikt: Rom II und das internationale Immaterialgüter- und Wettbewerbsrecht, GRUR Int. 2005, S. 1004-1012.

Collova, Taddeo: Über die Entwicklung der gesetzlichen und vertraglichen Regelung der Vervielfältigung zum persönlichen Gebrauch (private Überspielung) in der Bundesrepublik Deutschland, UFITA Bd. 125 (1994), S. 53-102.

Czychowski, Christian : „Wenn der dritte Korb aufgemacht wird...", Das zweite Gesetz zur Regelung des Urheberrechts in der Informationsgesellschaft, GRUR 2008, S. 586-591.

Czychowski, Christian : Auskunftsansprüche gegen Internetzugangsprovider „vor" dem 2. Korb und „nach der Enforcement-Richtlinie der EU, MMR 2004, S. 514-519.

Czychowski, Christian: Das Gesetz zur Regelung der Informationsgesellschaft – Ein Über- und ein Ausblick, NJW 2003, S. 2409-2412.

Czychowski, Christian / Nordemann, Jan Bernd: Die Entwicklung der Gesetzgebung und Rechtsprechung des BGH und EuGH zum Urheberrecht in den Jahren 2008 und 2009, NJW 2010, S. 735-743.

Czychowski, Christian / Nordemann, Jan Bernd: Die Entwicklung der Gesetzgebung und Rechtsprechung zum Urheberrecht in den Jahren 2006 und 2007, NJW 2008, S. 1571-1579.

Czychowski, Christian / Nordemann, Jan Bernd: Die Entwicklung der Gesetzgebung und Rechtsprechung zum Urheberrecht in den Jahren 2004 und 2005, NJW 2006, S. 580-586.

Czychowski, Christian / Nordemann, Jan Bernd: Vorratsdaten und Urheberrecht – Zulässige Nutzung gespeicherter Daten, NJW 2008, S. 3095-3099.

Davis, Gillian / von Rauscher auf Weeg, Hans Hugo: Das Recht der Hersteller von Tonträgern, Zum Urheber- und Leistungsschutzrecht in der Europäischen Gemeinschaft, München 1983.

De Boor, Hans Otto: Vervielfältigungen zum persönlichen Gebrauch, GRUR 1954, S. 440-447.

Von Diemar, Undine: Die digitale Kopie zum privaten Gebrauch, Diss. iur. (Potsdam 2002), Münster, Hamburg, London 2002.

Von Diemar, Undine: Kein Recht auf Privatkopien – Zur Rechtsnatur der gesetzlichen Lizenz zu Gunsten der Privatvervielfältigung, GRUR 2002, S. 587-593.

Diesbach, Martin: Kennzeichnungspflichten bei Verwendung technischer Schutzmaßnahmen nach § 95d UrhG, K&R 2004, S. 8-14.

Dieselhorst, Jochen: Die Harmonisierung der Leerkassetten- und Geräteabgabe, GRUR Int. 1994, S. 788- 798.

Dietrich, Ralf: Rechtliche Bewältigung von netzbasiertem Datenaustausch und Verteidigungsstrategien, 20000 Verfahren gegen Filesharingsnutzer, NJW 2006, S. 809-811.

Dietz, Adolf: Das Urheberrecht in der Europäischen Gemeinschaft, Baden-Baden 1978.

Dietz, Adolf: Ton- und Bildaufnahmen sowie Fotokopie (reprographische Vervielfältigungen) zum eigenen Gebrauch in Recht und Praxis in der Bundesrepublik Deutschland, GRUR 1978, S. 457-468.

Dreier, Thomas: Ausgleich, Abschreckung und andere Rechtsfolgen von Urheberrechtsverletzungen – Erste Gedanken zur EU-Richtlinie über die Maßnahmen und Verfahren zum Schutz der Rechte an geistigem Eigentum –, GRUR Int. 2004, S. 706-712.

Dreier, Thomas: Die Umsetzung der Urheberrechtsrichtlinie 2001/29/EG in deutsches Recht, ZUM 2002, S. 28-43.

Dreier, Thomas / Schulze, Gernot: Urheberrechtsgesetz, Urheberrechtswahrnehmungsgesetz, Kunsturhebergesetz, Kommentar, 3. Auflage, München 2008, (zit.: Bearbeiter, in: Dreier/Schulze, UrhG,).

Dreyer, Gunda / Kotthoff, Jost / Meckel, Astrid: Urheberrecht: Urheberrechtsgesetz, Urheberrechtswahrnehmungsgesetz, Kunsturhebergesetz, 2. Auflage, Heidelberg 2009, (zit.: Bearbeiter, in: Dreyer/Kotthoff/Meckel, UrhR).

Eckhardt, Jens / Schulze, Marc: Vorratsdatenspeicherung nach BVerfG:, „Nach dem Gesetz ist vor dem Gesetz...“, CR 2010, S. 225-232.

Enders, Theodor: Digital Rights Management Systeme (DRMS) als besondere Herausforderung an das Urheberrecht, ZUM 2004, S. 593-605.

Ernst, Stefan : Anmerkung zu LG Mannheim, Beschluss vom 25.1.2007, 7 O 65/06 (MMR 2007, S. 537f.), MMR 2007, S. 538-539.

Ernst, Stefan: Kopierschutz nach neuem UrhG, Bedeutung und Tragweite des Verbots von Umgehungsmaßnahmen, CR 2004, S. 39-43.

Ernst, Stefan / Seichter, Dirk: Die Störerhaftung des Inhabers eines Internetzugangs, ZUM 2007, S. 513-518.

Europäische Gemeinschaften (Hrsg.): Vorschlag für eine Richtlinie des Europäischen Parlaments und des Rates zur Harmonisierung bestimmter Aspekte des Urheberrechts und der verwandten Schutzrechte in der Informationsgesellschaft, GRUR Int. 1998, S. 402-407.

Fischer, Thomas: Strafgesetzbuch und Nebengesetze, Beck´sche Kurz-Kommentare, Band 10, 57. Aufl., München 2010, (zit.: Fischer, Strafgesetzbuch).

Flechsig, Norbert P.: Der Zweite Korb zur Verbesserung der Urheber- und Leistungsschutzrechte, ZRP 2006, S. 145-149.

Flechsig, Norbert P.: Die digitale Kopie zum privaten Gebrauch, ZUM 2003, S. 795-796.

Flechsig, Norbert P.: Digitales Rechtemanagement im Lichte ergänzender Schutzbestimmungen, - Inhalt und Bedeutung des Digital Rights Management aus urheberrechtlicher Sicht – oder Technik vor Recht?, in: Festschrift für Wilhelm Nordemann zum 70. Geburtstag am 8. Januar 2004, Hrsg. Loewenheim, Ulrich, München 2004, S. 313-320.

Flechsig, Norbert P. : Grundlagen des Europäischen Urheberrechts, ZUM 2002, S. 1-21.

Flechsig, Norbert P.: Urheberecht in der Wissensgesellschaft, ZRP 2004, S. 249-253.

Forkel, Hans: Das Erfinder- und Urheberrecht in der Entwicklung – vom nationalen zum internationalen Schutz des „geistigen Eigentums“ –, NJW 1997, S. 1672-1678.

Freiwald, Sven: Die private Vervielfältigung im digitalen Kontext am Beispiel des Filesharing, Diss. iur. (Freiburg 2003), Baden-Baden 2004.

Fromm / Nordemann: Urheberrecht, Kommentar zum Urheberrechtsgesetz, Verlagsgesetz, Urheberwahrnehmungsgesetz, Hrsg. Nordemann, Wilhelm / Nordemann, Axel / Nordemann, Jan Bernd, 10. Aufl., Stuttgart 2008, (zit.: Bearbeiter, in: Fromm/Nordemann, UrhG).

Geerlings, Jörg: Das Urheberrecht in der Informationsgesellschaft und pauschale Geräteabgaben im Lichte verfassungs- und europarechtlicher Vorgaben, GRUR 2004, S. 207-213.

Geiger, Christophe: Der urheberrechtliche Interessenausgleich in der Informationsgesellschaft – Zur Rechtsnatur der Beschränkungen des Urheberrechts, GRUR Int. 2004, S. 815-821.

Geiger, Christophe: Die Schranken des Urheberrechts als Instrumente der Innovationsförderung – Freie Gedanken zur Ausschließlichkeit im Urheberrecht, GRUR Int. 2008, S. 459-468.

Gercke, Marco: Anmerkung zu LG Hamburg, Urteil vom 2.12.2005 – 324 O 721/05 (nicht rechtskräftig), (MMR 2006, S. 491 ff.), MMR 2006, S. 493-494.

Gercke, Marco: Anmerkung zu LG Hamburg, Urteil vom 26.7.2006, 308 O 407/06 (CR 2007, S. 54 f.), CR 2007, 55-55.

Gercke, Marco: Die Bedeutung der Störerhaftung im Kampf gegen Urheberrechtsverletzungen, ZUM 2006, S. 593-600.

Gercke, Marco: Die Entwicklung des Internetstrafrechts im Jahr 2008, ZUM 2009, S. 526-538.

Gieseke, Ludwig: Vom Privileg zum Urheberrecht: die Entwicklung des Urheberrechts in Deutschland bis 1985, Göttingen 1995, (zit.: Gieseke, Vom Privileg zum Urheberrecht).

Gietl, Andreas: Das Schicksal der Vorratsdatenspeicherung, DuD 2008, S. 317-323.

Gietl, Andreas: Störerhaftung für ungesicherte Funknetze, Voraussetzungen und Grenzen, MMR 2007, S. 630-634.

Gietl, Andreas / Mantz, Reto: Die IP-Adresse als Beweismittel im Zivilprozess, Beweiserlangung, Beweiswert und Beweisverbote, CR 2008, S. 810-816.

Gnirck, Karen / Lichtenberg, Jan: Internetprovider im Spannungsverhältnis staatlicher Auskunftsersuchen, Auskunftsersuchen zu IP-Adressen, DuD 2004, S. 598-602.

Goldbaum, Wenzel: Urheberrecht und private Sphäre, UFITA Bd. 19 (1955 I), S. 42-47.

Goldmann, Bettina / Liepe, Andreas: Vertrieb von kopiergeschützten Audio-CDs in Deutschland, ZUM 2002, S. 362-375.

Grassmann, Ferdinand: Anmerkungen zum Urteil des OLG München vom 10. Mai 2007, Az. 29 U1638/06 - Elektronischer Kopienversand, ZUM 2007, S. 641-643.

Grassmuck, Volker: Ein Plädoyer für durchsetzbare Schrankenbestimmungen für Privatkopie, Zitat und Filesharing, ZUM 2005, S. 104-109.

Grote, Otto Freiherr: Anmerkung zu LG Frankenthal, Beschluss vom 15.9.2008, 6 O 325/08, (MMR 2008, S. 830 ff.), MMR 2008, S. 831-832.

Grzeszick, Bernd: Geistiges Eigentum und Art. 14 GG, ZUM 2007, S. 344-353.

Guntrum, Sebastian: Zur Zukunft der Privatkopie in der Informationsgesellschaft, Diss. iur. (Düsseldorf 2007), Hamburg 2007.

***H**aft, Klaus / Donle, Christian / Ehlers, Jochen / Nack, Ralph:* Internationale Vereinigung für den Schutz des geistigen Eigentums (AIPPI), Bericht der deutschen Landesgruppe für die Sitzung des Geschäftsführenden Ausschusses der AIPPI vom 25. bis 29. September 2005 in Berlin, GRUR Int. 2005, S. 403-407.

Haller, Jochen : Urheberrechtsschutz in der Musikindustrie, Eine ökonomische Analyse, Diss. iur. (Stuttgart 2005), Lohmar – Köln 2005.

Hänel, Frederike: Die Umsetzung des Art. 6 Info-RL (technische Schutzmaßnahmen) ins deutsche Recht, Diss. iur. (Saarbrücken 2005), Frankfurt am Main (u.a.) 2005.

Hefermehl, Wolfgang: Magnetton-Aufnahmen urheberrechtlich geschützter Werke zum persönlichen Gebrauch, UFITA Bd. 24 (1957 II), S. 56-92.

Heymann, Thomas: Das Gesetz zur Verbesserung der Durchsetzung von Rechte des geistigen Eigentums, CR 2008, S. 568-575.

Hilty, Reto M.: Vergütungssystem und Schrankenregelungen, Neue Herausforderungen an den Gesetzgeber, GRUR 2005, S. 819-828.

Hitzig, Julius Eduard: Das Königl. Preußische Gesetz vom 11. Juni 1837 zum Schutze des Eigentums an Werken der Wissenschaft und Kunst gegen Nachdruck und Nachbildung, dargestellt in seinem Entstehen und erläutert in seinen einzelnen Bestimmungen, UFITA Bd. 107 (1988), S. 163-226.

Hoeren, Thomas: Die Umsetzung der Richtlinie zur Vorratsdatenspeicherung, - Konsequenzen für die Privatwirtschaft, JZ 2008, S. 668-672.

Hoeren, Thomas: Entwurf einer EU-Richtlinie zum Urheberrecht in der Informationsgesellschaft, Überlegungen zum Zwischenstand der Diskussion, MMR 2000, S. 515-521.

Hoeren, Thomas: Unterlassungsansprüche gegen Host Provider – die Rechtslage nach dem Ricardo-/Rolex-Urteil des BGH, in: Festschrift für Ulrich Eisenhardt zum 70.Geburtstag, Hrsg. Wackerbarth, Ulrich / Vormbaum, Thomas / Marutschke, Hans-Peter, München 2007, S. 243-254.

Hoeren, Thomas: Urheberrecht 2000 – Thesen für eine Reform des Urheberrechts, MMR 2000, S. 3-7.

Hoeren, Thomas unter Mitwirkung von Köcher, Jan: Urheberrecht und Verbraucherschutz, Überlegungen zum Gesetz über Urheberrecht in der Informationsgesellschaft, Hrsg. Hoeren, Thomas / Holznagel, Bernd, Arbeitsberichte zum Informations-, Telekommunikations-, und Medienrecht, Band 10, Münster, Hamburg, London 2003, (zit.: Hoeren, Urheberrecht und Verbraucherschutz).

Hoeren, Thomas: Vorratsdaten und Urheberrecht – Keine Nutzung gespeicherter Daten, NJW 2008, S. 3099-3102.

Hoeren, Thomas / Sieber, Ulrich (Hrsg.): Handbuch Multimedia-Recht, Rechtsfragen des elektronischen Geschäftsverkehrs, München 2010, (zit.: Bearbeiter, in: Hoeren/Sieber).

Hoffmann, Helmut : Das Auskunftsverfahren nach § 101 Abs. 9 UrhG n.F., Überblick über die Rechtsprechung im ersten Jahr nach Inkrafttreten der gesetzlichen Neuregelung, MMR 2009, S. 655-661.

Hoffmann, Helmut: Die Entwicklung des Internet-Rechts bis Mitte 2009, NJW 2009, S. 2649-2655.

Hohagen, Gisbert: Die Freiheit der Vervielfältigung zum eigenen Gebrauch, München 2004, (zit.: Hohagen, Vervielfältigungsfreiheit).

Hohagen, Gisbert: Überlegungen zur Rechtsnatur der Kopierfreiheit, in: Festschrift für Gerhard Schricker zum 70. Geb. „Perspektiven des Geistigen Eigentums und Wettbewerbsrecht", Hrsg. Ohly, Ansgar / Bodewig, Theo / Götting, Horst-Peter / Dreier, Thomas / Haedicke, Maximilian / Lehmann, Michael, München 2005, S. 353-368.

Holewig, Annette: Europäischer und internationaler Rechtsschutz und Urheberrecht, Tabellarischer Überblick und aktuelle Entwicklungen, GRUR Int. 2001, S. 141-162.

Holznagel, Bernd / Brüggemann, Sandra: Das Digital Right Management nach ersten Korb der Urheberrechtsnovelle – Eine verfassungsrechtliche Beurteilung der neuen Kopierschutzregelungen, MMR 2003, S. 767-773.

Hornung, Gerrit: Die Haftung von W-LAN Betreibern, Neuere Gefahren für Anschlussinhaber - und die Idee „offener" Netze, CR 2007, S. 88-94.

Hubmann, Heinrich: Die Beschränkungen des Urheberrechts nach dem Entwurf des Bundesjustizministeriums, UFITA Bd. 19 (1955 I), S. 58-82.

Hucko, Elmar: Privatkopie auf Biegen und Brechen? – Gedanken zum Urheberrecht, zum Verbraucherschutz und zur Informationsfreiheit, in: Festschrift für Wilhelm Nordemann zum 70. Geburtstag am 8. Januar 2004, Hrsg. Loewenheim, Ulrich, München 2004, S. 321-326.

Hucko, Elmar: Statement: Urheberrecht in der Informationsgesellschaft – der Referentenentwurf zum Zweiten Korb, ZUM 2005, S. 128-130.

Hucko, Elmar Matthias: „Zweiter Korb" das neue Urheberrecht in der Informationsgesellschaft, Einführung in das zweite Gesetz zur Regelung des Urheberrechts in der Informationsgesellschaft vom 26. Oktober 2007, Wien 2007.

Jahn, Beatrix: Das Urheberpersönlichkeitsrecht im deutschen und britischen Recht, Diss. iur. (Münster 1993), Münster, Hamburg 1994.

Jani, Ole: Was sind offensichtlich rechtswidrig hergestellte Vorlagen? – Erste Überlegungen zur Neufassung von § 53 Abs. 1 S. 1 UrhG, ZUM 2003, S. 842-854.

Jarass, Hans / Pieroth, Bodo: Grundgesetz für die Bundesrepublik Deutschland, Kommentar, 10. Auflage, München 2009, (zit.: Bearbeiter, in: Jarass/Pieroth, GG).

Jüngel, Marc / Geißler, Tim: Der neue Auskunftsanspruch aus § 101 UrhG unter Berücksichtigung der bisherigen Rechtsprechung, MMR 2008, S. 787-792.

Kahler, Thomas: Vorratsdatenspeicherung:, Wer spricht Rech?, BVerfG, EuGH, EGMR und die Klage gegen die Vorratsdatenspeicherung, DuD 2008, S. 449-454.

Kämper, Steffen: Der Schadensersatzanspruch bei der Verletzung von Immaterialgüterrechten, Neue Entwicklung seit der Enforcement-Richtlinie, GRUR Int. 2008, S. 539-546.

Katzenberger, Paul: TRIPS und das Urheberrecht, GRUR Int. 1995, S. 447-468.

Katzenberger, Paul: Urheberrecht und Urhebervertragsrecht in der deutschen Einigung, GRUR Int. 1993, S. 2-18.

Kindt, Anne: Grundrechtsschutz für Raubkopierer und Musikpiraten?, MMR 2009, S. 147-153.

Kirchhof, Paul: Der verfassungsrechtliche Gehalt des geistigen Eigentums (S. 1639-1661), in: Festschrift für Wolfgang Zeidler, Hrsg. Fürst, Walter /

Herzog, Roman / Umbach, Dieter C., Band 2, Berlin, New York 1987, S. 1639-1661.

Kitz, Volker: Rechtsdurchsetzung im geistigen Eigentum – die neuen Regeln, NJW 2008, S. 2374-2377.

Klett, Alexander R. : Die Entwicklung des Urheberrechts im Jahr 2003, K&R 2004, S. 257-263.

Klett, Alexander R.: Urheberrechtliche Geräteabgaben und kein Ende, Zugleich eine Anmerkung zum Urteil des BGH vom 17.7.2008, I ZR 206/05 („Kopierstationen“), K&R 2008, S. 667-672.

Knaak, Roland: Die EG-Richtlinie zur Durchsetzung der Rechte des geistigen Eigentums und ihr Umsetzungsbedarf im deutschen Recht, GRUR Int. 2004, S. 745-750.

Knies, Bernhard: DeCSS – oder: Spiel mir das Lied vom Code, ZUM 2003, S. 286-292.

Knies, Bernhard: Kopierschutz für Audio-CDs, ZUM 2002, S. 793-797.

Kochendörfer, Mathias: Verletzerzuschlag auf Grundlage der Enforcement-Richtlinie?, ZUM 2009, S. 389-394.

Köcher, Jan K. / Kaufmann, Noogie C.: Anmerkung zu BVerfG, Beschluss vom 25.7.2005, 1 BvR 2181/04, (MMR 2005, S. 751 ff.), MMR 2005, S. 753-754.

Kolle, Gert: Reprographie und Urheberrecht, Ein rechtsvergleichender Beitrag zur Rolle des Urheberrechts in der Informationsgesellschaft, GRUR Int. 1975, S. 201- 214.

Kraßer, Rudolf: Schadensersatz für Verletzungen von gewerblichen Schutzrechten und Urheberrechten nach deutschem Recht, GRUR Int. 1980, S. 259-272.

Kreile, Reinhold: Stellungnahme zum Referentenentwurf, ZUM 2005, S. 112-113.

Kreile, Reinhold / Becker, Jürgen: Digital Rights Management und private Vervielfältigung aus der Sicht der GEMA, in: Festschrift für Gerhard Schricker zum 70. Geb. „Perspektiven des Geistigen Eigentums und Wettbewerbsrecht“, Hrsg. Ohly, Ansgar / Bodewig, Theo / Götting, Horst-Peter / Dreier, Thomas / Haedicke, Maximilian / Lehmann, Michael, München 2005, S. 387-399.

Kreile, Reinhold / Becker, Jürgen / Riesenhuber, Karl (Hrsg.): Recht und Praxis der GEMA, Handbuch und Kommentar, 2. Auflage, Berlin 2008, (zit.: Bearbeiter, in: Recht und Praxis der GEMA, Handbuch und Kommentar).

Kress, Daniel: Die private Vervielfältigung im Urheberrecht, Diss. iur. (Tübingen 2004), Hamburg 2004.

Kretschmer, Friedrich: Urheberrecht: Neuer EG-Richtlinienvorschlag, GRUR 1998, S. 116-116.

Kreutzer, Till: Napster, Gnutella & Co.: Rechtsfragen zu Filesharing-Netzen aus der Sicht des deutschen Urheberrechts de lege lata und de lege ferenda – Teil 1, GRUR 2001, S. 193-204.

Kröger, Detlef: Enge Auslegung von Schrankenbestimmungen – wie lange noch?, Zugang zu Informationen in digitalen Netzwerken, MMR 2002, S. 18-21.

Krüger, Christof: Anpassung der Höhe der Urhebervergütung für die Privatkopie durch einen neuen § 54 III 1 UrhG?, Kritische Überlegungen zum Referentenentwurf für den „Zweiten Korb", GRUR 2005, S. 206-209.

Krüger-Nieland, Gerda: Das Urheberrecht und die Entwicklung der Technik, insbesondere die private Vervielfältigung mittel Magnettonband und Fotokopie, GRUR 1957, S. 535-542.

Kunz-Hallenstein, Hans Peter / Loschelder, Michael: Referentenentwurf für ein Zweites Gesetz zur Regelung des Urheberrechts in der Informationsgesellschaft vom 27.9.2004, GRUR 2005, S. 743-747.

Langhoff, Helge / Oberndörfer, Pascal / Jani, Ole: Der »Zweite Korb« der Urheberrechtsreform, ZUM 2007, S. 593-603.

Larenz, Karl / Canaris, Claus-Wilhelm: Methodenlehre der Rechtswissenschaft, Berlin (u.a.) 1995.

Larenz, Karl / Wolf, Manfred: Allgemeiner Teil des Bürgerlichen Rechts, 9. Aufl., München 2004.

Lauber, Anne / Schwipps, Karsten: Das Gesetz zur Regelung des Urheberrechts in der Informationsgesellschaft, GRUR 2004, S. 293-300.

Leiveber, Gerhard: Urheberrechtsreform und Verlagswesen nach dem Regierungsentwurf 1962, Bad Godesberg 1963.

Lenz, Christofer / Würtenberger, Thomas D.: Digitale Privatkopie und Eigentumsschutz des Urhebers, NVwZ 2010, S. 168-171.

Leupold, Andreas / Demisch, Dominik: Bereithalten von Musikwerken zum Abruf in digitalen Netzen, ZUM 2000, S. 379-390.

Von Lewinski, Silke : Der EG-Richtlinienvorschlag zum Urheberrecht und zu verwandten Schutzrechten in der Informationsgesellschaft, GRUR Int. 1998, S. 637-642.

Von Lewinski, Silke: Die diplomatische Konferenz der WIPO 1996 zum Urheberrecht und zu verwandten Schutzrechten, GRUR Int. 1997, S. 667-681.

Von Lewinski, Silke: Urheberrecht als Gegenstand internationalen Wirtschaftsrechts, GRUR Int. 1996, S. 630-641.

Linnenborn, Oliver: Update: Europäisches Urheberrecht in der Informationsgesellschaft, K&R 2001, S. 394-402.

Lischka, Konrad: Copyright-Pakt Acta, Justizministerin will Surf-Verbot für Raubkopierer verhindern, Spiegel-Online vom 03.03.2010 abgerufen unter: http://www.spiegel.de/netzwelt/netzpolitik/0,1518,681142,00.html.

Loewenheim, Ulrich: Vervielfältigung zum eigenen Gebrauch von urheberrechtswidrig hergestellten Werkstücken, in: Festschrift für Adolf Dietz zum 65. Geburtstag, Hrsg. Ganea, Peter / Heath, Christopher / Schricker, Gerhard, München 2001, S. 415-422.

Loewenheim, Ulrich (Hrsg.): Handbuch des Urheberrechts, München 2003, (zit.: Bearbeiter, in: Handbuch des Urheberrechts).

Löffler, Martin: Der Streit um die private Tonbandaufnahme, NJW 1962, S. 993-996.

Lorenz, Bernd: Auswirkungen des Urheberrechts in der Informationsgesellschaft auf den Bildungsbereich – Zu den seit dem 13.9.2003 geltenden Neuregelungen, RdJB 2005, S. 43-55.

Loschelder, Michael: Rechtsfortbildung der Schadensberechnungsmethode „Herausgabe des Verletzergewinns", NJW 2007, S. 1503-1504.

Mangoldt, Hermann von (Begr.)/ Klein, Friedrich / Starck, Christian (Hrsg.): Kommentar zum Grundgesetz, Band 1: Präambel, Artikel 1 bis 19, 6. Aufl., Vahlen 2010, (zit.: Bearbeiter, in: v. Mangoldt/Klein/Starck).

Maracke, Catharina: Die Entstehung des Urheberrechtsgesetzes von 1965, Diss. iur. (Kiel 2001), Berlin 2003.

Maunz, Theodor / Dürig, Günter (Begr.): Grundgesetz, Kommentar, Hrsg. Herzog, Roman / Scholz, Rupert / Herdegen, Matthias / Klein, Hans H., Band I, Art. 1-5, 57. Ergänzungslieferung, München 2010, (zit.: Bearbeiter, in: Maunz/Dürig, GG).

Mayer, Christoph: Die Privatkopie nach der Umsetzung des Regierungsentwurf zur Regelung des Urheberrechts in der Informationsgesellschaft, Verkommt der Begriff „Recht auf Privatkopie" zum bloßen Euphemismus?, CR 2003, S. 274-281.

Mayer, Hans-Peter: Richtlinie 2001/29/EG zur Harmonisierung bestimmter Aspekte des Urheberrechts und der verwandten Schutzrechte in der Informationsgesellschaft, EuZW 2002, S. 325-329.

Meier-Beck, Peter: Herausgabe des Verletzergewinns - Strafschadensersatz nach deutschem Recht?, GRUR 2005, S. 617-623.

Melichar, Ferdinand: Verleger und Verwertungsgesellschaften, UFITA 117 (1991), S. 5-19.

Menzel, Hans-Jürgen: Die Aufsicht über die GEMA durch das Deutsche Patentamt, Diss. iur. (Hamburg 1985), Hamburg1986.

Meschede, Thomas: Verbliebener Anwendungsbereich der Privatkopieschranke auf Urheberrechtswerke als Grundlage für pauschale Urheberabgaben, K&R 2008, S. 585-589.

Metzger, Axel / Kreutzer, Till: Richtlinie zum Urheberrecht in der „Informationsgesellschaft", Privatkopie trotz technischer Schutzmaßnahmen?, MMR 2002, S. 139-142.

Möhring, Philipp / Nicolini, Käte: Urheberrechtsgesetz, Kommentar, 2. Auflage, München 2000, (zit.: Bearbeiter, in: Möhring/Nicolini, UrhG).

Mönkemöller, Lutz: Moderne Freibeuter unter uns? – Internet, MP3 und CD-R als GAU für die Musikbranche!, GRUR 2000, S. 663-669.

Moos, Flemming: Dürfen Access-Provider IP-Nummern speichern?, Analyse und Kritik der T-Online-Entscheidung der hessischen Datenschutz-Aufsichtsbehörde, CR 2003, S. 385-388.

Müller, Stefan: Der Verteilungsplan der GEMA, Rechtliche Grundlagen und Prinzipien der Verteilung, Diss. iur. (Frankfurt (Oder) 2005), Baden-Baden 2006.

Müller, Stefan: Festlegung und Inkasso von Vergütungen für die private Vervielfältigung auf der Grundlage des »Zweiten Korbs«, ZUM 2007, S. 777-791.

Münchner Kommentar zum Bürgerlichen Gesetzbuch: Band 5: §§ 705-853 BGB; Partnerschaftsgesellschaftsrecht; Produkthaftungsgesetz;, Rebmann, Kurt / Säcker, Franz Jürgen / Rixecker, Roland, München 2009, (zit.: Bearbeiter, in: MüKo-BGB).

Musiol, Christian: Erste Erfahrungen mit der Anwendung des § 101 IX UrhG – wann erreicht die Verletzung ein „gewerbliches Ausmaß"?, GRUR-RR 2009, S. 1-4.

Niemann, Fabian: Urheberrechtsabgaben – Was ist im Korb?, Anwendung und Berechnung der urheberrechtlichen Abgaben auf Geräte und Speichermedien nach neuem Recht, CR 2008, S. 205-209.

Niemann, Fabian: Urheberrechtsabgaben - Wie viel ist im Korb?, Anwendung und Berechnung der urheberrechtlichen Abgaben auf Geräte und Speichermedien nach neuem Recht, CR 2008, S. 273-278.

Nolte, Georg: Das Urheberrecht in der Informationsgesellschaft, - Der Regierungsentwurf „Zweiter Korb" -, CR 2006, S. 254-260.

Nordemann, Axel / Nordemann, Jan Bernd / Czychowski, Christian: Die Entwicklung der Gesetzgebung und Rechtsprechung zum Urheberrecht in den Jahren 2000 und 2001, NJW 2002, S. 562-572.

Nordemann, Jan Bernd / Dustmann, Andreas: To Peer Or Not To Peer, Urheberrechtliche und datenschutzrechtliche Fragen der Bekämpfung der Internet-Piraterie, CR 2004, S. 380-388.

Nümann, Peter / Mayer, Markus A.: Rechtfertigung und Kritik von Massenabmahnungen gegen Urheberrechtsverletzungen in Filesharing-Netzwerken, ZUM 2010, S. 321-331.

***O**lenhusen, Götz von:* Digitale Informations- und Wissensgesellschaft und das Urheberrecht, ZRP 2003, S. 232-235.

***P**alandt, Otto (Begr.):* Bürgerliches Gesetzbuch, 69. Aufl., München 2010, (zit.: Bearbeiter, in: Palandt).

Peifer, Karl-Nikolaus: Das Territorialitätsprinzip im Europäischen Gemeinschaftrecht vor dem Hintergrund der technischen Entwicklung, ZUM 2006, S. 1-8.

Peter, Markus: Störerhaftung im Internet – Haften Eltern für ihre Kinder?, Zugleich Anmerkung zu LG Mannheim, Urteil vom 30.1.2007, 2 O 71/06, K&R 2007, S. 371-375.

Peukert, Alexander / Kur, Annette: Stellungnahme des Max-Planck-Instituts für Geistiges Eigentum, Wettbewerbs- und Steuerrecht zur Umsetzung der Richtlinie 2004/48/EG zur Durchsetzung der Rechte des geistigen Eigentums in deutsches Recht, GRUR Int. 2006, S. 292-303.

Pleister, Christian C.-W. / Ruttig, Markus: Neues Urheberrecht – neuer Kopierschutz, Anwendungsbereich und Durchsetzbarkeit des § 95a UrhG, MMR 2003, S. 763-767.

Prechtl, Florian Friedrich: Privatkopie und Pauschalvergütungssystem der §§ 53 Abs. 1, 54 ff. UrhG im Zeitalter der Digitalisierung: eine verfassungsrechtliche Untersuchung, Diss. iur. (Jena 2006).

***R**aue, Peter:* Zum Dogma von der restriktiven Auslegung von Schrankenbestimmungen im Urheberrechtsgesetz, in: Festschrift für Wilhelm Nordemann zum 70. Geburtstag am 8. Januar 2004, Hrsg. Loewenheim, Ulrich, München 2004, S. 327-339.

Reber, Ulrich: Die internationale gerichtliche Zuständigkeit bei grenzüberschreitenden Urheberrechtsverletzungen, ZUM 2005, S. 194- 203.

Rehbinder, Manfred: 150 Jahre moderne Urheberrechtsgesetzgebung in Deutschland, ZUM 1987, S. 328-329.

Rehbinder, Manfred: Urheberrecht, 16. Auflage, München 2010.

Reimer, Dietrich: Anmerkung zu BGH, Urteil vom 29.05.1964, Ib ZR 4/63 (KG) („Personalausweise“), (GRUR 1965, S. 104 ff.), GRUR 1965, S. 109-110.

Reinbacher, Tobias: Die Strafbarkeit der Vervielfältigung urheberrechtlich geschützter Werke zum privaten Gebrauch nach dem Urheberrechtsgesetz, Diss. iur. (Berlin 2006), Berlin 2006.

Reinbacher, Tobias: Strafbarkeit der Privatkopie von offensichtlich rechtswidrig hergestellten und öffentlich zugänglich gemachten Vorlagen, GRUR 2008, S. 394-401.

Reinbothe, Jörg: Der Schutz des Urheberrechts und der leistungsschutzrechte im Abkommensentwurf GATT/TRIPs, GRUR Int. 1992, S. 707-715.

Reinbothe, Jörg: Die EG-Richtlinie zum Urheberrecht in der Informationsgesellschaft, GRUR Int. 2001, S. 733-745.

Reinbothe, Jörg: TRIPS und die Folgen für das Urheberrecht, ZUM 1996, S. 735- 741.

Reischl, Gerhard: Gewerblicher Rechtsschutz und Urheberrecht in der Rechtsprechung des Europäischen Gerichtshofs, GRUR Int. 1982, S. 151-158.

Rigamonti, Cyrill P.: Schutz gegen Umgehung technischer Maßnahmen im Urheberrecht aus internationaler und rechtsvergleichender Perspektive, GRUR Int. 2005, S. 1-14.

Röhl, Christoph / Bosch, Andreas: Musiktauschbörsen im Internet, Eine rechtliche Bewertung aus aktuellem Anlass, NJW 2008, S. 1415-1420.

Rosén, Jan: Urheberrecht und verwandte Schutzrechte in der Informationsgesellschaft – Zur Umsetzung der EG-Richtlinie 2001/29/EG in den nordischen Ländern, GRUR Int. 2002, S. 195-206.

Roßnagel, Alexander: Die „Überwachungs-Gesamtrechnung" – Das BVerfG und die Vorratsdatenspeicherung, NJW 2010, S. 1238-1242.

Rücker, Daniel: Notice and take down-Verfahren für die deutsche Providerhaftung?, Zur Begrenzung der Unterlassungshaftung von Online-Diensten durch das „Verbot allgemeiner Überwachungspflichten", CR 2005, S. 347-355.

Schack, Haimo: BGB – Allgemeiner Teil, 12. Aufl., Heidelberg 2008, (zit.: Schack, BGB-AT).

Schack, Haimo: Private Vervielfältigung von einer rechtswidrigen Vorlage?, in: Festschrift für Willi Erdmann zum 65. Geburtstag, Hrsg. Ahrens, Han-Jürgen / Bornkamm, Joachim / Gloy, Wolfgang / Starck, Joachim / v. Ungern-Sternberg, Joachim, Berlin, Bonn, München, Köln 2002, S. 165-172.

Schack, Haimo: Schutz digitaler Werke vor privater Vervielfältigung – zu den Auswirkungen der Digitalisierung auf § 53 UrhG, ZUM 2002, S. 497-511.

Schack, Haimo: Urheber- und Urhebervertragsrecht, 5. Aufl., Tübingen 2010, (zit.: Schack, UrhR).

Schack, Haimo: Urheberrechtsverletzung im internationalen Privatrecht Aus [sic!] der Sicht des Koalitionsrechts, GRUR Int. 1985, S. 523-525.

Schäfer, Oliver: Das Recht auf private Vervielfältigung von Tonträgern, Modell einer rechtlichen Lösung und ihrer technischen Umsetzung, Diss. iur. (Berlin 2005), Frankfurt am Main (u.a.) 2005.

Scheja, Katharina / Mantz, Reto: Nach der Reform ist vor der Reform – Der zweite Korb der Urheberrechtsreform, CR 2007, S. 715-720.

Schenk, Heike: Die digitale Privatkopie, Diss. iur. (Göttingen 2006), Berlin 2006.

Schiefler, Kurt: Zum neuen Urheberrecht, (Bulletin des Presse- und Informationsamtes der Bundesregierung vom 22. September 1965, S. 1262), GRUR 1965, S. 587-590.

Schimmel, Wolfgang: Der »doppelte Schadenersatz« bei Urheberrechtsverletzungen, ZUM 2008, S. 384-390.

Schimmel, Wolfgang: Statement zur Pauschalvergütung für privates Kopieren, ZUM 2005, S. 121-124.

Schippan, Martin: § 95a UrhG – eine Vorschrift erstmals richtig auf dem Prüfstand, ZUM 2006, S. 853-864.

Schippan, Martin: Urheberrecht goes digital – Das Gesetz zur Regelung des Urheberrechts in der Informationsgesellschaft, ZUM 2003, S. 378-389.

Schippan, Martin: Urheberrecht goes digital – Die Verabschiedung der „Multimedia-Richtlinie 2001/29/EG“, NJW 2001, S. 2682- 2683.

Schmid, Matthias / Wirth, Thomas / Seifert, Fedor: Urheberrechtsgesetz mit Urheberrechtswahrnehmungsgesetz, Handkommentar, 2. Auflage, Baden-Baden 2009, (zit.: Bearbeiter in: Schmid/Wirth/Seifert, UrhG).

Schricker, Gerhard (Hrsg.): Urheberrecht, Kommentar, 3. Auflage, München 2006, (zit.: Bearbeiter, in: Schricker, UrhG).

Schricker, Gerhard / Katzenberger, Paul: Die urheberrechtliche Leerkassettenvergütung, Eine Erwiderung, GRUR 1985, S. 87-111.

Schulz, Daniela: Der Bedeutungswandel des Urheberrechts durch Digital Rights Management - Paradigmenwechsel im deutschen Urheberrecht?, GRUR 2006, S. 407-410.

Seifert, Fedor: Über Bücher, Verleger und Autoren - Episoden aus der Geschichte des Urheberrechts, NJW 1992, 1270-1276.

Senftleben, Martin: Grundprobleme des urheberrechtlichen Dreistufentests, GRUR Int. 2004, S. 200-211

Sieber, Ulrich / Höfinger, Michael: Drittauskunftsansprüche nach § 101a UrhG gegen Internetprovider zur Verfolgung von Urheberrechtsverletzungen, MMR 2004, S. 575-585.

Solmecke, Christian: Anmerkung zu LG Köln, Beschluss vom 2.9.2008, 28 AR 4/08, (MMR 2008, S. 761 ff.), MMR 2008, S. 762-763.

Solmecke, Christian: Rechtliche Beurteilung der Nutzung von Musiktauschbörsen, K&R 2007, S. 138-143.

Spieker, Oliver: Bestehen zivilrechtliche Ansprüche bei Umgehung von Kopierschutz und beim Anbieten von Erzeugnissen zu dessen Umgehung?, GRUR 2004, S. 475-482.

Spindler, Gerald: Der Auskunftsanspruch gegen Verletzer und Dritte im Urheberrecht nach neuem Recht, ZUM 2008, S. 640-648.

Spindler, Gerald: Die Verantwortlichkeit der Provider für „Sich-zu-Eigen-gemachte" Inhalte und für beaufsichtigte Nutzer, MMR 2004, S. 440-444.

Spindler, Gerald: Europäisches Urheberrecht in der Informationsgesellschaft, GRUR 2002, S. 105-120.

Spindler, Gerald: Reform des Urheberrechts im „Zweiten Korb", NJW 2008, S. 9-16.

Spindler, Gerald: Urheberrecht und Tauschplattformen im Internet, JZ 2002, S. 60-70.

Spitzbarth, Reimar: Der Streit um die private Tonbandaufnahme, NJW 1963, S. 881-884.

Stadler, Thomas: Proaktive Überwachungspflichten der Betreiber von Diskussionsforen im Internet, K&R 2006, S. 253-257.

Staudacher, Stefan-Frederick: Die digitale Privatkopie gem. § 53 UrhG in der Musikbranche, Diss. iur. (Heidelberg 2007/08), Norderstedt 2008.

Stickelbrock, Barbara: Die Zukunft der Privatkopie im digitalen Zeitalter, GRUR 2004, S. 736-743.

Stieper, Malte: Anmerkung zu BVerfG, Beschluss vom 7. Oktober 2009 – 1 BvR 3479/08, ZUM 2010, S. 46-48.

Stieper, Malte: Rechtfertigung, Rechtsfigur, Disponibilität der Schranken des Urheberrechts, Habilitationsschrift (Kiel 2009), Tübinger 2009.

Strauß, Walter: Zur Urheberrechtsreform, UFITA Bd. 22 (1956 II), S. 129-146.

Stroh, Heinz: Der Rechtsschutz von Musiknoten vor unerlaubter Vervielfältigung, Diss. iur. (Berlin 1994), Berlin 1995.

Strömer, Tobias H. / Gaspers, Holger: „Umgehen" des Kopierschutzes nach neuem Recht, K&R 2004, S. 14-19.

Tetzner, Volkmar: Der Verletzerzuschlag bei der Lizenzanalogie, GRUR 2009, S. 6-13.

Trayer, Martin: Technische Schutzmaßnahmen und elektronische Rechtewahrnehmungssysteme, Die Umsetzung von Art. 6 und 7 der EU-Urheberrechtsrichtlinie in deutsches Recht und der Schutz des Nutzers urheberrechtlicher Werke, Diss. iur. (Freiburg 2003), Baden-Baden 2003.

Ulbricht, Johannes: Tücken im Schutz für Kopierschutz, Gibt es einen Wertungswiderspruch zwischen § 95a UrhG und dem materiellen Urheberrecht?, CR 2004, S. 674-679.

Ullrich, Hanns: Technologieschutz nach TRIPS: Prinzipien und Probleme, GRUR Int. 1995, S. 623-641.

Ulmer, Eugen: Rechtsvergleichung und Grundlagenforschung im Urheberrecht und gewerblichen Rechtsschutz, GRUR Int. 1968, S. 1-7.

Ulmer, Eugen: Urheber- und Verlagsrecht, 3. Auflage, Berlin 1980.

Von Ungern-Sternberg, Joachim: Anmerkung zu BGH, Urteil vom 6.12.2007„ I ZR 94/05 (Drucker und Plotter) (GRUR 2008, S. 245 ff.), GRUR 2008, S. 247-249.

Von Ungern-Sternberg, Joachim: Die Rechtsprechung des Bundesgerichtshofs zum Urheberrecht und zu den verwandten Schutzrechten in den Jahren 2008 und 2009, GRUR 2010, S. 273-282.

Von Ungern-Sternberg, Joachim: Einwirkung der Durchsetzungsrichtlinie auf das deutsche Schadensersatzrecht, GRUR 2009, S. 460-466.

Verweyen, Urs: Grenzen der Störerhaftung in Peer to Peer-Netzwerken, MMR 2009, S. 590-594.

Viegener, Uta: Die Eignung des Urheberrechts, Einfluss auf das Wettbewerbsgeschehen im Bereich der Neuen Medien zu entfalten, ZUM 2005, S. 702-710.

Vogel, Martin : Die Geschichte des Urheberrechts im Kaiserreich, GRUR 1987, S. 873-883.

Volkmann, Christian: Der Störer im Internet, Diss. iur. (Göttingen 2003/04), München 2005.

Wadle, Elmar: Urheberrecht zwischen Gestern und Morgen - Anmerkungen eines Rechtshistorikers, Abschiedsvorlesung, 17. November 2006.

Wand, Peter: Technische Schutzmaßnahmen und Urheberrecht, Vergleich des internationales, europäischen, deutschen und US-amerikanischen Rechts, Diss. iur. (München 2000), München 2001.

Wandtke, Artur-Axel / Bullinger, Winfried: Praxiskommentar zum Urheberrecht, 3. Auflage, München 2009, (zit.: Bearbeiter, in: Wandtke/Bullinger; UrhG).

Weiden, Henrike: Aktuelle Berichte – Juni 2008, GRUR 2008, S. 495-497.

Wiegand, Nicolai: Technische Kopierschutzmaßnahmen in Musik-CDs – Aufklärungspflicht über die Implementierung, MMR 2002, S. 722-730.

Wilhelmi, Rüdiger: Das gewerbliche Ausmaß als Voraussetzung der Auskunftsansprüche nach dem Durchsetzungsgesetz, ZUM 2008, S. 942-950.
Wilmer, Thomas: Überspannte Prüfpflichten für Host-Provider, Vorschlag für eine Haftungsmatrix, NJW 2008, S. 1845-1851.

***Z**ippelius, Reinhold:* Juristische Methodenlehre, 10. Auflage, München 2006.
Zypries, Brigitte: Neues Urheberrecht: Die Früchte des Zweiten Korbs, MMR 2007, S. 545-546.

Schriften zum Medien-, Urheber- und Wirtschaftsrecht

Herausgegeben von Prof. Dr. Georgios Gounalakis

Band 1 Thomas Lang: Immaterialgüterrechtliche Lizenzierung und kartellrechtliche Verhaltenskontrolle. Eine Untersuchung der Reichweite gemeinschaftskartellrechtlicher Eingriffsbefugnisse in Immaterialgüterrechtspositionen vor dem Hintergrund der schutzrechtsspezifischen wettbewerblichen Ausschließlichkeit. 2009.

Band 2 Anna-Karina Bonacker: Der Widerruf von Fernabsatzverträgen am Beispiel der Internetauktion eBay. 2009.

Band 3 Rainer Jürgen Scharf: Der unbefristete Widerruf internetbasierter Verträge. Zugleich ein Beitrag zur Dogmatik des § 355 BGB. 2009.

Band 4 Sebastian Gorski: Effizienz, Wahlfreiheit und Gleichbehandlung? Eine Untersuchung der Einführung von Wettbewerb zwischen musikalischen Verwertungsgesellschaften durch die Europäische Kommission. 2009.

Band 5 Daniel Walter: Die rechtliche Behandlung der Erbringung unbestellter Leistungen nach § 241a BGB. 2009.

Band 6 Richard Helwig: Die Kompetenz der Europäischen Gemeinschaft zur Schaffung eines europäischen Medienkonzentrationsrechts. Notwendigkeit, Voraussetzungen und Reichweite einer möglichen Regulierung zur Sicherung von Medien- und Meinungsvielfalt in Europa. 2009.

Band 7 Bettina Yunis: Alternative Streitbeilegung über elektronische Datennetze. 2011.

Band 8 Andreas Walter: Störerhaftung bei Handeln Dritter. 2011.

Band 9 Andreas Zenner: Die zivilrechtliche Verantwortlichkeit des Abschlussprüfers für den Bestätigungsvermerk. 2011.

Band 10 Kristine Wagner: Die Privatkopie als urheberrechtliche Schrankenregelung. 2011.

www.peterlang.de